Photographie numérique

C'est simple

TOP 100
Trucs & Astuces

maranGraphics®

Wiley Publishing, Inc.

FIRST
> Interactive

Visuel

La Photographie numérique, C'est simple, Top 100 Trucs & Astuces

Publié par
Wiley Publishing, Inc.
111 River Street
Hoboken, NJ 07030
www.wiley.com

Édition française publiée en accord avec Wiley Publishing, Inc. par :

© Éditions First Interactive
27, rue Cassette
75006 PARIS – France
Tél. 01 45 49 60 00
Fax 01 45 49 60 01
E-mail : firstinfo@efirst.com
Internet : www.efirst.com

ISBN : 2-84427-541-9
Dépôt légal : 4e trimestre 2003

Imprimé en Espagne

FIRST
> Interactive

ONT COLLABORÉ À CE LIVRE

Édition
Thimothy J. Borek
Michael Roney
Lindsay Sandman
Jill Mazurczyk
Dennis Short
Rev Mengle
Laura Moss
Adrienne Porter
Tom Heine
Sherry Kinkopn
Jody Lefevere
Maureen Spears
Laura L. Bowman
Laura Albert
John Tyler Connoley
Sherry Massey

Écrans et illustrations
Jill A. Proll
Ronda David-Burroughs
David E. Gregory

Fabrication
Nancee Reeves
Allan Conley
Linda Cook
Paul Gilchrist
Jennifer Guynn

Graphisme et mise en page
maranGraphics, Inc.
Debbie Stailey
LeAndra Hosier
Kristin McMullan
Kathie S. Schnorr

Directeurs éditoriaux
Richard Swadley
Barry Pruett

ADAPTATION FRANÇAISE

Traduction
Servane Heudiard

Validation
Julien Templier

Mise en page et adaptation graphique
Catherine Kédémos

maranGraphics est une entreprise familiale
installée près de Toronto, au Canada.

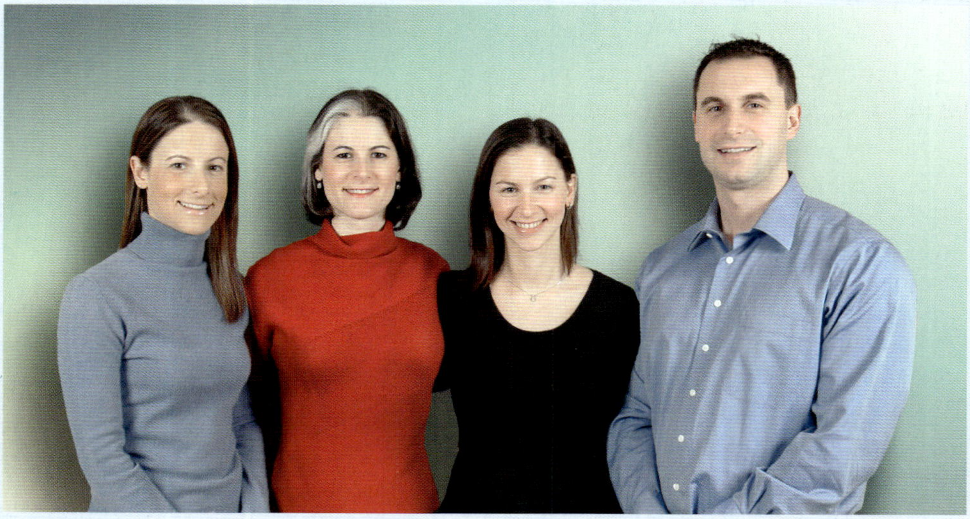

Chez **maranGraphics**, nous ne voulons produire que des livres d'informatique hors du commun : un livre à la fois, mais toujours un livre d'exception.

Chaque livre maranGraphics bénéficie du succès remporté par le processus de communication que nous ne cessons de perfectionner depuis 28 ans. C'est ainsi que nous pouvons vous présenter des pages dans lesquelles textes et écrans s'organisent harmonieusement pour faciliter la compréhension des nouveaux concepts et des différentes tâches.

Il nous a fallu des heures pour trouver la meilleure manière d'exécuter des tâches pratiques, et le résultat est là ! Grâce à nos écrans très lisibles et nos instructions faciles à suivre, vous mènerez chaque tâche à son terme sans encombres.

Nous vous remercions pour l'achat de ce livre, sans nul doute le meilleur ouvrage informatique qu'il fallait vous offrir. Nous espérons que vous prendrez autant de plaisir à l'utiliser que nous nous sommes régalés à le réaliser.

Bonne lecture !

La famille Maran

BIEN UTILISER CE LIVRE

La Photographie numérique, C'est simple, Top 100 Trucs & Astuces propose les 100 tâches les plus intéressantes et les plus utiles, réalisables avec un appareil photo numérique et un logiciel de retouche d'images. Il vous livre de précieux secrets et des astuces qui vous feront gagner du temps et vous rendront beaucoup plus efficace.

Ce que vous apporte vraiment ce livre

Vous possédez les connaissances de base en photographie numérique, mais vous voulez les améliorer et les compléter par le biais d'une méthode visuelle ? Passez au niveau supérieur grâce à ce « C'est simple ».

Conventions utilisées dans ce livre

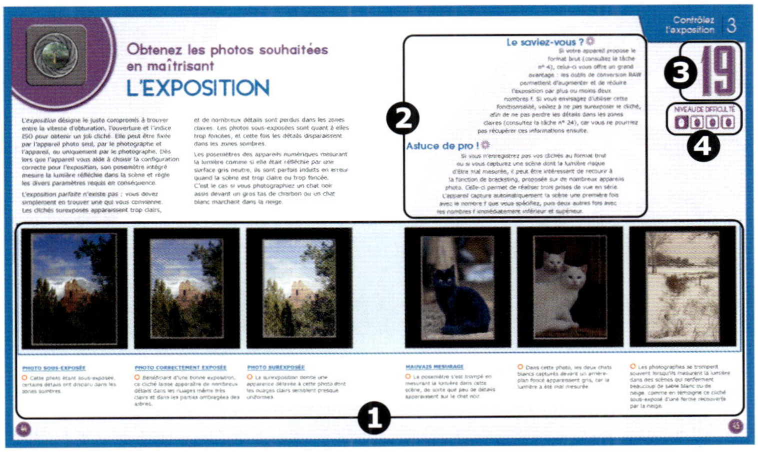

❶ Étapes

Chaque tâche est expliquée sous la forme d'une série d'étapes. Des lignes et des encadrés relient chaque instruction à l'élément correspondant dans l'écran, illustrant visuellement l'action à accomplir.

❷ Trucs et astuces

Des astuces pratiques et amusantes répondent aux questions que vous vous êtes toujours posées. C'est aussi dans cette rubrique que vous apprendrez à accomplir des tâches que vous croyiez irréalisables en photographie numérique.

❸ Numéros de tâches

Les numéros de tâches indiquent le numéro de la tâche en cours parmi les 100 proposées dans ce livre.

❹ Niveaux de difficulté

Des icônes de souris permettent d'identifier en un clin d'œil le niveau de difficulté de chaque tâche.

- Donne un nouveau regard sur une tâche courante
- Introduit une nouvelle compétence ou une tâche inédite
- Exploite des compétences avec des connaissances poussées
- Requiert des compétences multiples, impliquant parfois d'autres technologies

TABLE DES MATIÈRES

1 Préparez la prise de vue

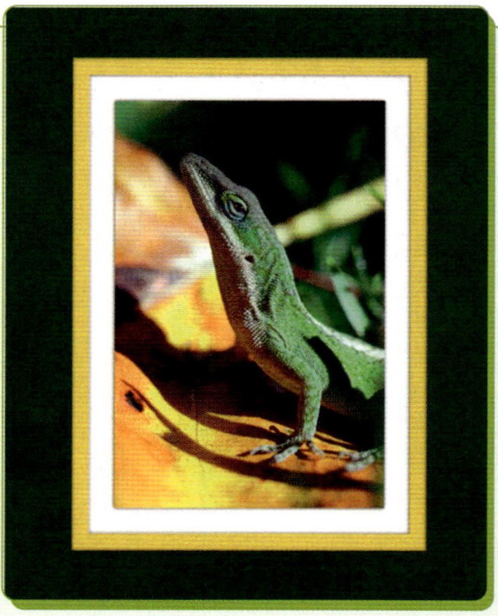

2 Améliorez la prise de vue

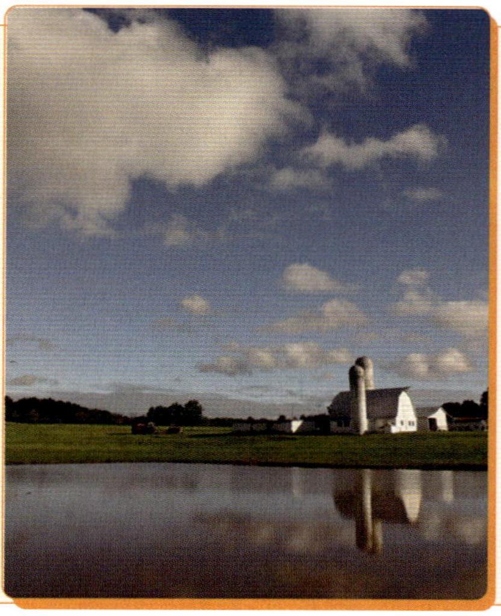

3 Contrôlez l'exposition

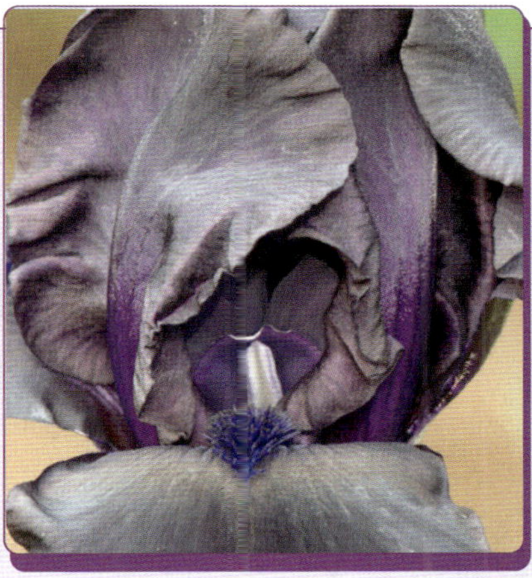

4 Contrôlez la mise au point et la profondeur de champ

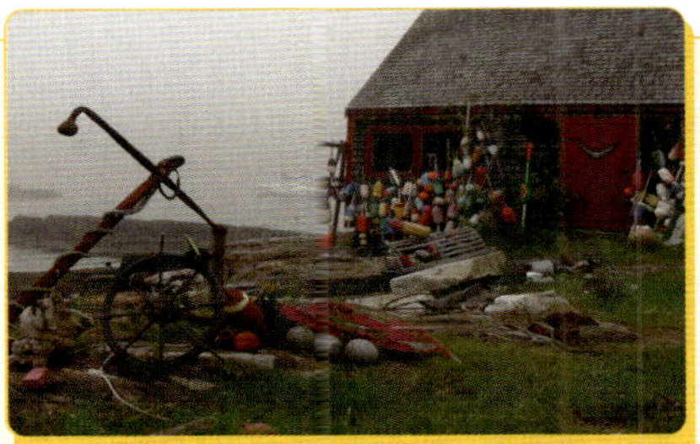

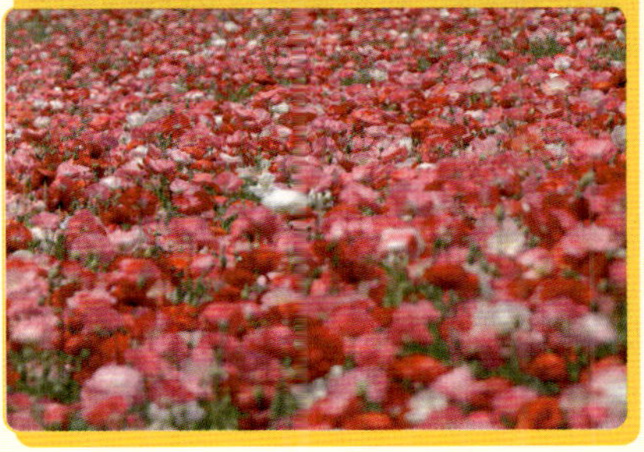

TABLE DES MATIÈRES

5 Photographiez dans un environnement correctement éclairé

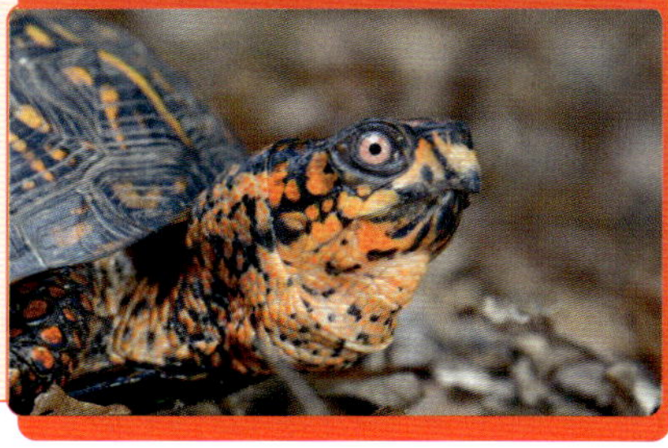

6 Prenez des photos originales

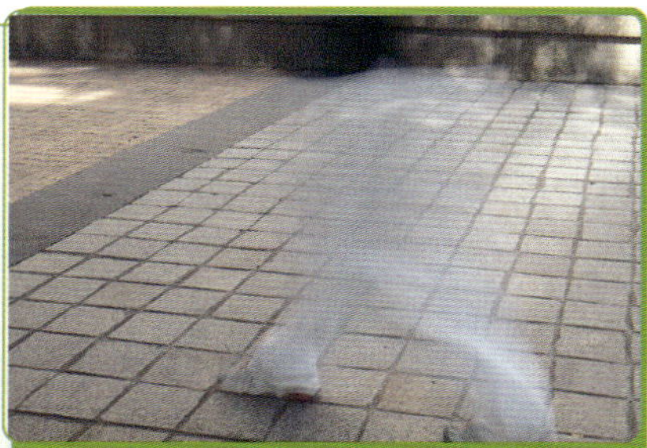

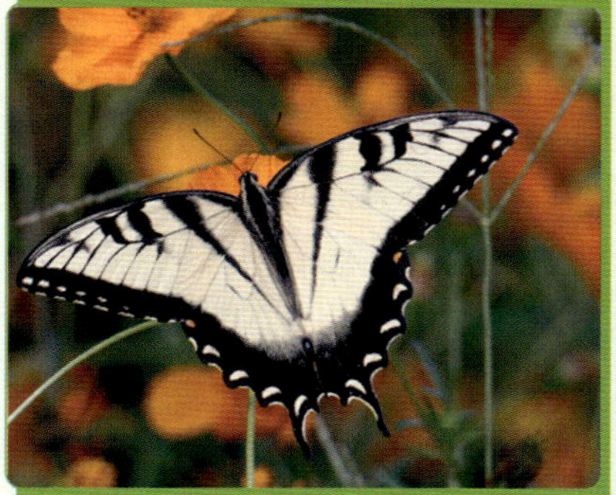

7 Modifiez vos photos avec Adobe Photoshop Elements

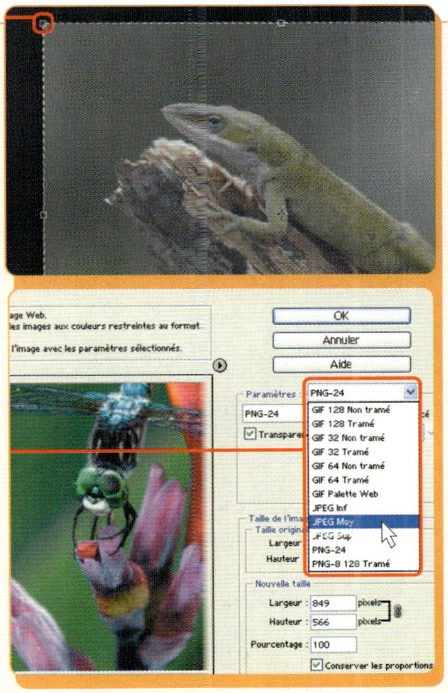

8 Ajustez les tons et les couleurs avec Adobe Photoshop Elements

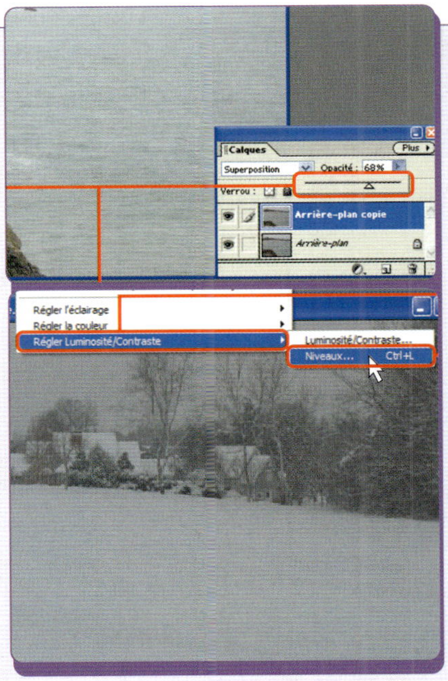

TABLE DES MATIÈRES

9 Imprimez vos photos

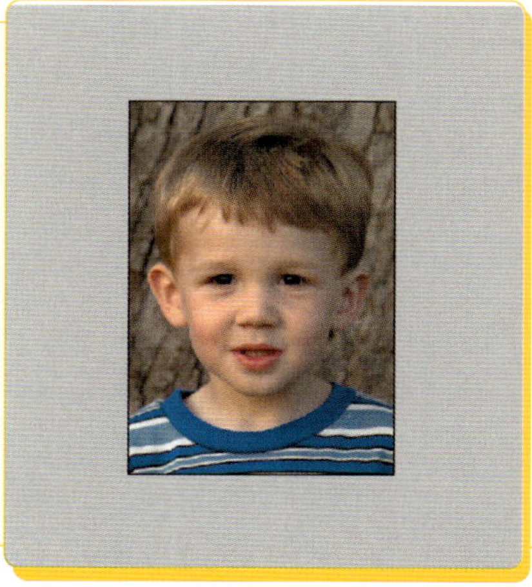

10 Intégrez vos photos à des projets

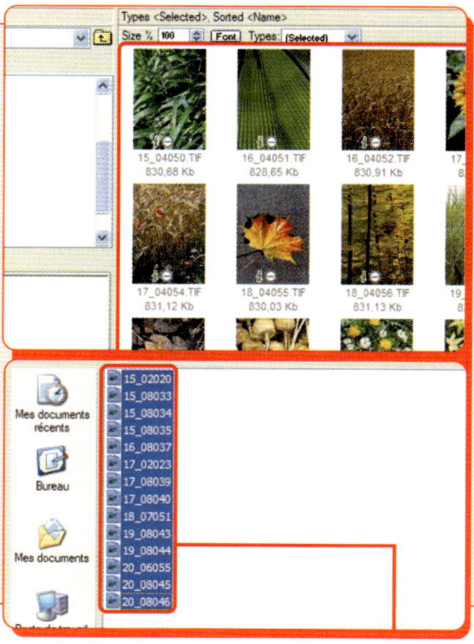

CHAPITRE 1

Préparez la prise de vue

Que vous soyez un photographe occasionnel qui capture des personnes, des lieux ou des évènements importants à vos yeux, ou que vous fassiez partie des photographes passionnés qui adorent réaliser des clichés pour d'autres ou vous-même, vous pouvez améliorer vos prises de vue en vous préparant avant l'instant fatidique.

La première étape consiste à choisir l'objet et le lieu de la photographie. En lisant des journaux ou des livres, ou en consultant l'Internet, apprenez à dénicher les événements, les sites et les sujets d'intérêt, comme des fêtes locales, des jardins botaniques, des réserves naturelles, des parcs nationaux ou des zoos. N'hésitez pas à capturer des scènes arrêtées ni à préparer un studio au sein duquel vous pourrez contrôler l'éclairage.

Après avoir déterminé ce que vous alliez photographier, renseignez-vous au maximum sur votre appareil numérique. Mieux vous connaîtrez votre équipement, plus vous pourrez vous concentrer sur la prise de vue, et non sur le mode d'emploi de votre matériel le moment venu. Vous éviterez ainsi les grandes déceptions des personnes qui, au retour d'un magnifique et coûteux voyage, constatent qu'elles ont raté la plupart de leurs clichés à cause d'un réglage inapproprié ou d'une mauvaise utilisation de l'appareil photo.

Au moment de commencer les prises de vue, soyez réaliste : ne vous étonnez pas, certains jours, de ne réussir aucun cliché. Cela arrive à tous les photographes, surtout quand les conditions environnantes sont mauvaises.

TOP 100

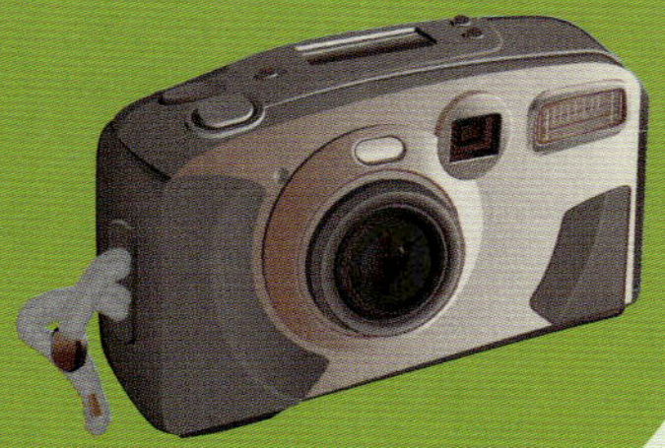

Choisissez de BONS SUJETS

À moins d'être obligé de photographier des scènes ou des sujets spécifiques, c'est en immortalisant ce qui vous plaît que vous réussirez vos meilleurs clichés. Si vous aimez le jardinage et si vous êtes fasciné par les milliers de sortes d'iris existantes, photographiez ces fleurs. Si vous préférez observer les oiseaux et la faune sauvage, tapissez-vous dans un endroit depuis lequel vous pourrez photographier des volatiles et des animaux sauvages.

Au moment de préparer un voyage, ménagez-vous beaucoup de temps pour prendre des clichés, en restant si nécessaire plusieurs heures au même endroit. Tenez compte des aléas météorologiques, notamment, qui vous empêcheront parfois de réaliser les prises de vue souhaitées. Il arrive de rester sur un site une journée entière, voire davantage, sans disposer un seul instant d'un éclairage favorable. Ne cherchez pas à voir un maximum de choses en un minimum de temps : vous risquez sinon de ne pas réaliser les prises de vue souhaitées faute de ne pas vous être arrêté sur les sujets quand ils se présentaient. La photographie est un art qui demande de la patience, et le temps joue souvent un rôle essentiel dans la réussite des clichés.

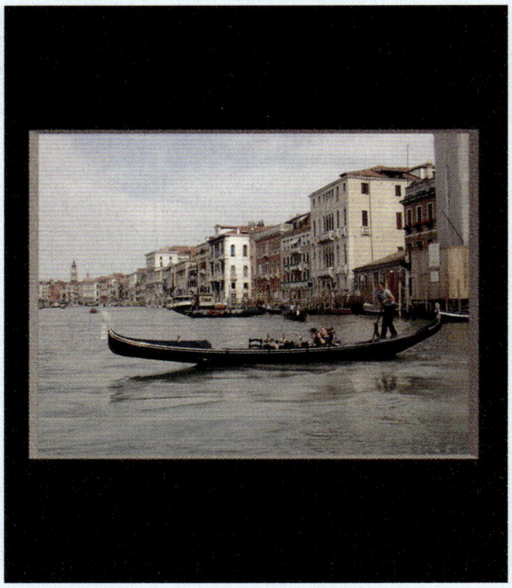

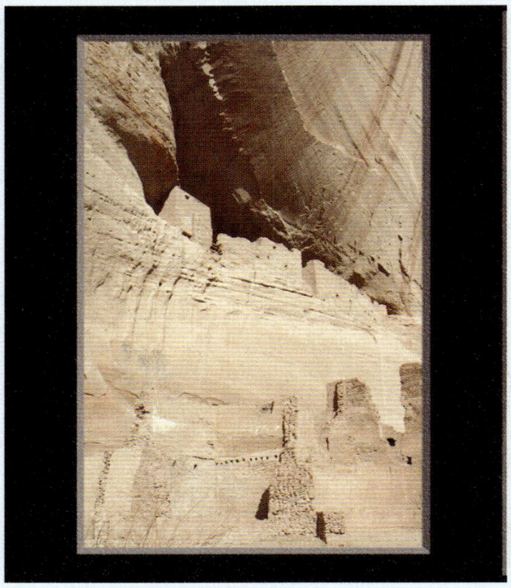

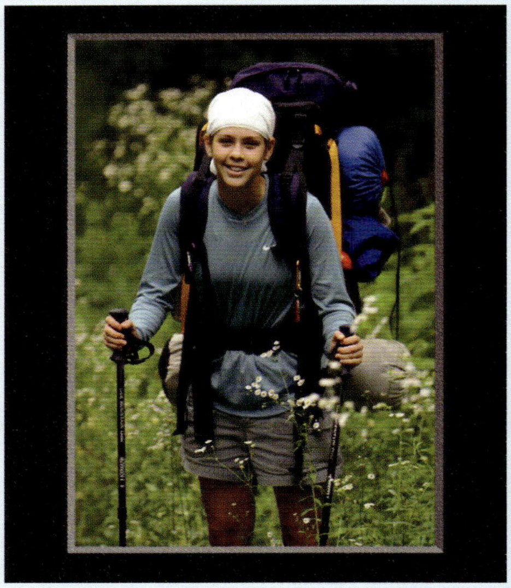

Quelques minutes d'attente supplémentaires ont permis d'intégrer la gondole à cette photo du Grand Canal de Venise.

Il a fallu attendre plusieurs heures pour obtenir une ombre dans cette photo sinon beaucoup trop claire des ruines de la Maison Blanche dans le canyon de Chelly, en Arizona.

Les randonneurs ont souvent l'occasion de réaliser des photos à la hauteur des efforts fournis pour atteindre le lieu de la prise de vue.

NIVEAU DE DIFFICULTÉ

Astuce de pro !

Lorsque vous arrivez sur un site propice aux photos, revenez-y plusieurs fois. En le connaissant mieux, vous identifierez plus facilement les sujets de clichés et les moments opportuns pour les prises de vue, et ne cesserez ainsi d'améliorer vos résultats.

Le saviez-vous ?

À quelques mètres de vous se trouvent sans doute de parfaits sujets de photos. Apprenez à observer différemment le monde qui vous entoure, et à prêter attention aux détails, aux formes et aux couleurs. Le moment venu, appuyez sur le déclencheur !

Astuce de pro !

Pour identifier des sites à photographier et connaître les périodes propices aux prises de vue, rendez-vous sur l'Internet. De nombreux forums et guides en ligne fournissent toutes les informations indispensables pour dénicher de superbes lieux et sujets à immortaliser dans vos domaines de prédilection.

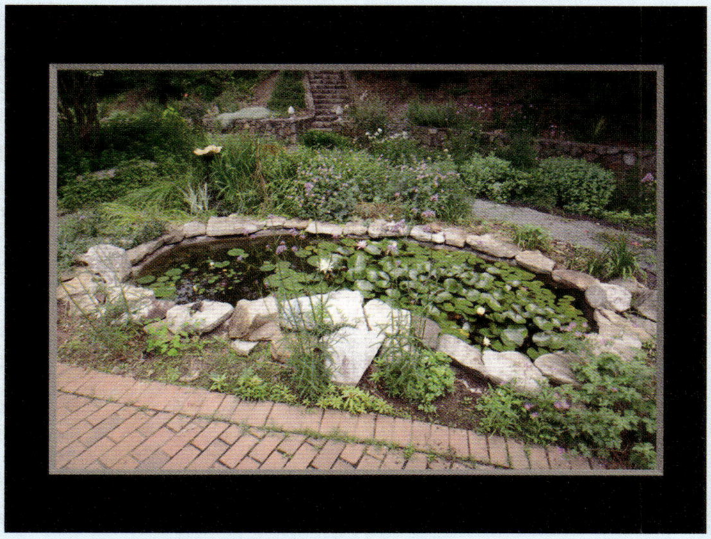

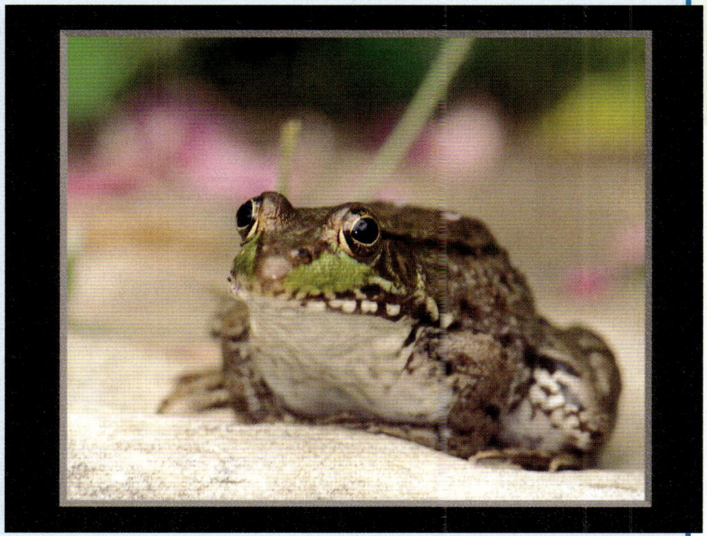

Une petite mare comme celle-ci dans son jardin particulier offre de nombreux sujets de photos. Comme vous êtes chez vous, il vous suffit d'attendre les conditions d'éclairage idéales.

Cette grenouille se faisait bronzer sur un petit rocher qui borde la mare présentée dans la photo de gauche.

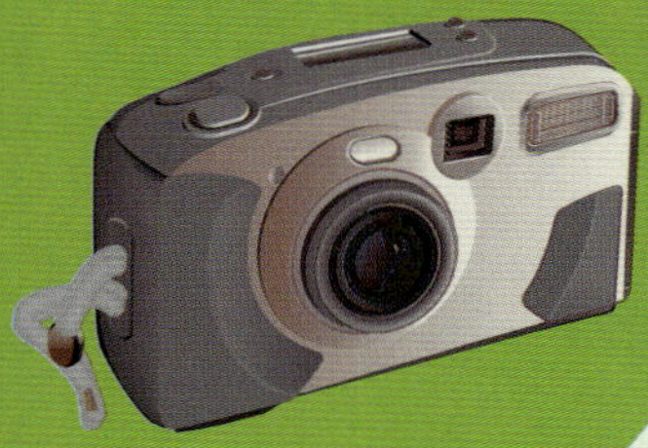

DÉTERMINEZ LA FINALITÉ
de vos photos

Devez-vous orienter votre appareil photo horizontalement ou verticalement ? Si vous possédez plusieurs appareils numériques, lequel allez-vous choisir ? Quels réglages devez-vous effectuer ? Envisagez-vous d'encadrer vos clichés ou de les diffuser sur le Web ? Prévoyez-vous de réaliser une série de photos dans le même style ou de personnaliser chacune d'elles ? Cherchez-vous à capturer des arrière-plans ou des objets à intégrer dans d'autres images ? Envisagez-vous de retoucher ensuite vos photos dans un logiciel comme Adobe Photoshop Elements ?

Selon les réponses apportées à ce genre de questions, vous ne photographierez pas du tout de la même manière. Identifier l'utilisation finale d'une prise de vue avant de la réaliser aide à réussir le cliché souhaité. Supposons que vous vous offriez le voyage de vos rêves et que vous preniez de superbes photos. Vous pouvez ensuite décider d'en réaliser un calendrier. Mais que faire si vous manquez soudain de clichés pris horizontalement ? Gardez toujours la finalité de vos photos à l'esprit pour mieux réussir vos prises de vue.

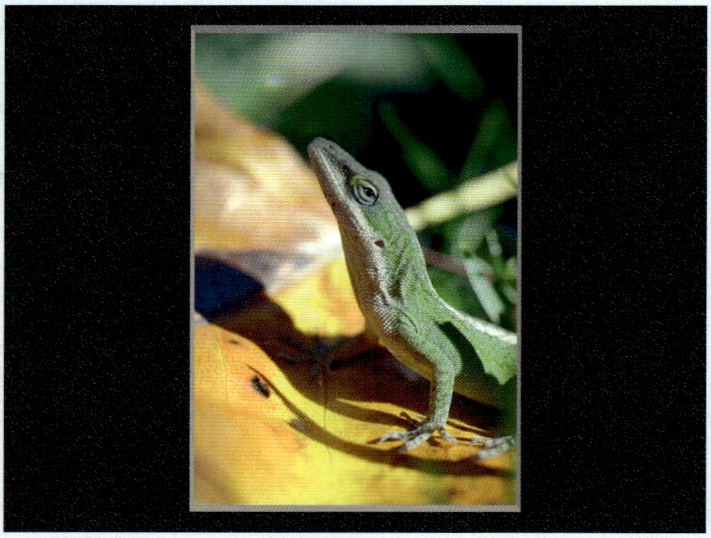

Cette photo d'anole vert a été prise dans l'idée de l'exploiter sur divers supports.

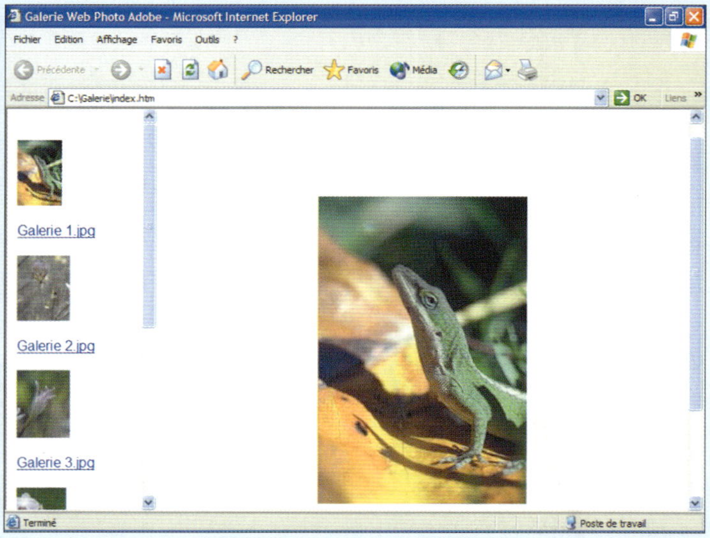

Légèrement recadré, le cliché a pu être intégré à une galerie de photos Web.

2

NIVEAU DE DIFFICULTÉ

Astuce de pro !

Lorsque vous envisagez de diffuser une photo sur le Web, vous pouvez profiter du « facteur de multiplication » obtenu en recadrant de grandes images. Par exemple, un petit oiseau photographié sur un vaste fond de ciel bleu peut devenir un grand oiseau qui occupe tout le cadre d'une photo une fois le cliché original rogné.

Le saviez-vous ?

Les cadres et les supports mats de dimensions personnalisées sont parfois beaucoup plus chers que ceux de taille standard. Dans la mesure du possible, choisissez au moment de la prise vue une résolution qui permette des sorties sur des supports de dimensions traditionnelles, à savoir 9 cm x 13 cm, 10 cm x 15 cm, 13 cm x 18 cm et 15 cm x 20 cm.

Le saviez-vous ?

Généralement, les photos bien adaptées aux couvertures de magazines possèdent une orientation verticale et des espaces libres dans lesquels viendront s'insérer des textes et des graphismes, sans interférer avec la composition du sujet.

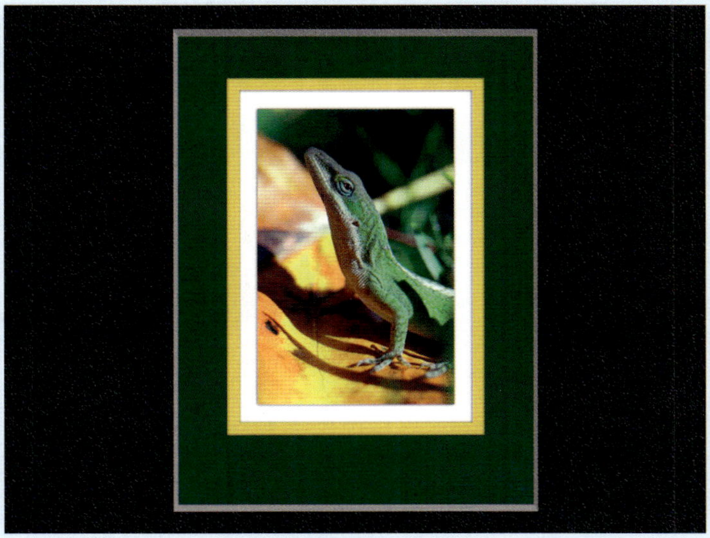

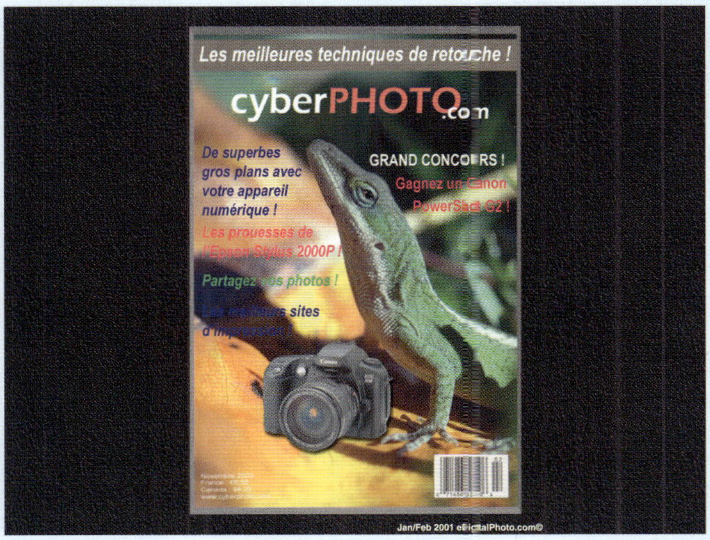

L'orientation et la composition verticales ont permis d'intégrer cette photo dans un encadrement de taille standard.

Dans cette couverture intelligemment conçue, les feuilles dans la partie gauche de la photo servent de fond pour le texte.

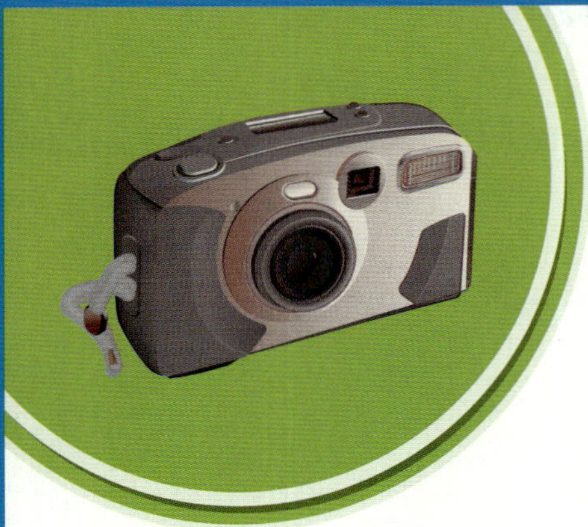

MAÎTRISEZ VOTRE APPAREIL
pour réussir de superbes photos

Les appareils photo numériques sont maintenant si perfectionnés qu'ils permettent à tout un chacun de réaliser des clichés ravissants, voire exceptionnels, en utilisant simplement l'un des modes de prise de vue automatiques et en appuyant sur le déclencheur. La plupart des modèles proposent néanmoins des fonctionnalités supplémentaires qui offrent aux photographes passionnés un contrôle très étendu sur la manière de réaliser les clichés et qui leur garantissent d'obtenir plus de prises de vue conformes à leurs souhaits.

La majorité des appareils numériques possèdent un avantage indéniable : ils permettent de revoir la photo et son paramétrage sur un écran ACL juste après la prise de vue. Vous pouvez ainsi vérifier si la composition du cliché répond à vos attentes et si l'appareil était bien réglé. Certains modèles affichent même un histogramme (consultez la tâche n° 22) qui donne une représentation graphique de l'exposition. Ne négligez pas ces fonctions de contrôle.

Pour réussir d'excellents clichés, familiarisez-vous au maximum avec votre appareil photo. Tant que vous ne le maîtriserez pas parfaitement, vos chances de succès resteront limitées.

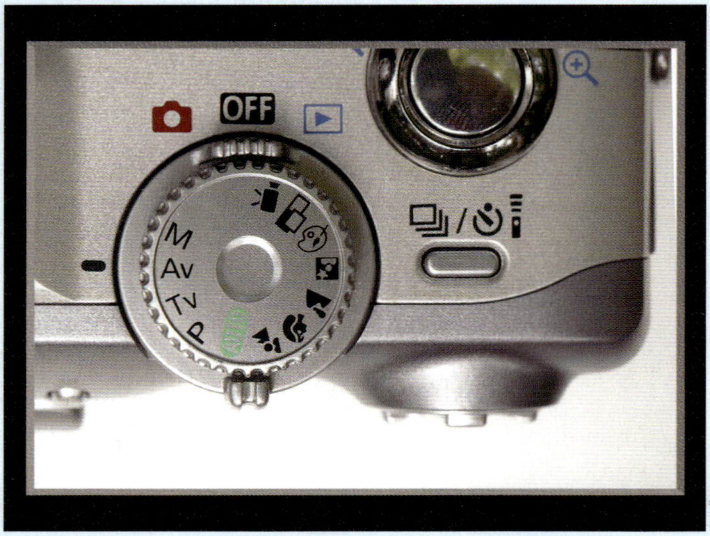

○ La molette de ce Canon PowerShot G2 permet de choisir un mode de prise de vue.

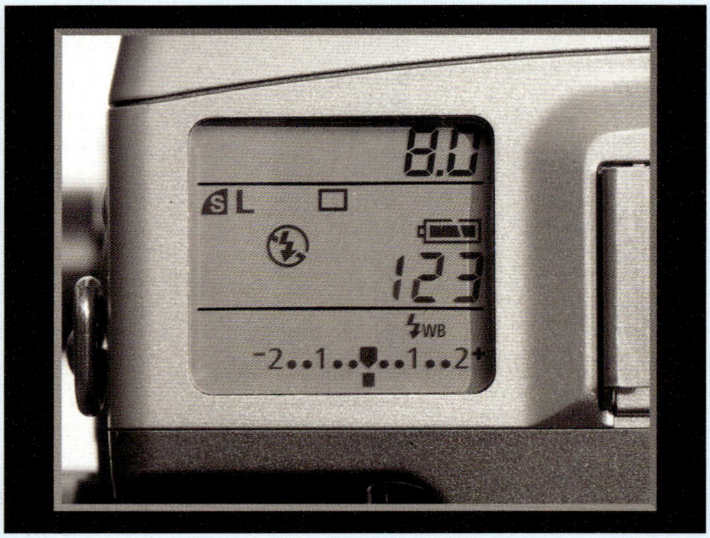

○ Grâce à l'écran ACL de ce Canon PowerShot G2, vous visualisez en un clin d'œil tous les paramétrages importants de l'appareil.

3

NIVEAU DE DIFFICULTÉ

Le saviez-vous ?

Plus vous vous informez sur les différentes fonctionnalités de votre appareil photo et plus vous les utilisez, plus vous risquez d'oublier les paramètres modifiés entre les prises de vue et de réaliser des clichés avec un mauvais réglage. Apprenez en priorité à contrôler rapidement les paramétrages en cours et à rétablir la configuration par défaut, afin d'éviter les photographies avec un réglage inadapté. Beaucoup de clichés ratés résultent d'un mauvais paramétrage de l'appareil, notamment au niveau de la compensation d'exposition, de la balance des blancs, du réglage automatique de l'ISO et de la taille de l'image.

Danger !

Beaucoup d'appareils photo numériques possèdent des modes de prise de vue qui adoptent automatiquement un indice ISO plus rapide lorsque l'éclairage est insuffisant. Notez bien ces modes, afin de ne pas prendre de photos qui renferment trop de bruit.

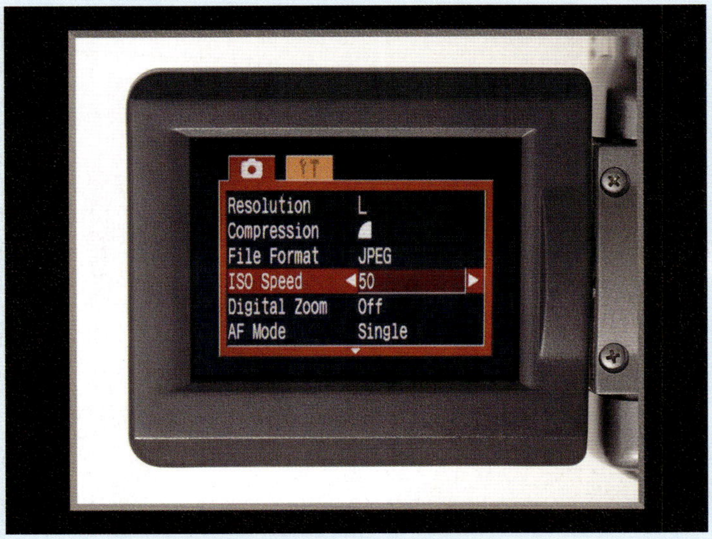

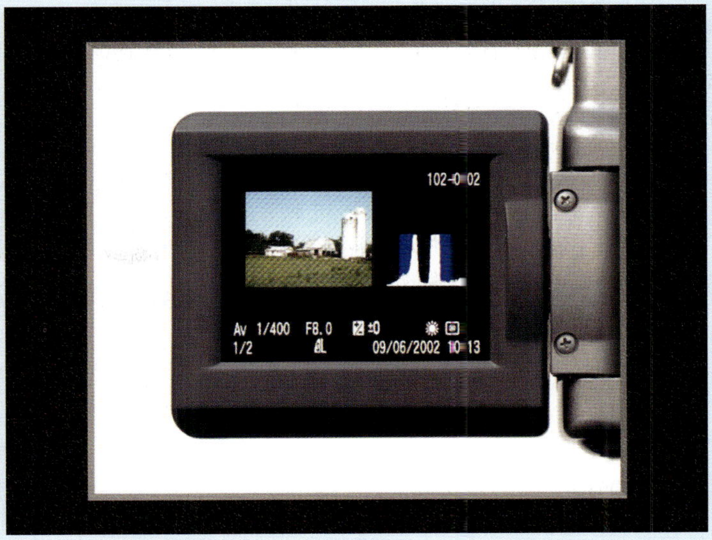

Ce Canon PowerShot G2 propose plusieurs menus pour contrôler tous les paramétrages importants de l'appareil.

L'écran ACL de ce Canon PowerShot G2 permet de consulter simultanément le réglage de l'appareil, un histogramme et une miniature d'image.

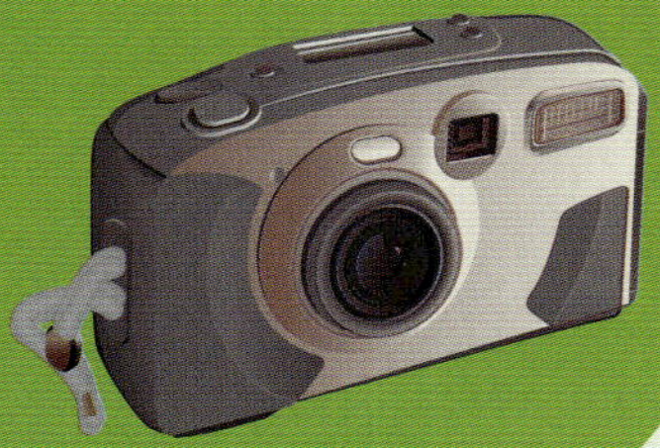

Choisissez le bon

FORMAT DE FICHIER GRAPHIQUE

À chaque fois que vous appuyez sur le déclencheur, vous capturez une image sur le capteur de l'appareil photo. Celle-ci est ensuite convertie en fichier dans le format que vous aurez choisi au préalable, avec ou sans activation de vos paramétrages personnalisés. La plupart des appareils numériques proposent trois formats : JPEG (.jpg), TIFF (.tif) et brut (RAW).

Le format JPEG est le plus employé, car il offre un juste compromis entre la taille du fichier graphique et la qualité de l'image. Il assure une compression avec perte, qui lui permet de réduire la taille du fichier grâce à un algorithme mathématique sans trop altérer la qualité du cliché.

Le format TIFF est quant à lui un format sans perte : la qualité de l'image reste intacte, mais les fichiers sont beaucoup plus gros.

Contrairement aux JPEG et aux TIFF, les fichiers graphiques au format brut sont des fichiers propriétaires auxquels ne s'applique qu'une minorité des paramètres de l'appareil. Pour bénéficier d'un contrôle plus étendu, le photographe peut utiliser un convertisseur d'images RAW, comme le plug-in Adobe Camera RAW (consultez les tâches n° 61 et n° 62), et appliquer les réglages de l'appareil au fichier après la prise de vue.

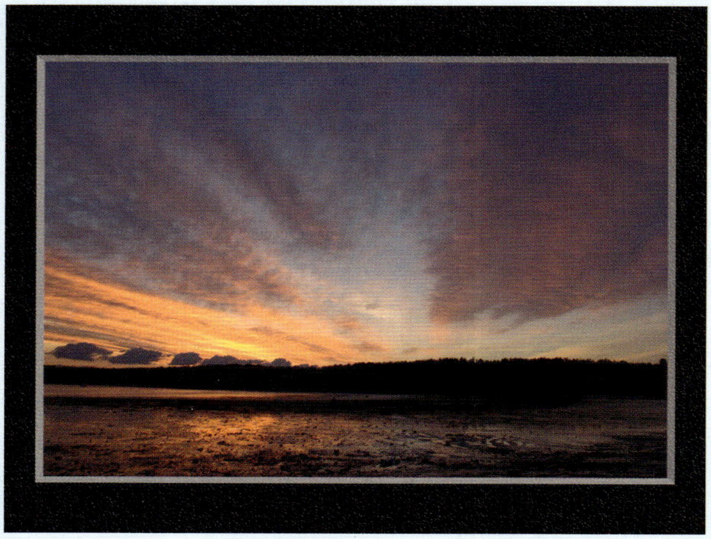

Taille approximative des fichiers graphiques			
Taille d'image	*TIFF*	*JPEG*	*Brut*
Image 5 Mégapixels	14,5 Mo	1,5 Mo	7,8 Mo
Taux de compression	1:1	10:1	2:1

- Les images au format brut sont des sortes de négatifs qui ne peuvent être affichés et modifiés qu'après un traitement numérique spécifique.

- Ces tailles de fichiers sont celles que propose le Nikon Coolpix 5700. Les tailles varient selon les appareils photo.

4

NIVEAU DE DIFFICULTÉ

Le saviez-vous ?

Pour obtenir des images optimales à partir de votre appareil numérique, vous devez privilégier le format brut. Celui-ci n'enregistre pas les paramètres de l'appareil tels que la balance des blancs, les corrections colorimétriques, les niveaux et l'accentuation de la netteté. Vous contrôlez donc pleinement ces réglages après la prise de vue, lors du traitement des fichiers bruts avec un convertisseur comme le plug-in Adobe Camera RAW (consultez les tâches n° 61 et n° 62) ou celui fourni avec votre appareil. Beaucoup de photographes professionnels capturent la plupart de leurs clichés au format brut.

Le saviez-vous ?

Les convertisseurs de fichiers RAW permettent d'intégrer une compensation d'exposition à vos photos une fois celles-ci réalisées. Cette compensation peut représenter deux fois plus ou moins le nombre f, voire davantage. Cette caractéristique justifie à elle seule l'emploi du format brut.

Avantages du format JPEG par rapport au format brut

JPEG	*Brut*
+ Application de tous les réglages de l'appareil	- Application de quelques réglages de l'appareil, seulement
+ Taille de fichier réduite	- Taille de fichier importante
+ Images facilement consultables	- Convertisseur logiciel propriétaire indispensable
+ Affichage rapide	- Affichage lent
- Images 8 bits	+ Images 10 bits ou 12 bits

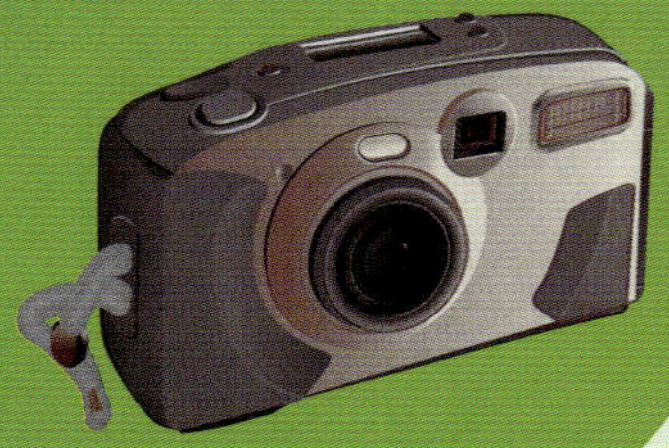

Définissez la RÉSOLUTION D'IMAGE et le niveau de compression

Outre le format des fichiers graphiques, la plupart des appareils numériques permettent de choisir la résolution de l'image. Si vous optez pour le format JPEG, vous pouvez par ailleurs souvent spécifier le niveau de compression souhaité. La résolution d'image s'exprime en pixels, comme 2 560 x 1 920. Le résultat de cette multiplication donne le nombre total de pixels qui composent l'image (4 915 200), soit presque 5 mégapixels. Plus ce nombre est élevé, plus l'image imprimée peut être grande. Ce critère est le premier à justifier l'achat d'un appareil numérique plus onéreux, avec un plus grand nombre de mégapixels.

Plus une image renferme de pixels, plus le fichier graphique correspondant est gros. Pour stocker davantage de photos sur un même support mémoire, le format JPEG permet de choisir un niveau de compression particulier qui permettra de réduire la taille du fichier. Malheureusement, plus l'image est compressée, plus sa qualité est altérée. Pour effectuer le paramétrage optimal avant la prise de vue, vous devez trouver le juste compromis entre la taille de l'image (résolution), le niveau de compression, la qualité de l'image et la taille d'impression maximale possible.

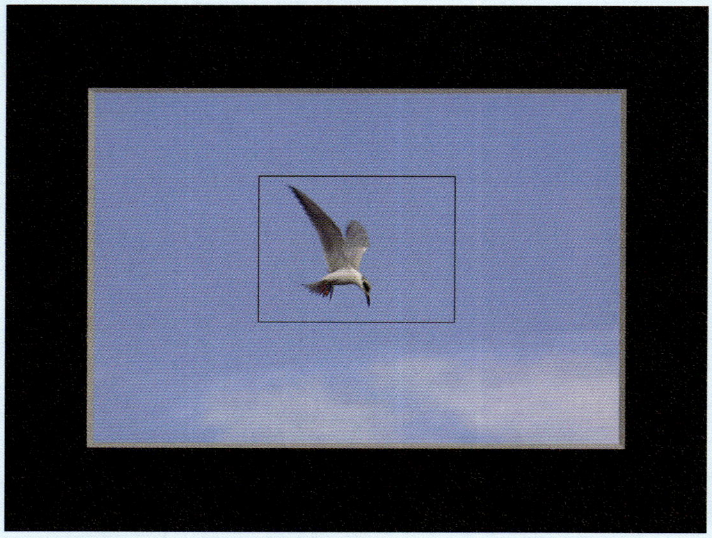

Cette photo a été prise avec un appareil 3,1 mégapixels réglé sur une taille d'image de 2 160 x 1 440 pixels.

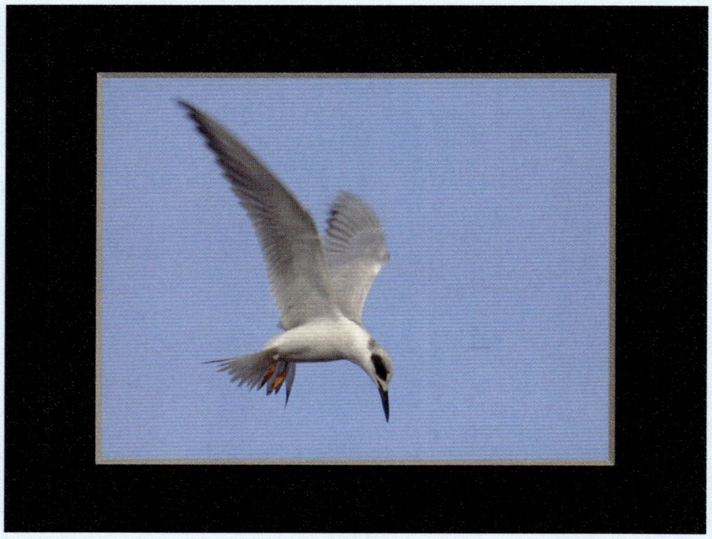

Créée à partir du centre de la photo de gauche, cette image de 800 x 600 pixels constitue une illustration parfaite pour occuper l'intégralité d'une page Web.

5

NIVEAU DE DIFFICULTÉ

Le saviez-vous ?

En réduisant la résolution des images pour stocker davantage de photos, vous perdez les avantages offerts par un recadrage et limitez la taille des impressions finales. Le prix des supports mémoire ne cessant de baisser, achetez plutôt plusieurs cartes supplémentaires et enregistrez vos clichés à la résolution maximale, avec une compression minimale. Vous éviterez ainsi de sacrifier vos clichés qui seraient au final trop petits ou trop compressés pour être imprimés.

Le saviez-vous ?

Chaque enregistrement d'un fichier JPEG modifié altère la qualité de l'image. Par conséquent, si vous devez ouvrir, retoucher et enregistrer une image JPEG plusieurs fois, effectuez tous les enregistrements à l'exception du dernier dans un format non compressé, comme TIFF, bitmap (.bmp) ou Photoshop (.psd).

Taille d'impression		
Mégapixels	*Résolution d'image*	*Taille d'impression*
2	1 200 x 1 600	12,7 cm x 17,01 cm
3	1 512 x 2 016	16,76 cm x 21,33 cm
4	1 704 x 2 272	18,03 cm x 24,13 cm
5	1 944 x 2 592	20,57 cm x 27,43 cm
6	2 048 x 3 072	21,59 cm x 32,51 cm

○ Ces valeurs supposent une résolution d'impression optimale de 240 ppp (dpi).

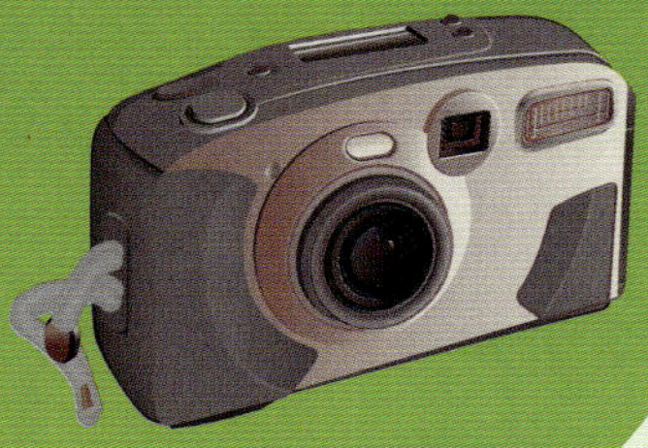

Utilisez l'indice ISO pour contrôler la SENSIBILITÉ À LA LUMIÈRE de l'appareil photo

En photographie argentique, la pellicule se choisit en fonction de son *indice ISO* (nouvelle appellation de l'indice ASA), comme ISO 100 ou ISO 400, qui influe sur la quantité de lumière dont bénéficieront les clichés. Pour les photographes, un film doté d'un indice ISO faible, tel qu'ISO 100, est plus lent qu'un film ISO 400, car la vitesse d'obturation doit être plus faible pour exposer la pellicule correctement. Autrement dit, un indice ISO plus élevé permet une capture plus rapide de l'image.

Les appareils numériques permettent de changer l'indice ISO entre chaque prise de vue. Ce paramètre est l'un des plus influents en votre contrôle. Bien qu'un ISO rapide, comme ISO 400 ou ISO 800, permette de réaliser des photos dans un environnement plus sombre sans générer de flou à cause d'un temps d'exposition prolongé, l'image numérique finale renferme beaucoup de bruit. Celui-ci équivaut au grain dont souffrent certaines photos argentiques. Il est alors généralement préférable d'adopter un ISO plus faible.

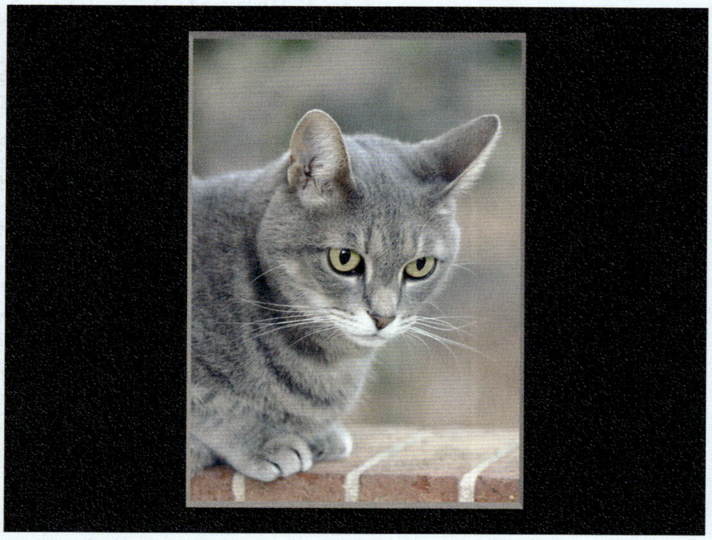

Le photographe a réalisé ce cliché avec un ISO 800, afin de pouvoir utiliser une vitesse d'obturation plus élevée et d'éviter ainsi de générer du flou à cause du faible éclairage.

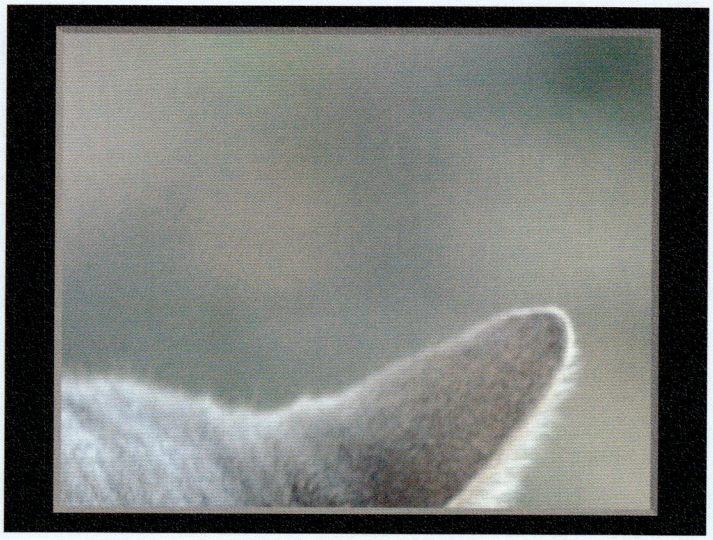

Du bruit apparaît nettement dans la quasi-totalité de cette photo.

6

NIVEAU DE DIFFICULTÉ

Le saviez-vous ?

C'est généralement en utilisant l'indice ISO le plus faible de votre appareil numérique, comme ISO 50 ou ISO 100, que vous obtiendrez la meilleure qualité d'image. Avec un indice plus élevé, de l'ordre de 400 ou 800, vous générerez en effet beaucoup de bruit.

Le saviez-vous ?

Lorsque vous modifiez une image numérique dans un logiciel de retouche comme Adobe Photoshop Elements, des tâches telles que l'accentuation du contraste ou de la netteté, et l'agrandissement de la photo risquent d'augmenter le bruit.

Astuce de pro !

Si le bruit qui apparaît dans une photo numérique est rarement souhaité, il vous arrivera néanmoins d'en générer volontairement à des fins artistiques. Ajouter du grain dans une image numérique peut conférer une apparence plus traditionnelle et réaliste au cliché en rappelant les photos argentiques.

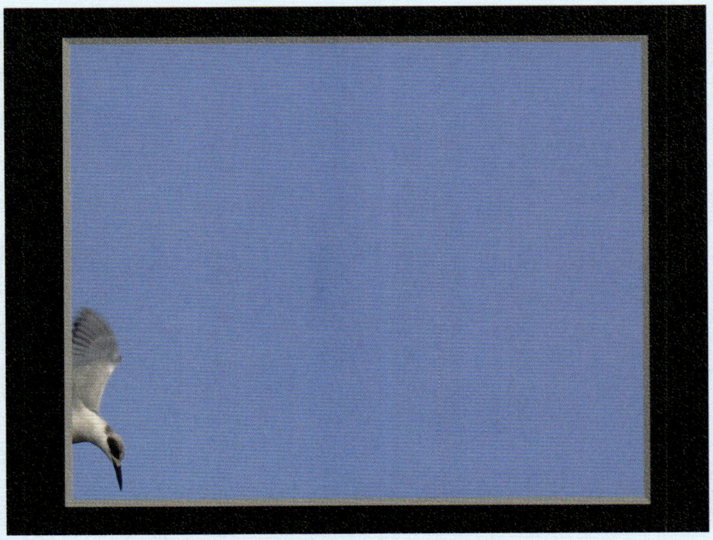

Dans cette photo réalisée avec un indice ISO 100, aucun bruit n'apparaît.

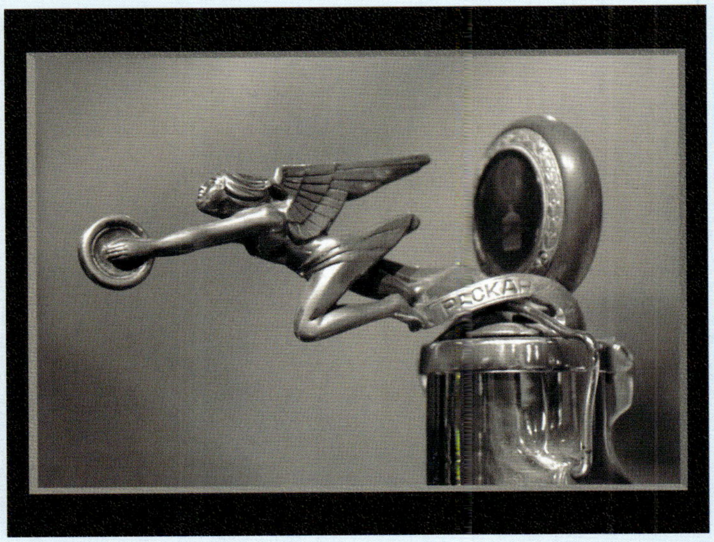

Pour simuler le grain des films argentiques, le photographe a capturé ce cliché noir et blanc avec un ISO 800.

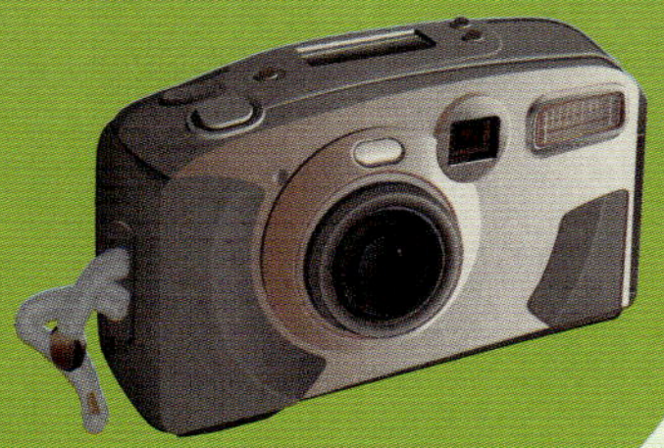

Améliorez les couleurs grâce à la BALANCE DES BLANCS

Réaliser des clichés avec des couleurs fidèles est l'un des plus grands défis à relever par les photographes. Il est notamment fréquent d'obtenir une *couleur dominante,* c'est-à-dire en trop grande quantité dans l'image, comme le bleu, le rouge ou le jaune. Ce problème vient souvent d'une balance des blancs incorrecte. Un paramètre correspondant, intégré à l'appareil numérique, permet d'enregistrer des couleurs fidèles lors de prises vue réalisées dans diverses conditions d'éclairage, telles qu'une lumière incandescente, un soleil éclatant ou un environnement nuageux.

Si beaucoup d'appareils photo permettent de choisir un réglage approprié de la balance des blancs, nombre d'entre eux possèdent aussi un paramètre personnalisé pour la balance des blancs qui assure un enregistrement très exact des couleurs après que vous avez photographié un carton blanc. Si votre appareil offre une telle fonctionnalité, apprenez à l'utiliser. L'une des techniques les plus sûres pour obtenir des couleurs fidèles consiste à photographier en mode brut : ainsi, vous pouvez ensuite ajuster la balance des blancs grâce à un convertisseur une fois la prise de vue réalisée. La plupart des convertisseurs d'images RAW, comme le plug-in Adobe Camera RAW (consultez les tâches n° 61 et n° 62), offrent des contrôles pour régler précisément la balance des blancs.

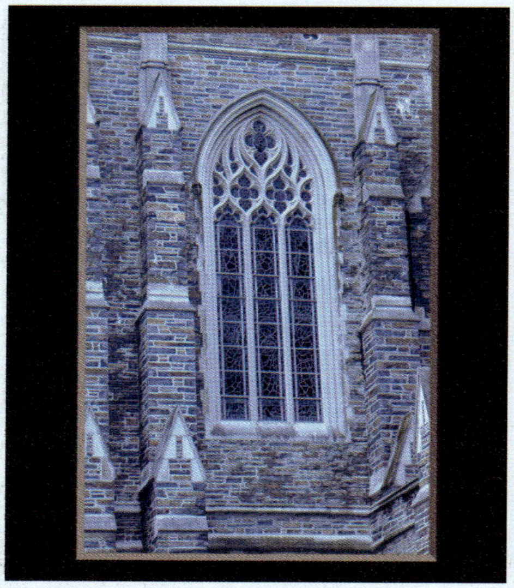

○ Cette photo a été prise en extérieur par une journée nuageuse, avec le paramètre Balance des blancs réglé à tort sur un éclairage au tungstène (ou incandescent).

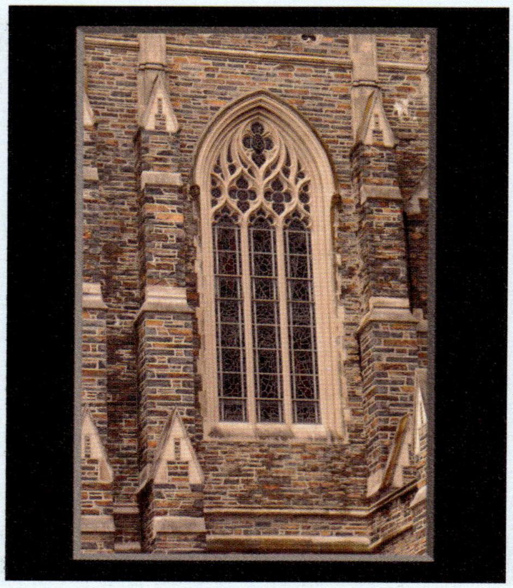

○ Cette photo a été prise en extérieur par une journée nuageuse, avec le paramètre Balance des blancs réglé à tort sur un environnement nuageux.

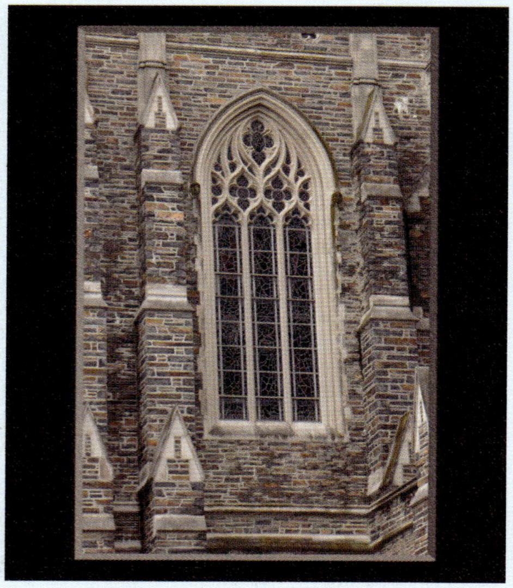

○ Cette photo a été prise en extérieur par une journée nuageuse, avec le paramètre Balance des blancs réglé sur automatique.

7

NIVEAU DE DIFFICULTÉ

Astuce de pro !

Il est parfois possible d'ajouter une nuance de couleur particulière à une photo en choisissant un paramètre prédéfini pour la balance des blancs. Par exemple, le paramètre adapté aux environnements nuageux peut permettre d'introduire une certaine chaleur dans un cliché sinon froid ou bleuté.

Le saviez-vous ?

La plupart des logiciels de retouche d'images intègrent plusieurs outils de correction colorimétrique, dont beaucoup donnent un résultat optimal quand la photo renferme du blanc pur ou du gris neutre. Lorsque vous devez assurer un rendu fidèle des couleurs, mais que la composition ne comporte aucun élément blanc ni gris, essayez d'y placer quelque part un carton blanc. Après avoir utilisé celui-ci pour rectifier les couleurs, vous pourrez le masquer grâce à d'autres outils du logiciel de retouche.

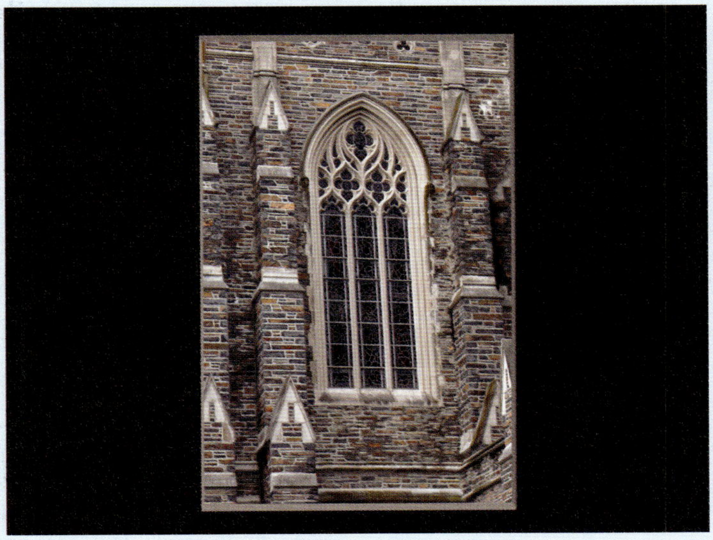

Cette photo a été prise en extérieur par une journée nuageuse et enregistrée au format brut, de sorte que le paramètre Balance des blancs n'a pas été appliqué.

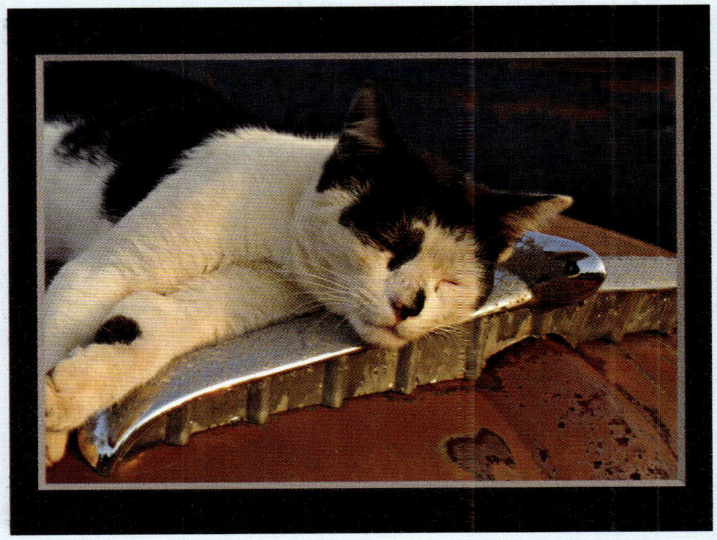

Si des couleurs fidèles auraient permis d'obtenir un blanc parfait, les lueurs jaunes introduites par le soleil rendent la scène plus chaleureuse.

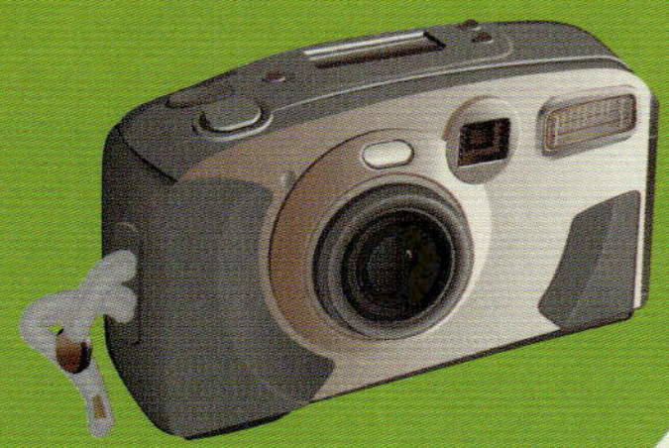

Réalisez des photos pour des CRÉATIONS NUMÉRIQUES

Aussi importante soit-elle, la réalisation d'un cliché avec un appareil numérique ne constitue qu'une petite partie du traitement de l'image numérique. Si vous prenez des photos numériques sans songer aux possibilités ensuite offertes par les logiciels de retouche, vous limitez considérablement votre créativité et vos prises de vue.

Pour profiter du nouvel univers de la photographie numérique, vous devez être aussi performant dans la manipulation de votre appareil que dans l'emploi d'un programme comme Adobe Photoshop Elements. Grâce à ses fonctions de montage, de correction, de déformation, de coloration, d'amélioration, *etc.*, ce logiciel de retouche permet d'enrichir vos photos et de les rendre encore plus belles. En le maîtrisant, vous pourrez réaliser de véritables prouesses, et notamment combiner plusieurs clichés en une seule image panoramique, augmenter la gamme tonale, accentuer le contraste, ajouter du mouvement et obtenir une plage dynamique complète.

Bien qu'un programme de retouche d'images offre des possibilités de modifications phénoménales, le résultat est toujours d'autant plus satisfaisant que la photo de départ est soignée. Seul un excellent cliché initial peut donner lieu à une magnifique image finale.

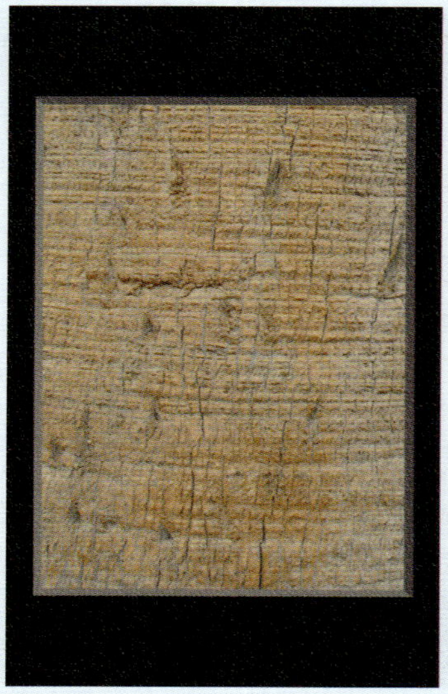

Cette photo d'écorce a été prise dans le but de servir d'arrière-plan à un autre cliché.

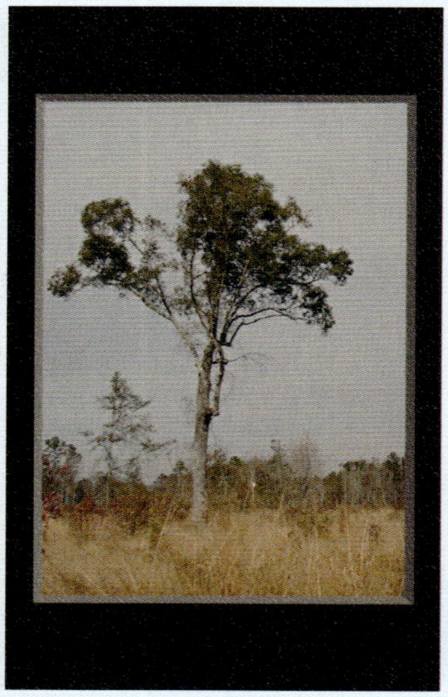

Cette photo d'arbre très dépouillée a été prise dans le but d'être enrichie par un arrière-plan plus riche.

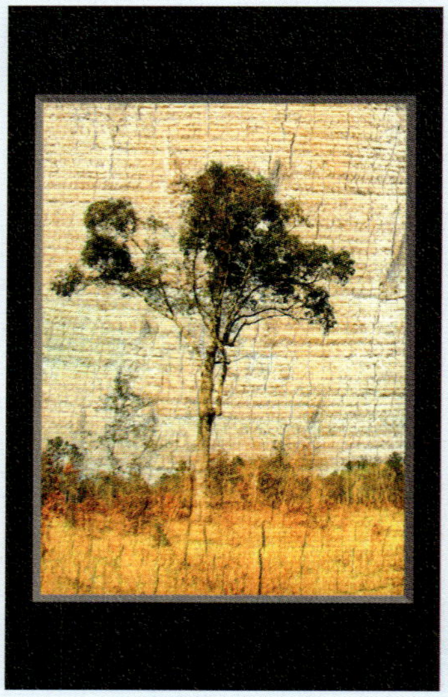

Cette image a été réalisée par combinaison des deux photos de gauche.

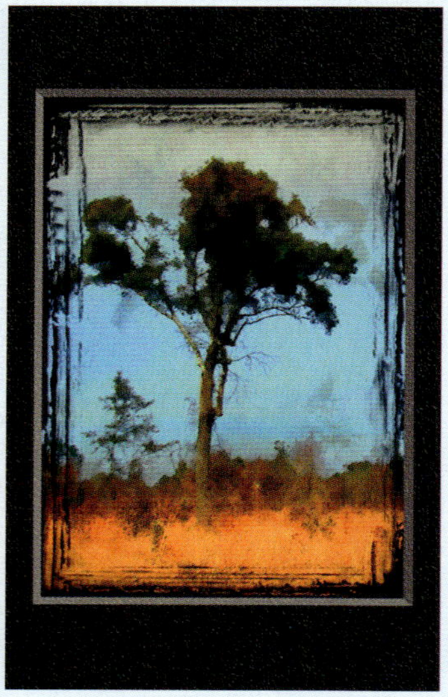

Cette peinture a été créée à partir de l'image de gauche, grâce à des filtres et plug-ins d'Adobe Photoshop Elements.

8

NIVEAU DE DIFFICULTÉ

Astuce de pro !

Dès lors que vous possédez un appareil numérique et des supports mémoire, réaliser des clichés ne vous coûte plus un centime. Par conséquent, photographiez souvent et n'hésitez pas à capturer plusieurs fois la même scène. Essayez différentes expositions et compositions, afin de pouvoir ensuite choisir le meilleur cliché parmi un large éventail de prises de vue.

Le saviez-vous ?

Un logiciel de retouche comme Adobe Photoshop Elements permet de retirer ou d'ajouter des éléments dans une photo, tels que des lignes de téléphone, du ciel, des nuages ou des personnes. S'il est généralement plus facile de réaliser un bon cliché plutôt que de le rectifier ensuite, ne renoncez jamais à capturer une scène qui renferme un objet indésirable : vous pourrez toujours supprimer celui-ci dans votre programme de retouche (consultez la tâche n° 63).

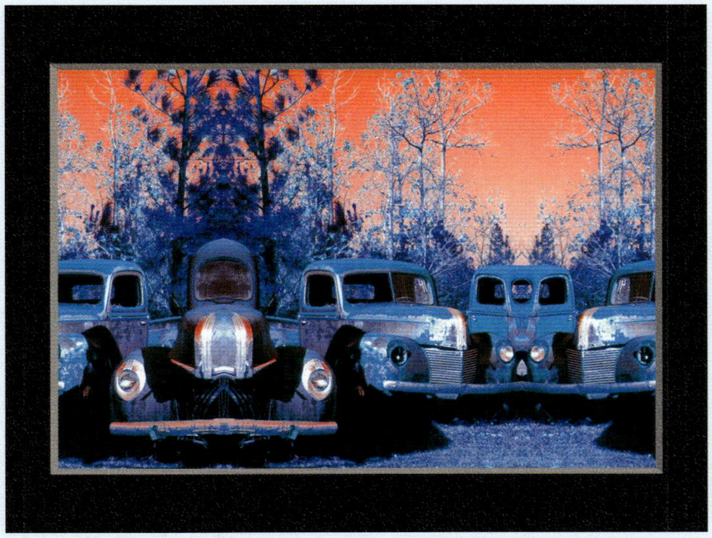

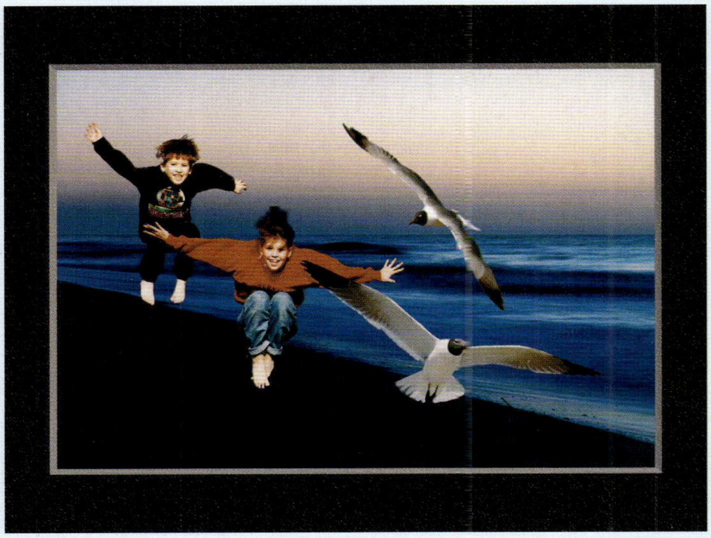

- Cette image a été réalisée dans Adobe Photoshop Elements à partir d'une photo de vieux véhicules alignés.
- Cette image d'enfants et d'oiseaux volant au-dessus de la côte a été créée à partir de cinq photos différentes.

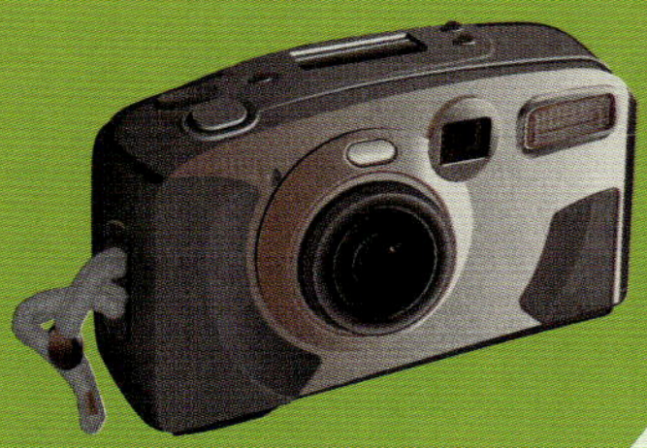

EMPORTEZ L'INDISPENSABLE

pour une séance de photos plaisante et réussie

En photographie, la patience est souvent un gage de réussite. Selon les conditions de la prise de vue, vous aurez parfois besoin d'attendre un meilleur éclairage, plus ou moins de pluie, l'apparition d'un sujet, le déplacement d'un nuage, voire le lever ou le coucher du soleil. Quel que soit l'événement, la patience est peut être le principal atout que doivent posséder les photographes pour réussir leurs clichés. Si vous n'êtes pas très patient de nature, le mieux est d'emmener des objets qui rendront votre escapade plus agréable, plus productive et plus sûre.

Un photographe affamé, fatigué, assailli par les moustiques, ou qui souffre du froid ou de la chaleur réussit nécessairement moins de clichés que s'il se sent bien et serein. Avant de partir pour une séance de prises de vue, réfléchissez soigneusement à ce que vous devez emmener en plus de votre équipement photo. Des barres de céréales, de l'eau, une chaise pliante légère, de la crème solaire et un chapeau peuvent améliorer sensiblement votre confort et favoriser ainsi votre réussite.

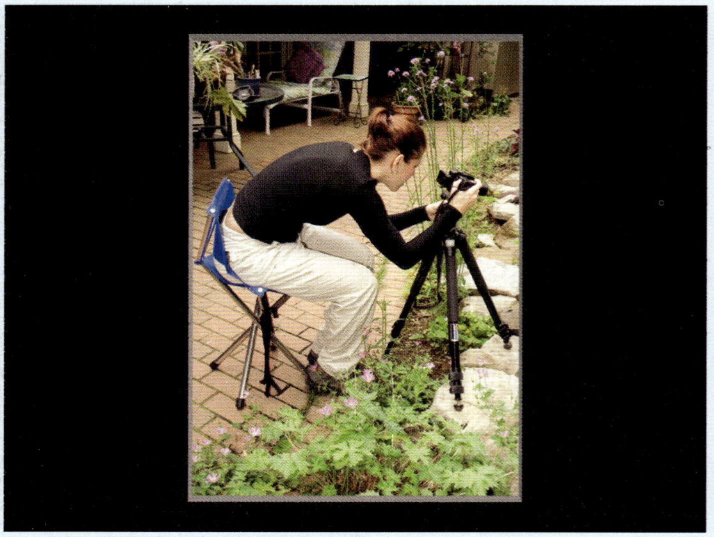

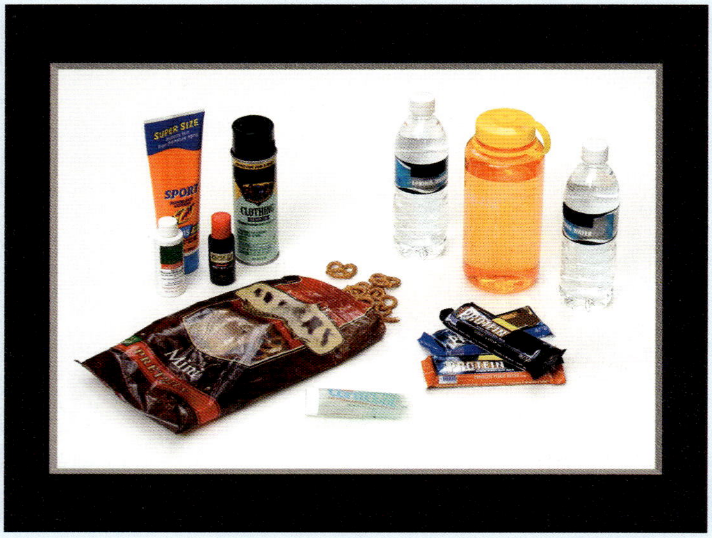

Grâce à une petite chaise pliable et légère, cette photographe a pu attendre confortablement que le crapaud sorte sa tête de l'eau.

De l'eau, un chapeau, de la crème solaire, un produit anti-insectes et quelques aliments contribueront au bon déroulement de votre séance de photos.

9

NIVEAU DE DIFFICULTÉ

Le saviez-vous ?

L'Internet regorge d'informations utiles à l'intention des photographes.

Équipement de randonnée : www.lafuma.fr

Service d'itinéraires : www.mappy.com

Météorologie : www.meteo.fr

Parcs nationaux français : www.parcsnationaux-fr.com

Réserves naturelles françaises : www.reserves-naturelles.org

Horaires des levers et couchers de soleil : http://aa.usno.navy.mil/data/docs/RS_OneDay.html

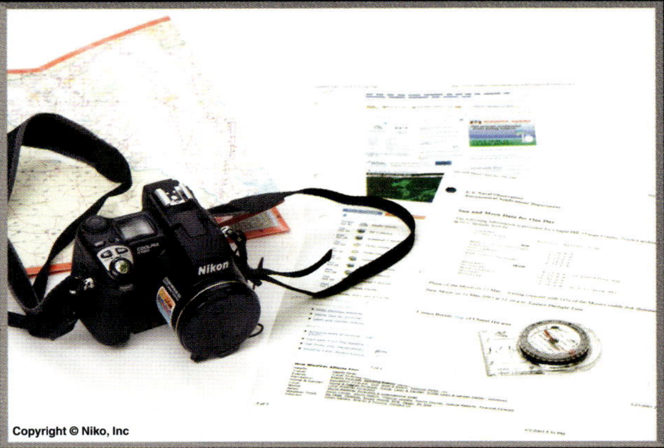

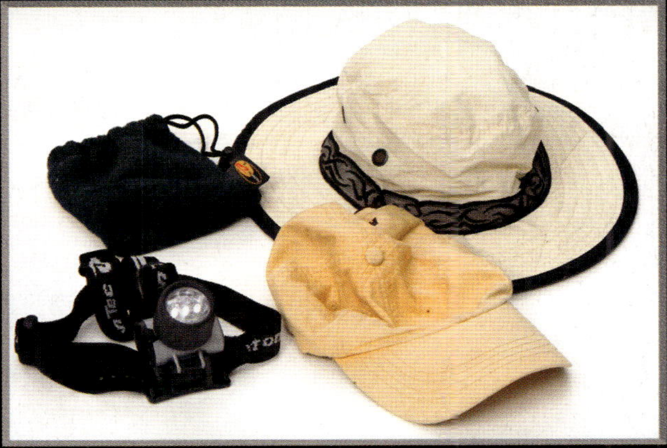

Une boussole et un horaire des levers et couchers de soleil vous permettront de vous trouver au bon endroit au bon moment pour bénéficier d'une jolie lumière solaire.

Avec une lampe frontale, vous pourrez marcher en toute tranquillité aux toutes premières et dernières heures de la journée.

CHAPITRE 2

Améliorez la prise de vue

La réussite d'un cliché tient essentiellement à la manière dont le photographe appréhende la scène, le temps dont il dispose pour capturer celle-ci, la contrôler et la retoucher, ainsi que son degré de maîtrise de son appareil. Bien sûr, certains modèles d'appareils numériques extrêmement coûteux facilitent l'obtention de jolis clichés. Pour mettre toutes les chances de votre côté, néanmoins, vous devez avant tout apprendre à améliorer la phase de la prise de vue. Sachez choisir des sujets qui vous passionnent, mais aussi bien évaluer et exploiter les conditions atmosphériques. Concevez mentalement la scène à capturer et mettez à profit vos connaissances techniques pour immortaliser cette vision avec votre appareil.

Réaliser des photos requiert beaucoup de temps. Une fois que les conditions favorables sont réunies et que vous êtes prêt à capturer la scène, vous devez réussir une composition conforme à l'idée que vous vous faites du cliché final. Le nouvel univers de la photographie numérique offre de nombreux avantages totalement inédits qui permettent de réussir d'excellents clichés plus souvent, plus facilement, plus rapidement et à moindre coût.

Mais quels sont les ingrédients d'une bonne prise de vue ? Votre avis est l'un des meilleurs critères de réussite : aimez-vous la photo et avez-vous pris du plaisir à la réaliser ? Écoutez les avis et conseils des gens qui vous entourent, mais photographiez pour vous, en cédant à vos envies. En respectant ces quelques règles et en y consacrant du temps et de l'énergie, vous deviendrez un bon, voire un très bon photographe.

TOP 100

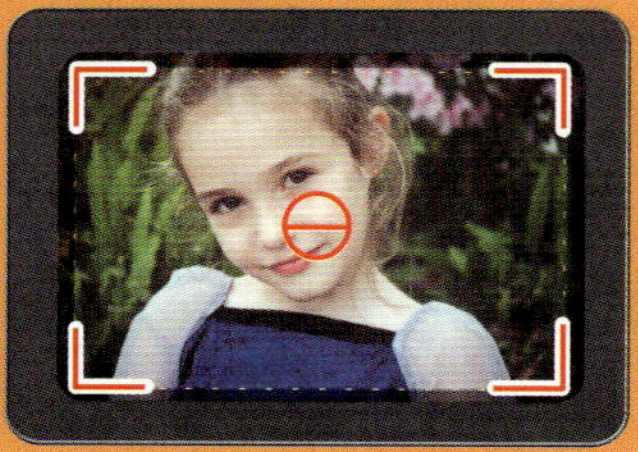

Réunissez les

CONDITIONS DE LA PRISE DE VUE

Vous devez prendre l'habitude d'évaluer consciencieusement les conditions de chaque prise de vue. Il ne s'agit pas seulement de savoir si telle ou telle photo mérite d'être prise. Vous devez aussi déterminer comment réussir le meilleur cliché possible dans les conditions dont vous disposez. Quand cela s'impose, sachez en outre renoncer à une prise de vue et revenir sur la scène à un moment plus propice à la photo.

Que peut-on qualifier de « bonnes conditions » pour un cliché ? Faut-il s'abstenir de photographier lorsqu'il y a beaucoup de vent, qu'il pleut ou que le soleil est au zénith ? Aussi étonnant que cela paraisse, rares sont les principes qui restent toujours valables en photographie. S'il est certes plus difficile de réussir des clichés en plein midi, beaucoup de photos remarquables justifient pleinement de déroger à la règle qui préconise de ne pas réaliser de prises de vue en extérieur à ce moment de la journée.

N'oubliez jamais que votre sujet constitue l'une des conditions majeures de vos prises de vue. S'il vous passionne, vous prendrez beaucoup de plaisir à le photographier à de multiples reprises et parviendrez par là-même à améliorer peu à peu vos clichés. Bien connaître son sujet et l'apprécier constituent deux précieux atouts pour réussir à capturer son âme ou son atmosphère sous un angle intéressant.

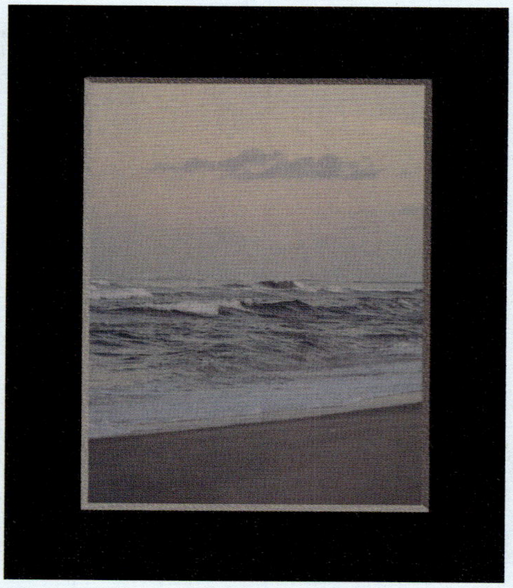

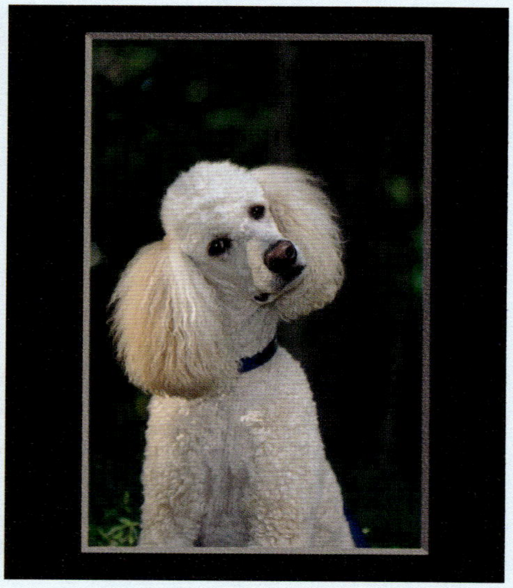

○ Pensez-vous que cette photo de ferme réalisée en fin de journée serait meilleure si les bâtiments blancs avaient été plus éclairés par une lumière de début de matinée ?

○ Trouvez-vous la couleur de cette plage satisfaisante ? Pensez-vous qu'il aurait fallu attendre avant de réaliser cette photo ? Auriez-vous utilisé une vitesse d'obturation plus élevée pour générer une sous-exposition et intensifier les couleurs ?

○ Croyez-vous que nous aurions pu trouver un meilleur arrière-plan pour ce caniche ?

10

NIVEAU DE DIFFICULTÉ

Astuce de pro !

Quand les conditions d'une prise de vue sont vraiment défavorables, faites preuve d'originalité pour réussir tout de même de belles photos. Par exemple, une pluie battante peut créer de superbes motifs sur les flaques dans lesquelles se reflète votre sujet. De même, si un vent trop fort vous empêche de réaliser des gros plans, vous pouvez en profiter pour capturer des fleurs en boutons légèrement floues en réduisant la vitesse d'obturation.

Le saviez-vous ?

Il est fréquent de réussir d'excellentes photos par « mauvais » temps. Un brouillard épais, une tempête ou une chute de neige peuvent constituer une formidable atmosphère. La prochaine fois que le temps vous semble défavorable, prenez votre appareil photo et mettez le nez dehors. Essayez ensuite de trouver des conditions d'éclairage peu contrastées ou des scènes où se côtoient un éclairage intense et une zone calme, comme lors d'un orage.

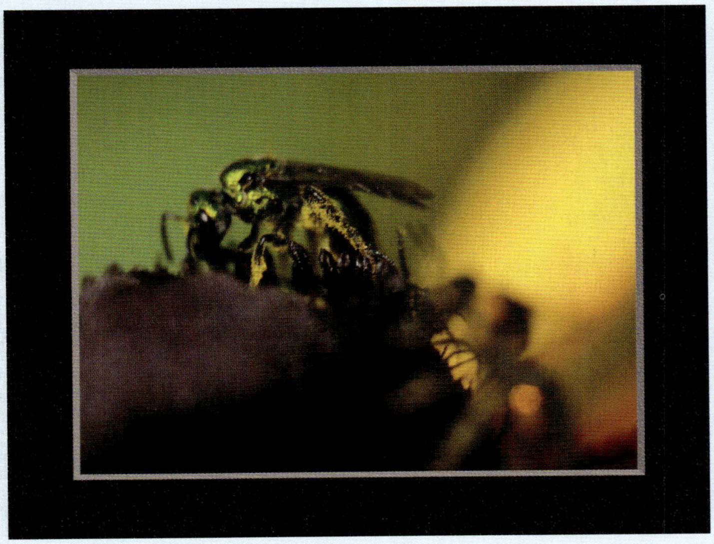

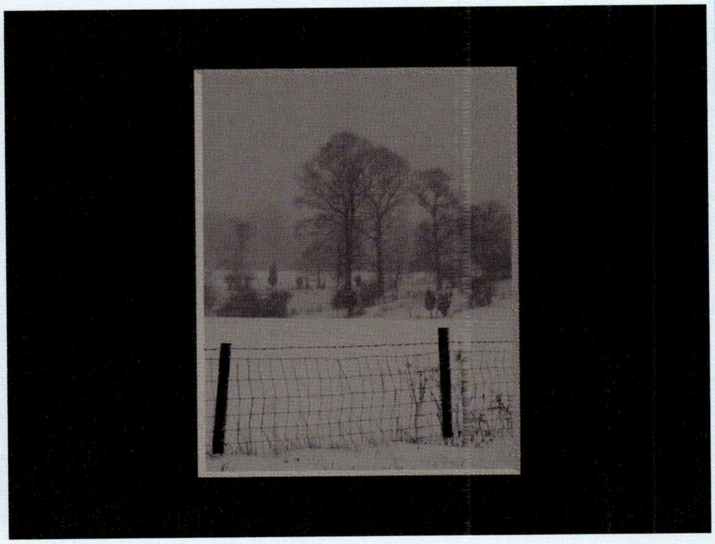

Selon vous, le vent était-il trop fort pour photographier cette abeille en train de butiner au milieu du jardin richement coloré, ou fallait-il en profiter pour créer un doux effet de flou ?

Vous seriez-vous abstenu de photographier cette scène de tempête de neige ? Imaginez ce qu'elle aurait été quelques heures plus tard.

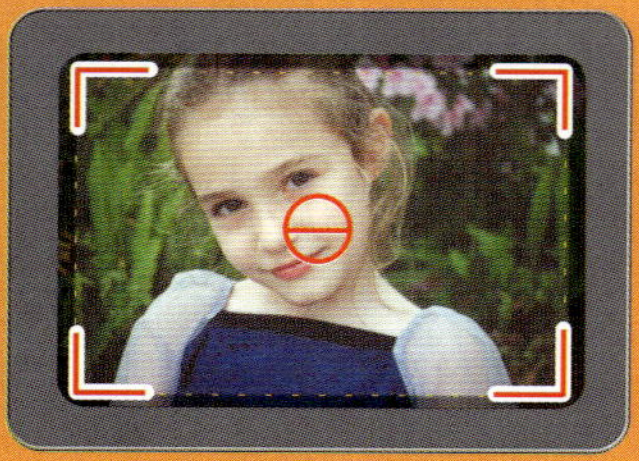

Envisagez toutes les POSSIBILITÉS

À chaque fois que vous appuyez sur le déclencheur pour capturer une scène, vous analysez des dizaines de variables, comme l'exposition, la composition, l'éclairage, la profondeur de champ, l'angle de vue et l'indice ISO. Pour améliorer vos compétences, réfléchissez à la manière dont vous pourriez modifier tous ces facteurs pour réaliser de nombreuses photos différentes. Examinez ensuite les résultats pour ne retenir que les meilleurs clichés.

Plus vous réaliserez et étudierez de photos, mieux vous cernerez vos goûts et plus vous serez en mesure de développer et d'affirmer votre propre style. Un excellent exercice consiste à examiner attentivement comment varier les modes de prises de vue. Beaucoup de bons photographes capturant les mêmes sujets, de mûres réflexions s'imposent pour réussir des clichés originaux et intéressants.

Un jour qu'un photographe de renom fut invité à donner son avis sur le portfolio d'un homologue, il jeta un bref coup d'œil aux clichés et dit au photographe de revenir quelques semaines plus tard avec un petit millier de photos en plus. Ce commentaire signifiait en fait que le photographe critiqué n'avait pas assez étudié toutes les possibilités qui s'offraient à lui lors des prises de vue.

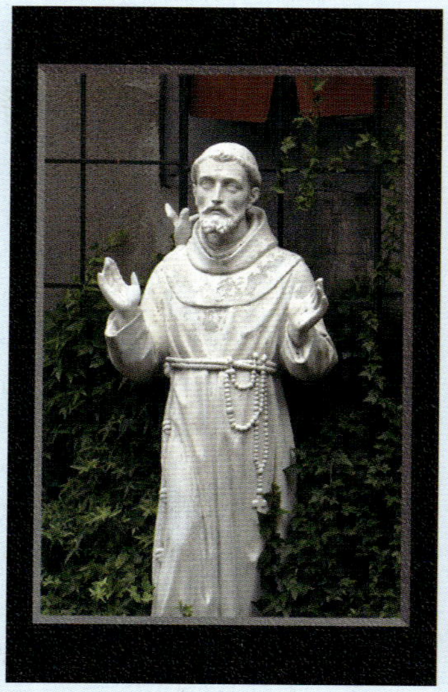

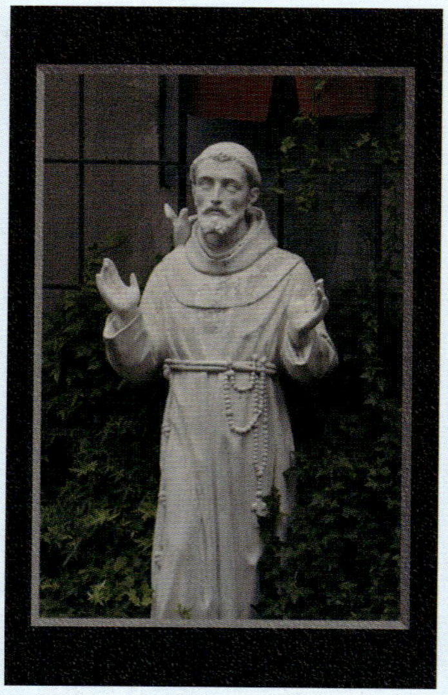

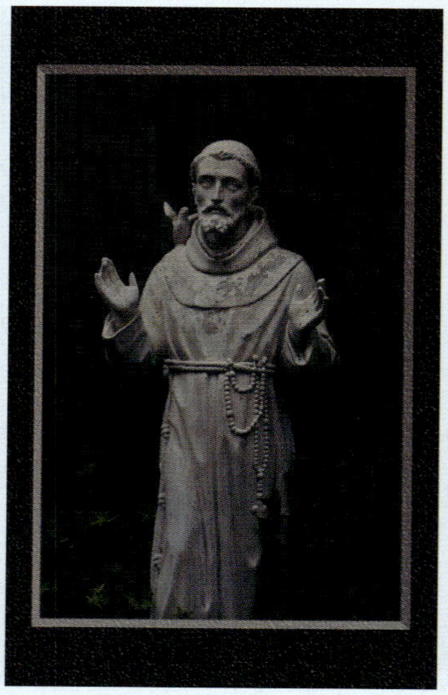

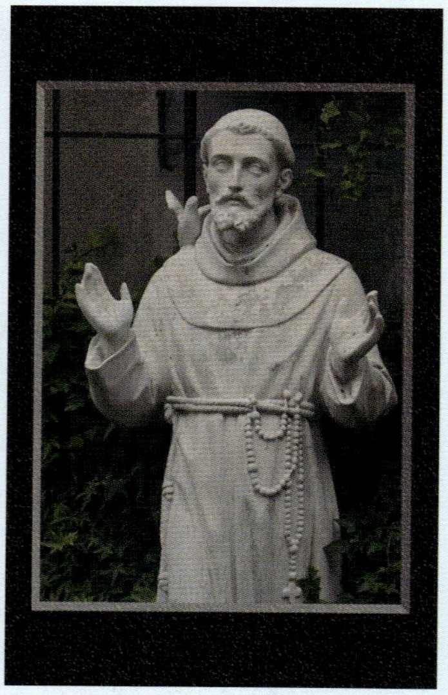

Pour éclaircir la statue, l'exposition a été légèrement augmentée par rapport à celle préconisée par l'appareil photo.

Ce cliché a été pris avec l'exposition définie par l'appareil photo.

Avec une exposition légèrement trop faible, l'arrière-plan disparaît.

Resserrer légèrement le cadre autour de la statue met le geste de l'homme en valeur.

11

NIVEAU DE DIFFICULTÉ

Mise en pratique !

Il est parfois possible de réaliser des photos originales et intéressantes en exploitant les extrêmes. Essayez par exemple d'utiliser la valeur maximale ou minimale pour le nombre f, la vitesse d'obturation ou l'angle de vue, puis d'adopter une variable un peu moins extrême. Réalisez ainsi de multiples photos, jusqu'à obtenir des clichés qui vous plaisent.

Le saviez-vous ?

Une position très avantageuse pour capturer un sujet ou une scène consiste à placer l'appareil à environ 1,50 m à 1,80 m du sol. Simplement, l'essentiel des gens voyant le monde qui les entoure de cette hauteur, les photos prises ainsi sont souvent ordinaires. Essayez par conséquent de réaliser vos clichés en adoptant l'angle de vision d'un ver de terre ou d'un oiseau, afin d'obtenir une perspective inhabituelle.

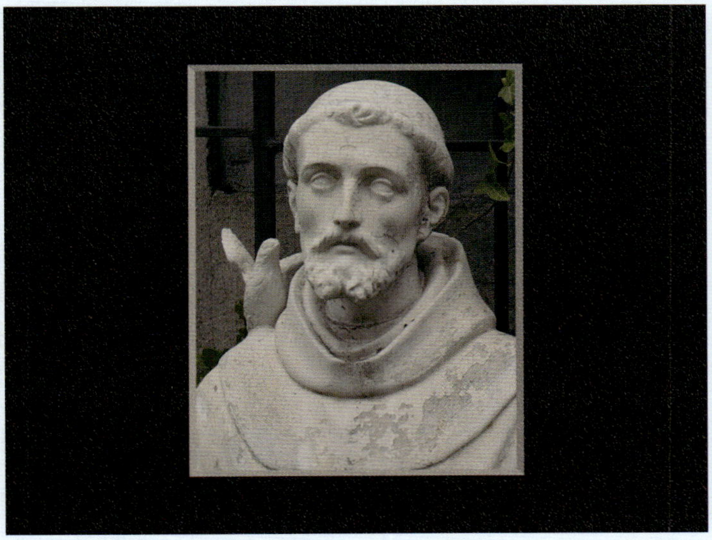

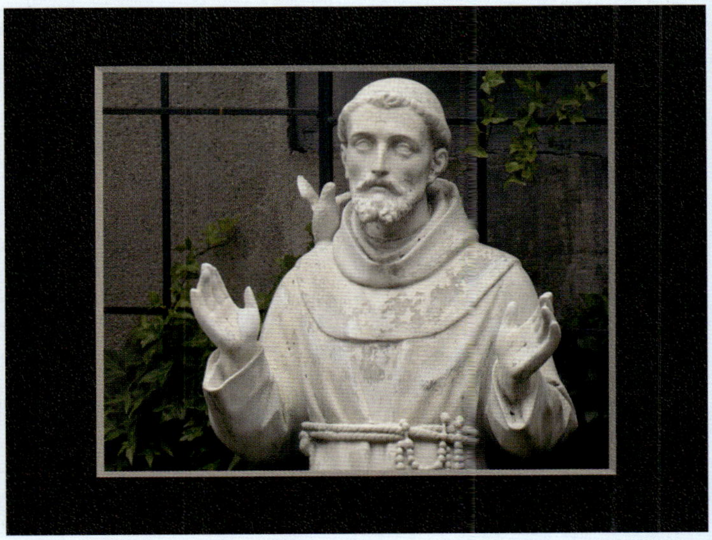

Le cadre très serré de cette photo met le visage de l'homme en valeur.

Cette composition horizontale accentue le face à face entre le spectateur et l'homme statufié.

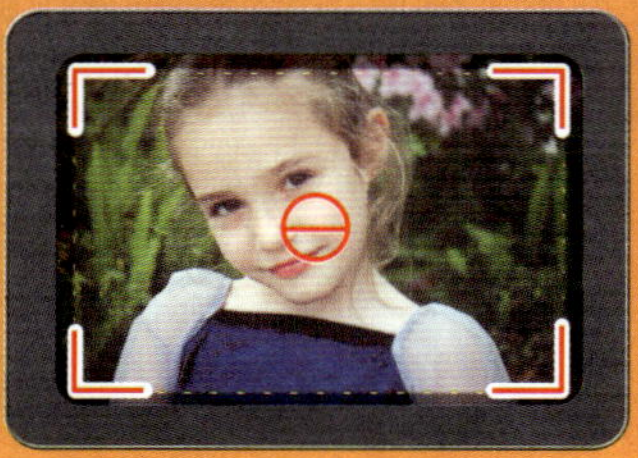

SOIGNEZ LA COMPOSITION

pour un impact maximal

La composition fait partie des principaux aspects à bien maîtriser au moment de la prise de vue. S'il existe beaucoup de règles pour aider à trouver la juste composition, les photographes les ignorent souvent délibérément et réussissent néanmoins de superbes clichés. Par conséquent, gardez toujours à l'esprit les règles standard, telles que celle des trois tiers, mais ne les considérez pas comme des principes à respecter absolument.

Si votre appareil numérique possède un zoom, vous pouvez tester différentes compositions sans beaucoup vous déplacer. Par exemple, il est possible de commencer par utiliser le grand-angle, puis de faire un zoom pour réaliser un plan rapproché du sujet. L'angle de vue et la position idéale pour le photographe constituent deux autres aspects importants de la composition que vous pouvez plus ou moins contrôler avec un zoom. Essayez de trouver un angle de vue qui présente le sujet ou la scène sous un nouveau jour. Cherchez également à accentuer les formes, les textures et les motifs. Votre composition doit inviter le spectateur à regarder la photo de plus près.

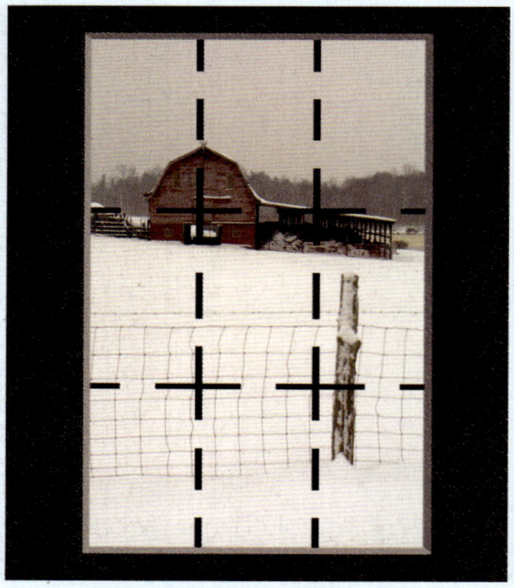

La composition de cette photo respecte la règle des trois tiers : le sujet principal se trouve à l'une des intersections du quadrillage imaginaire qui scinde la scène en neuf surfaces d'égale superficie.

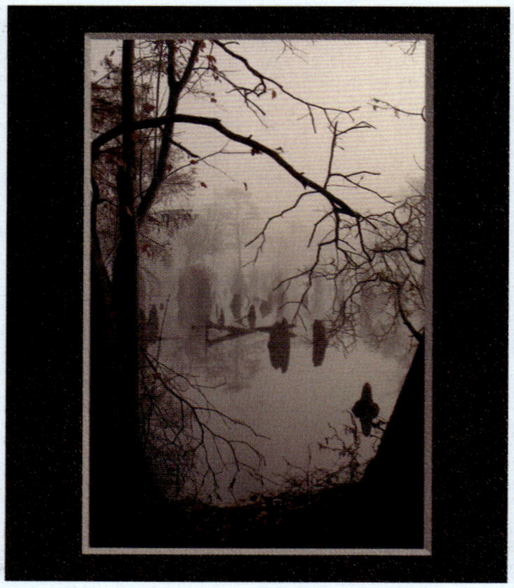

Le fait d'inclure les arbres du premier plan dans le cadre donne beaucoup plus d'intérêt à l'étang.

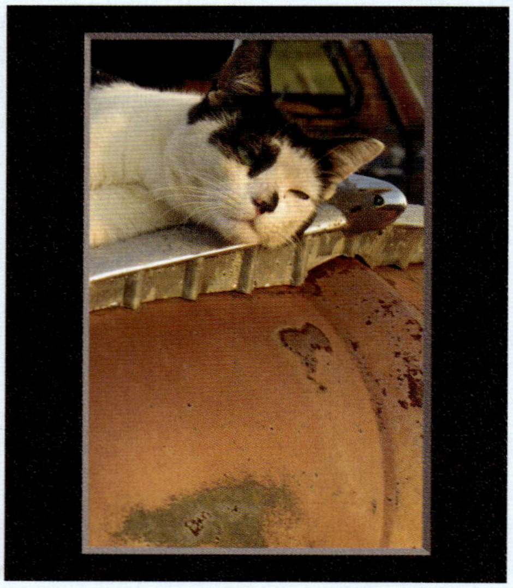

Intégrer une grande surface du capot rouillé dans ce cliché permet de faire comprendre où ce chat de ferrailleur prend son bain de soleil.

12

NIVEAU DE DIFFICULTÉ

Mise en pratique !

En intégrant une partie du premier plan dans le cadre de la photo, vous pouvez non seulement renseigner le spectateur sur le sujet, mais aussi lui donner l'impression qu'il se trouve dans la scène. En l'absence de premier plan, le sujet apparaît souvent trop isolé.

Le saviez-vous ?

Trouver des compositions originales n'est pas chose facile. Pourtant, si vous demandez à une dizaine de bons photographes de capturer le même sujet, vous obtiendrez de nombreuses compositions différentes. Pour améliorer vos compétences, choisissez un sujet et entraînez-vous à réaliser de multiples compositions qui le mettent en valeur.

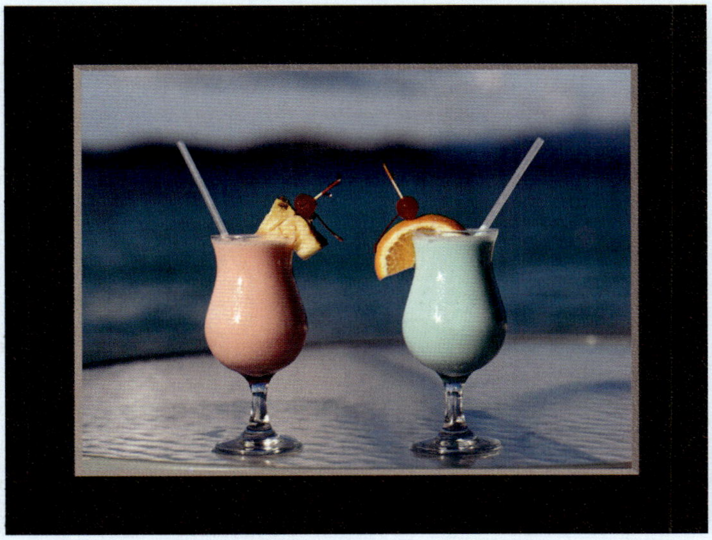

L'arrière-plan flou accentue la netteté des deux verres au premier plan et invite le spectateur à s'interroger sur les personnes qui vont boire ces cocktails.

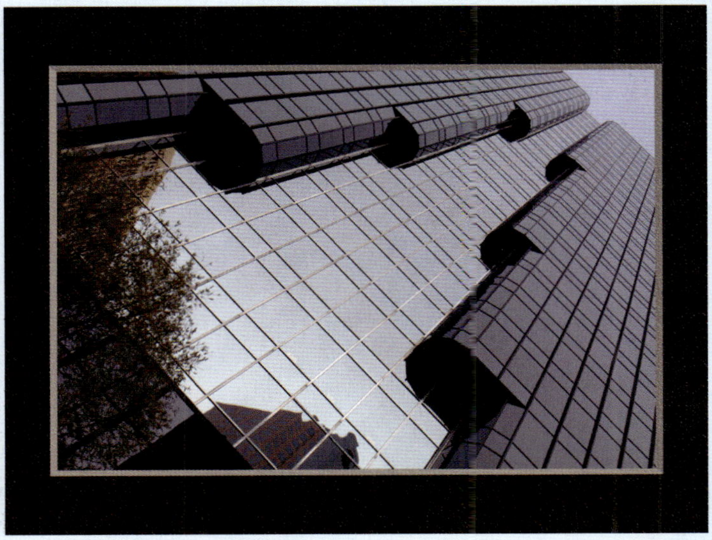

L'aspect très graphique de cette architecture est renforcé par l'angle particulièrement original de la prise de vue.

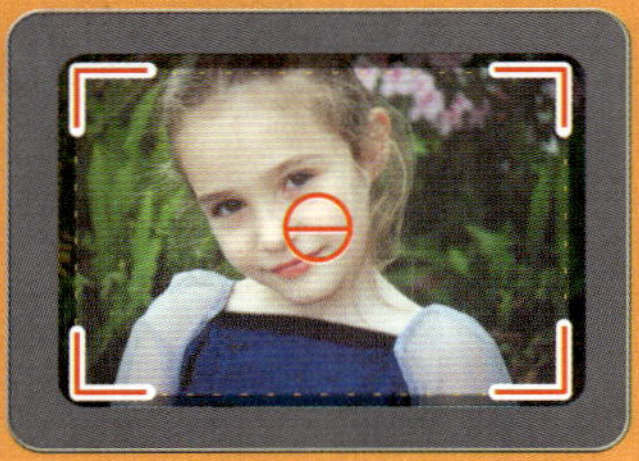

Prenez une série de photos THÉMATIQUE

De multiples raisons justifient de prendre des photos relevant d'une même thématique. Si vous choisissez un thème qui vous intéresse, vous aurez plaisir à réaliser des clichés et serez sans doute amené à les multiplier. En connaissant de mieux en mieux votre sujet, vous ne cesserez par ailleurs de vous perfectionner et réussirez des clichés toujours plus intéressants. Enfin, le fait de posséder des dizaines de photos d'un même sujet vous permettra de déterminer ce qui contribue à la qualité d'une prise de vue.

Vous pouvez choisir un thème limité que vous traiterez en intégralité, comme les églises de campagne d'une région particulière, ou préférer un thème plus large, tel que les vieilles voitures, les anciennes fermes ou les gargouilles. Les photos ci-dessous relèvent d'un thème bien spécifique, puisque toutes présentent des emblèmes de capots d'automobiles anciennes. Le sujet pourrait même être encore plus précis : à l'exception d'un cliché, il s'agit en effet uniquement d'emblèmes de camions Mack.

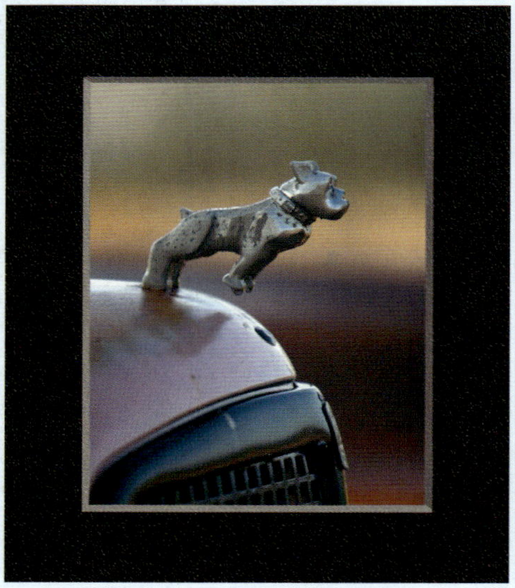

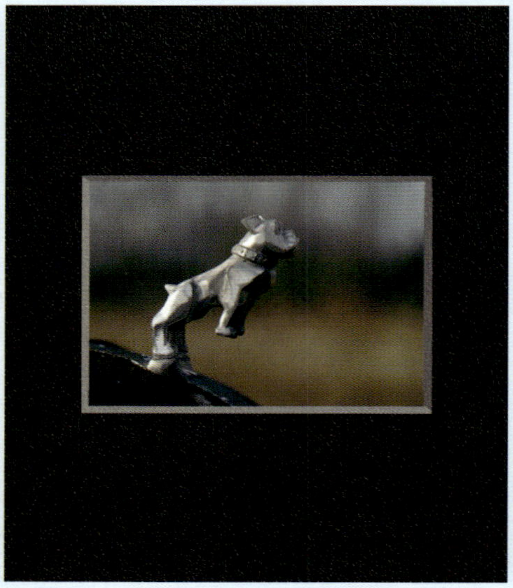

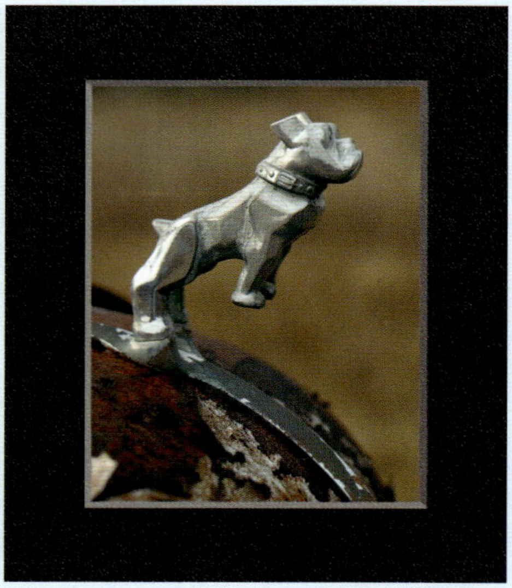

Cet emblème de capot d'un camion Mack a été photographié devant un arrière-plan volontairement flouté.

Ce cliché présente l'emblème d'un camion de pompiers Mack.

La rouille sur le capot renseigne sur l'âge du véhicule orné par ce bulldog.

13

NIVEAU DE DIFFICULTÉ

Mise en pratique !

Au moment de prendre des photos qui couvriront un thème particulier, réfléchissez bien à leur composition et à la manière dont elles pourront ensuite s'agencer. Voyez si vous devez capturer certaines scènes en mode Portrait, et d'autres en mode Paysage, par exemple. Déterminez également si l'arrière-plan doit rester constant ou s'il peut varier entre les clichés.

Le saviez-vous ?

Si vous avez choisi un thème qui réclame beaucoup de recherches, profitez de l'Internet pour trouver des informations. Par exemple, si vous aimez photographier les oiseaux, rendez-vous sur des forums d'ornithologues : ils vous indiqueront où trouver telle ou telle sorte de volatile. Et si vous avez opté pour un thème comme les fermes anciennes, le Web peut là aussi vous épargner de nombreux déplacements, vous faisant ainsi gagner du temps et de l'argent.

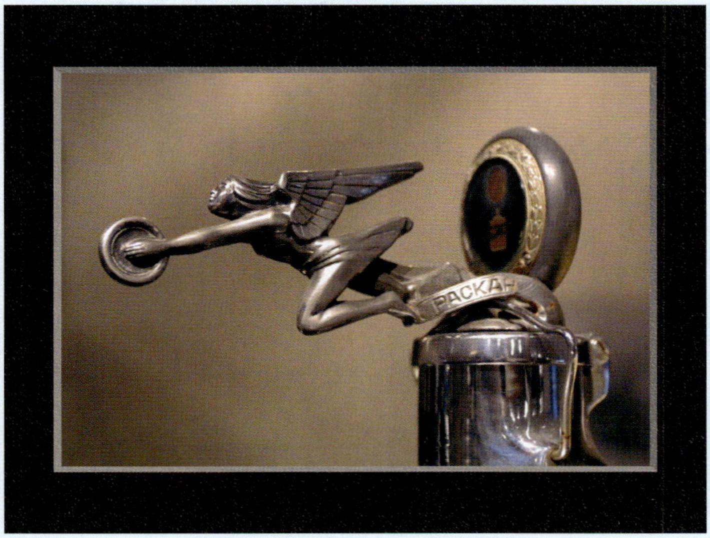

Ce bel emblème orne le capot d'une vieille voiture Packard.

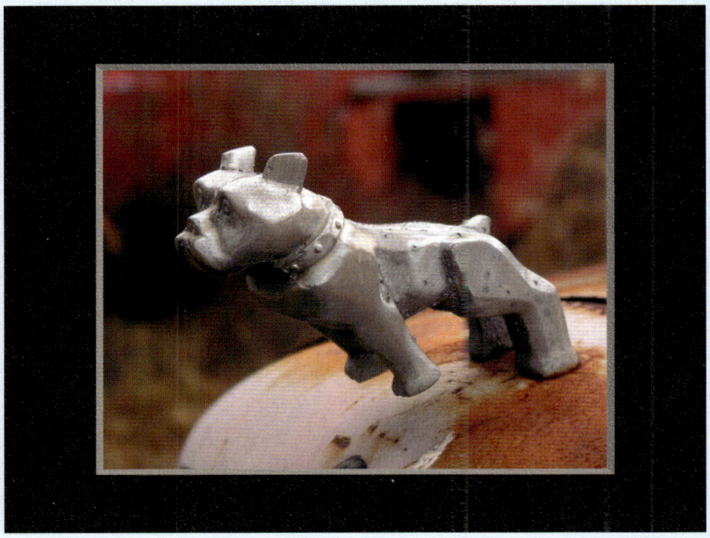

Cette photo présente un autre emblème de camion Mack fixé sur une carrosserie rouillée.

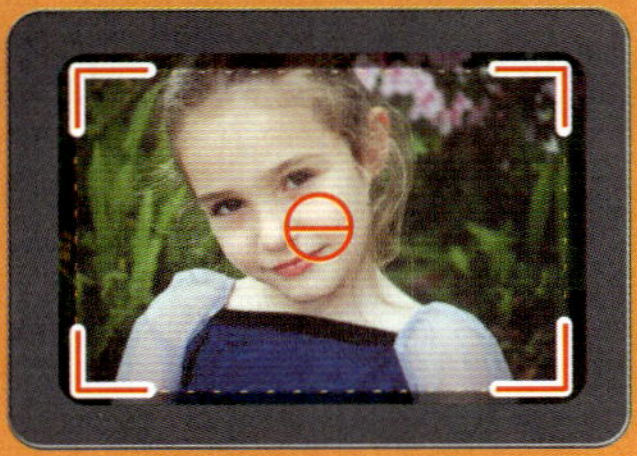

Trouvez et DÉVELOPPEZ VOTRE STYLE

À chaque fois que vous parvenez à identifier l'auteur d'une photo en contemplant simplement celle-ci, vous pouvez en conclure que le photographe a réussi à développer son propre style. Un style peut être une manière particulière de réaliser des portraits, d'exploiter l'éclairage ou de capturer les couleurs. Il s'agit aussi parfois d'une association difficilement quantifiable de diverses caractéristiques.

Pour réussir à développer votre propre style, commencez par réaliser de nombreux clichés, afin d'identifier votre vision particulière de la photographie et de déterminer à la fois ce à quoi vous vous attachez et la manière dont vous le capturez. Lorsque vous posséderez plusieurs milliers de prises de vue, vous verrez se dégager un point commun. Peut-être votre œil s'attache-t-il davantage aux objets graphiques avec des couleurs très soutenues. À moins que vous n'ayez joué la carte de l'impressionnisme en photographiant avant tout avec une faible vitesse d'obturation dans des environnements peu éclairés et légèrement ventés. Dès que vous aurez identifié votre style, continuez à le travailler pour l'affiner et l'affirmer.

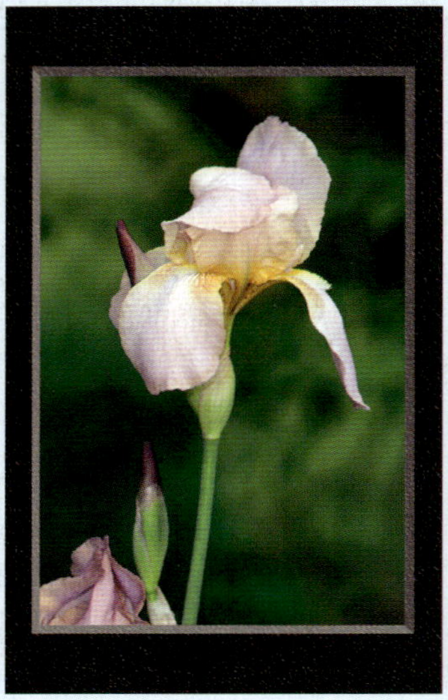

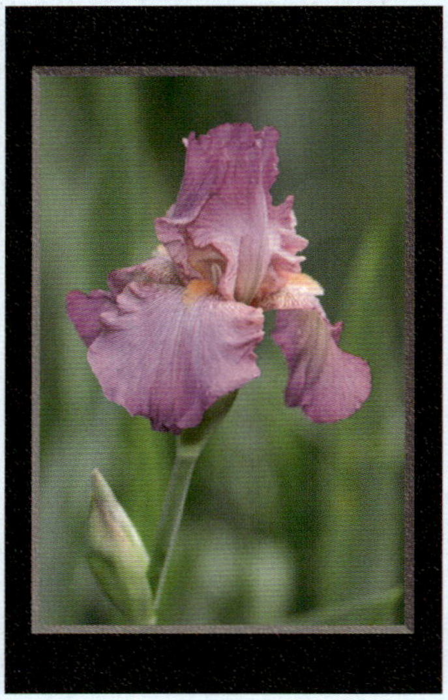

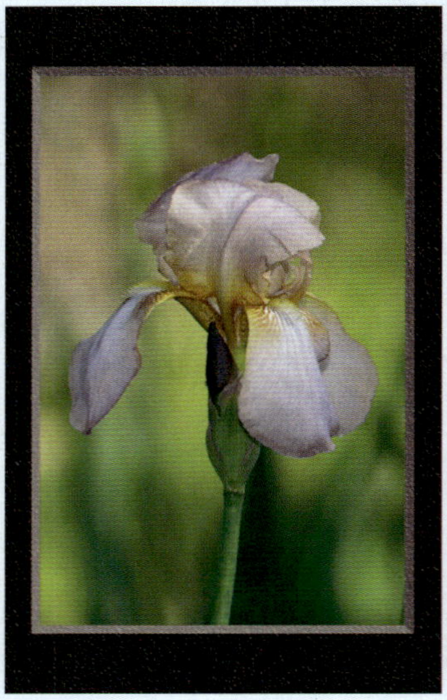

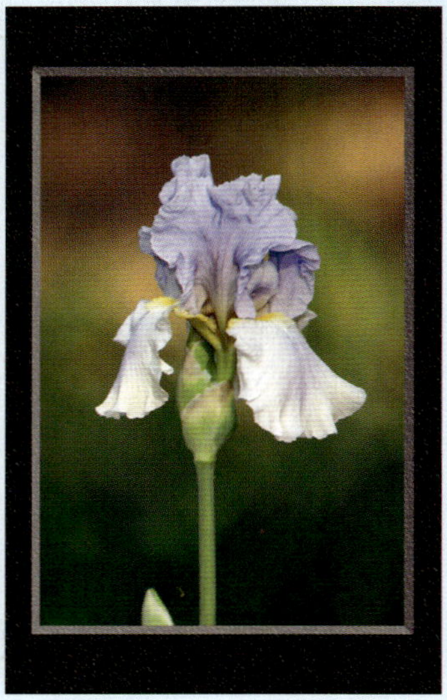

Capturé avec un téléobjectif, cet iris mauve et jaune se détache nettement de l'arrière-plan flou.

Cette photo tire un net avantage du contraste très marqué entre l'iris violet et l'arrière-plan vert atténué.

Une ouverture judicieusement choisie a permis d'obtenir un iris parfaitement net devant un arrière-plan flou.

La distance importante entre l'arrière-plan et l'iris a permis de générer du flou au niveau du premier tout en conservant le second extrêmement net.

14

NIVEAU DE DIFFICULTÉ

Le saviez-vous ?

Parmi les photographes de renom, beaucoup possèdent un style qui permet de les reconnaître instantanément en regardant leurs œuvres. Citons par exemple Brassaï, Henri Cartier-Bresson, Dingo et Robert Doisneau.

Le saviez-vous ?

Pour parvenir à vendre vos photos lors de salons artistiques ou à les exposer dans des galeries, il vous faut développer un style vraiment personnel ou vous intéresser à un thème spécifique, voire les deux. Une série de clichés sans rapport conceptuel ni stylistique risque en effet de manquer d'intérêt.

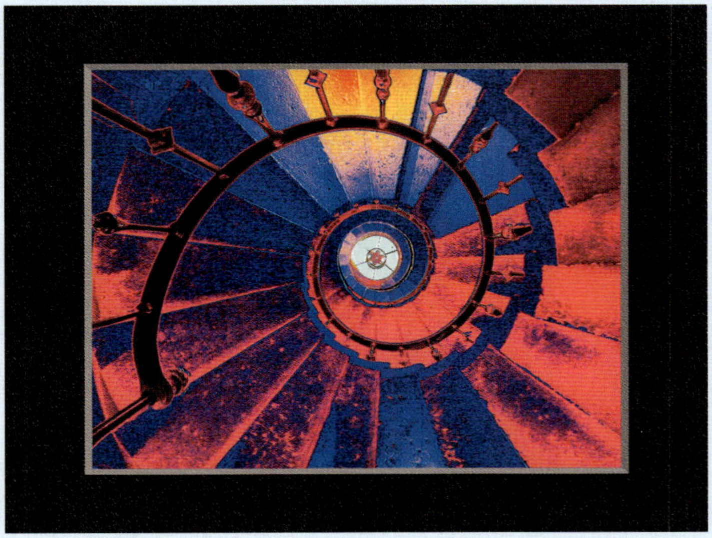

Ces deux photos de Larry Berman (www.alternatephoto.com) illustrent le style unique du photographe qui combine la technique de l'infrarouge à une manière originale de capturer des sujets ordinaires.

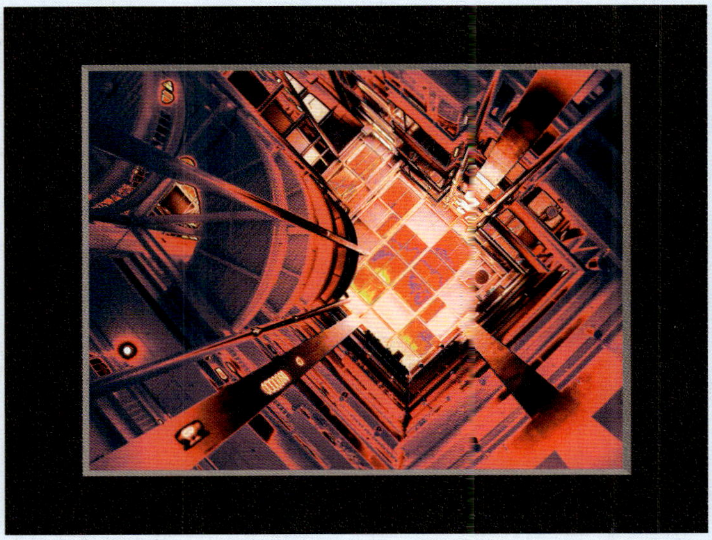

Le style de Larry Berman se caractérise notamment par le fait de réussir des compositions absolument extraordinaires à partir d'un sujet extrêmement banal.

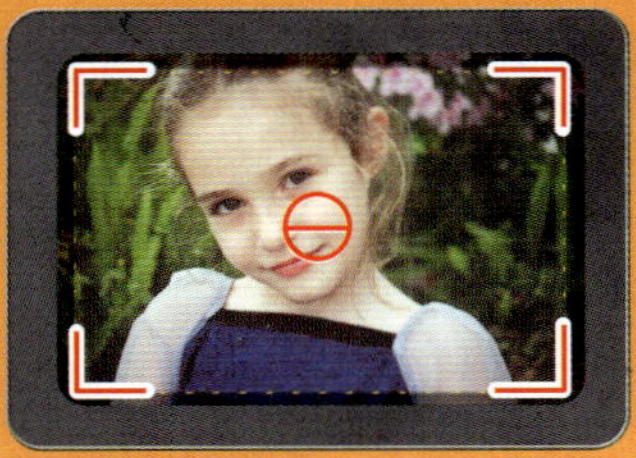

CAPTUREZ DES DÉTAILS

pour susciter un intérêt particulier

S'il est tentant et naturel de vouloir photographier un sujet dans son intégralité, ajuster le cadre sur un détail particulier de ce sujet permet souvent de réussir des clichés captivants. Les gros plans se révèlent généralement plus intéressants que les photos de sujets complets, car ils peuvent montrer un détail passé totalement inaperçu auprès du spectateur ou un détail qui amènera cette personne à regarder le cliché de plus près pour identifier le sujet.

Ne capturer qu'une partie d'un sujet permet de faire ressortir des détails qui échappent souvent lorsque le sujet est envisagé dans sa globalité. La composition d'un gros plan doit jouer sur les formes, les couleurs ou les textures.

Lorsque vous photographiez une partie, seulement, d'un sujet, choisissez astucieusement le niveau de détail. Dans le cas d'un arbre, il est possible de capturer un composant qui présente une forme intéressante, comme une branche, un ensemble de feuilles ou une feuille unique, voire une partie de feuille avec des lignes et une texture originales. Au-delà d'un certain seuil, utilisez un objectif macro ou la fonction macro de votre appareil.

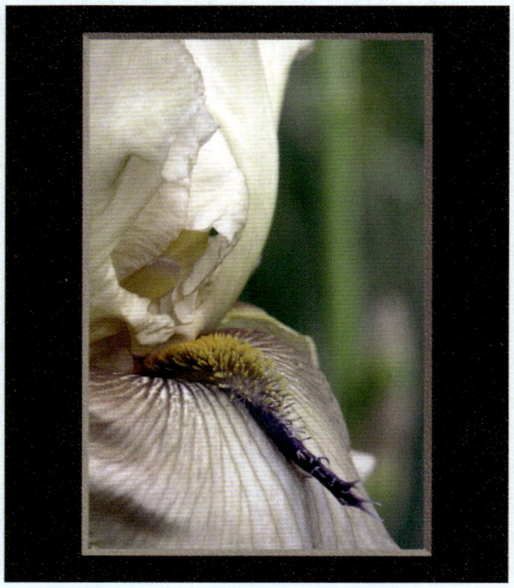

Ces gros plans d'iris ont été réalisés pour attirer l'attention sur des détails qui passent généralement inaperçus dans des clichés où la fleur apparaît dans son intégralité.

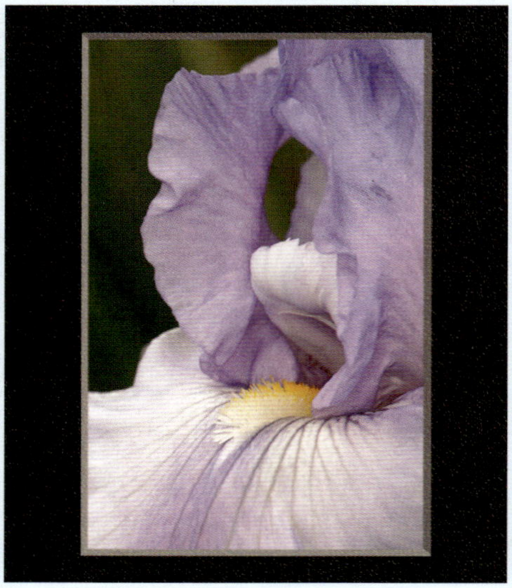

Ce gros plan met en valeur la forme gracieuse du cœur d'un bel iris mauve.

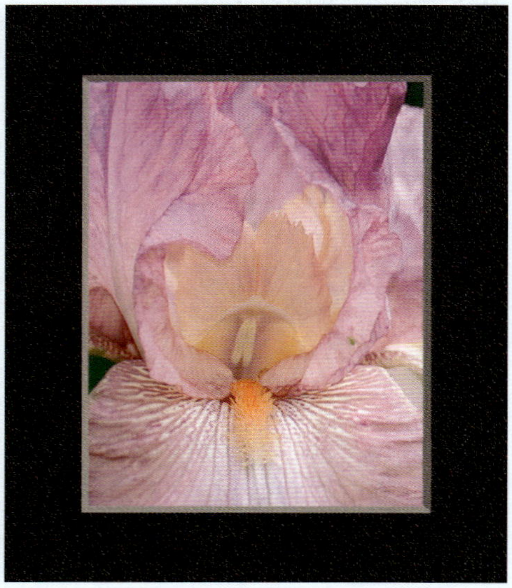

Cette photo de face montre la partie centrale de l'iris qui renferme le pistil.

15

NIVEAU DE DIFFICULTÉ

Mise en pratique !

Pour capter l'intérêt des spectateurs, vous pouvez photographier une partie, seulement, d'un sujet et leur laisser imaginer le reste de celui-ci. Il est même possible de capturer une zone suffisamment petite pour que les spectateurs s'interrogent sur la nature même du sujet. Les clichés qui présentent des détails particuliers révèlent souvent un aspect du sujet qui passerait normalement inaperçu.

Astuce de pro !

Lorsque vous voulez capturer des détails d'un petit sujet, utilisez un objectif macro ou activez le mode macro de votre appareil. Vous pouvez en outre augmenter vos chances de succès en adoptant une profondeur de champ réduite.

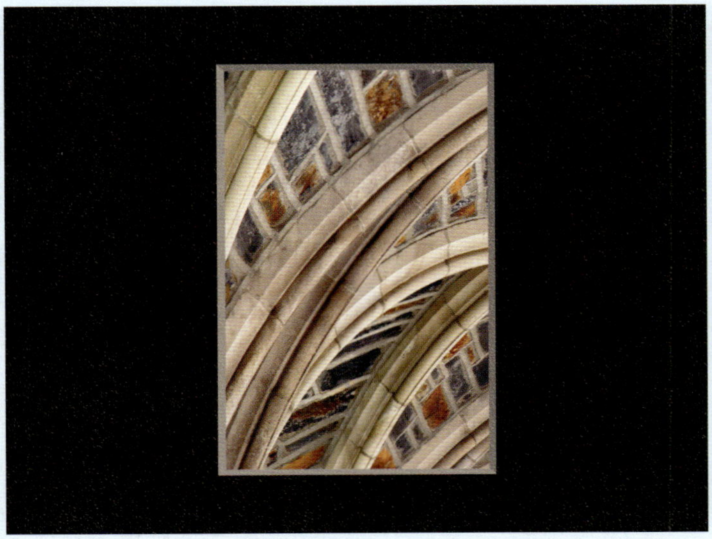

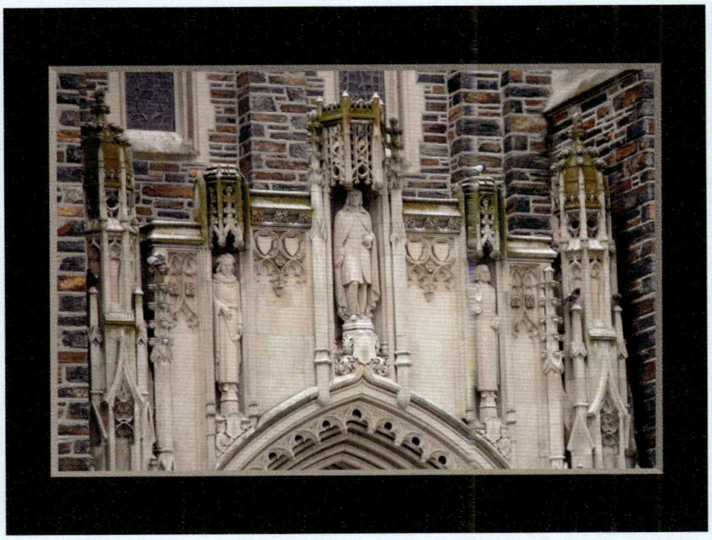

Cette photo prise à l'intérieur d'une église présente les détails des arcs en béton qui supportent la voûte d'un passage entre deux parties du bâtiment.

Les détails que renferme cette partie de la façade richement ornée d'une chapelle confèrent un intérêt tout particulier à la photo.

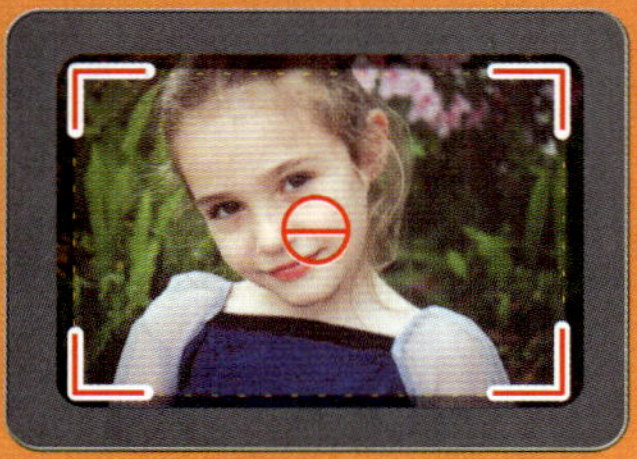

Adaptez la composition aux PROPORTIONS DE L'IMPRESSION FINALE

Réussir dans le viseur une composition qui permettra au final d'imprimer le cliché avec les proportions souhaitées fait partie des défis à relever en photographie numérique. En effet, le rapport du capteur d'images diffère généralement de celui du papier sur lequel sera imprimée la photo ou des proportions de l'image à intégrer dans une page Web.

Bien que vous puissiez parfaitement composer votre photo dans le viseur, celui-ci ne possède pas les mêmes proportions que de nombreuses impressions standard, comme 9 x 13 cm ou 10 x 15 cm. Vous devez donc recadrer l'image avant de l'imprimer.

Au moment de la prise de vue, réfléchissez à la finalité du cliché et réalisez la composition en conséquence. Pour éviter de vous retrouver sans photo acceptable le jour J, capturez plusieurs fois la scène en adoptant une composition adaptée à chaque utilisation prévue du cliché. Les photos de hibou ci-dessous montrent combien il a été difficile d'obtenir ne serait-ce qu'une impression satisfaisante de taille standard à partir de la photo originale dont l'oiseau occupait tout le cadre. La plupart de ces clichés semblent trop « serrés », et le rognage supprime certaines couleurs magnifiques de l'arrière-plan qui illuminent la scène.

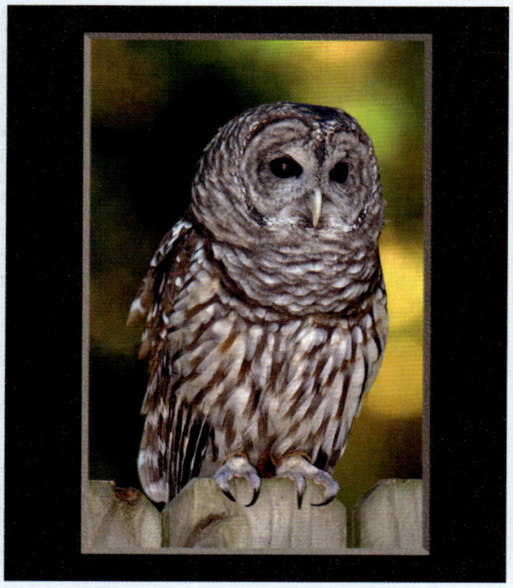

L'image originale non recadrée s'ajuste parfaitement dans le viseur de l'appareil.

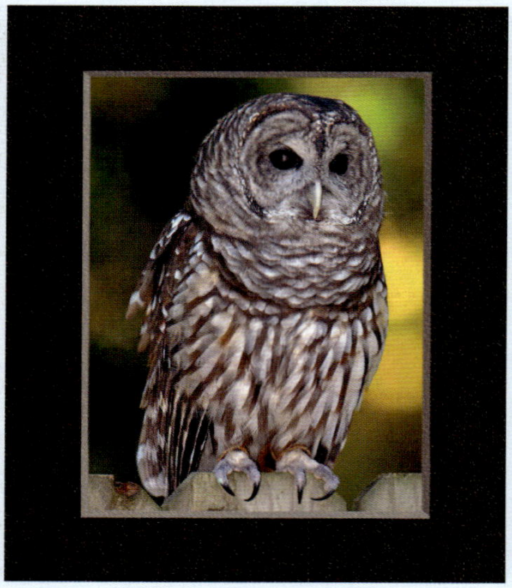

Cette impression de 20 x 25 cm serait beaucoup plus belle avec un espace supplémentaire autour de la tête du hibou.

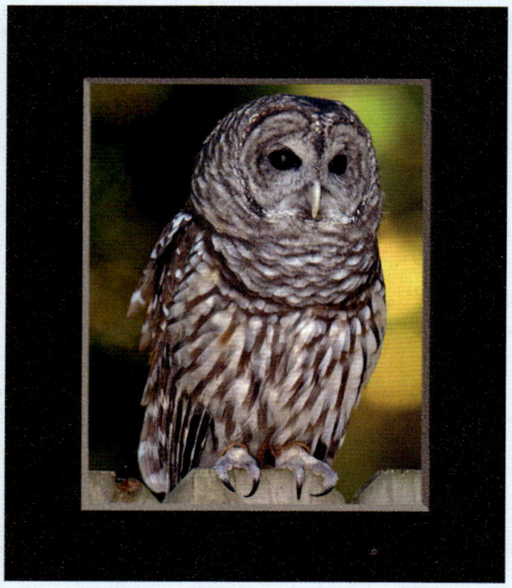

Là encore, cette impression de 9 x 13 cm serait plus jolie si elle présentait davantage d'arrière-plan autour de la tête du hibou.

16

NIVEAU DE DIFFICULTÉ

Prudence !

Si vous redoutez de devoir recadrer un cliché pour obtenir les proportions adaptées à une impression (comme 10 x 15 cm ou 13 x 18 cm) ou à l'intégration dans une page Web (comme 640 x 480 pixels), veillez à régler votre appareil photo sur la résolution maximale et à ce que le sujet apparaisse assez petit dans la composition. Si vous choisissez une résolution trop faible, la qualité de l'image une fois recadrée risque de ne pas suffire pour la finalité prévue : il arrive en effet que le rognage réduise la taille de l'image en-deçà des minima requis.

Le saviez-vous ?

Avec un logiciel de retouche d'images comme Adobe Photoshop Elements, vous pouvez augmenter la hauteur ou la largeur d'une photo impossible à recadrer aux proportions souhaitées en ajoutant de l'espace autour d'elle. Appliquez ensuite à ce dernier une couleur prélevée dans le cliché.

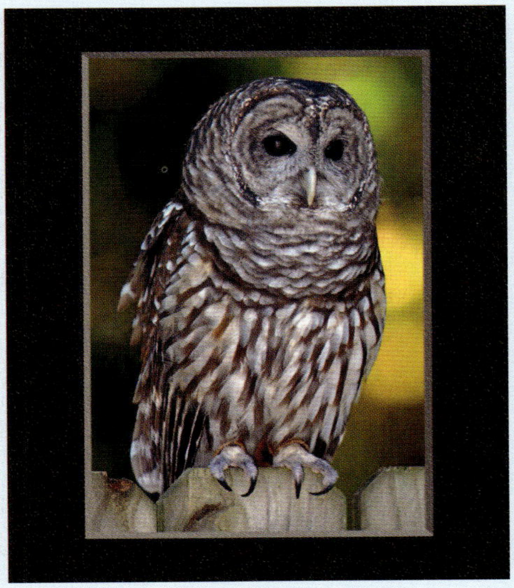

Ce recadrage destiné à une impression de 10 x 15 cm est beaucoup trop serré.

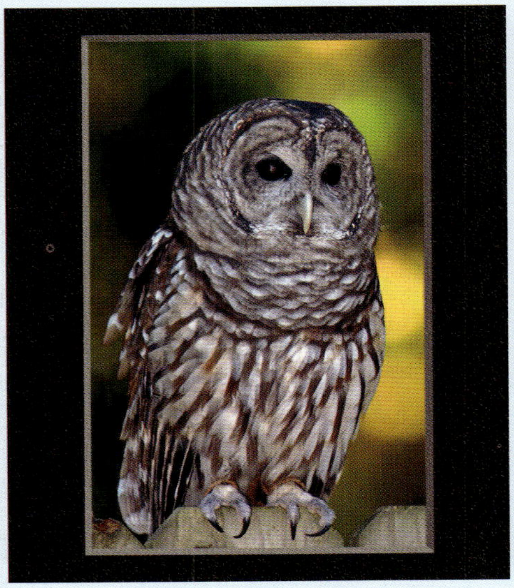

Contrairement à toutes les autres tailles standard, cette impression de 9 x 14 cm fonctionne bien, car l'arrière-plan reste suffisamment visible au-dessus de la tête du hibou et à droite de celui-ci, direction dans laquelle il regarde.

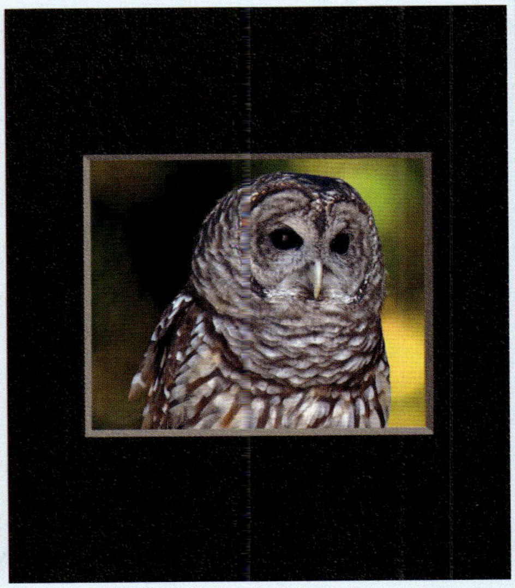

Cette impression de 18 x 13 cm illustre combien il est difficile de réussir une composition horizontale à partir d'un cliché réalisé en mode Portrait.

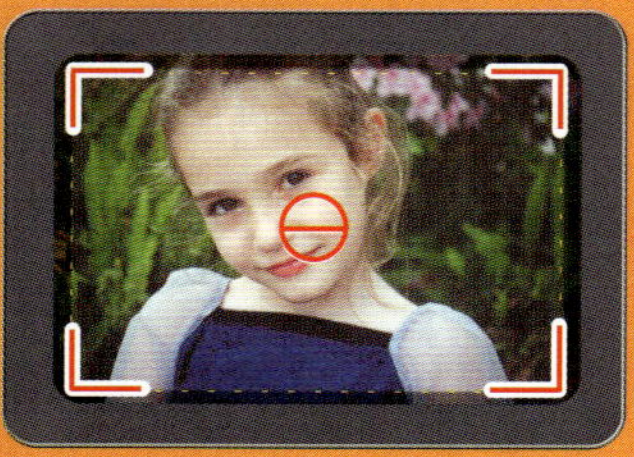

Améliorez vos prises de vue grâce aux DONNÉES EXIF

Lorsque vous réalisez une photo numérique, l'appareil la stocke dans un fichier graphique en même temps que d'autres informations très utiles, comme la date et l'heure de la prise de vue, la vitesse d'obturation, l'ouverture du diaphragme, la compensation d'exposition, le programme, l'indice ISO, le mode de mesure de la lumière, le paramètre pour la balance des blancs et le flash.

Toutes ces informations sont stockées dans le fichier graphique, dans un format standard, appelé EXIF *(Exchangeable Image File)*. Pour les lire, vous devez posséder un logiciel capable de les exploiter. La plupart des fabricants d'appareils numériques proposent avec leur équipement un utilitaire de consultation ou de catalogage qui vous permet d'accéder aux données EXIF tout en visualisant des miniatures des clichés. La plupart des logiciels de gestion d'images donnent également accès à ces informations. C'est notamment le cas de ACDSee et de Cerious Software, tous deux téléchargeables depuis le site www.telecharger.com. Adobe Photoshop Elements 2.0 et Photoshop 7 intègrent un Explorateur de fichiers à même d'afficher les données EXIF. Enfin, certains éditeurs ont sorti des logiciels dédiés et gratuits pour la lecture et l'impression de ces informations, comme Thumber (www.tawbaware.com) et Exifer (www.exifer.friedmann.info).

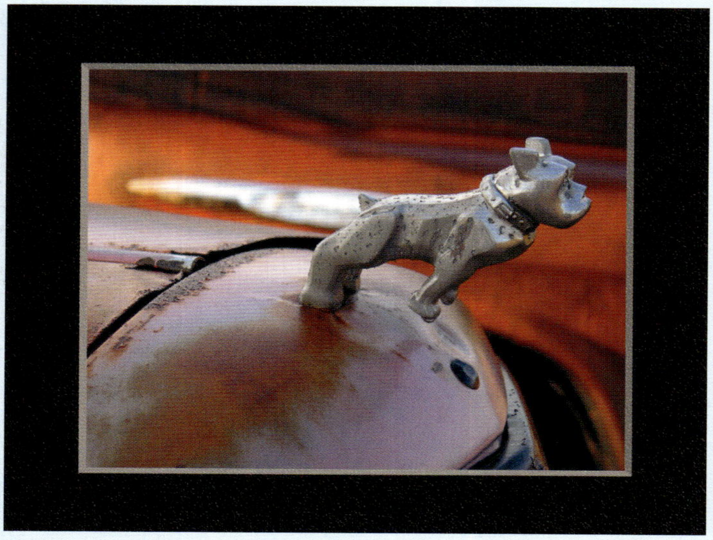

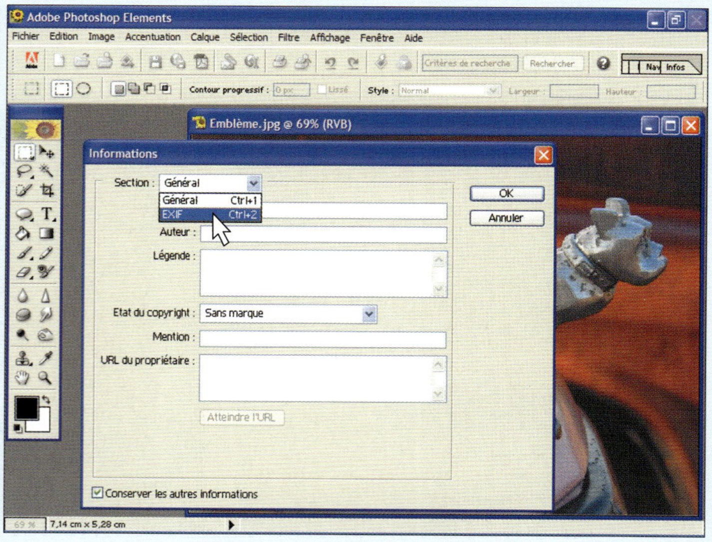

○ Les photos numériques sont stockées dans un fichier graphique, conjointement à des données EXIF.

○ Pour consulter les données EXIF d'un fichier ouvert dans Photoshop Elements 2.0, cliquez **Fichier** ➪ **Informations** et sélectionnez **EXIF** dans la liste **Section** ou tapez **Ctrl+2**.

17

NIVEAU DE DIFFICULTÉ

Mise en pratique !

Les données EXIF peuvent vous servir à améliorer vos photos. Après avoir pris quelques clichés avec différents nombres f pour contrôler la profondeur de champ ou avec diverses expositions en variant la compensation correspondante, examinez les images obtenues et comparez leurs données EXIF, afin de déterminer les réglages qui convenaient le mieux.

Prudence !

Soyez toujours très prudent lorsque vous consultez les données EXIF dans un logiciel ou que vous exécutez des commandes pour faire pivoter une miniature ou une image stockée dans un fichier de photo numérique. Certains utilitaires risquent en effet de modifier le fichier au point d'empêcher la lecture des données EXIF ou du cliché lui-même dans d'autres applications. Par sécurité, testez tout nouveau programme de gestion d'images avec des copies des fichiers originaux de vos clichés.

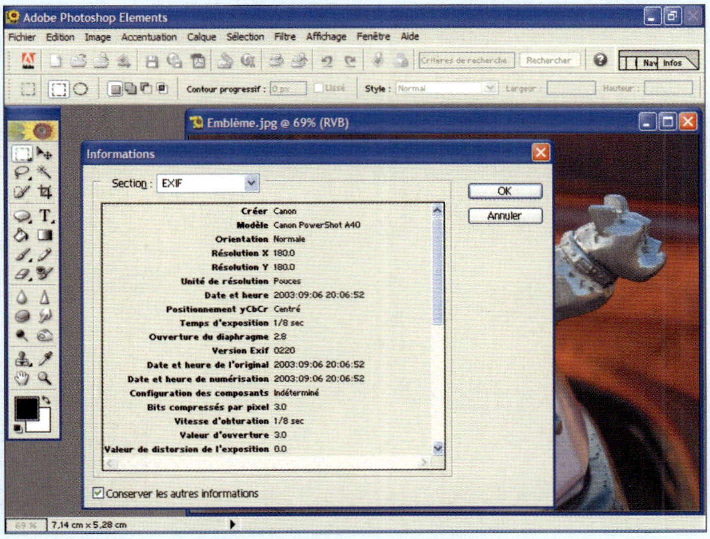

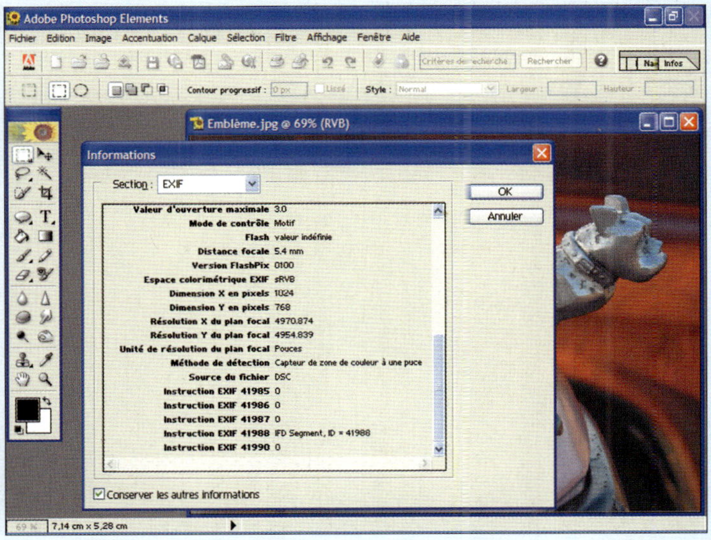

○ À la lecture des données EXIF, il apparaît que cette photo a été réalisée par un Canon PowerShot A40 réglé sur un temps d'exposition de 1/8 et un nombre f de 2,8, sans compensation d'exposition.

○ Pour cette photo, les données EXIF indiquent que la prise de vue a été réalisée avec une focale de 5,4 mm, le mode de contrôle de la lumière Motif et l'espace colorimétrique sRVB.

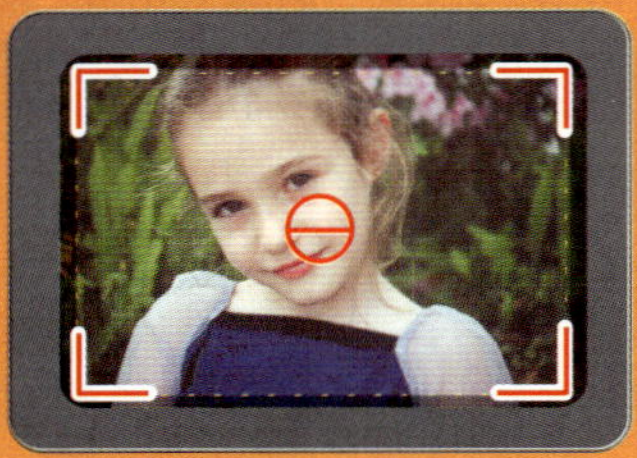

Réussissez vos photos en conjuguant PATIENCE, EXPÉRIENCE ET TÉNACITÉ

La photographie est un art à part entière. Pour réussir dans ce domaine, il vous faudra faire preuve de patience et de ténacité, et multiplier vos expériences. Certains photographes amateurs achètent des appareils numériques coûteux, convaincus que cela suffira pour réussir de beaux clichés. Après avoir réalisé des centaines de prises de vue sans grand intérêt, ils finissent par se décourager et abandonner la photo. Pour ne pas tomber dans ce piège, adoptez dès maintenant une bonne éthique de travail : soyez patient et prenez beaucoup de clichés. Vos efforts seront récompensés. Il est certes essentiel d'aborder la scène à capturer avec un œil de photographe et de bien utiliser votre appareil pour immortaliser cette vision et obtenir de superbes clichés. Néanmoins, le temps passé à réaliser les photos et la patience nécessaire pour que les conditions optimales soient réunies jouent également un rôle fondamental dans votre réussite.

En photographie numérique, la modification et la correction des clichés *a posteriori* dans un logiciel de retouche d'images comme Adobe Photoshop Elements 2.0 constituent une étape importante. Une fois vos photos ouvertes dans un tel programme, maîtriser les différentes techniques de retouche vous demandera également un lourd investissement personnel.

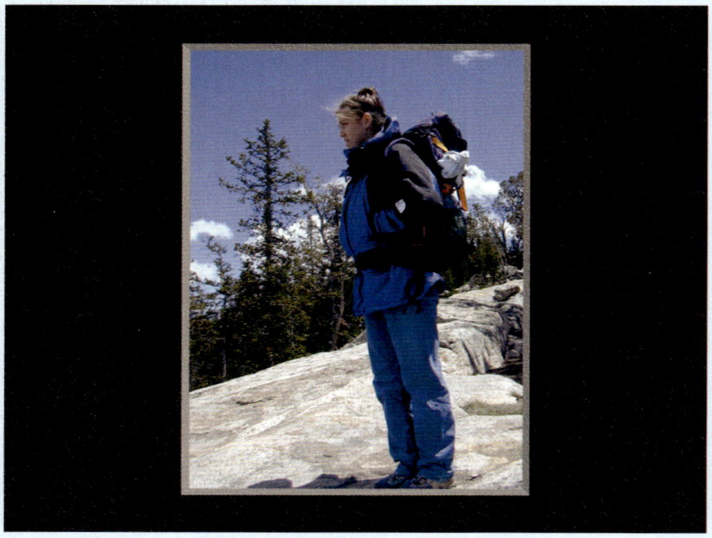

Pour découvrir des sujets et des paysages originaux et fascinants, rien ne vaut une randonnée avec appareil photo.

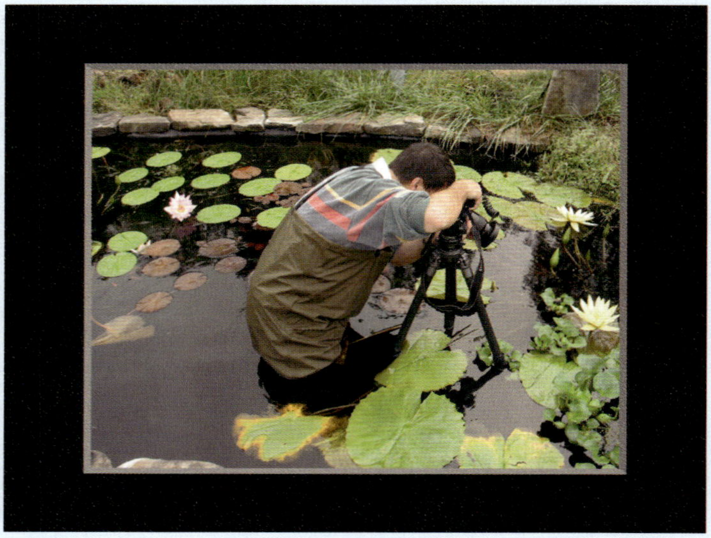

Réussir de magnifiques photos requiert souvent des efforts incroyables : ici, le photographe a dû enfiler des cuissardes et aller au milieu de la mare pour réaliser un gros plan de nénuphar.

18

NIVEAU DE DIFFICULTÉ

Le saviez-vous ?

Beaucoup de photographes professionnels équipés d'un appareil argentique consomment quotidiennement de 20 à 30 pellicules de 36 poses, soit environ 700 à 1 000 clichés par jour. En photographie numérique, le coût d'une prise de vue est dérisoire, et vous pouvez visualiser vos clichés immédiatement.

Le saviez-vous ?

L'une des meilleures manières de se perfectionner en photographie consiste à réaliser souvent des clichés. Prenez l'habitude de capturer une même scène ou un même sujet à de nombreuses reprises en variant le paramétrage de l'appareil et la composition, puis comparez les résultats et les données EXIF correspondantes sur votre ordinateur. Recommencez vos photos tant que vous n'êtes pas satisfait.

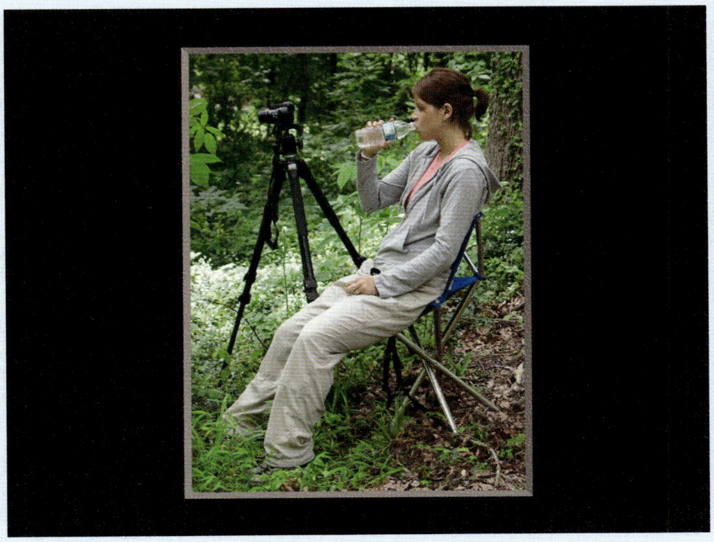

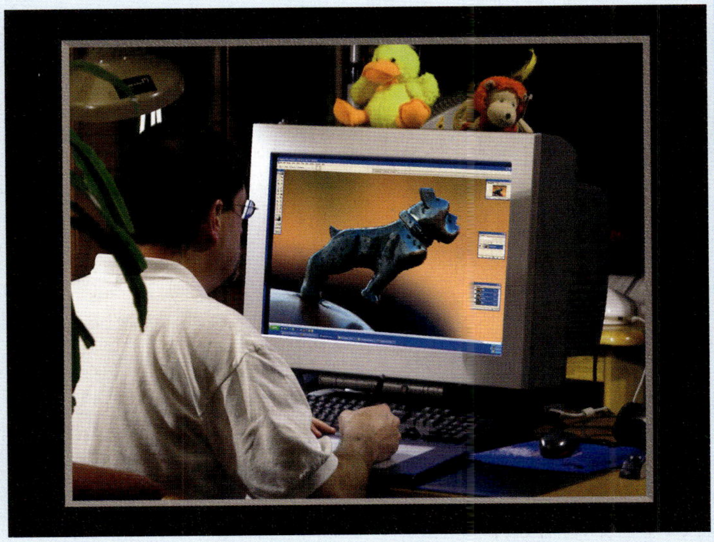

- Assise à un endroit stratégique, cette jeune femme attend patiemment le moment parfait pour photographier le coucher de soleil à venir.
- En étudiant ses images et leurs données EXIF sur son ordinateur, ce photographe améliore ses compétences.

CHAPITRE 3

Contrôlez l'exposition

Beaucoup de facteurs contribuent à la réussite d'une photo. Parmi eux, l'exposition joue un rôle essentiel. Bien que le posemètre de l'appareil photo puisse vous aider à trouver le juste compromis entre la vitesse d'obturation et l'ouverture, voire l'indice ISO, il lui arrive de mal évaluer la quantité de lumière existante. Vous obtenez alors un cliché totalement différent de ce que vous escomptiez. La plupart des appareils numériques proposent de nombreuses fonctionnalités pour vous aider à trouver l'exposition adaptée. Pour mettre toutes les chances de votre côté, il vous faut bien comprendre des paramètres comme les modes de mesurage de l'exposition, les histogrammes, la compensation d'exposition et le mode manuel.

Il est certes difficile de capturer toute la plage de luminosité, des tons les plus sombres aux tons les plus clairs. Pourtant, même cette tâche devient plus simple quand vous connaissez les possibilités offertes *a posteriori* par les logiciels de retouche d'images et que vous envisagez de réunir plusieurs photos en une seule. En matière d'exposition, les appareils numériques se révèlent bien plus avantageux que les modèles argentiques. Ils offrent non seulement des fonctionnalités extrêmement précieuses, mais permettent aussi de visualiser le cliché ou son histogramme immédiatement sur un écran ACL. Si la photo ne convient pas, il suffit de la recommencer jusqu'à obtenir un résultat satisfaisant, sans qu'il vous en coûte un centime de plus.

TOP 100

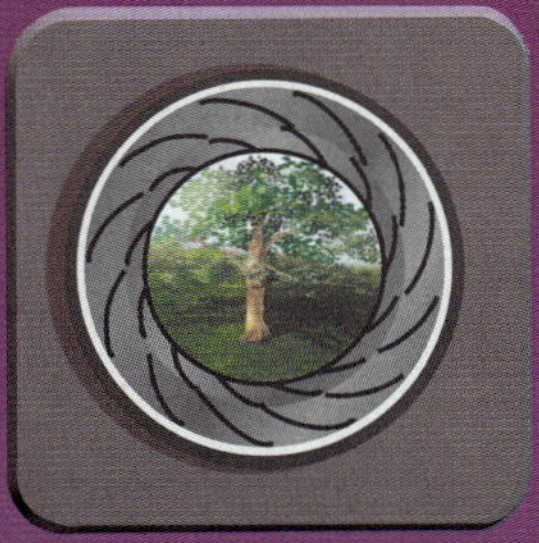

Obtenez les photos souhaitées en maîtrisant L'EXPOSITION

L'*exposition* désigne le juste compromis à trouver entre la vitesse d'obturation, l'ouverture et l'indice ISO pour obtenir un joli cliché. Elle peut être fixée par l'appareil photo seul, par le photographe et l'appareil, ou uniquement par le photographe. Dès lors que l'appareil vous aide à choisir la configuration correcte pour l'exposition, son posemètre intégré mesure la lumière réfléchie dans la scène et règle les divers paramètres requis en conséquence.

L'exposition *parfaite* n'existe pas : vous devez simplement en trouver une qui vous convienne. Les clichés surexposés apparaissent trop clairs, et de nombreux détails sont perdus dans les zones claires. Les photos sous-exposées sont quant à elles trop foncées, et cette fois les détails disparaissent dans les zones sombres.

Les posemètres des appareils numériques mesurant la lumière comme si elle était réfléchie par une surface gris neutre, ils sont parfois induits en erreur quand la scène est trop claire ou trop foncée. C'est le cas si vous photographiez un chat noir assis devant un gros tas de charbon ou un chat blanc marchant dans la neige.

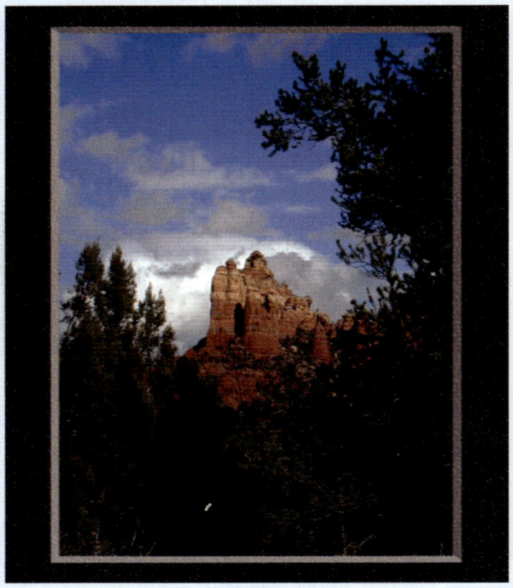

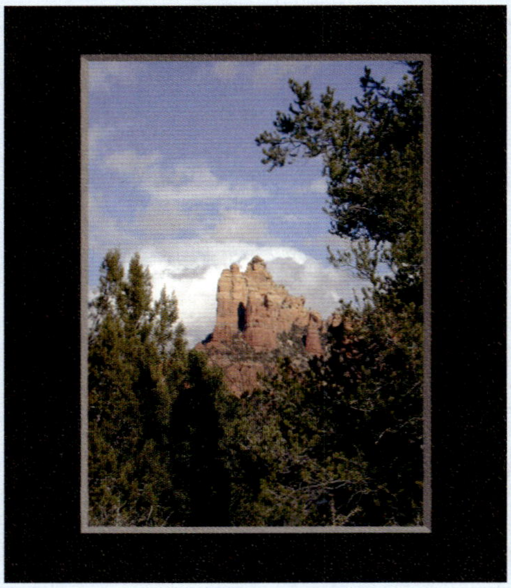

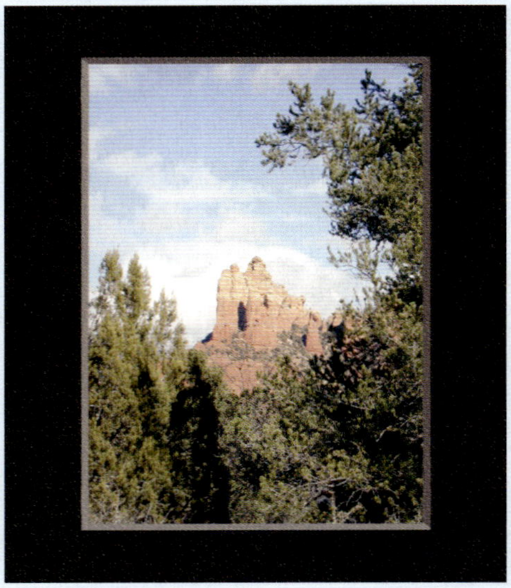

PHOTO SOUS-EXPOSÉE

○ Cette photo étant sous-exposée, certains détails ont disparu dans les zones sombres.

PHOTO CORRECTEMENT EXPOSÉE

○ Bénéficiant d'une bonne exposition, ce cliché laisse apparaître de nombreux détails dans les nuages même très clairs et dans les parties ombragées des arbres.

PHOTO SUREXPOSÉE

○ La surexposition donne une apparence délavée à cette photo dont les nuages clairs semblent presque uniformes.

19

NIVEAU DE DIFFICULTÉ

Le saviez-vous ?

Si votre appareil propose le format brut (consultez la tâche n° 4), celui-ci vous offre un grand avantage : les outils de conversion RAW permettent d'augmenter et de réduire l'exposition par plus ou moins deux nombres f. Si vous envisagez d'utiliser cette fonctionnalité, veillez à ne pas surexposer le cliché, afin de ne pas perdre les détails dans les zones claires (consultez la tâche n° 24), car vous ne pourriez pas récupérer ces informations ensuite.

Astuce de pro !

Si vous n'enregistrez pas vos clichés au format brut ou si vous capturez une scène dont la lumière risque d'être mal mesurée, il peut être intéressant de recourir à la fonction de bracketing, proposée sur de nombreux appareils photo. Celle-ci permet de réaliser trois prises de vue en série. L'appareil capture automatiquement la scène une première fois avec le nombre f que vous spécifiez, puis deux autres fois avec les nombres f immédiatement inférieur et supérieur.

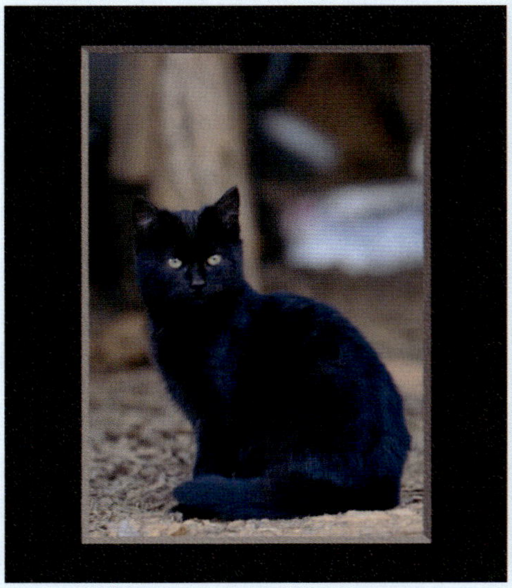

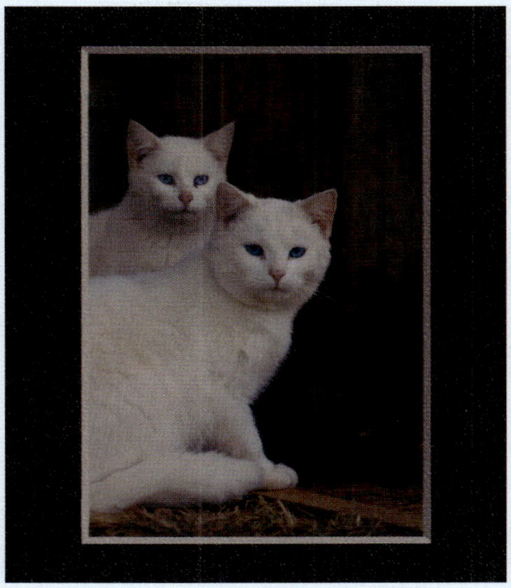

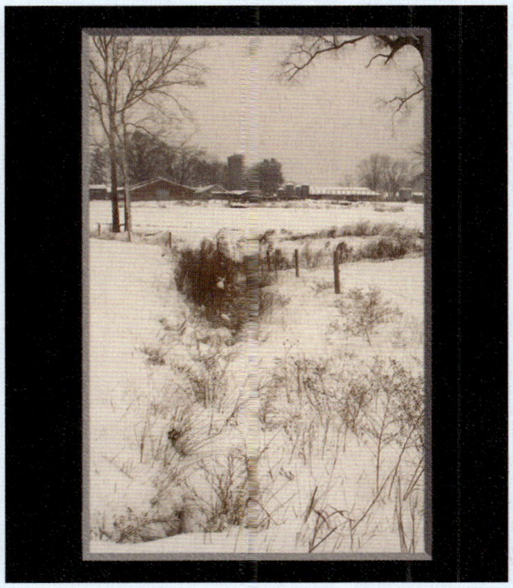

MAUVAIS MESURAGE

- Le posemètre s'est trompé en mesurant la lumière dans cette scène, de sorte que peu de détails apparaissent sur le chat noir.

- Dans cette photo, les deux chats blancs capturés devant un arrière-plan foncé apparaissent gris, car la lumière a été mal mesurée.

- Les photographes se trompent souvent lorsqu'ils mesurent la lumière dans des scènes qui renferment beaucoup de sable blanc ou de neige, comme en témoigne ce cliché sous-exposé d'une ferme recouverte par la neige.

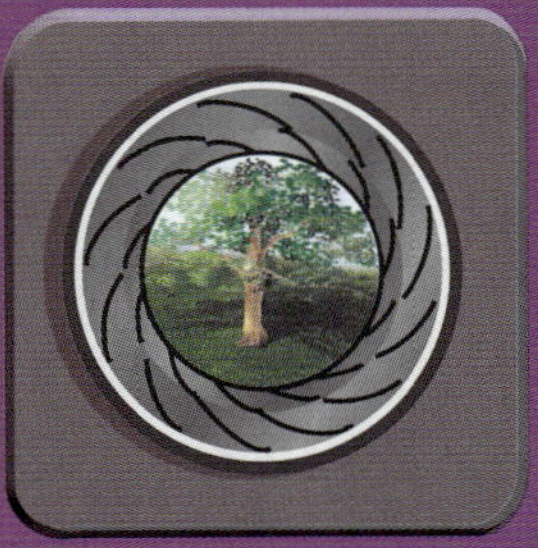

Testez différents MODES D'EXPOSITION

La plupart des appareils numériques proposent plusieurs modes d'exposition, dont le mode automatique ou Programme, le mode Priorité à la vitesse, le mode Priorité à l'ouverture, le mode manuel et le mode Bulb (nuit). Le mode choisi détermine les paramètres dont vous disposez pour régler l'exposition et, le cas échéant, les réglages effectués automatiquement par l'appareil en fonction de votre configuration.

En mode automatique ou Programme, l'appareil définit lui-même la vitesse d'obturation et l'ouverture du diaphragme. Sur certains modèles, vous pouvez parfois modifier ces choix effectués automatiquement.

En mode Priorité à la vitesse, l'appareil détermine l'ouverture requise pour obtenir une exposition correcte. Selon le même principe, choisissez l'ouverture souhaitée en mode Priorité à l'ouverture et laissez l'appareil fixer la vitesse d'obturation en conséquence. Si vous activez l'un de ces modes et si vous oubliez ensuite de régler manuellement la vitesse d'obturation ou l'ouverture, selon le cas, l'appareil utilise le dernier paramètre employé. Pour pouvoir contrôler totalement à la fois la vitesse et l'ouverture, choisissez le mode manuel.

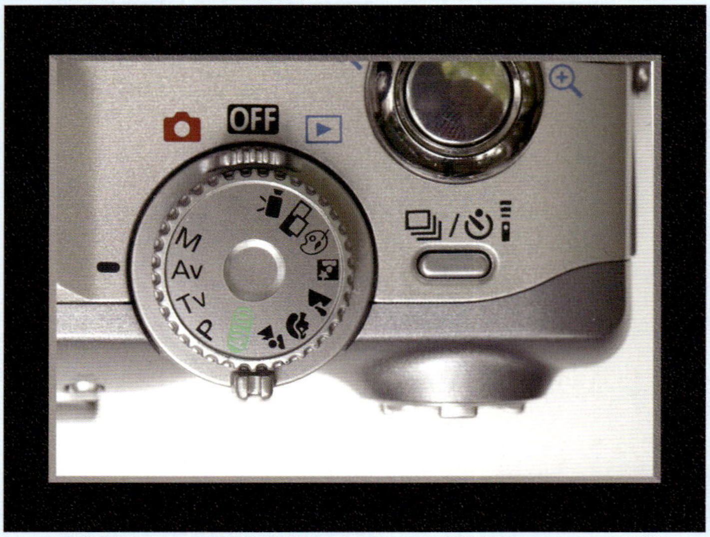

Le mode d'exposition se choisit généralement à l'aide d'une molette sensiblement identique à celle de ce Canon PowerShot G2.

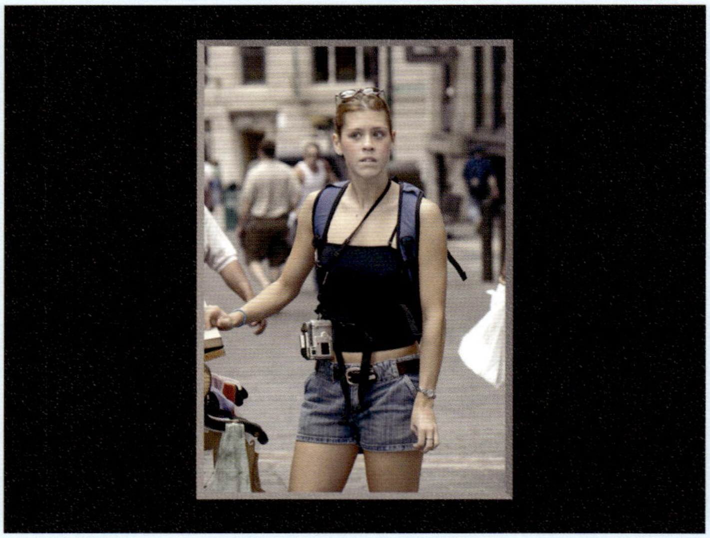

Pour les instantanés et les utilisations courantes, le mode automatique ou Programme donne généralement de bons résultats.

20

NIVEAU DE DIFFICULTÉ

Le saviez-vous ?

Les modes de prise de vue automatiques, comme Paysage, Macro et Portrait, donnent souvent des résultats très satisfaisants, mais pas optimaux. Pour améliorer encore vos photos, mieux vaut maîtriser et exploiter les modes Priorité à la vitesse et Priorité à l'ouverture.

Prudence !

Certains modes de prise de vue automatiques, comme le mode automatique ou Programme, permettent à l'appareil de changer l'indice ISO dès que nécessaire. Si vous utilisez une vitesse ISO plus élevée, vous augmentez le bruit dans l'image. Pour limiter ce désagrément, sachez, en cas de besoin, éviter les modes qui autorisent la modification automatique de l'indice ISO.

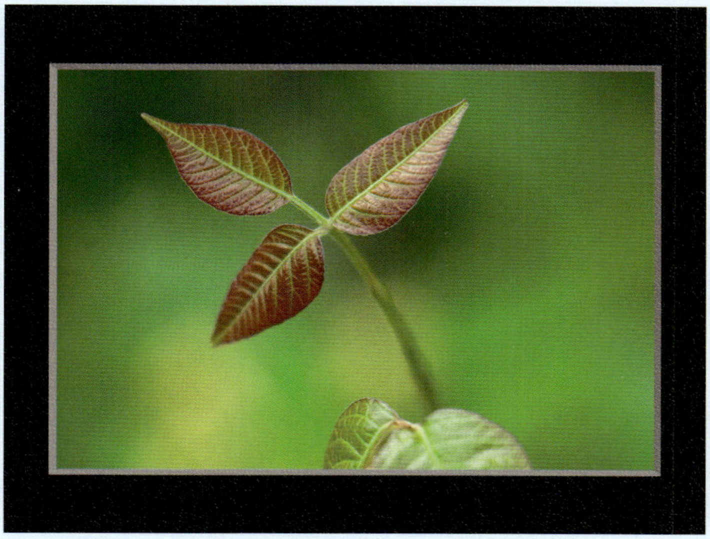

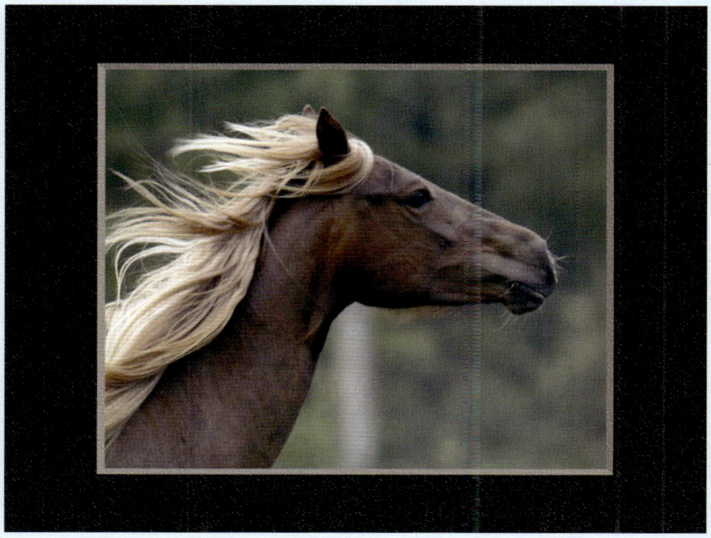

MODES PRIORITÉ

- Choisissez le mode Priorité à l'ouverture quand vous voulez contrôler la profondeur de champ. L'appareil se chargera de définir la vitesse d'obturation.
- Préférez le mode Priorité à la vitesse lorsque vous désirez contrôler la vitesse d'obturation. L'appareil fixe alors seul l'ouverture.
- Utilisez le mode manuel quand vous voulez contrôler à la fois la vitesse d'obturation et l'ouverture.

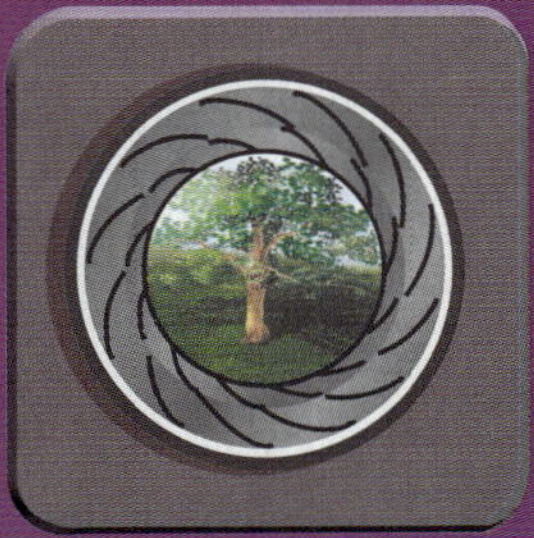

Choisissez le bon MODE DE MESURE

Les appareils numériques actuels possèdent un posemètre intégré qui mesure la quantité de lumière réfléchie par une scène, permettant ainsi de déterminer les réglages appropriés pour obtenir une exposition moyenne. Bien que ces posemètres ne cessent de se perfectionner, ils réalisent parfois des mesures qui n'aboutissent pas à l'exposition recherchée. Souvent, ces mesures « erronées » résultent d'une mauvaise appréciation de la quantité de lumière présente dans la scène. Pour offrir au photographe un contrôle plus étendu sur la mesure de la lumière, la plupart des appareils numériques proposent différents modes de mesure.

Les modes Mesure pondérée moyenne (ou *matricielle*), Mesure pondérée centrale et Spot font partie des modes de mesure les plus courants. Le premier se révèle le plus utile, car la lecture s'effectue à partir de toute la zone intégrée dans la composition. Le deuxième s'intéresse avant tout au centre de la scène. Enfin, le troisième ne lit qu'une zone réduite de l'image. En choisissant le bon mode de mesure, vous aurez plus de chances d'obtenir l'exposition souhaitée.

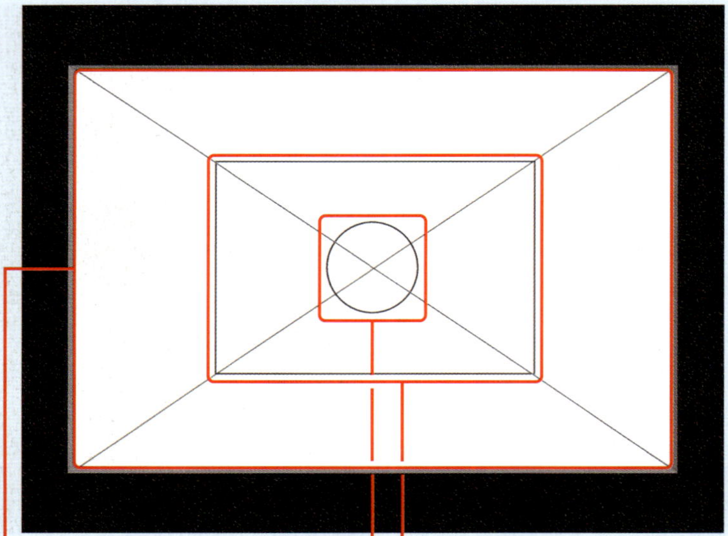

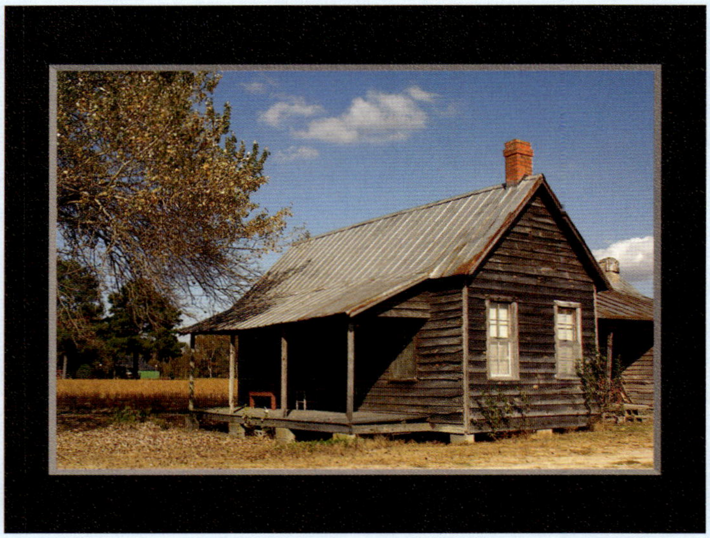

Zone lue dans le cas d'une mesure pondérée moyenne (ou matricielle).

Zone lue dans le cas d'une mesure pondérée centrale.

Zone lue dans le cas d'une mesure spot.

La mesure pondérée moyenne (ou matricielle) convient à la plupart des scènes, comme cette photo de ferme avec un éclairage assez doux.

21

NIVEAU DE DIFFICULTÉ

Le saviez-vous ?

Beaucoup d'appareils numériques permettent de choisir pour la mise au point automatique un sujet excentré. Si tel est le cas du vôtre, regardez s'il ne propose pas également un mode de mesure de la lumière lié au point de référence choisi pour la mise au point automatique. Grâce à cette fonctionnalité, il devient facile d'effectuer la mise au point sur un sujet excentré, comme l'arbre ci-dessous, capturé depuis l'intérieur d'une grotte, et de mesurer la lumière à partir de ce même élément.

Astuce de pro !

Lorsque le mode de mesure choisi ne vous donne pas l'exposition souhaitée, vous pouvez ajuster celle-ci grâce à la compensation d'exposition (consultez la tâche n° 23) ou grâce au mode manuel. Dans ce second cas, vous vous affranchissez totalement du posemètre intégré et déterminez vous-même la vitesse d'obturation et l'ouverture.

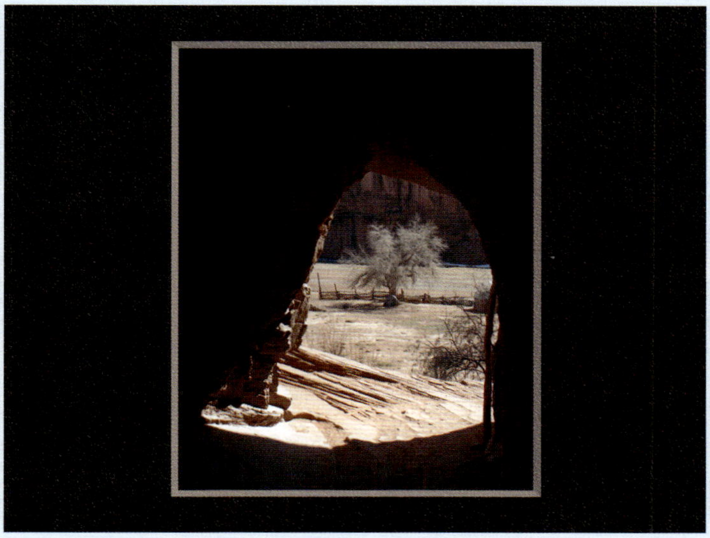

La mesure pondérée centrale se révèle efficace dans le cas de scènes comme celle-ci où il ne faut pas mesurer la lumière de l'arrière-plan.

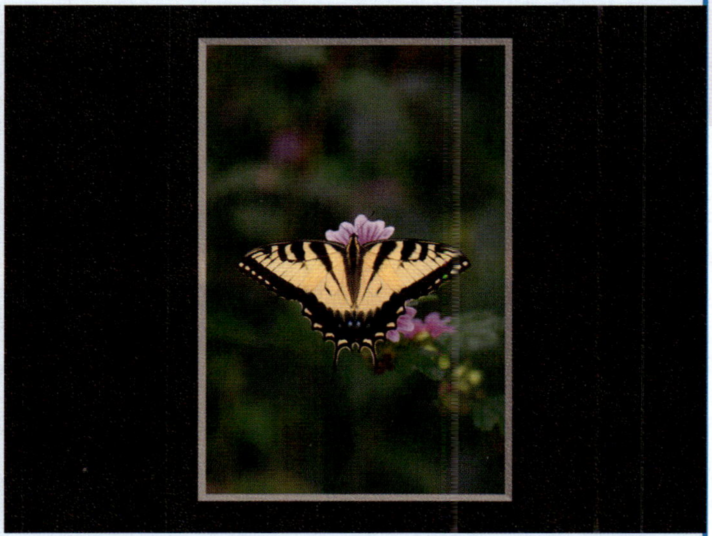

Le mode Spot a permis une mesure correcte de la lumière pour ce papillon, en évitant la prise en compte de l'arrière-plan foncé, très étendu.

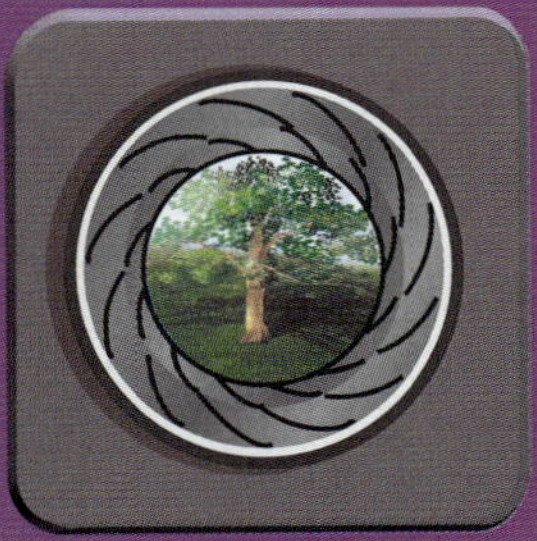

Trouvez la bonne exposition grâce à L'HISTOGRAMME

Certains appareils numériques proposent une fonction extrêmement utile : l'*histogramme.* Celui-ci représente sous une forme graphique les 256 niveaux de luminosité d'une image, du noir pur, à gauche, au blanc pur, à droite. L'axe vertical indique le nombre de pixels que renferme le cliché pour chaque niveau de luminosité.

L'histogramme offre une lecture simple de l'exposition d'une photo. Plus sa partie droite renferme de pixels, plus l'image est claire. À l'inverse, plus il y a de pixels dans la partie gauche de l'histogramme, plus le cliché est sombre.

Ce graphique indique aussi clairement si la photo renferme des tons clairs qui seront perdus (consultez la tâche n° 24), phénomène à éviter la plupart du temps.

Une photo peut tout à fait posséder un histogramme parfait, composé d'une pyramide bien centrée et de pixels également répartis de chaque côté, mais souffrir malgré tout d'une mauvaise exposition. Les exemples ci-dessous montrent combien il est important d'obtenir le bon histogramme pour le sujet et l'exposition recherchée.

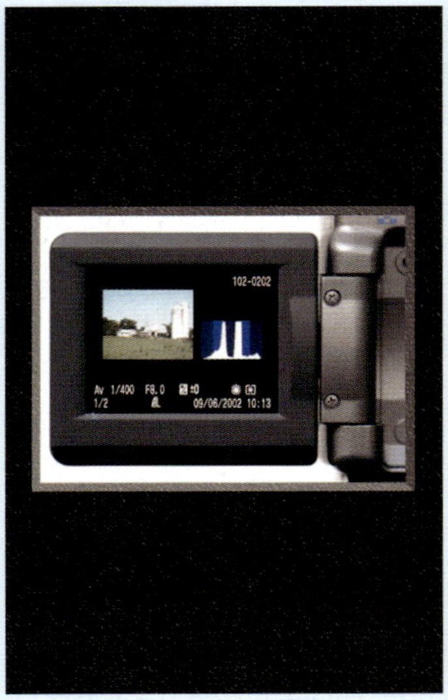

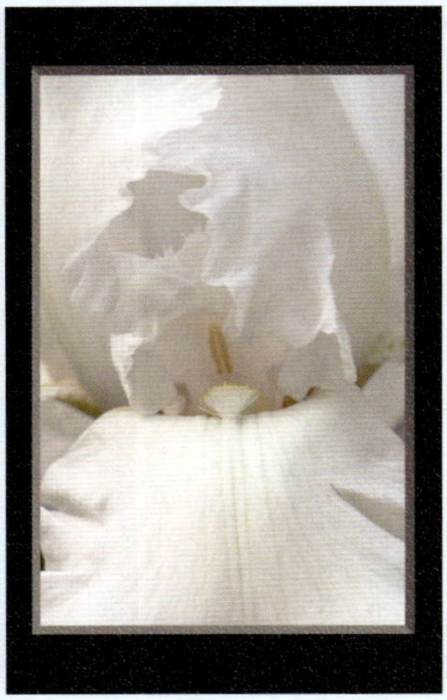

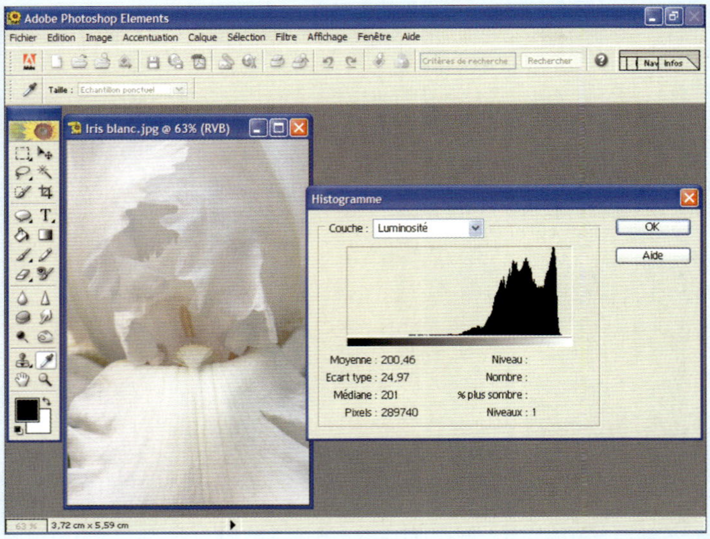

○ Sur son écran ACL, l'appareil photo numérique Canon PowerShot G2 présente à la fois une miniature et l'histogramme du cliché, ainsi que les principaux réglages de la prise de vue.

○ L'utilisation conjointe d'un mode de mesure automatique, de l'histogramme et de la compensation d'exposition a permis d'obtenir une bonne exposition pour cet iris blanc.

○ Accessible par le menu **Image** ➪ **Histogramme** dans Adobe Photoshop Elements, l'histogramme de cette photo d'iris blanc indique que l'image est correctement exposée, car sa pyramide est décalée dans la partie des tons clairs de l'histogramme : cela permet de préserver la blancheur de la fleur.

22

NIVEAU DE DIFFICULTÉ

Prudence !

Beaucoup d'appareils numériques permettent de changer la luminosité de l'écran ACL sur lequel se consultent les photos déjà prises ou sur le point de l'être. Modifier cette luminosité ou regarder l'écran en pleine lumière risquent de vous induire en erreur dans la lecture de l'exposition. Si votre appareil propose une fonction Histogramme, recourez-y. Cette représentation graphique vous donnera en effet un juste aperçu de l'exposition, quelles que soient la luminosité de l'écran ACL et la lumière ambiante.

Le saviez-vous ?

Pour évaluer la luminosité globale d'une image, les logiciels de retouche d'images comme Adobe Photoshop Elements proposent une fonction identique à l'histogramme consultable sur certains appareils numériques. La commande Niveaux, notamment, permet à la fois de visualiser les niveaux de luminosité dans un histogramme et de modifier la gamme tonale et le contraste global du cliché.

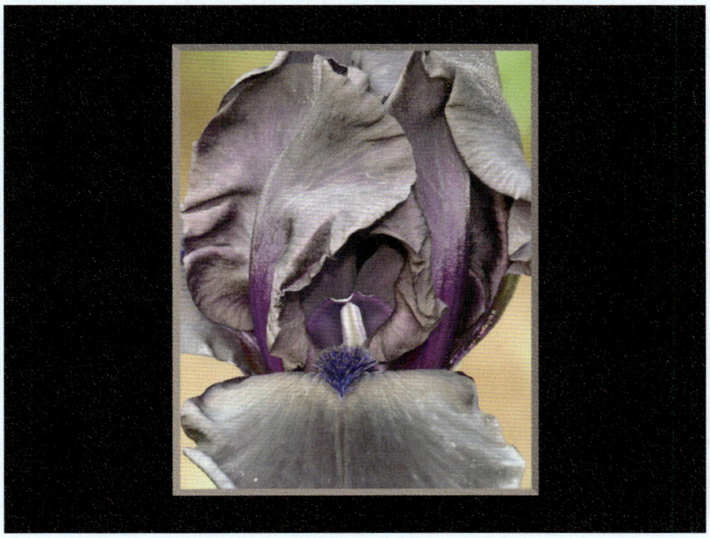

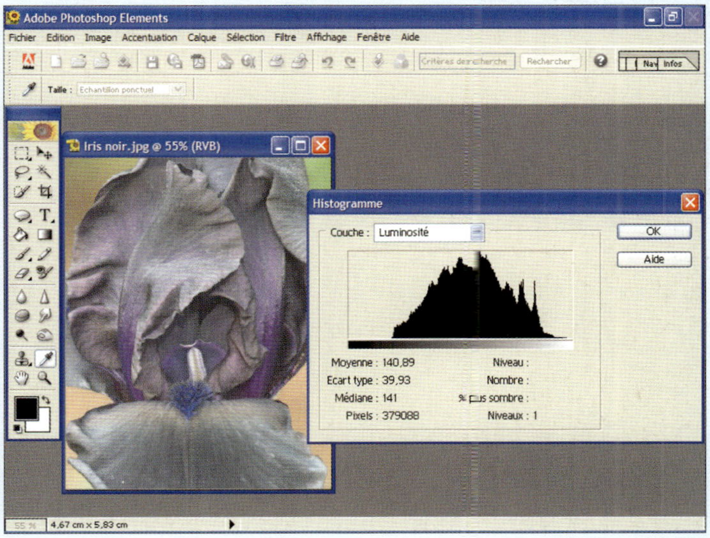

Presque noir, cet iris Black Beauty souffre d'une mauvaise exposition : ses tons moyens ont été mal mesurés, ce qui donne une couleur plutôt pourpre que noire.

L'histogramme de cette photo d'iris Black Beauty illustre clairement l'absence de tons noirs et très sombres.

Améliorez l'exposition grâce à la COMPENSATION D'EXPOSITION

Il arrive que le posemètre intégré de l'appareil photo entraîne une mauvaise exposition même si vous avez choisi un mode adéquat pour celle-ci (consultez la tâche n° 20) et le mode de mesure optimal (consultez la tâche n° 21). Pour obtenir une exposition correcte dans ces situations, vous pouvez profiter de la fonction de compensation d'exposition si votre appareil en est équipé.

La compensation d'exposition permet d'augmenter ou de réduire l'exposition par rapport à la mesure de l'appareil dans des proportions que vous spécifiez. Vous pouvez ainsi poursuivre les prises de vue et obtenir de bonnes expositions grâce à la compensation. Par exemple, si le posemètre indique qu'il faut une vitesse d'obturation de 1/60 de seconde et un nombre f égal à 5,6, une compensation d'exposition de +1 réduit l'ouverture à f-4,0 si le mode Priorité à la vitesse est activé et limite la vitesse à 1/30 de seconde si le mode Priorité à l'ouverture est sélectionné.

La compensation d'exposition peut se révéler particulièrement utile lors de prises de vue dans des environnements très clairs, comme une plage ou une scène enneigée, mais aussi dans des situations de contre-jour où le sujet éclairé de derrière apparaît sombre, et l'arrière-plan, clair.

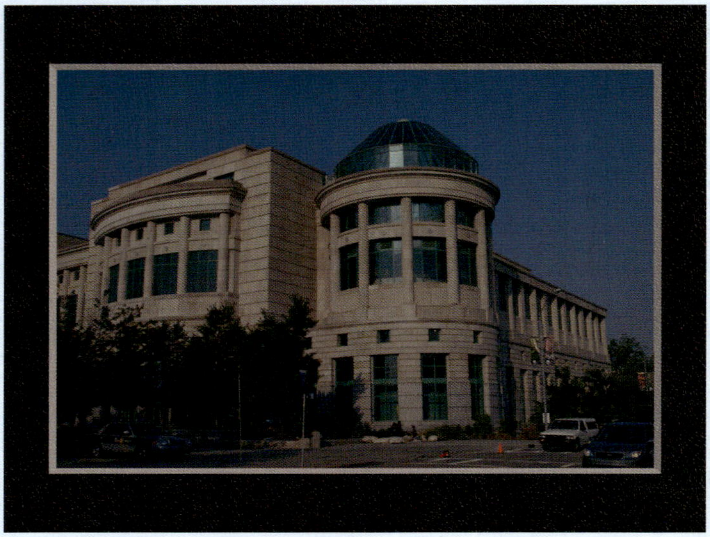

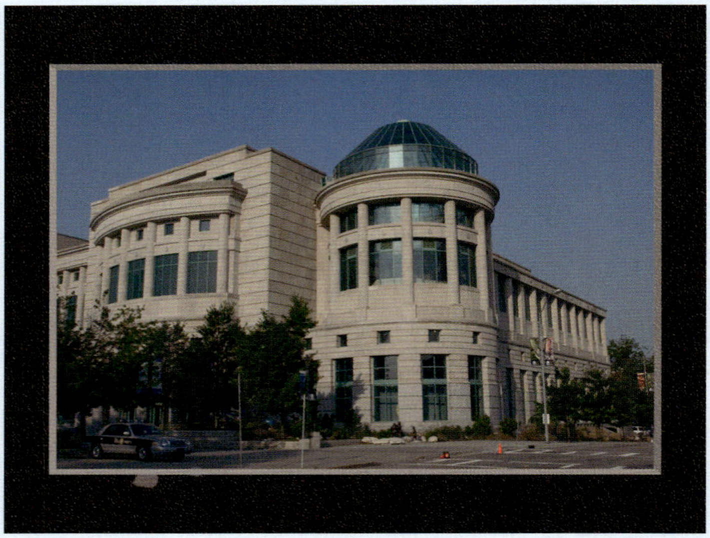

MESURE ORIGINALE

○ Réalisée avec les réglages définis par le posemètre, cette photo apparaît sous-exposée, car le dispositif a mesuré une trop grande quantité de lumière.

+1

○ Pris après réglage de la compensation d'exposition sur +1, ce cliché jouit d'une exposition plutôt satisfaisante.

23

NIVEAU DE DIFFICULTÉ

Le saviez-vous ?

Utiliser la compensation d'exposition est la manière la plus simple de modifier la mesure réalisée par le posemètre de l'appareil et d'obtenir l'exposition souhaitée. Par exemple, si vous photographiez un paysage enneigé, vous pouvez ajuster les réglages du posemètre en intégrant la compensation d'exposition et réussir ensuite de superbes clichés à chaque appui sur le déclencheur.

Astuce de pro !

Lorsque vous décidez d'utiliser une compensation d'exposition supérieure à +2 ou –2, choisissez le mode de prise de vue manuel. Si la compensation souhaitée ne figure pas dans la gamme acceptée par votre appareil, vous pouvez être amené à changer l'indice ISO.

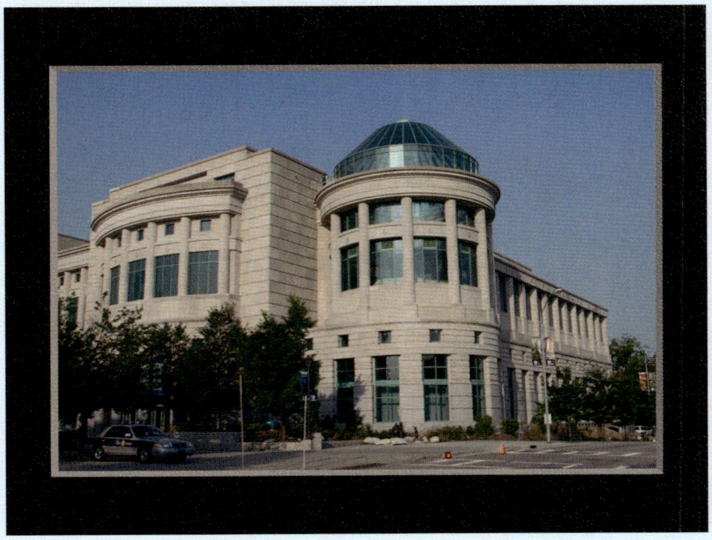

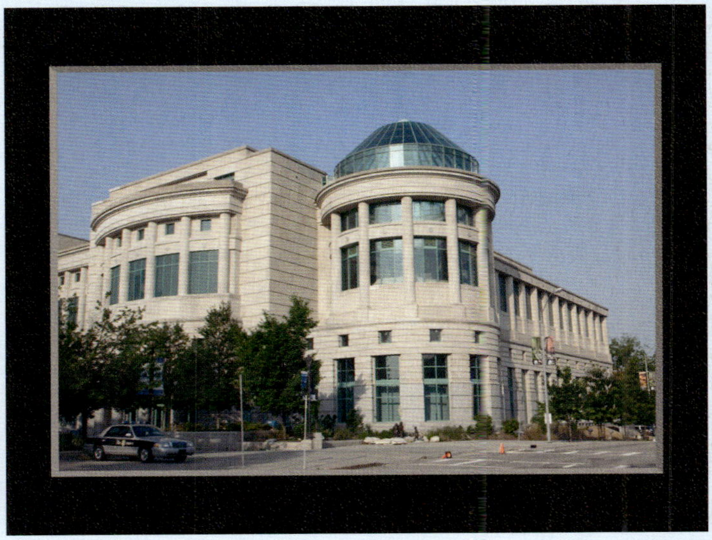

$+1\frac{1}{3}$

Grâce à une compensation d'exposition de $+1\frac{1}{3}$, cette photo bénéficie d'une bonne exposition.

+2

C'est ce cliché réalisé avec une compensation d'exposition de +2 qui jouit de la meilleure exposition.

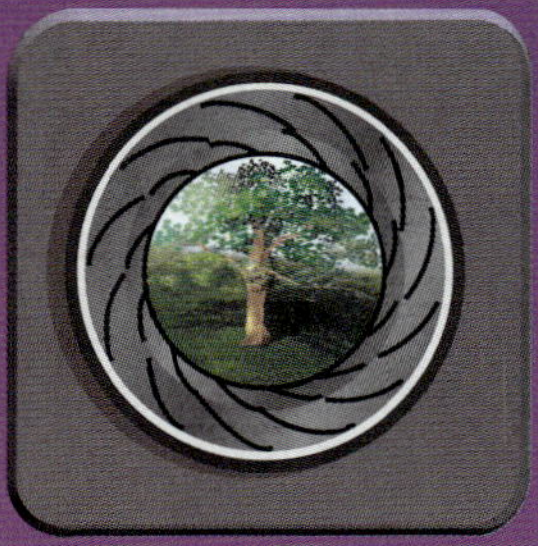

Évitez la perte des TONS CLAIRS

Les règles établies en photographie méritent le plus souvent d'être respectées, surtout pour éviter la perte des tons clairs, sauf si vous cherchez à produire un effet graphique particulier. Les tons les plus clairs disparaissent quand les paramètres actifs pour l'exposition rendent totalement blanches les parties claires de l'image qui renferment pourtant des détails.

Le problème posé par le blanc pur relève des mathématiques qui entrent en jeu en photographie numérique. Bien que vous puissiez généralement restaurer *a posteriori* des détails situés dans des zones très sombres, presque noires, aucun logiciel de retouche d'images (pas même Adobe Photoshop Elements) ne permet de retrouver des détails perdus au sein d'une zone parfaitement blanche.

Si l'écran ACL de votre appareil propose un histogramme, sans doute intègre-t-il également une fonction d'avertissement pour la disparition des tons clairs qui fait clignoter des pixels blancs dans la miniature de l'image. Cet outil indique ainsi que vous devez réduire l'exposition jusqu'à ce que tous les tons clairs soient préservés. Il est aussi nécessaire de diminuer l'exposition quand l'histogramme affiche de nombreux pixels à son extrême droite.

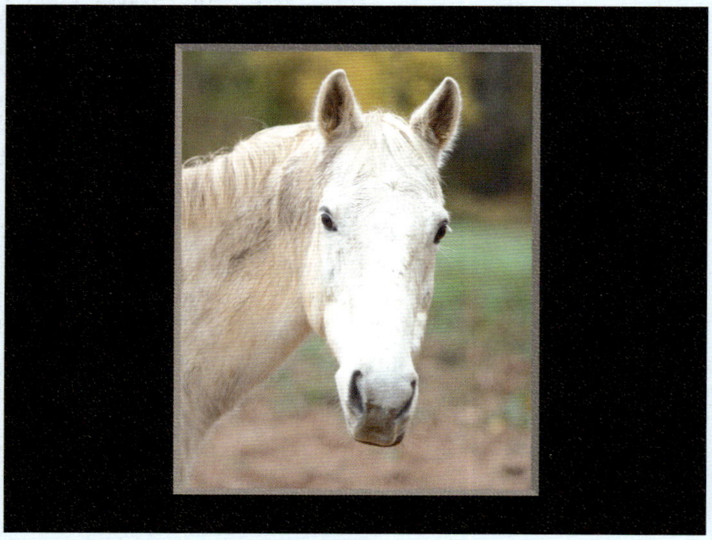

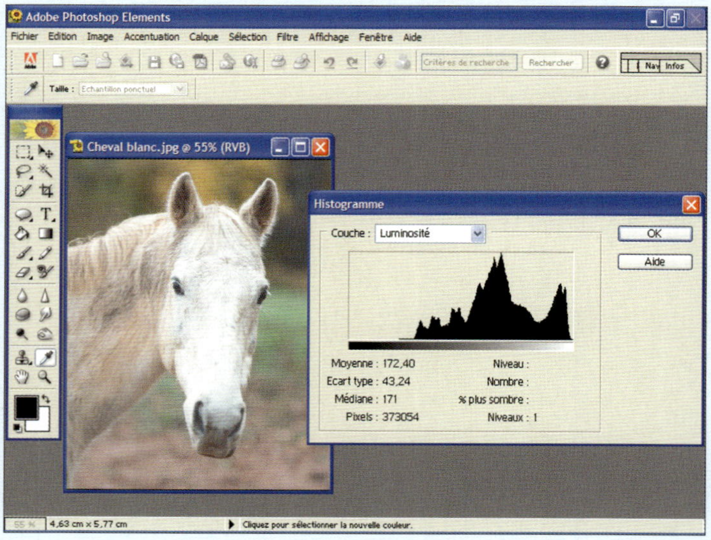

○ Cette photo de cheval est surexposée : la partie blanche de la tête ne renferme pas le moindre détail, et aucun logiciel de retouche d'images ne permettra de retrouver ces informations perdues.

○ Accessible par la commande **Image ➪ Histogramme** dans Adobe Photoshop Elements, cet histogramme montre qu'une grande quantité des pixels qui constituaient la tête du cheval se retrouve désormais dans la zone des tons clairs, connue pour ne pas préserver les détails.

24

NIVEAU DE DIFFICULTÉ

Le saviez-vous ?

Avec un appareil photo numérique, mieux vaut ajuster les paramètres relatifs à l'exposition pour réussir à obtenir une exposition correcte au niveau des tons clairs de la scène capturée. Un logiciel de retouche d'images tel qu'Adobe Photoshop Elements permet souvent de restaurer des détails disparus dans des zones sous-exposées. Malheureusement, il est impossible de retrouver des détails perdus dans les zones claires surexposées, car les zones presque ou totalement blanches renferment peu ou pas de détails.

Le saviez-vous ?

Le blanc pur devient acceptable dans les tons clairs spectraux, c'est-à-dire dans une zone très claire qui apparaît sur une surface brillante et très réfléchissante. Il est généralement préférable que ces tons restent très limités et localisés.

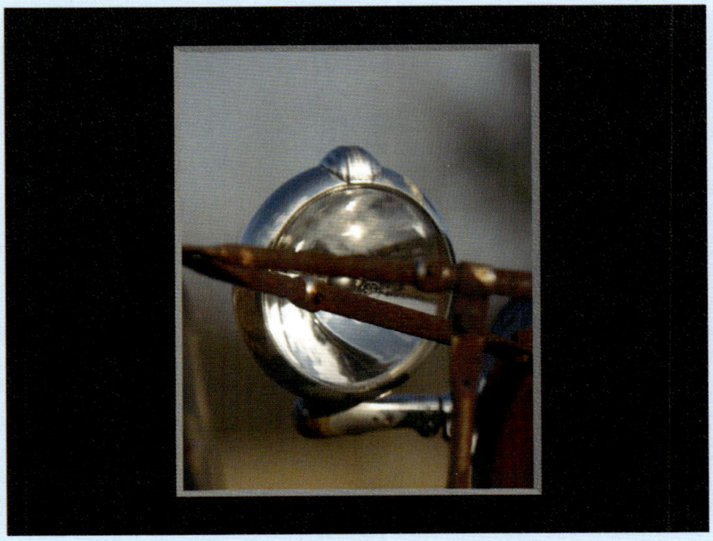

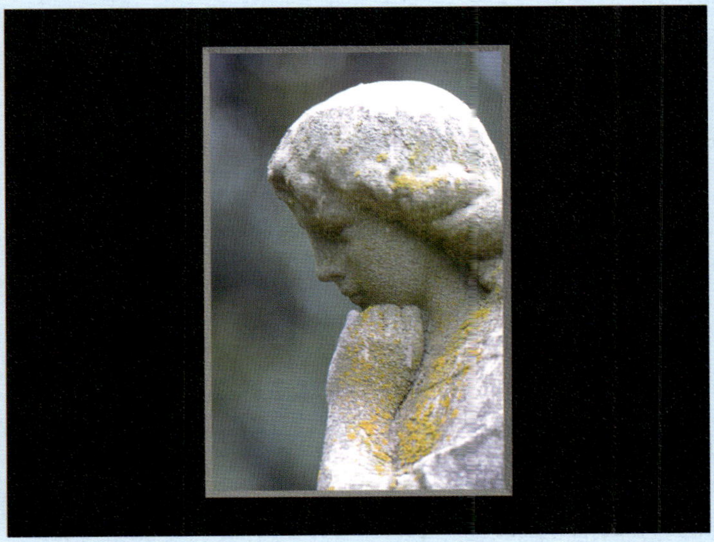

Dans cette photo bien exposée, les reflets et les tons clairs spectraux blanc pur sur le phare métallique brillant sont parfaitement acceptables.

Il est normal que le haut de la tête et une partie du bras de cette statue apparaissent totalement blancs, car ces zones ne renfermaient aucun détail à l'origine.

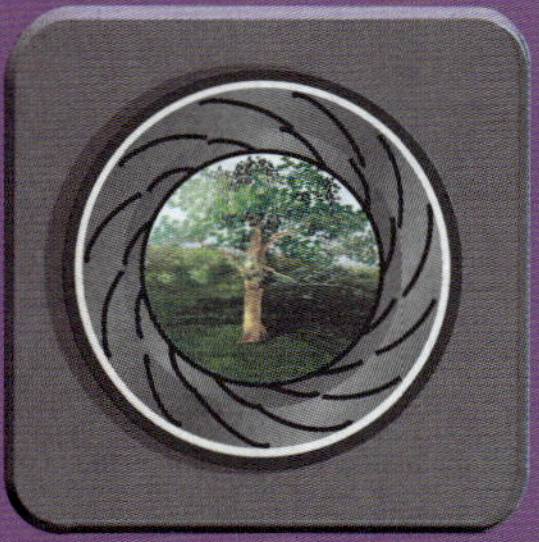

Maîtrisez la PLAGE DYNAMIQUE

Les professionnels de la photographie et de l'impression désignent la gamme de tons qui s'étend entre les parties les plus sombres et les plus claires d'une image sous les termes de plage dynamique ou de gamme tonale. Une composition qui renferme des zones très claires, comme un ciel, et des zones extrêmement sombres avec des tons très foncés possède une plage dynamique étendue. Malheureusement, aucun appareil photo argentique ni numérique n'est capable de capturer une gamme tonale aussi large.

Si vous pensiez qu'une photo avec une plage dynamique très étendue dont l'exposition a été réglée pour les tons clairs ne présente aucun pixel noir, même s'il en existe dans la scène originale, détrompez-vous. Les tons des zones sombres sont compressés en gammes tonales réduites et affichent alors moins de détails, voire plus aucun. À l'inverse, si vous réglez l'exposition en fonction des zones foncées, les gammes des tons clairs sont compressées et entraînent une perte de détails dans les zones claires du cliché.

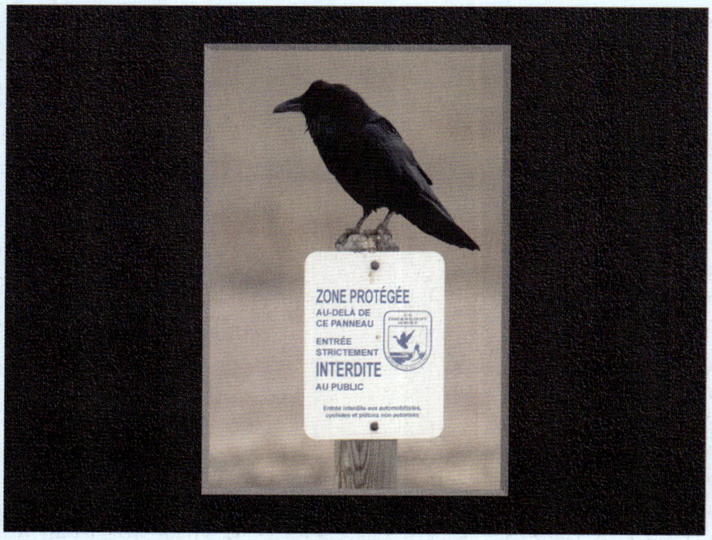

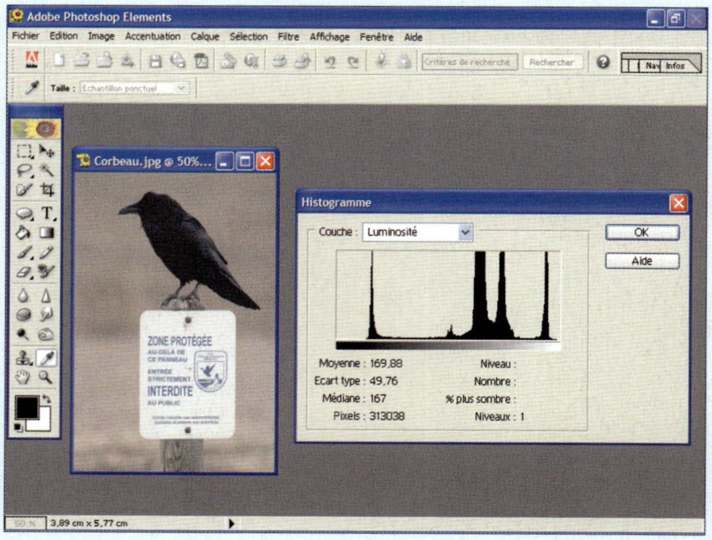

○ Des détails apparaissent dans le panneau blanc de cette photo, mais pas dans les plumes noires du corbeau, car la plage dynamique est trop large.

○ Accessible par la commande **Image ➪ Histogramme** dans Adobe Photoshop Elements, cet histogramme représente la gamme tonale du cliché affiché à gauche.

25

NIVEAU DE DIFFICULTÉ

Le saviez-vous ?

Pour capturer une plage dynamique étendue, beaucoup de photographes équipés d'un appareil argentique utilisent des filtres dégradés de densité neutre qui évoluent verticalement d'une couleur très foncée à très claire. Bien que ces outils remplissent partiellement leur rôle, vous obtenez un résultat plus réaliste en combinant deux clichés dans un logiciel de retouche d'images (consultez la tâche n° 26).

Astuce de pro !

Pour obtenir des silhouettes qui se dessinent parfaitement sur l'arrière-plan, vous pouvez choisir une exposition qui assure une plage dynamique étendue (consultez la tâche n° 39). Dans le cas d'un paysage avec un ciel extrêmement clair, il est possible de régler l'exposition en fonction des zones sombres de la scène pour que le ciel devienne totalement blanc, sans aucun détail, puis de remplacer cette partie de la photo par un ciel plus joli et plus texturé grâce à un outil de sélection dans un logiciel de retouche d'images.

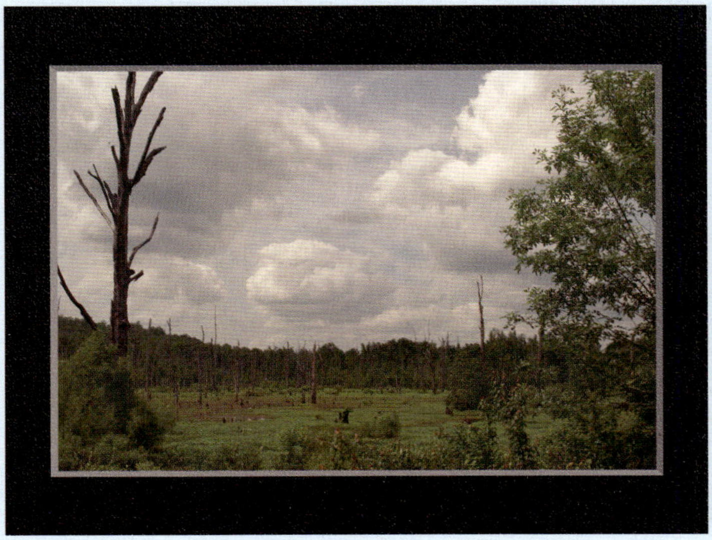

Cette photo témoigne de la difficulté à préserver les détails à la fois dans un ciel clair et dans un premier plan foncé.

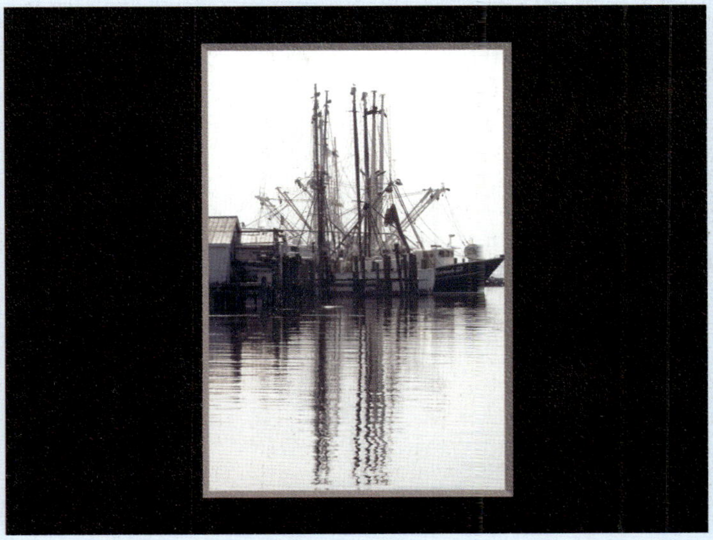

Ce ciel blanc très clair limite la quantité de détails affichables sur les bateaux.

Réunissez deux photos pour obtenir la

PLAGE DYNAMIQUE COMPLÈTE

La photographie numérique présente un immense avantage : dès lors que vous maîtrisez un logiciel de retouche d'images, vous pouvez réaliser pratiquement n'importe quel montage en réunissant plusieurs clichés. Quand vous capturez une scène qui renferme une plage dynamique étendue, deux techniques permettent d'obtenir une image finale où l'on retrouve l'intégralité de cette gamme tonale.
La première méthode consiste à réaliser deux photos distinctes, en réglant l'exposition de l'une en fonction des zones sombres, et celle de l'autre en fonction des zones claires, puis à les combiner dans un logiciel de retouche. Pour obtenir une correspondance parfaite entre les deux clichés, vous devez réaliser ceux-ci avec un trépied et veiller à ce que la scène ne renferme aucun objet en mouvement.
La seconde technique consiste à prendre une photo au format brut et à effectuer une double conversion avec un convertisseur RAW, comme le plug-in Adobe Photoshop Camera RAW. La première conversion doit s'opérer avec un paramètre d'exposition qui assure une bonne exposition pour les tons clairs, et la seconde, avec une exposition définie en fonction des tons foncés. Il suffit ensuite de réunir ces deux images dans un logiciel de retouche.

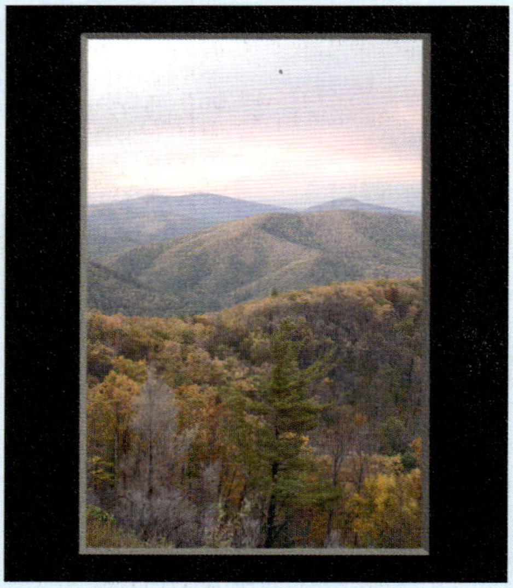

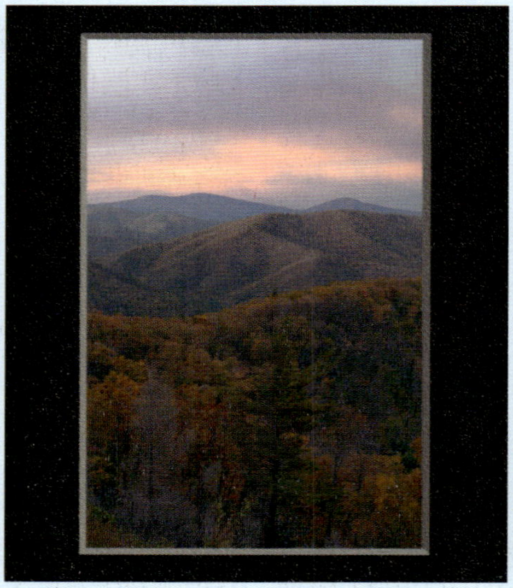

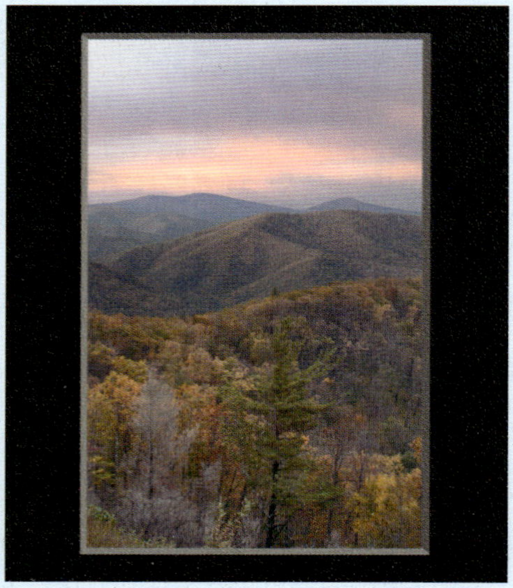

L'exposition de cette photo a été réglée pour capturer des détails dans les zones foncées du premier plan.

L'exposition de ce cliché a été définie en fonction des tons clairs, de sorte qu'une grande quantité de détails est préservée dans les nuages du ciel.

Il suffit de réunir les deux premières photos dans un logiciel de retouche d'images pour obtenir cette scène avec la plage dynamique complète.

26

NIVEAU DE DIFFICULTÉ

Le saviez-vous ?

Vous percevrez parfois une plage dynamique plus réduite que celle effectivement existante dans une scène. Pour obtenir un affichage fidèle de vos photos et pouvoir retoucher celles-ci correctement, vous devez absolument travailler sur un moniteur informatique de bonne qualité qui restitue une plage dynamique étendue. Il faut pour cela l'étalonner avec Abode Gamma ou un autre utilitaire.

Astuce de pro !

Souvent, il est impossible de prendre deux photos avec des expositions distinctes dans le but de les combiner ensuite, notamment parce que la scène renferme un élément mobile, comme des nuages ou un animal. Mieux vaut alors utiliser le format brut et modifier l'exposition avec un convertisseur.

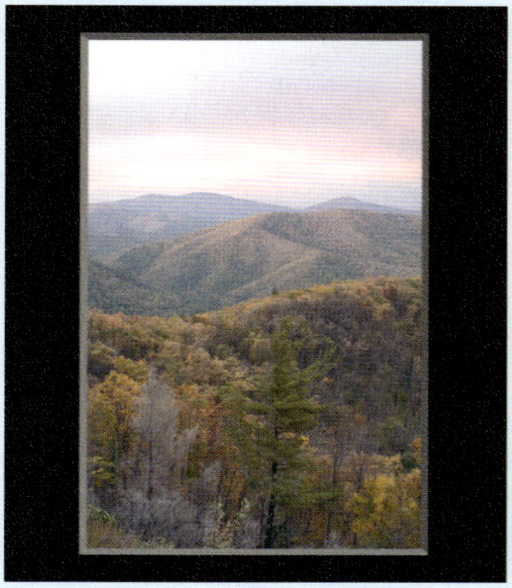

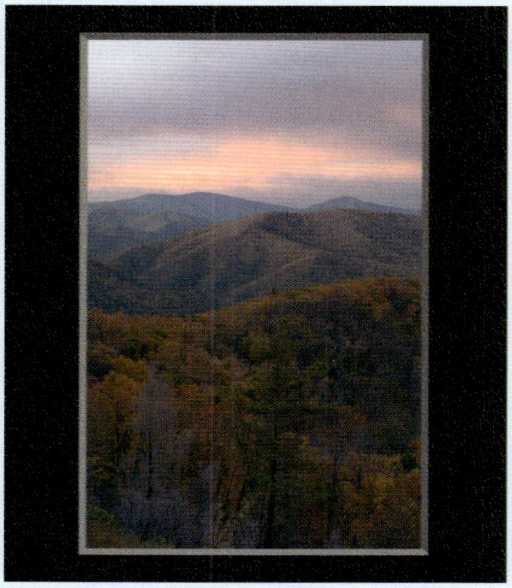

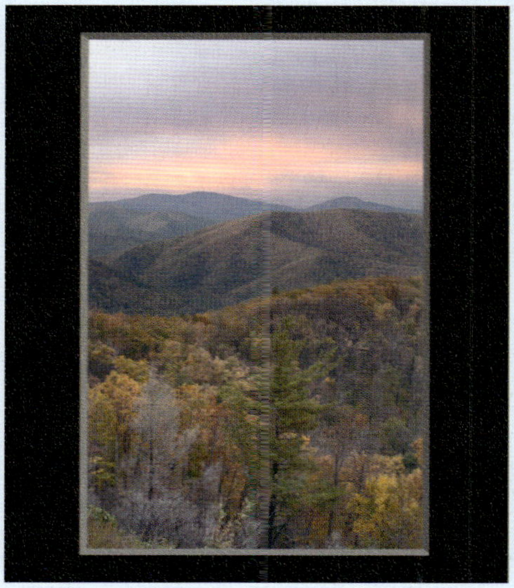

- Cette photo a été enregistrée au format brut, puis convertie avec une exposition qui préserve les détails dans les zones sombres du premier plan.
- Ce cliché a été enregistré au format brut, puis converti avec une exposition qui laisse apparaître beaucoup de détails dans les nuages du ciel.
- Combinées dans un logiciel de retouche d'images, les deux photos de gauche donnent une scène finale avec la plage dynamique complète.

CHAPITRE 4

Contrôlez la mise au point et la profondeur de champ

Une mise au point mal réglée, une profondeur de champ limitée, un sujet mobile ou un mouvement de l'appareil photo sont autant de facteurs de flou potentiels dans un cliché. Il arrive certes de générer du flou à dessein dans une prise de vue. Quand tel n'est pas le cas, néanmoins, la photo semble souvent ratée. Pour réussir vos clichés, vous devez contrôler la mise au point et la profondeur de champ.

Ces deux aspects sont primordiaux en photographie, car ils interviennent dans tous les clichés, sans exception. Vous devez donc apprendre à les contrôler et à trouver le juste compromis quand l'un d'eux doit prévaloir sur l'autre. Il est tout aussi important de prévisualiser le résultat final. Par exemple, vous devez avoir une juste idée de la profondeur de champ dont vous disposez en photographiant avec un objectif 100 mm à 1,20 m du sujet et en utilisant une ouverture de f-4 plutôt que f-8. Plus vous réaliserez de clichés et plus vous étudierez leurs données EXIF (consultez la tâche n° 17), mieux vous saurez choisir les réglages adéquats pour obtenir les photos souhaitées.

Les photographes peuvent jouer sur la mise au point et la profondeur de champ pour produire des effets artistiques particuliers. Pour vous exercer à bien anticiper les conséquences de ces deux facteurs, réalisez une série de photos en testant diverses combinaisons de ces deux variables, puis étudiez attentivement les résultats.

TOP 100

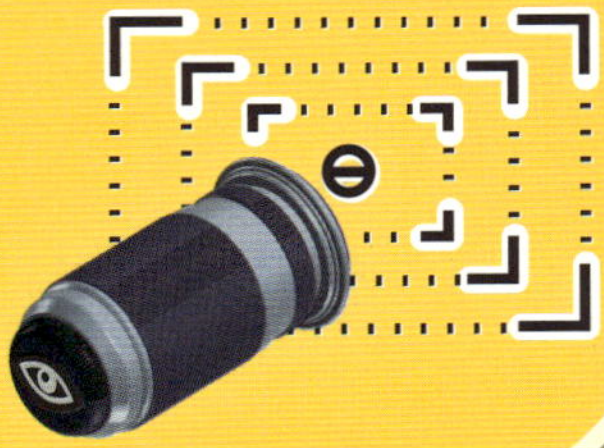

RÉUSSISSEZ LA MISE AU POINT
grâce à un trépied

27

NIVEAU DE DIFFICULTÉ

Pour réaliser des clichés parfaitement nets dans un environnement peu éclairé, avec une vitesse d'obturation réduite ou avec une petite ouverture pour maximiser la profondeur de champ, le trépied devient indispensable. Cet accessoire est d'autant plus essentiel quand la focale de votre objectif est grande, car le moindre mouvement génère alors du flou. Outre permettre l'obtention de photos bien nettes, le trépied facilite également la réalisation de compositions précises et pertinentes.

Au départ, le transport et l'emploi d'un trépied peuvent paraître ennuyeux. Pourtant, si vous choisissez un modèle adapté avec une tête assez perfectionnée, vous vous y habituerez très vite et aurez de plus en plus de mal à vous en passer pour réussir des clichés bien nets. Si vous envisagez de réaliser des panoramas (consultez la tâche n° 52), achetez de préférence un trépied avec un équipement dédié indépendant. Les photographes qui se servent régulièrement d'un trépied réussissent de meilleures photos. Si vous ne possédez pas encore de tel accessoire, offrez-vous en un rapidement et faites-en bon usage.

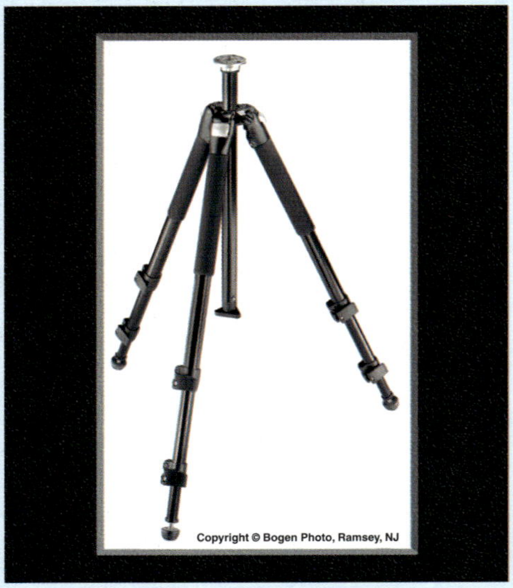

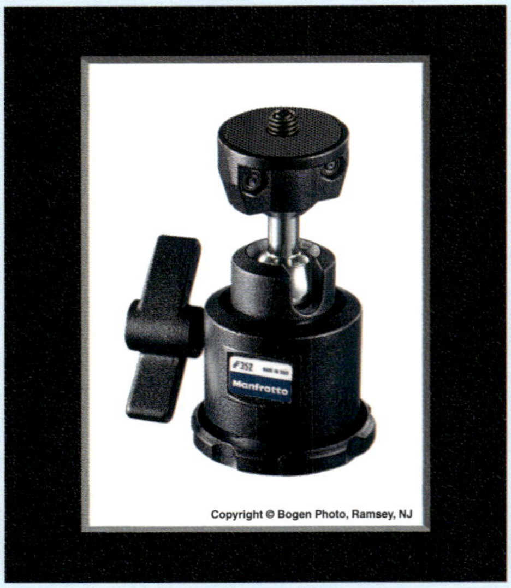

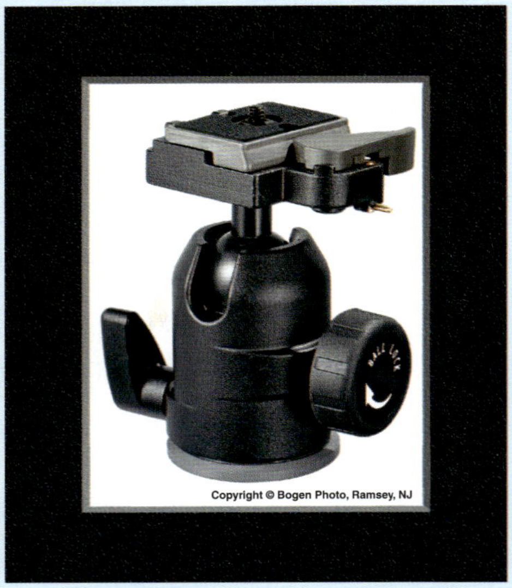

Un trépied solide, comme ce Manfrotto 3221WN (www.manfrottofrance.fr), se révèle très utile pour réussir à la fois la mise au point et la composition d'une photo.

Cette tête à rotule Manfrotto #352 est légère et facile à utiliser.

Cette tête à rotule Manfrotto 488RC2 possède un levier indépendant et un système gradué pour la réalisation de panoramas. Un mécanisme de fixation rapide permet d'installer l'appareil photo sur le trépied en un clin d'œil, sans la moindre difficulté.

Contrôlez la netteté en DÉLIMITANT LA ZONE DE MISE AU POINT

28

NIVEAU DE DIFFICULTÉ

Plus la profondeur de champ est réduite, plus il est important de sélectionner précisément la partie de la composition qui devra apparaître bien nette. Si vous capturez une scène dont un élément excentré doit rester net, consultez le mode d'emploi de votre appareil pour savoir comment définir la zone de mise au point.

On différencie trois grands types de fonctions pour déterminer la zone de mise au point. Certains appareils possèdent un cadre de mise au point fixe, généralement situé au milieu. D'autres proposent un cadre de mise au point central : vous devez alors placer celui-ci sur le sujet sur lequel effectuer la mise au point, enfoncer à moitié le déclencheur pour réaliser la mise au point automatique, déplacer l'appareil pour obtenir exactement la composition souhaitée et finalement enfoncer complètement le déclencheur pour prendre la photo. Certains appareils permettent de sélectionner entre 3 et 50 zones de mise au point. Après avoir défini le cadre de mise au point, il suffit d'effectuer la composition et de prendre le cliché. Beaucoup d'appareils proposent un système de sélection automatique du cadre de mise au point qui, bizarrement, choisit souvent la meilleure zone de mise au point pour le sujet.

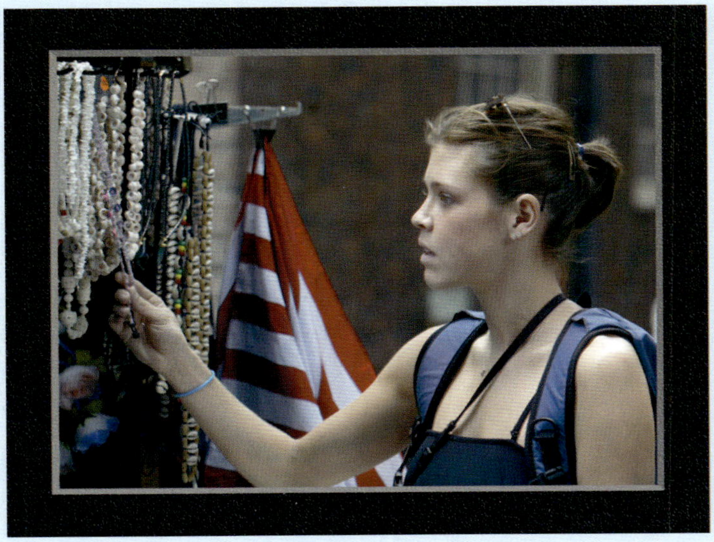

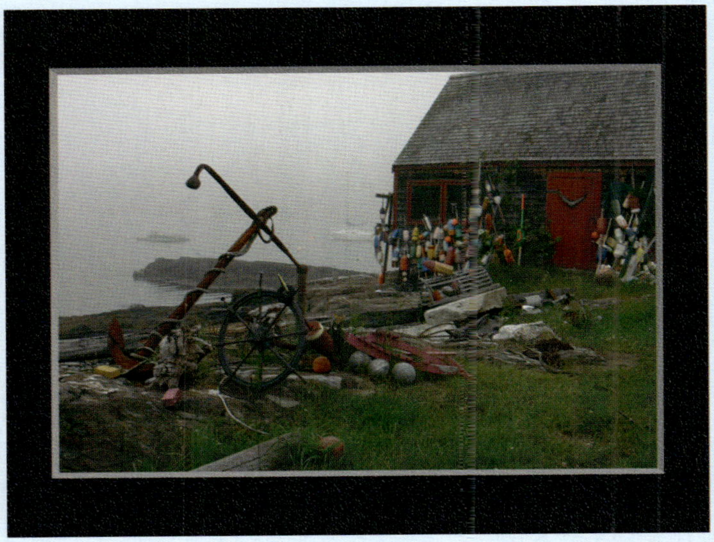

Réaliser la mise au point sur un élément excentré a permis que cette jeune fille en train d'examiner des colliers reste parfaitement nette.

Pour que cette cabane rouge apparaisse nette, il a d'abord fallu régler le cadre de mise au point central dessus et verrouiller la mise au point.

Il a ensuite suffi d'ajuster la composition et d'enfoncer complètement le déclencheur pour capturer la scène.

CAPTUREZ UN MOUVEMENT

grâce à une vitesse d'obturation réduite

29

NIVEAU DE DIFFICULTÉ

Généralement, vous chercherez à utiliser une vitesse d'obturation suffisamment élevée pour figer tout mouvement éventuel dans vos photos. Pourtant, vous pouvez aussi employer une vitesse plus réduite qui génère au niveau du sujet un certain flou, témoin du mouvement en cours. Pour éviter que cette vitesse moindre ne rende également l'arrière-plan flou, utilisez un trépied : ainsi, le fond derrière le sujet flou restera net.

Choisir la bonne vitesse d'obturation est essentiel. Si elle n'est pas suffisante, la photo apparaît trop floue. Si elle est trop élevée, en revanche, toute impression de mouvement disparaît. Avec un peu d'entraînement, vous saurez définir la vitesse adéquate pour obtenir le résultat recherché.

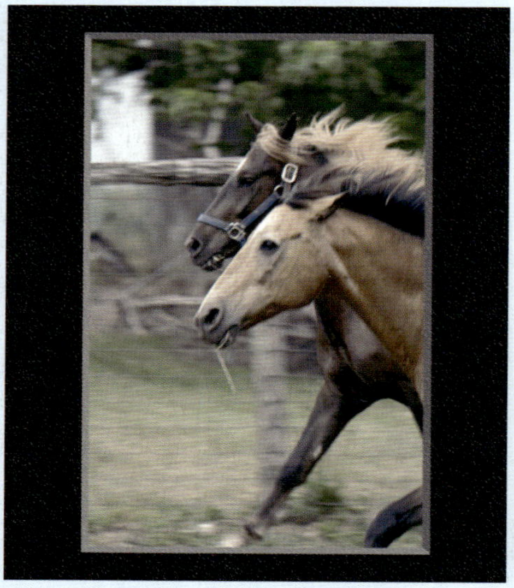

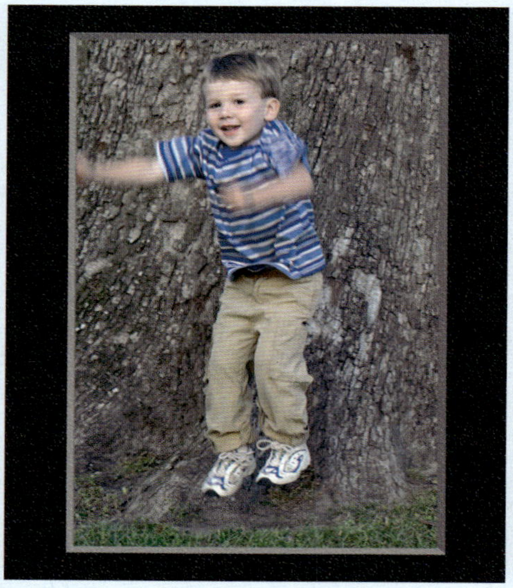

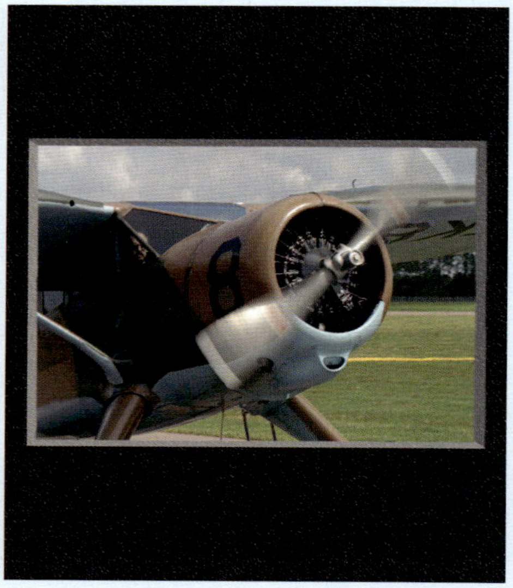

○ Ces magnifiques chevaux au galop gagnent en superbe dans cette photo prise à 1/30 de seconde, car il se dégage une impression de vitesse très forte.

○ Ce cliché qui montre un jeune garçon en train de sauter traduit parfaitement la joie que ressent l'enfant et les efforts qu'il fournit.

○ Dans un environnement fortement ensoleillé, une vitesse d'obturation très réduite permet même de ralentir l'hélice d'un avion en stationnement sur une piste d'envol.

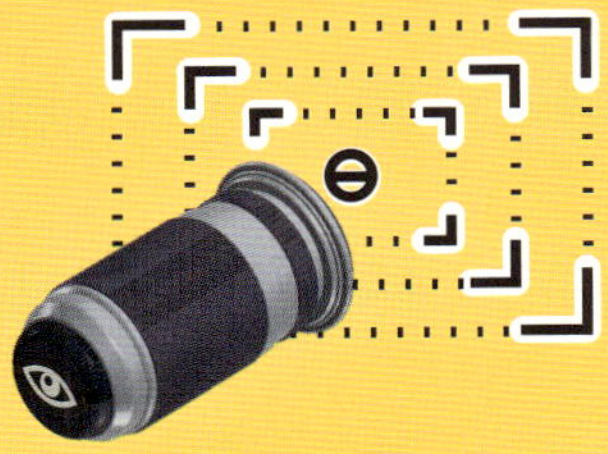

ACCENTUEZ UN MOUVEMENT en réalisant un panoramique

30

NIVEAU DE DIFFICULTÉ

Pour capturer le mouvement d'un sujet qui se déplace horizontalement, vous pouvez réaliser un panoramique. La photo finale renferme souvent une intensité toute particulière, car elle présente un sujet parfaitement net devant un arrière-plan flouté horizontalement.

Cette technique est assez délicate. Vous devez en effet choisir la bonne vitesse d'obturation et trouver l'arrière-plan idéal, mais aussi déplacer l'appareil photo parallèlement au sujet en mouvement et à la même vitesse que celui-ci. Sinon, le sujet apparaît flou.

Obtenir l'effet souhaité lors d'un panoramique requiert beaucoup d'expérience et une bonne maîtrise de la technique. Vous devez en effet tenir compte de nombreuses variables : vitesse du sujet en mouvement, distance entre le sujet et vous, distance entre le sujet et l'arrière-plan, focale, vitesse d'obturation, *etc.*

Il est en outre essentiel de bien suivre le sujet avec l'appareil. Pour mettre toutes les chances de votre côté, utilisez un trépied qui possède une tête pivotante avec une rotule panoramique indépendante ou une tête pour Caméscope avec une rotule fluide.

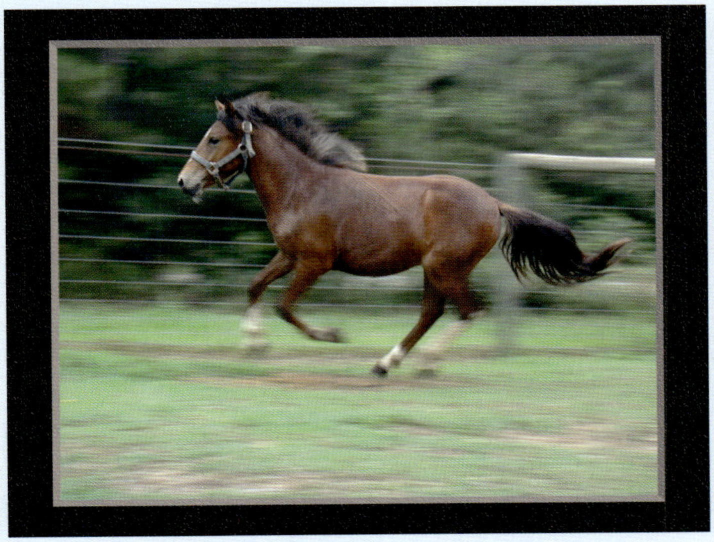

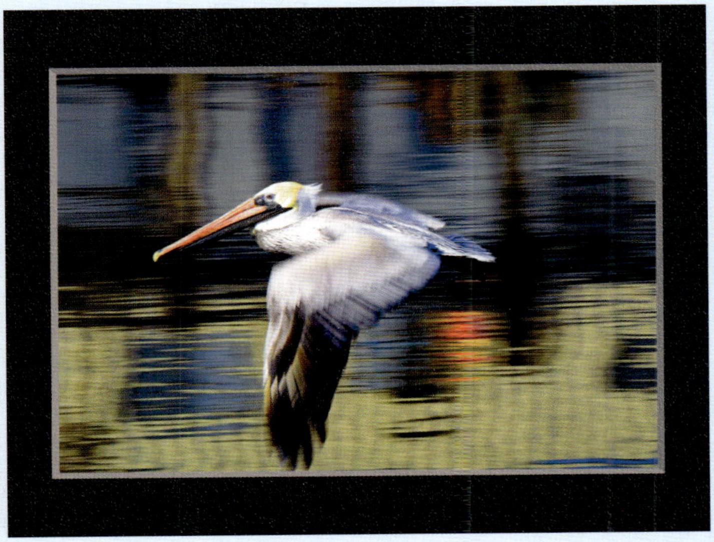

Une vitesse d'obturation de 1/30 de seconde a permis de photographier ce cheval de telle sorte qu'à la fois l'animal et l'arrière-plan affichent un flou traduisant le mouvement.

Pour figer ce pélican en vol devant l'arrière-plan très coloré et flouté d'un port de bord de mer, il a fallu réduire la vitesse d'obturation à 1/125.

CRÉEZ DES EFFETS ARTISTIQUES

en effectuant une mise au point manuelle

Vous ne voudrez pas toujours capturer une scène intégralement nette. Les photographes font souvent preuve de beaucoup d'imagination pour réaliser des photos originales et captivantes en combinant et réglant différemment les diverses variables qui interviennent sur la prise de vue. Pour changer radicalement l'apparence d'un cliché, vous pouvez intervenir sur la mise au point. Par exemple, une photo adoucie par un léger flou peut évoquer une atmosphère impossible à simuler dans un cliché bien net du même sujet. Vous pouvez aussi effectuer une mise au point astucieuse qui fasse ressortir le sujet ou une zone importante de la composition.

Lorsque vous cherchez à prendre une photo partiellement ou totalement floutée ou que vous voulez contrôler précisément la mise au point et l'emplacement de la profondeur de champ, réalisez une mise au point manuelle. En vous affranchissant de cette énième fonctionnalité automatique, vous pourrez réfléchir mûrement à un autre aspect important de la photographie : la mise au point. Activez le mode Mise au point manuelle de votre appareil et donnez libre cours à votre imagination.

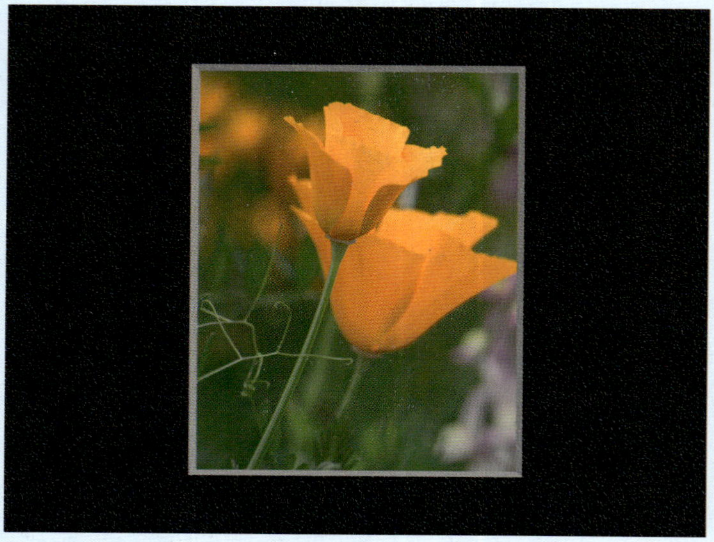

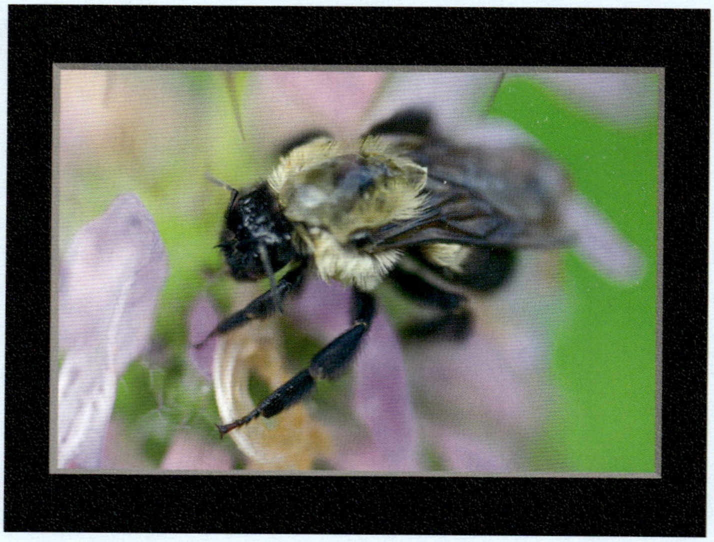

Avec la mise au point manuelle, il a été facile de positionner précisément la profondeur de champ réduite sur ces tulipes, qui apparaissent ainsi légèrement floues devant un arrière-plan très flou.

Ici, la mise au point manuelle a permis de contrôler précisément la partie de l'abeille à garder nette.

31

NIVEAU DE DIFFICULTÉ

Le saviez-vous ?

Certains photographes parmi les plus célèbres au monde ont réalisé leurs clichés avec des appareils dépourvus de fonction de mise au point automatique. Contraints à une mise au point manuelle, les photographes professionnels d'autrefois devaient déployer beaucoup d'efforts pour améliorer leurs compétences. Leur succès témoigne qu'un appareil coûteux et perfectionné n'est pas une condition *sine qua non* pour réussir de superbes photos.

Astuce de pro !

Avec beaucoup d'appareils photo numériques compacts, réaliser une mise au point manuelle précise n'est pas chose aisée. Si vous avez des difficultés à utiliser le mode Mise au point manuelle, achetez éventuellement un rail de positionnement pour macros, comme le Manfrotto 3419 Micro Positioning Plate (www.manfrottofrance.fr). Cet accessoire pour tête de trépied permet de déplacer l'appareil photo vers l'avant ou l'arrière grâce à une molette et de trouver ainsi la distance de mise au point parfaite sans bouger le trépied.

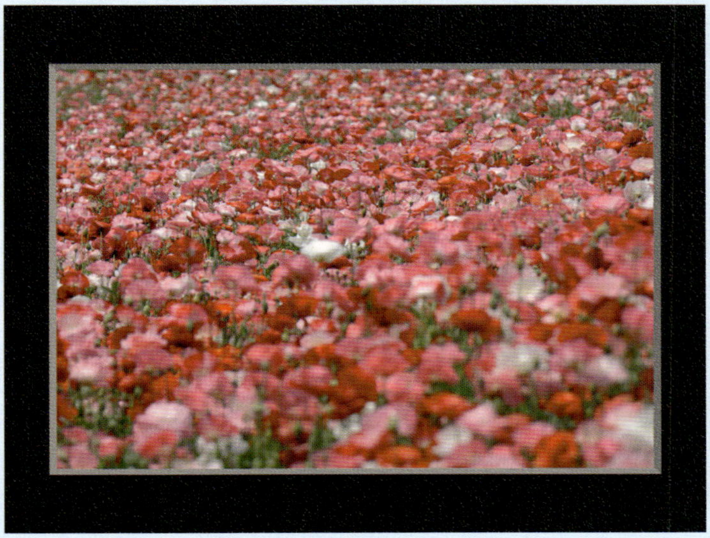

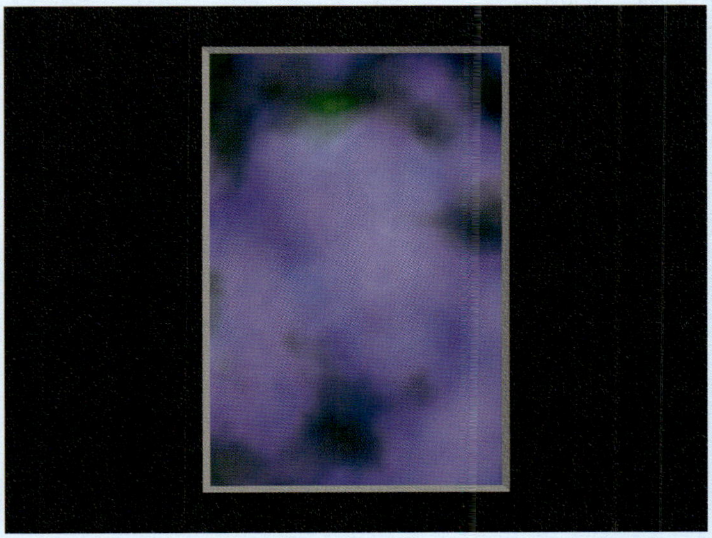

Grâce à une mise au point manuelle, garder nette uniquement la zone souhaitée de ce champ de tulipes a été un jeu d'enfants.

Pour cette photo uniquement destinée à être combinée à une autre dans un logiciel de retouche d'images, la mise au point a été délibérément déréglée pour flouter les fleurs violettes.

Maîtrisez la

PROFONDEUR DE CHAMP

Zone d'un cliché qui apparaît nette, la profondeur de champ dépend essentiellement de trois facteurs : l'ouverture du diaphragme, la focale, et la distance entre l'appareil photo et le sujet. Plus l'ouverture est réduite, plus la profondeur de champ est grande. Par exemple, celle-ci est moins importante avec f-4,0 qu'avec f-8,0. Elle augmente en revanche au fur et à mesure que l'appareil s'éloigne du sujet. Les objectifs avec une focale longue possèdent une profondeur de champ plus réduite que les objectifs avec une focale courte. Par exemple, la profondeur de champ d'un objectif 100 mm est bien moindre que celle d'un objectif 28 mm.

Pour vous perfectionner en photographie, il est important de bien comprendre ce qu'est la *profondeur de champ* et de savoir la contrôler. En effet, elle permet non seulement d'isoler un sujet de son arrière-plan et de préserver la netteté de l'ensemble d'une scène pour capturer un maximum de détails, mais aussi de créer des effets artistiques originaux.

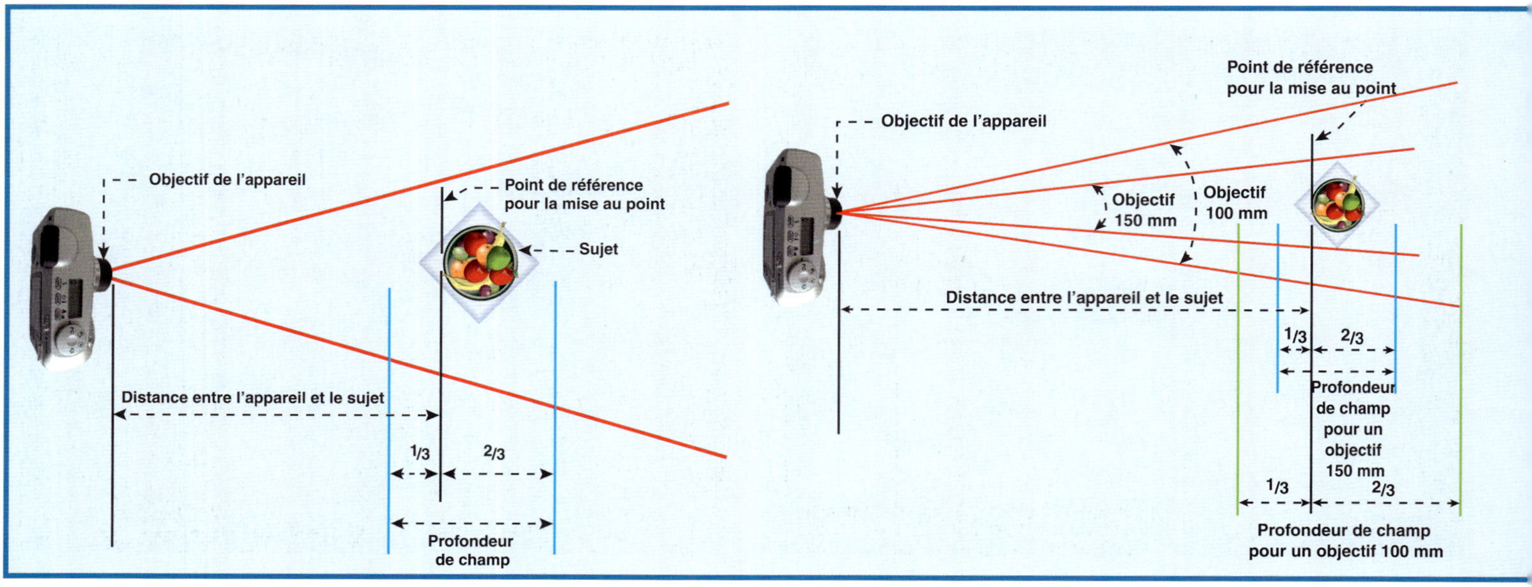

○ Un tiers de la profondeur de champ se trouve devant le point de référence pour la mise au point, et deux tiers, derrière.

○ Pour un sujet placé à égale distance de l'appareil photo, les objectifs avec une focale courte (100 mm) possèdent une profondeur de champ plus importante que les objectifs avec une focale longue (150 mm).

32

NIVEAU DE DIFFICULTÉ

Le saviez-vous ?

Plus l'ouverture est grande, plus l'appareil photo est considéré comme « rapide », car il laisse pénétrer davantage de lumière qu'un objectif plus lent ou avec une ouverture réduite. La plupart des objectifs rapides coûtent plus cher que les modèles lents.

Astuce de pro !

Quand vous recherchez une profondeur de champ maximale dans un environnement peu éclairé ou que vous réalisez des gros plans ou des plans rapprochés, le mouvement de l'appareil provoqué par l'appui sur le déclencheur génère parfois un flou indésirable dans la photo. Pour pallier ce risque, utilisez le retardateur, de façon que le cliché se prenne sans que vous ayez besoin d'appuyer sur le déclencheur.

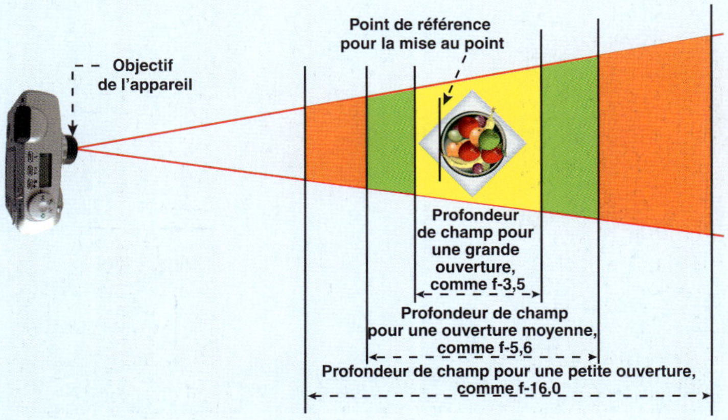

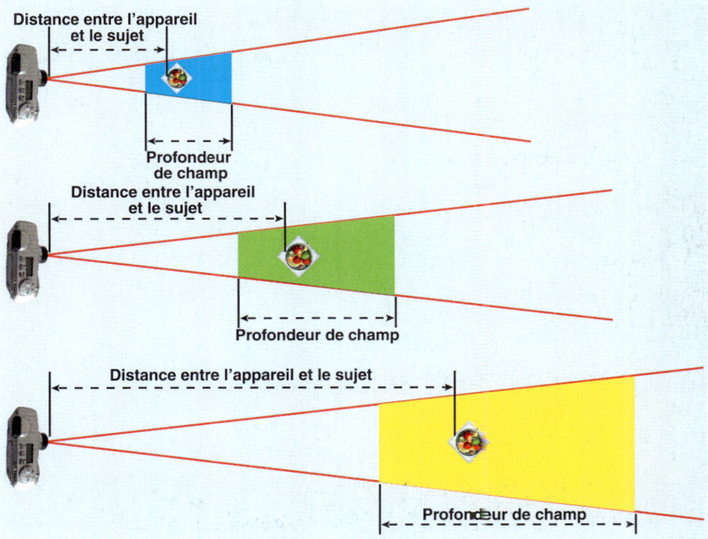

- L'ouverture influe considérablement sur la profondeur de champ. Plus la première est petite, plus la seconde est grande. La profondeur de champ d'un objectif grand-angle est donc supérieure à celle d'un téléobjectif.

- La distance entre l'appareil photo et le sujet influe aussi sur la profondeur de champ. Augmenter la première agrandit la seconde.

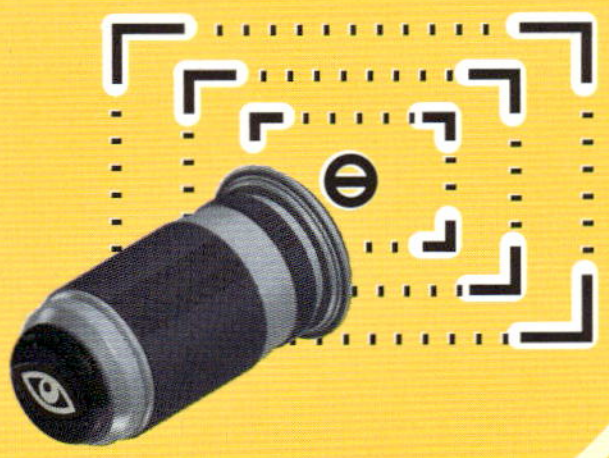

CRÉEZ DES EFFETS ÉTONNANTS

en jouant sur la profondeur de champ

La profondeur de champ dépend de trois facteurs : la distance qui vous sépare du sujet, la focale utilisée et l'ouverture choisie. Plus vous êtes loin du point de référence pour la mise au point, plus la profondeur de champ est importante. Celle-ci est en revanche d'autant plus petite que la focale est longue. Enfin, moins le diaphragme est ouvert, plus la profondeur de champ est importante. Il est essentiel de maîtriser les relations entre ces trois facteurs pour bien contrôler la profondeur de champ.

En photographie, tout relève du contrôle de nombreuses variables et de la bonne appréciation des compromis à réaliser entre elles. Lorsque vous choisissez une focale plus longue pour réduire la profondeur de champ, vous diminuez l'angle de vue et ne pouvez parfois plus capturer le sujet complet. Si vous utilisez une ouverture moindre pour augmenter la profondeur de champ, vous devez allonger l'exposition. Et si vous vous éloignez du sujet, il devient beaucoup plus difficile d'adopter un cadre serré.

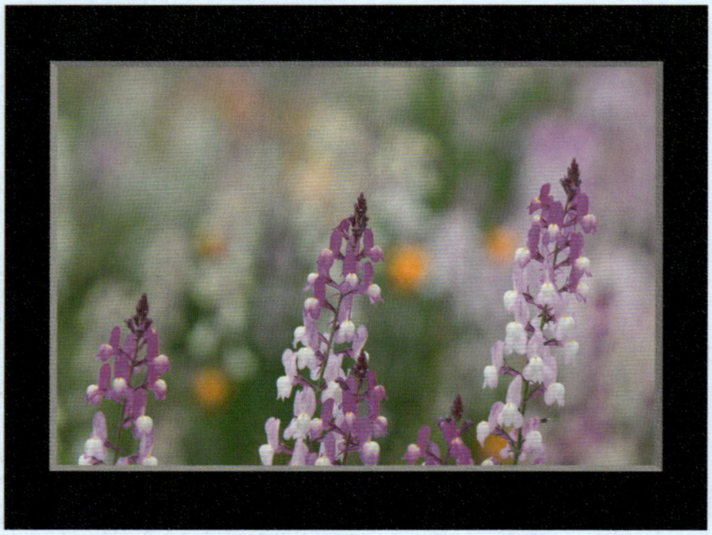

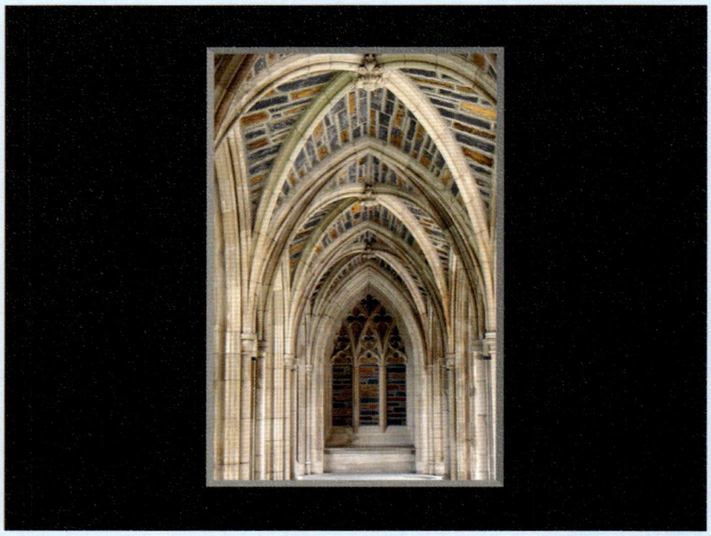

Un objectif avec une focale longue et une grande ouverture ont permis de réduire la profondeur de champ et d'isoler ces trois fleurs de leur arrière-plan.

Pour capturer toute cette voûte parfaitement nette, il a fallu utiliser un objectif grand-angle avec une petite ouverture. Un trépied s'est par ailleurs révélé fort précieux pour éviter les mouvements de l'appareil photo et donc le flou dû à la faible vitesse d'obturation.

33

NIVEAU DE DIFFICULTÉ

Le saviez-vous ?

Beaucoup d'appareils photo numériques compacts sont équipés d'un capteur d'images si petit qu'il est difficile de contrôler la profondeur de champ, car les seules ouvertures disponibles produisent des profondeurs de champ assez importantes. Certes, ils conviennent parfaitement à quiconque veut essentiellement réaliser des clichés qui ne souffrent pas d'un léger flou dû à une profondeur de champ réduite. En revanche, si vous voulez capturer des sujets devant un arrière-plan flou, vous aurez tout intérêt à acquérir un reflex numérique qui vous permettra de réaliser des prises de vue avec une petite profondeur de champ.

Astuce de pro !

Pour les portraits, il est généralement conseillé d'utiliser une focale longue, afin de réduire la profondeur de champ. Cela permet de flouter l'arrière-plan et d'attirer ainsi l'attention sur le sujet.

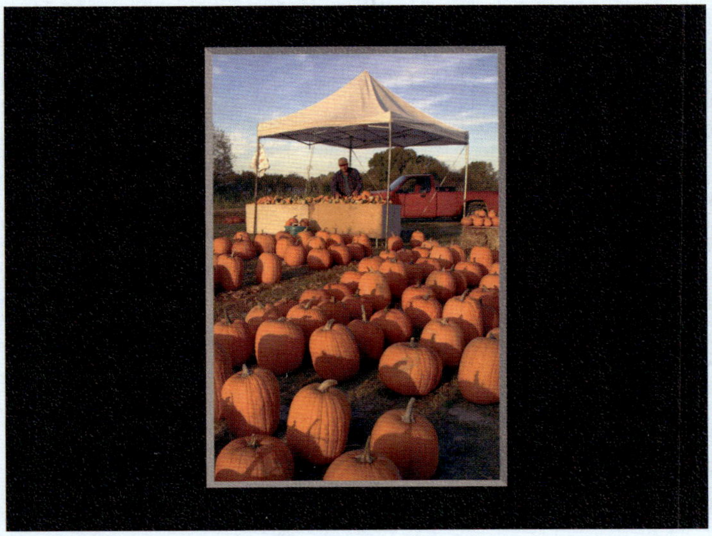

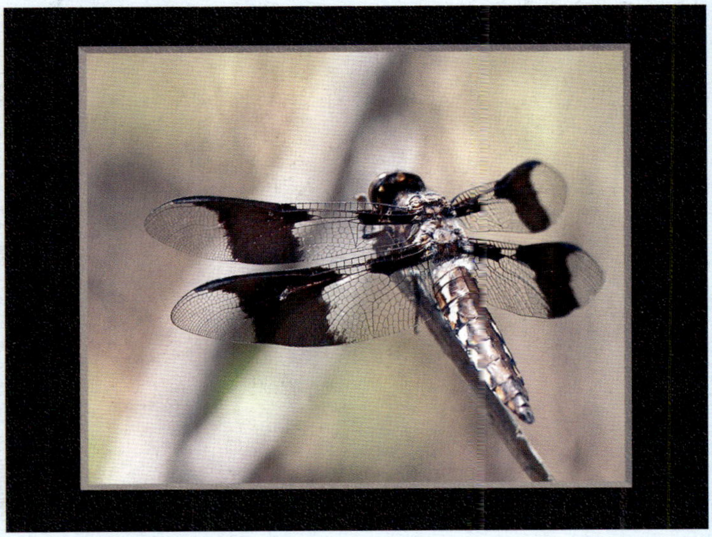

Avec un objectif grand-angle et une profondeur de champ importante, il a été très facile de préserver la netteté de toutes ces citrouilles et du stand de vente.

Lors d'un gros plan sur un sujet comme cette libellule réalisé avec un téléobjectif et une ouverture moyenne pour minimiser les mouvements causés par le vent, la profondeur de champ est très réduite.

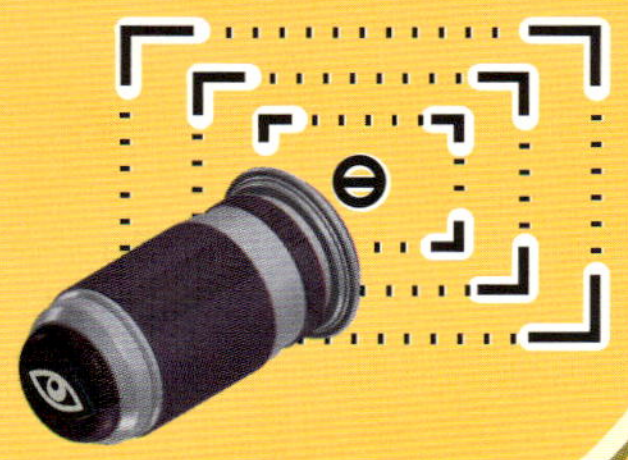

Maîtrisez la FOCALE

D'un point de vue technique, la focale désigne la distance en millimètres entre le centre optique de l'objectif et le capteur d'images intégré à l'appareil photo quand la mise au point est réglée sur l'infini. En elle-même, elle ne définit pas l'angle de vue tel qu'on le conçoit généralement. Celui-ci dépend en effet beaucoup de la focale et de la taille du capteur sur lequel l'objectif fixe son image.

Pour faciliter la comparaison des angles de vue, les fabricants d'appareils photo se sont accordés sur le concept de « focale Équivalent film 35 mm ». Les objectif avec une focale longue, comme 200 mm « focale Équivalent film 35 mm », possèdent un angle de vue plus étroit que les objectifs avec une focale inférieure à 50 mm. Pour capturer un angle de vue plus large, vous devez utiliser un objectif grand-angle. Si vous désirez obtenir des photos avec un angle de vue vraiment très grand, vous pouvez réaliser plusieurs clichés et les réunir en un seul pour créer un panorama (consultez la tâche n° 52).

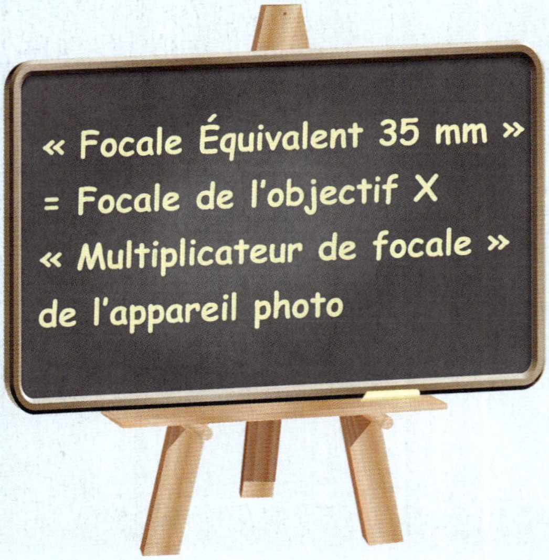

Le multiplicateur de focale de chaque appareil photo figure généralement dans la documentation qui accompagne ce dernier.

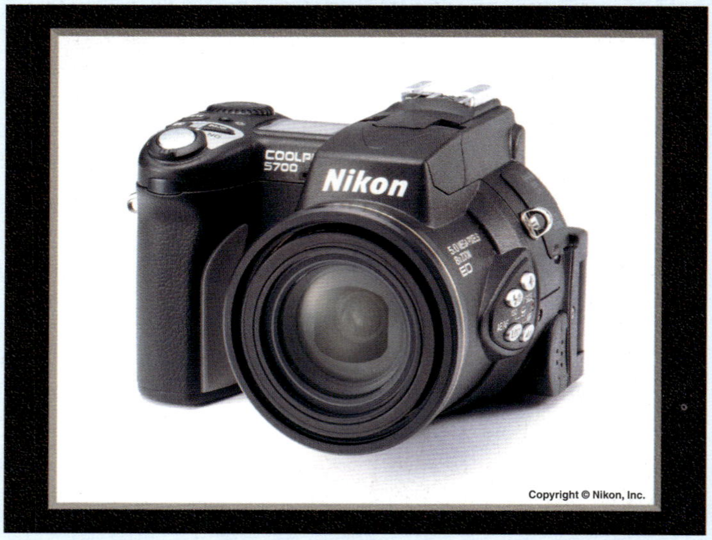

Ce Nikon Coolpix 5700 possède un zoom avec une focale indiquée comme allant de 8,9 mm à 71,2 mm. Son multiplicateur de focale est de 3,93. La focale Équivalent 35 mm va donc de 35 mm (3,93 x 8,9) à 280 mm (3,93 x 71,2)

34

NIVEAU DE DIFFICULTÉ

Le saviez-vous ?

Beaucoup de zooms sont caractérisés par un nombre X, comme 2X ou 4X, qui n'est pas directement lié à la focale. En effet, ce nombre signifie simplement que la focale maximale est X fois plus longue que la focale minimale. Par exemple, le Nikon Coolpix 5700 possède un zoom 4X : sa focale la plus grande est donc 4 fois plus longue que sa focale la plus courte.

Astuce de pro !

Certains appareils photo numériques possèdent un zoom numérique qui allonge la focale maximale autorisée avec le zoom optique. Un zoom optique s'effectue uniquement par le biais des composants optiques de l'objectif, alors qu'un zoom numérique correspond à l'agrandissement numérique du centre de la composition. Le second génère une qualité bien inférieure à celle du premier.

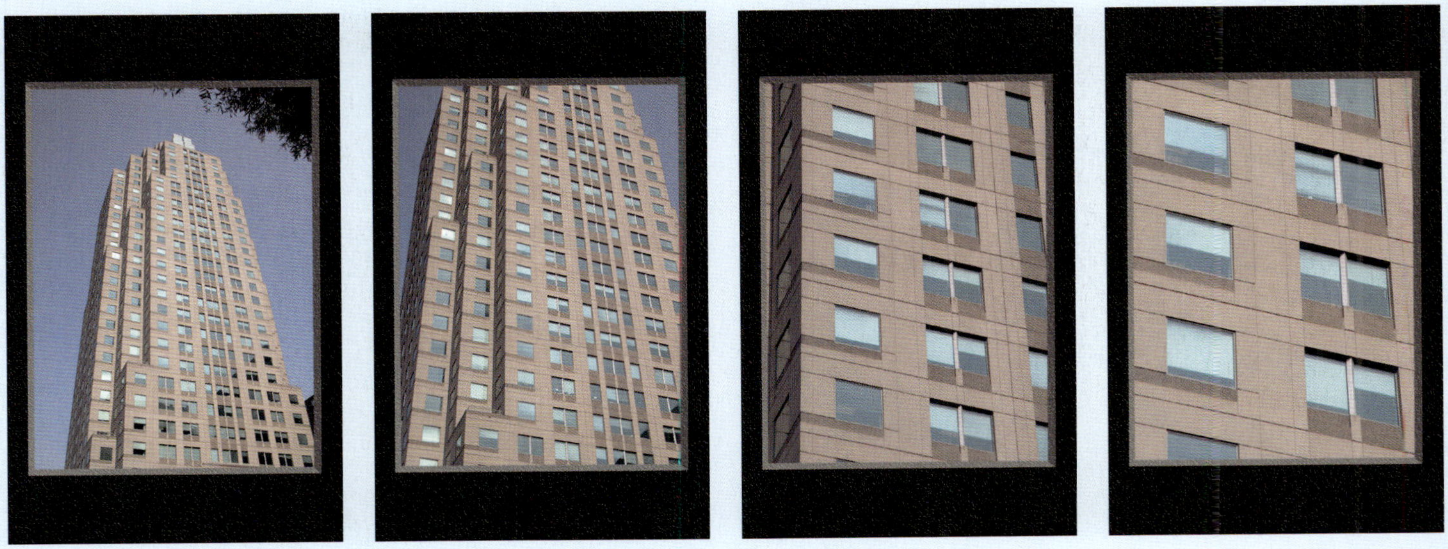

ZOOM DU NIKON COOLPIX 5700

- Cette photo a été prise avec la focale la plus courte (35 mm).
- Ce cliché a été réalisé avec un zoom intermédiaire.
- Cette photo a été prise avec un zoom plus important.
- Ce cliché a été réalisé avec la focale la plus longue (280 mm).

CONTRÔLEZ LA PERSPECTIVE
grâce à la focale

Lorsque vous vous tenez au milieu d'une voie ferrée qui semble disparaître à l'horizon, vous expérimentez le phénomène de la perspective : les lignes droites donnent l'impression de converger au fur et à mesure qu'elles s'éloignent de vous. Quand vous prenez des photos, vous pouvez profiter de la focale pour contrôler la vitesse à laquelle des lignes parallèles convergent, voire éviter cette convergence. Celle-ci est d'autant plus rapide que la focale est courte.

Pour capturer avec un grand-angle un bâtiment élevé qui occupe tout le cadre, vous devez vous trouver très près : les lignes de l'édifice tendent alors à converger rapidement. Si vous vous éloignez et si vous utilisez un téléobjectif, vous pouvez toujours remplir le cadre, mais en évitant cette fois la distorsion de perspective qui fait apparaître le bâtiment déformé à cause de lignes parallèles qui se rejoignent.

Malheureusement, beaucoup de zooms sur les appareils photo numériques compacts génèrent une distorsion en barillet ou en coussinet. Venant s'ajouter à la convergence des lignes parallèles, ces déformations se traduisent par l'incurvation de ces lignes vers l'intérieur ou l'extérieur.

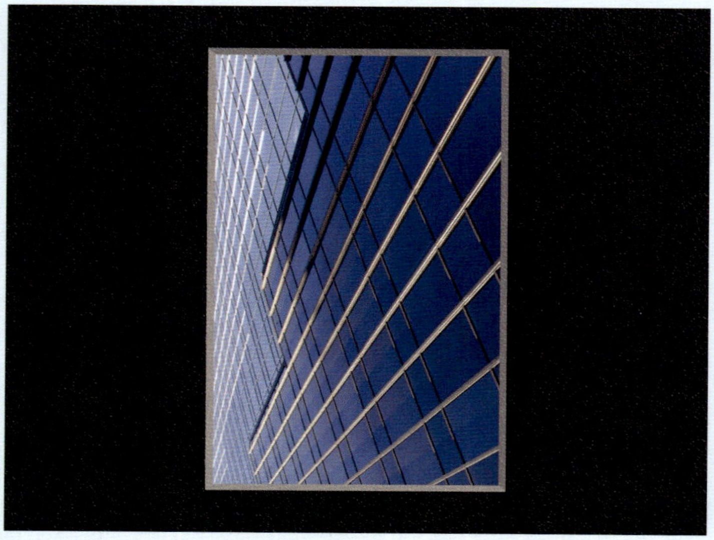

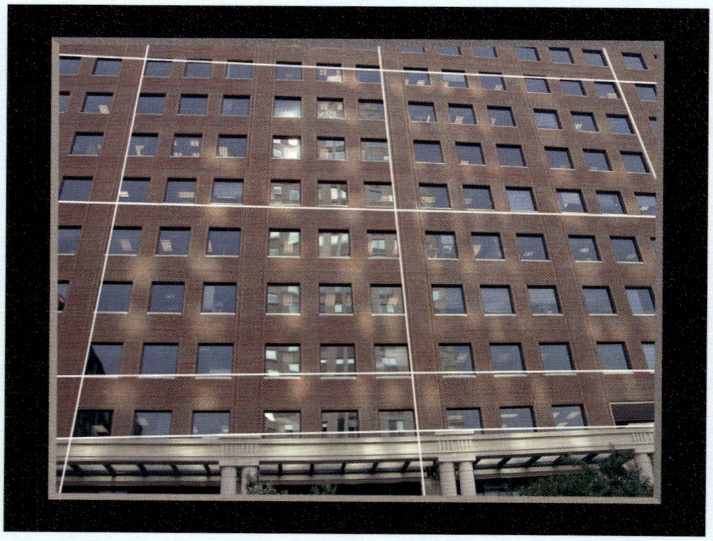

La façade de cet immeuble de bureaux souffre d'une convergence très marquée des lignes horizontales, car elle a été photographiée de près avec un objectif grand-angle.

Le quadrillage blanc superposé à ce bâtiment montre l'inclinaison virtuelle des lignes normalement droites causée par l'utilisation d'un objectif grand-angle.

35

NIVEAU DE DIFFICULTÉ

Le saviez-vous ?

Beaucoup d'outils logiciels permettent de corriger différents types de déformations d'images causées par un objectif grand-angle, comme les distorsions en barillet ou en coussinet. C'est le cas de LensDoc d'Andromeda Software Inc. (www.andromeda.com). Disponible à la fois en versions Mac et PC, ce plug-in propose des corrections spécifiques pour de nombreux modèles d'appareils photo.

Le saviez-vous ?

Il est possible de corriger la convergence de lignes dans une photo prise avec un objectif grand-angle grâce à Adobe Photoshop Elements. Cliquez **Image** ⇨ **Transformation** ⇨ **Perspective** et redressez les lignes qui doivent être parallèles, de sorte qu'elles le soient vraiment.

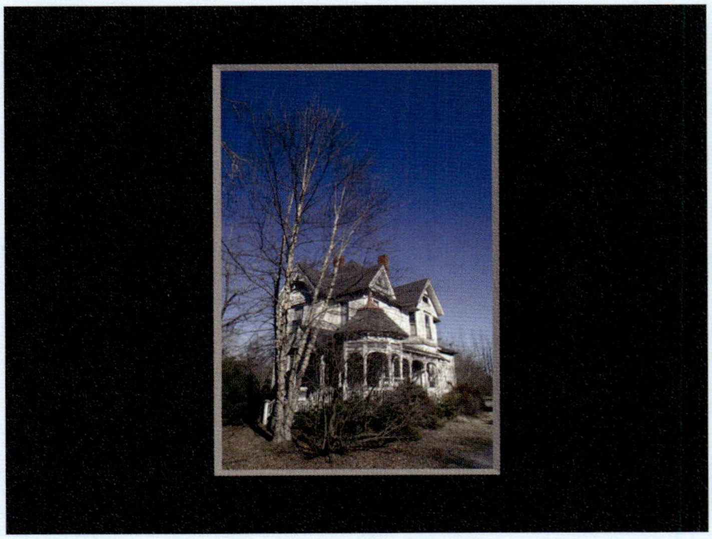

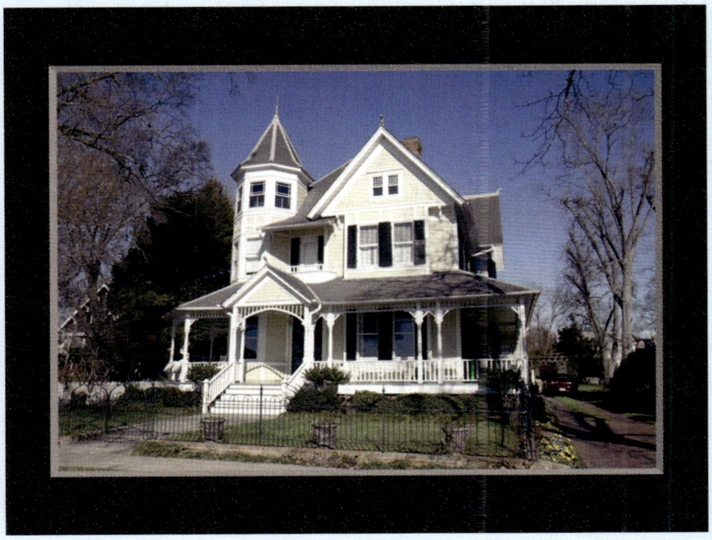

Cette photo a été prise avec un objectif grand-angle, afin d'inclure dans le cadre à la fois la maison et une grande surface de ciel.

Photographiée de plus près que celle de gauche, cette maison souffre d'une distorsion de perspective très nette.

CONTRÔLEZ L'ARRIÈRE-PLAN

en jouant sur la focale et l'ouverture

Contrôler l'arrière-plan d'une photo constitue souvent un élément clé dans l'obtention d'une composition réussie. Il est facile d'y parvenir en utilisant un objectif avec une focale longue, car celle-ci réduit la profondeur de champ et l'angle de vue. Une petite profondeur de champ permet d'atténuer l'arrière-plan en le floutant légèrement. L'angle de vue étroit facilite quant à lui le changement de fond par un déplacement de l'appareil photo de quelques centimètres latéralement, voire vers le haut ou le bas, sans grande conséquence sur la composition du sujet.

Plusieurs facteurs déterminent le degré de contrôle dont vous disposez sur l'arrière-plan. Outre la focale, les distances entre le sujet et l'appareil photo, et entre l'arrière-plan et le sujet influent beaucoup. Plus l'appareil est proche du sujet, moins la profondeur de champ est grande, ce qui permet de flouter l'arrière-plan. De même, plus celui-ci est loin du sujet, plus il est facile de le flouter. Pour réussir vos compositions et bien contrôler l'arrière-plan lors de prises de vue avec un objectif équipé d'une focale longue, n'hésitez pas à vous aider d'un trépied.

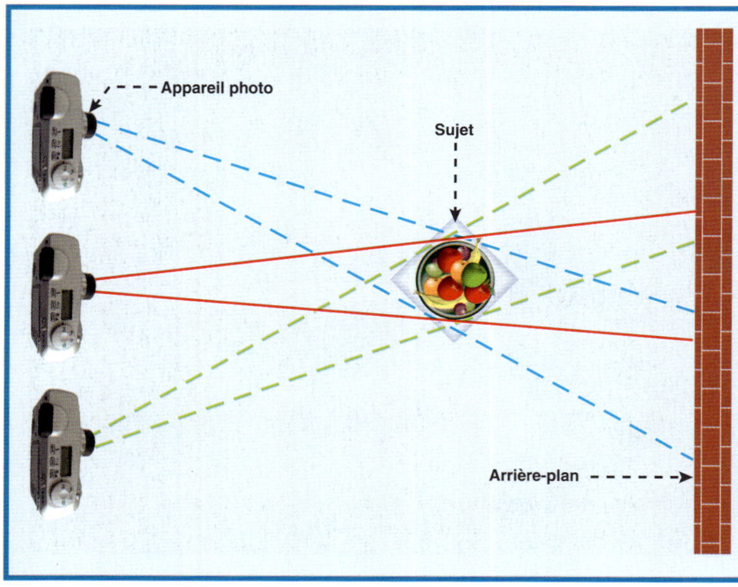

Quand la focale d'un objectif est longue, le moindre mouvement vers la gauche ou la droite suffit à changer l'arrière-plan.

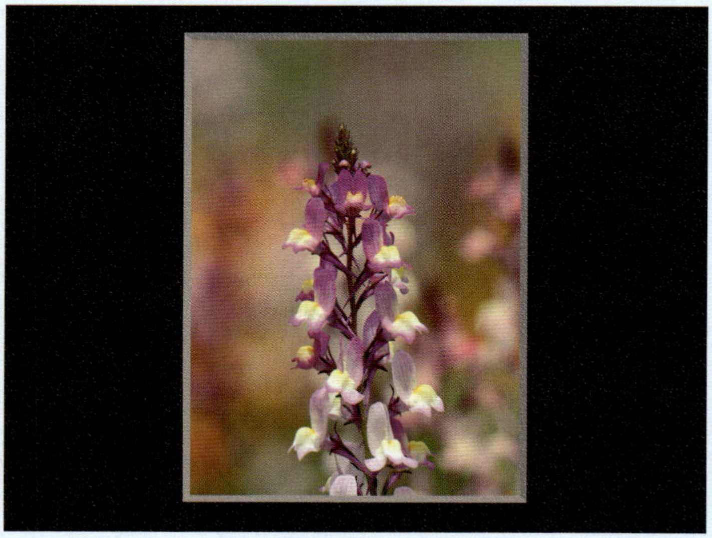

Les fleurs en arrière-plan de cette photo disparaissent dans le flou généré à dessein.

36

NIVEAU DE DIFFICULTÉ

Astuce de pro !

Pour obtenir une profondeur de champ maximale, il faut adopter l'ouverture minimale. Or, pour obtenir une exposition correcte avec une petite ouverture, vous devez réduire la vitesse d'obturation. Vous avez donc tout intérêt à utiliser un trépied quand vous cherchez à réaliser un cliché avec une profondeur de champ maximale.

Le saviez-vous ?

Les ouvertures s'expriment par le biais du nombre f (f-4,0 ou f-8,0, par exemple), mais, en fait, la taille réelle de l'ouverture correspond à $1/_{4.0}$ ou $1/4$, et $1/_{8.0}$ ou $1/8$. Autrement dit, une ouverture de f-4,0 est en réalité plus grande qu'une ouverture de f-8,0, car un quart est supérieur à un huitième.

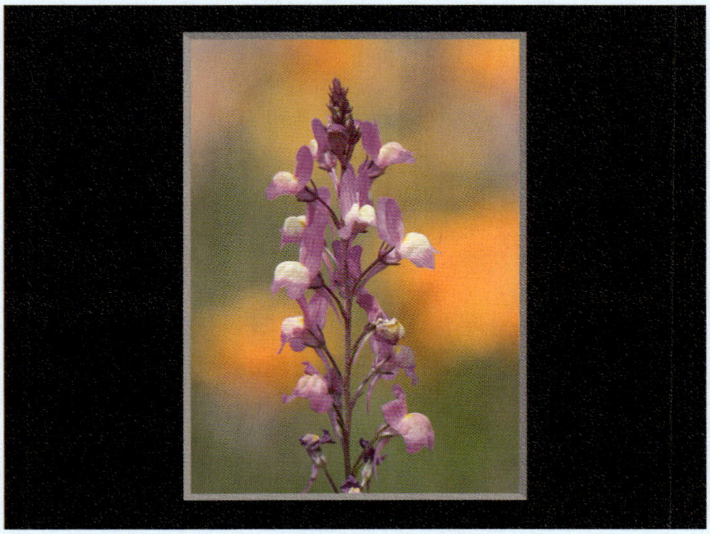

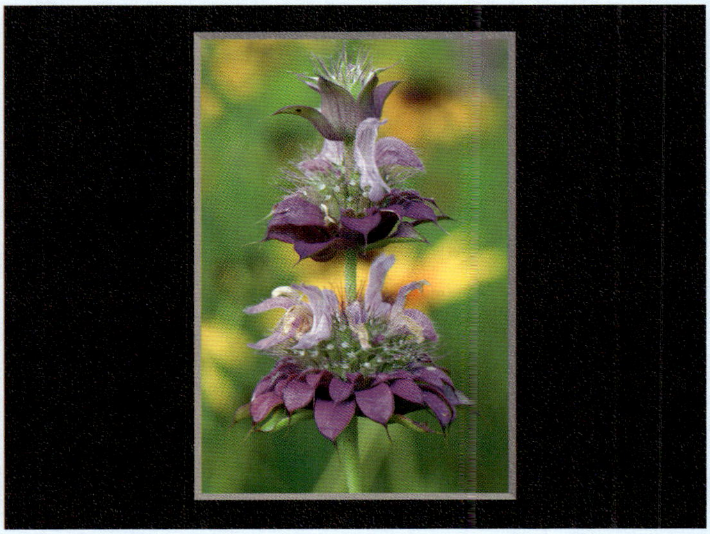

Cet arrière-plan flou aux couleurs contrastées permet d'isoler et de faire ressortir la fleur au premier plan.

Plus l'arrière-plan est proche du sujet, plus il est difficile de le flouter convenablement.

CHAPITRE 5

Photographiez dans un environnement correctement éclairé

S'il est naturel de concentrer son attention sur le sujet à capturer et de réfléchir minutieusement à sa composition pour obtenir la photo souhaitée, vous améliorerez vos prises de vue en consacrant un temps équivalent à l'évaluation et au contrôle de l'éclairage ambiant. Les clichés vraiment réussis se distinguent généralement des autres par la manière dont le photographe a exploité la lumière. Selon les types de sujets, vous pouvez être contraint de travailler exclusivement avec la lumière naturelle ou avoir la possibilité d'utiliser à la fois des éclairages naturel et artificiel.

Après avoir identifié le sujet ou la scène à capturer et clairement établi le type de cliché à obtenir, étudiez attentivement les caractéristiques de l'éclairage disponible si vous utilisez une lumière naturelle. La source lumineuse se trouve-t-elle derrière le sujet, face à lui ou sur un côté de la scène ? Disposez-vous d'une lumière basse, ou le soleil est-il haut dans le ciel ? La lumière est-elle douce et diffuse, ou vive et intense ? L'éclairage projète-t-il une lueur colorée, comme des nuances jaunes qui donneraient une impression de chaleur ?

En l'absence d'éclairage satisfaisant, cherchez par tous les moyens à l'améliorer ou reportez la prise de vue à plus tard. Voyez si vous pouvez utiliser un ou plusieurs flashs. Si vous réalisez des gros plans, un flash annulaire macro ne serait-il pas l'éclairage d'appoint idéal ? Des réflecteurs portables vous seraient-ils utiles ? Vos photos seront d'autant plus réussies que vous aurez soigné leur éclairage.

TOP 100

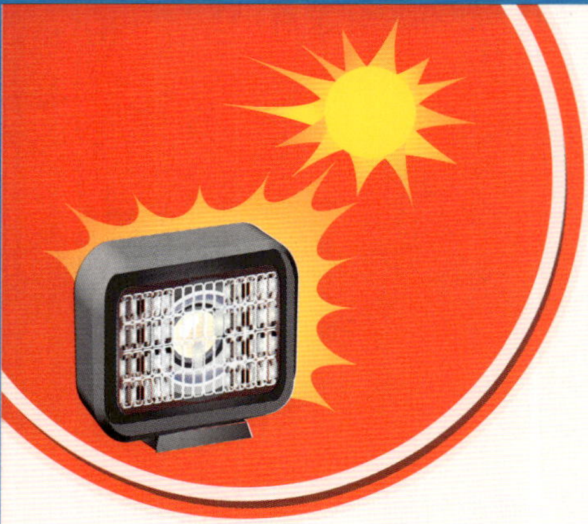

TROUVEZ LE JUSTE ÉCLAIRAGE
pour améliorer vos photos

Toute la photographie numérique se résume à l'enregistrement de lumière sur un capteur d'images : meilleure est cette lumière, plus nombreuses sont vos chances de réussir de superbes photos. La qualité de la lumière naturelle peut varier considérablement entre le lever et le coucher du soleil. Elle évolue même parfois à chaque seconde, notamment quand des nuages se déplacent rapidement dans le ciel. La meilleure manière de déterminer la lumière adaptée à vos sujets de prédilection consiste à photographier souvent ces derniers et à examiner et comparer les clichés. Vous devez vous exercer à évaluer la direction, l'intensité et la couleur de la lumière, puis exploiter ces informations pour définir où et quand réaliser vos photos.

Les photographes passionnés et spécialisés dans les scènes d'extérieur qui ne souhaitent réaliser leurs clichés qu'avec une lumière optimale sont confrontés à un sérieux problème : les conditions d'éclairage idéales sont rares. Pour réussir la photo parfaite, il faut attendre que l'instant idéal se présente, ce qui demande beaucoup de temps et de patience. Si vous manquez de l'un ou l'autre, il vous reste à compter sur votre bonne étoile pour vous trouver au bon endroit au bon moment.

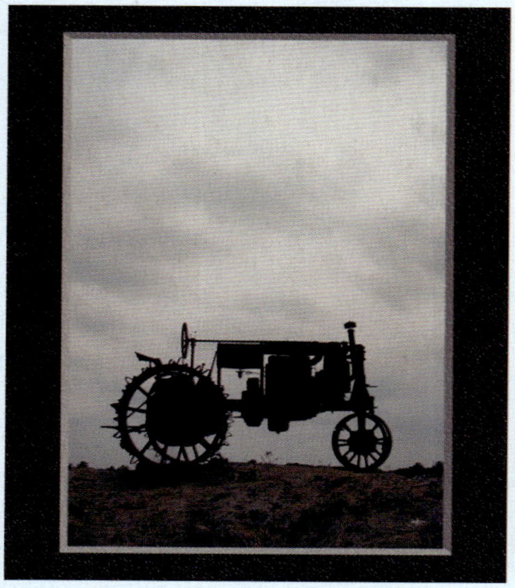

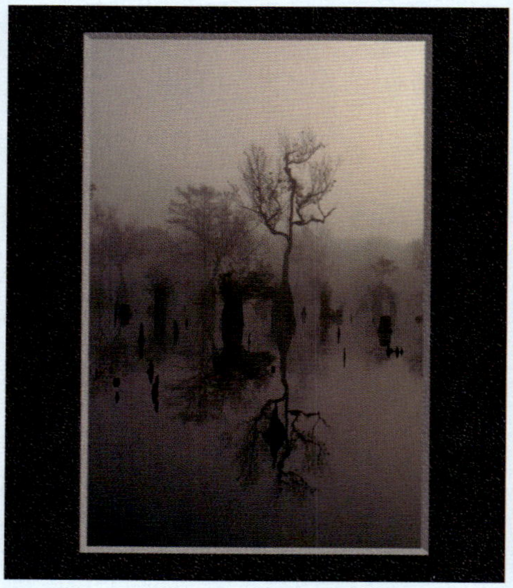

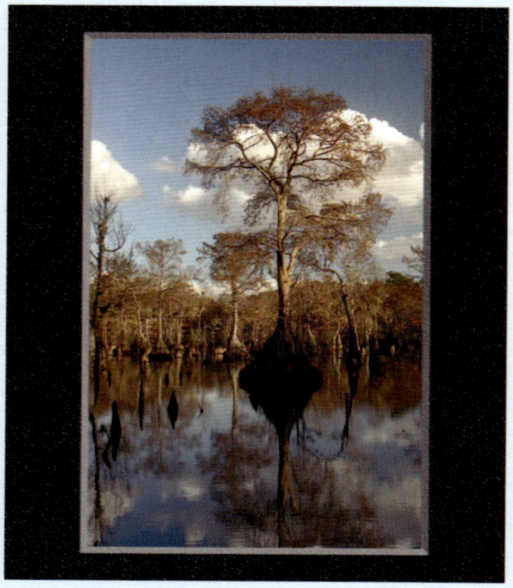

○ L'épaisse couverture nuageuse et le soleil de fin de journée ont permis de capturer plus facilement la silhouette de ce tracteur.

○ Le brouillard réduit la plage dynamique de la lumière, ce qui génère des dégradés colorés légèrement flous, comme dans cette photo d'étang.

○ Le soleil bas de fin de journée a permis d'ajouter une lueur dorée à cette photo de lac, rehaussée par le ciel encore très bleu et les nuages blancs cotonneux.

37

NIVEAU DE DIFFICULTÉ

Le saviez-vous ?

Les mauvaises conditions atmosphériques offrent souvent aux photographes de meilleures opportunités que les journées de grand beau temps avec un ciel parfaitement bleu. Songez à l'atmosphère créée par des nuages menaçants, un vent très fort ou un orage. Les conditions atmosphériques changeantes constituent également un moment propice aux clichés. Essayez par exemple de capturer une ouverture de ciel bleu au milieu de nuages d'orage.

Astuce de pro !

Les nuages se révèlent souvent fort utiles pour les photographes, car ils peuvent diffuser la lumière solaire et réduire ainsi l'intensité globale de l'éclairage et le contraste. Ils ajoutent en outre une petite touche intéressante dans un ciel sinon uniforme. Exploitez les nuages à votre avantage et sachez attendre qu'ils se déplacent à l'endroit idéal pour réussir de meilleures photos.

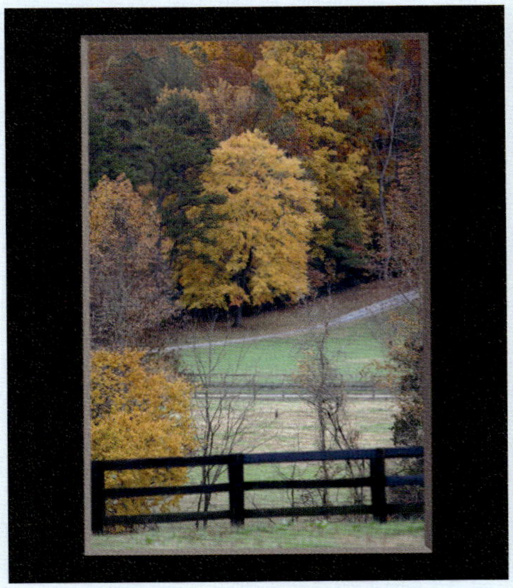

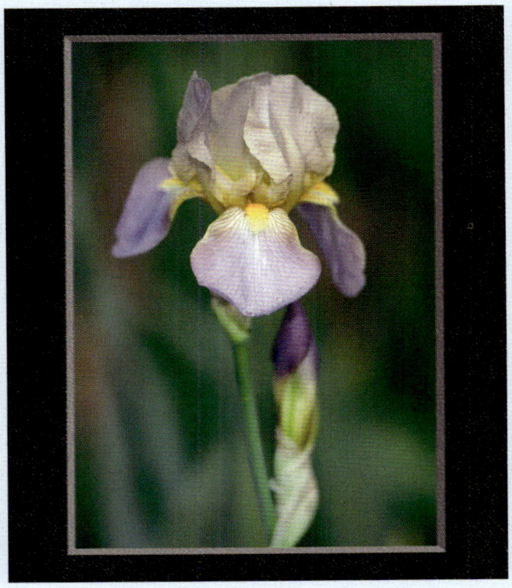

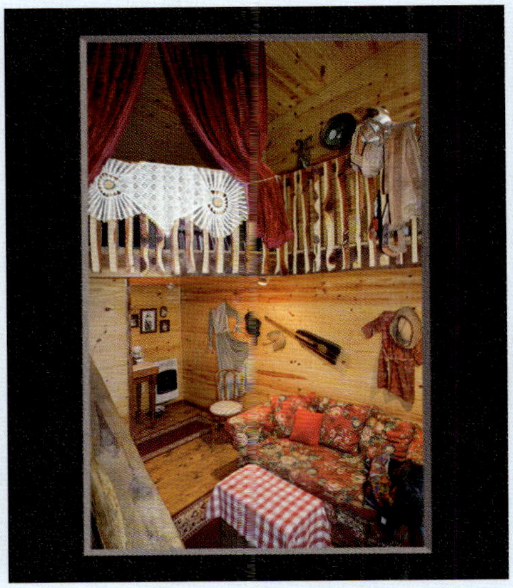

Les couleurs d'automne sont parfois si intenses qu'elles peuvent entraîner une légère coloration de la scène quand le soleil n'est pas trop fort.

La douce lumière du début de matinée a permis de capturer les parties claires et ombragées de cet iris.

Même la lueur jaune d'une lampe à incandescence sur ces couleurs intenses de bois peut produire un éclairage formidable dans un intérieur comme celui-ci.

Photographiez des SCÈNES BRUMEUSES OU DE BROUILLARD

38

NIVEAU DE DIFFICULTÉ

Ne renoncez pas à prendre des photos simplement à cause de la brume ou du brouillard. Tous deux peuvent diffuser la lumière à la perfection et donner lieu à de superbes clichés. Outre réduire le contraste global de la scène, ils créent parfois une atmosphère capable de transformer en prise de vue magnifique une scène sinon insipide.

Dès lors que vous trouvez la bonne exposition dans un environnement brumeux ou dans le brouillard, vous pouvez obtenir de très jolies silhouettes et de doux dégradés monochromes qui produisent au final des photos à la fois simples et puissantes. Ces deux phénomènes météorologiques peuvent également ajouter une petite touche de mystère, car nombre de détails se perdent dans le cliché. Ne ratez jamais une occasion de capturer une scène brumeuse ou de brouillard. Veillez toutefois à bien utiliser la compensation d'exposition (consultez la tâche n° 23), car le posemètre de votre appareil risque de ne pas définir l'exposition requise.

Après avoir réalisé des photos par temps de brume ou de brouillard, vous aurez tout le loisir de les améliorer et d'en faire de véritables œuvres d'art dans un logiciel de retouche d'images comme Adobe Photoshop Elements.

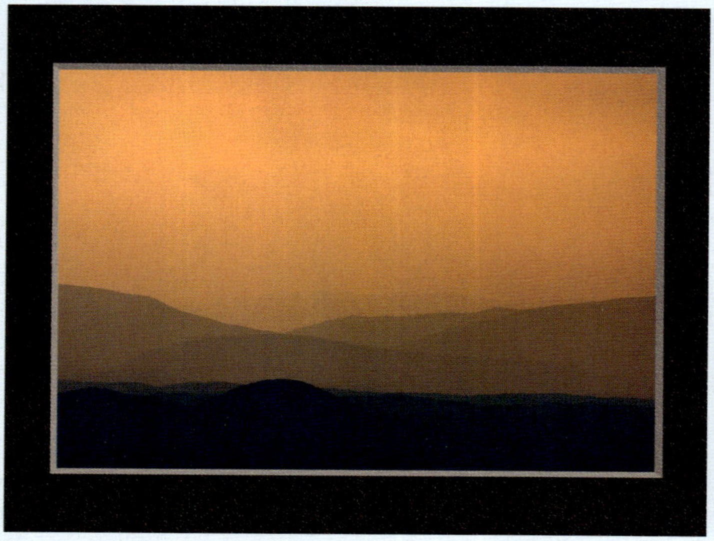

Une brume matinale qui s'étend sur des montagnes peut donner lieu à des photos comme celle-ci, composée de subtils dégradés dont les couleurs s'atténuent doucement au fur et à mesure que l'on s'éloigne.

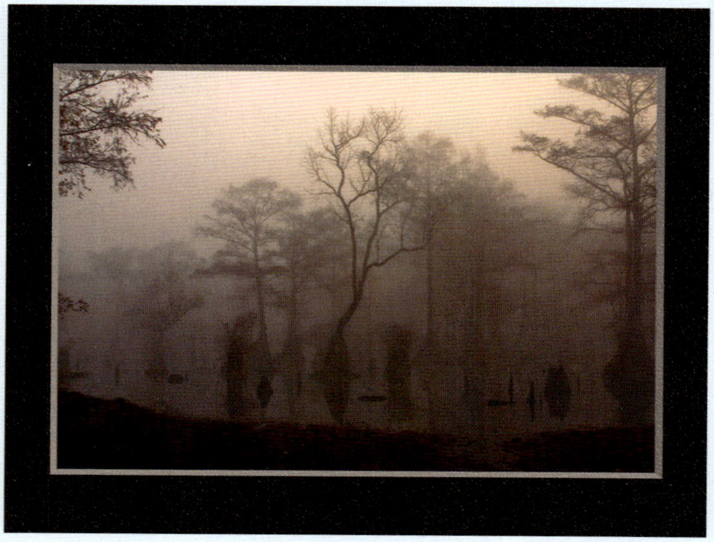

Associé au pâle soleil du soir, le brouillard sur ce lac a permis d'obtenir de superbes silhouettes d'arbres monochromes au-dessus et à la surface de l'eau.

CAPTUREZ LA SILHOUETTE de vos sujets

39

NIVEAU DE DIFFICULTÉ

Lorsqu'une lumière forte éclaire le sujet de derrière, il se produit un contre-jour qui génère souvent des ombres très foncées sur le sujet. Photographier dans de telles conditions se révèle souvent aussi difficile que gratifiant. Le contraste généralement extrême entre l'arrière-plan lumineux et un sujet mal éclairé facilite la capture d'une silhouette.

Obtenir une bonne exposition dans une situation de contre-jour constitue parfois un véritable défi. Prenez alors différents clichés en variant le paramétrage de l'appareil et comparez les résultats sur l'écran ACL. Si vous pouvez consulter un histogramme (voir la tâche n° 22), examinez-le attentivement pour déterminer si vous obtenez une silhouette noire ou très foncée, ou si des tons clairs ont disparu (consultez la tâche n° 24) dans les zones très éclairées de la composition.

Après avoir capturé une silhouette, vous pouvez l'affiner dans un logiciel de retouche d'images comme Adobe Photoshop Elements et préparer une excellente impression. Servez-vous par exemple de la boîte de dialogue Niveaux pour rendre la silhouette parfaitement noire : activez la pipette noire et cliquez dans la silhouette.

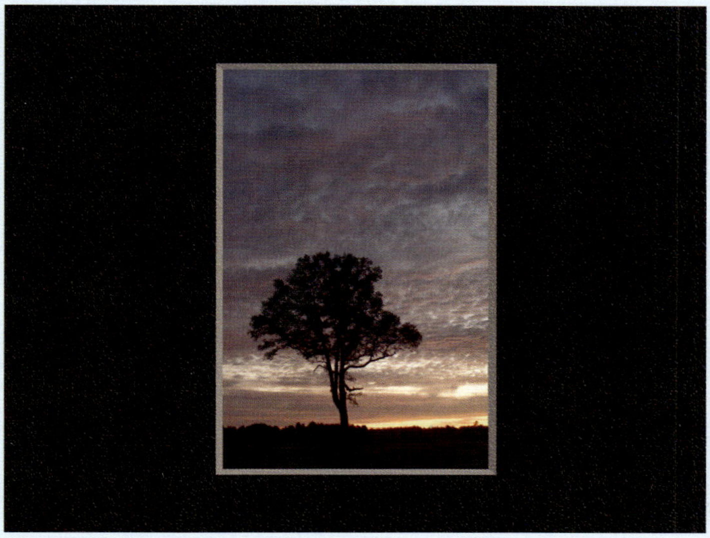

La faible lumière du soleil couchant a permis d'obtenir cette belle silhouette d'arbre devant un arrière-plan légèrement coloré.

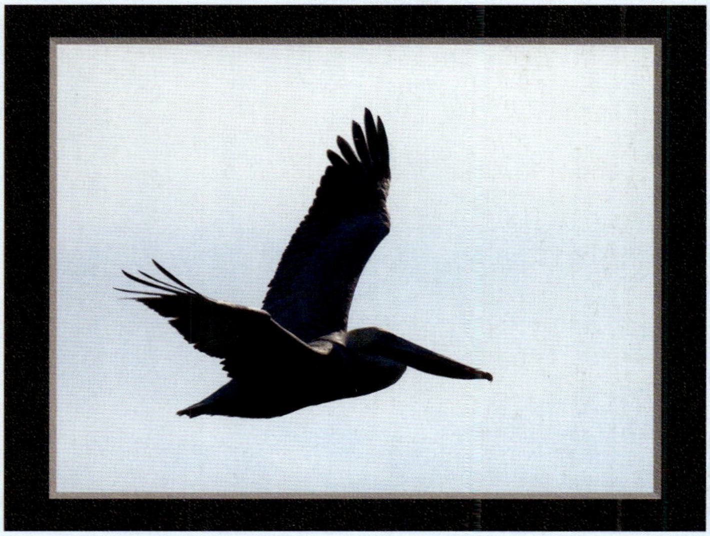

Le contraste considérable entre le pélican très sombre en vol et le ciel clair a permis de capturer cette silhouette.

Sachez quand utiliser un FLASH INTÉGRÉ

40

NIVEAU DE DIFFICULTÉ

Les appareils photo avec un flash intégré se révèlent très utiles pour la réalisation d'instantanés, mais aussi lorsque vous devez prendre des clichés dans un environnement trop sombre et qu'il n'existe aucune autre manière d'ajouter une source lumineuse complémentaire. Dans toutes les autres situations, mieux vaut éviter d'utiliser les flashs intégrés. Ceux-ci éclairent en effet le sujet par une lumière artificielle directement issue de l'appareil, supprimant les ombres importantes qui donneraient du relief au sujet. Les flashs externes ont quant à eux l'avantage de projeter la lumière sur le sujet depuis un angle qui permet de préserver les ombres subtiles et enrichissantes.

Si votre appareil offre une fonction de compensation d'exposition au flash, qui permet de réduire l'intensité du flash par rapport à la lumière naturelle, vous pouvez recourir au flash d'appoint (consultez la tâche n° 41) pour éclairer certaines ombres très foncées et y faire apparaître des détails sans perdre toutes les ombres qui confèrent force et réalisme au sujet. Il est aussi possible de profiter du flash intégré de votre appareil pour créer une lueur (consultez la tâche n° 42) avec un sujet qui possède des yeux et pour figer un mouvement.

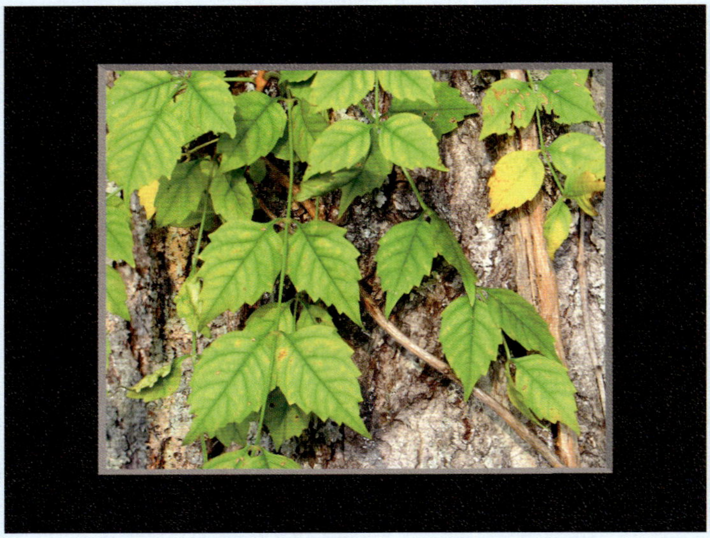

Cette photo prise sans flash bénéficie à la fois d'un grand réalisme et de couleurs naturelles.

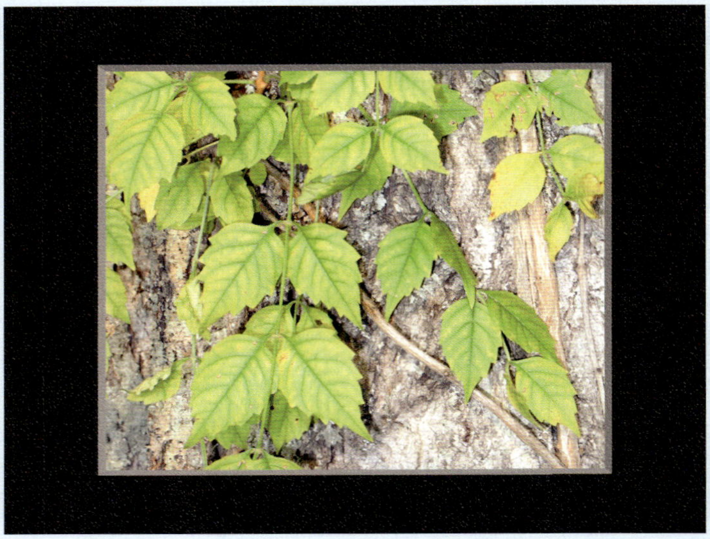

L'emploi du flash intégré pour réaliser ce cliché a réduit les ombres, générant une image insipide aux couleurs peu naturelles.

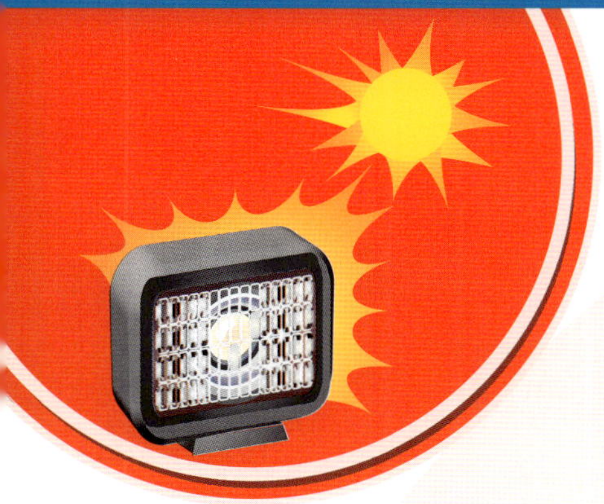

Révélez des détails avec un FLASH D'APPOINT 41

NIVEAU DE DIFFICULTÉ

Un *flash d'appoint* désigne un flash intégré ou externe, employé pour éclairer des zones très foncées et y révéler des détails, mais aussi pour réduire le contraste global d'une scène très ensoleillée. Il devient particulièrement précieux quand votre composition renferme des ombres très marquées ou un contre-jour. Lorsque vous photographiez un sujet dans une situation de contre-jour et que la source lumineuse se trouve donc derrière lui, face à vous, vous risquez d'obtenir un résultat extrêmement contrasté. Un flash d'appoint peut réduire le contraste d'une image en éclairant le sujet pour en faire apparaître des détails importants. La plupart du temps, il est très difficile de capturer un sujet en contre-jour, et il faut tester plusieurs paramétrages au niveau du flash et de l'exposition avant d'obtenir la photo souhaitée.

Si votre appareil permet une compensation d'exposition, profitez-en pour trouver le juste compromis entre la lumière existante et celle du flash. Plus vous êtes proche du sujet, plus il devient important d'utiliser la compensation d'exposition pour réduire la puissance globale du flash et éviter ainsi d'inonder le sujet d'une forte lumière artificielle.

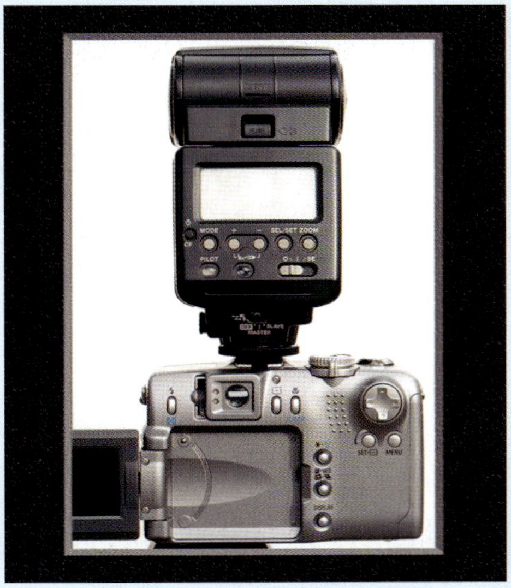

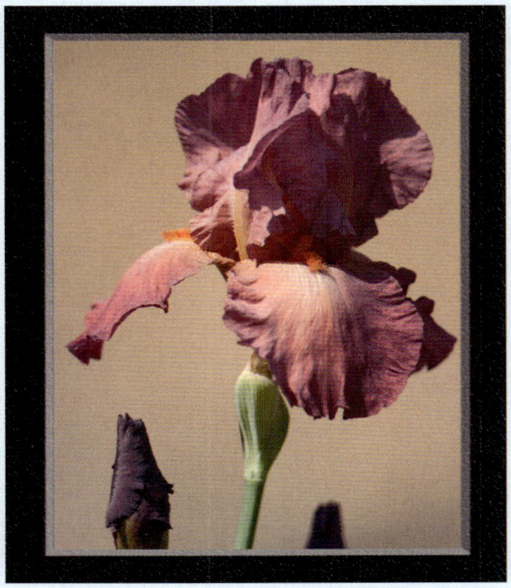

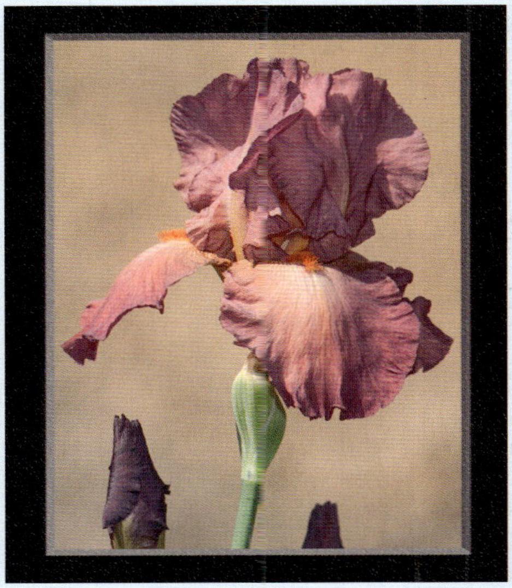

Le flash Canon 550EX Speedlite installé sur un appareil photo Canon PowerShot G2.

La lumière solaire très forte a créé un contraste extrême sur cet iris entre les zones bien éclairées et les zones sombres dans lesquelles apparaissent moins de détails.

Un flash d'appoint a permis de réduire le contraste global et d'éclairer les ombres pour révéler d'autres détails de cet iris.

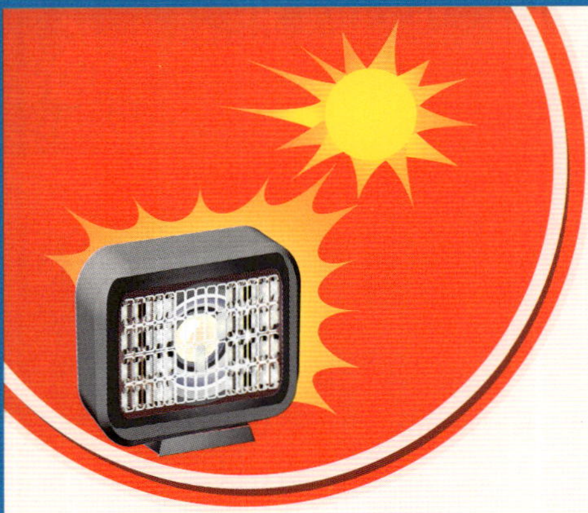

Ajoutez une lueur dans les YEUX DU SUJET

42

NIVEAU DE DIFFICULTÉ

Lorsque vous photographiez un sujet avec des yeux, vous devez généralement veiller à ce que ceux-ci apparaissent nets, mais aussi tenter d'y capturer une petite étincelle ou une lueur. Sans cet effet certes discret mais ô combien important, le sujet perd de sa vitalité et de son intérêt.

L'éclairage ambiant permet souvent de réaliser la photo avec la lumière existante et d'obtenir une lueur. Quand tel n'est pas le cas, utilisez en plus un flash ou une autre source lumineuse.

Pour éviter qu'un flash ne génère trop de lumière artificielle dans un cliché, profitez de la compensation d'exposition ou de la compensation au flash si votre appareil propose de telles fonctionnalités, afin de rétablir l'équilibre entre la lumière du flash et l'éclairage existant. La distance qui vous sépare du sujet et la puissance du flash influent considérablement sur la compensation d'exposition au flash à utiliser. Il faut en effet éviter à tout prix d'altérer la lumière naturelle ambiante juste pour obtenir une petite étincelle dans le regard.

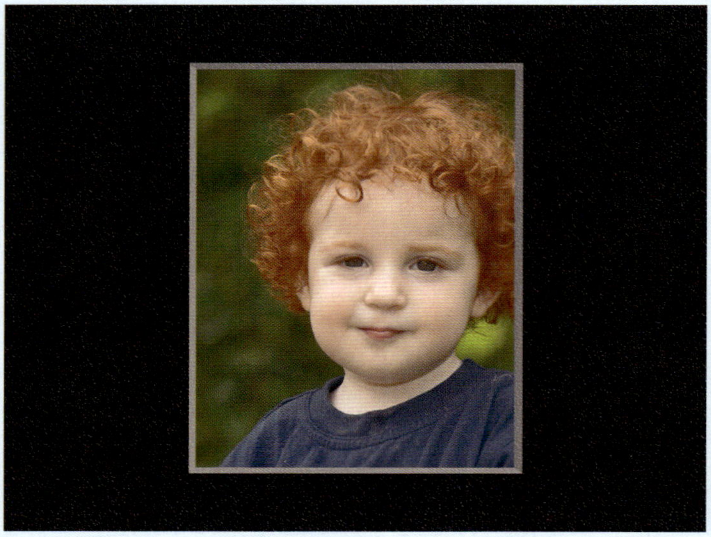

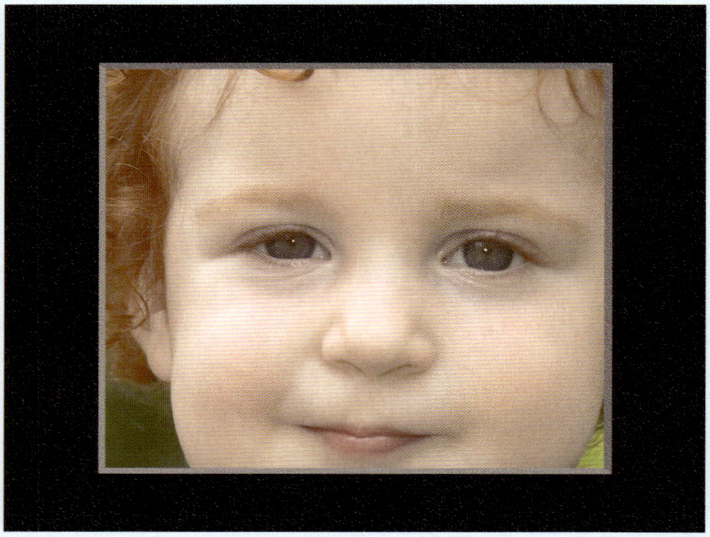

Le portrait de ce jeune garçon roux souriant a été considérablement amélioré grâce à un flash qui a permis d'ajouter une petite étincelle dans les yeux de l'enfant.

Ce gros plan montre combien la lueur capturée dans les yeux de cet enfant roux joue un rôle important.

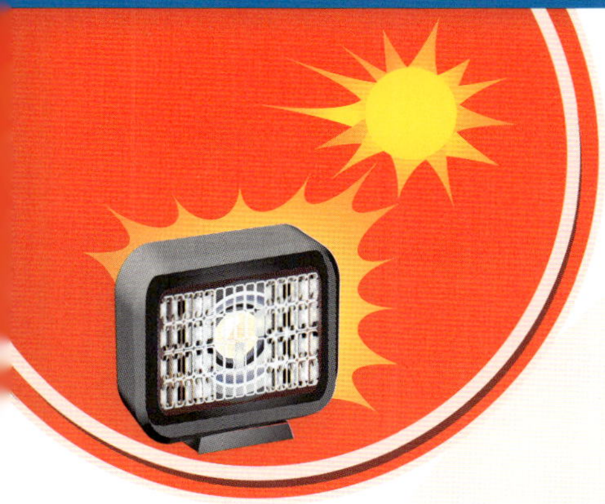

Évitez les YEUX ROUGES

43

NIVEAU DE DIFFICULTÉ

Les yeux rouges tant redoutés par les photographes apparaissent quand la lumière d'un flash se reflète dans la rétine du sujet. À de rares exceptions près, ils suffisent toujours à gâcher un cliché. Pour éviter les prises de vue avec un tel effet dévastateur, beaucoup de fabricants d'appareils photo ont intégré à ceux-ci une fonction censée éviter, ou du moins atténuer les yeux rouges. Si cette dernière remplit parfois son rôle, elle génère souvent d'autres problèmes. L'idéal est donc d'apprendre à réussir vos clichés de sujets sans cette fonction.

Pour éviter les yeux rouges, il suffit de capturer le sujet en orientant l'appareil photo de telle sorte que l'angle entre l'ensemble flash-objectif et les yeux soit supérieur à 5 degrés. Une autre solution consiste à utiliser un flash externe. Vous pouvez aussi demander au sujet de regarder légèrement à côté de l'appareil, trouver un environnement mieux approprié ou paramétrer l'appareil de telle sorte que le flash devienne inutile. L'effet yeux rouges se produit le plus souvent dans les environnements sombres, car la pupille est plus dilatée et mieux à même de refléter la lumière rouge.

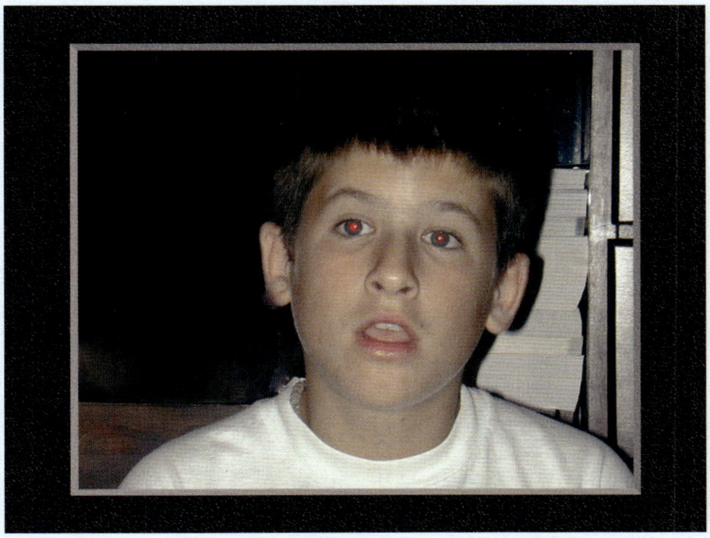

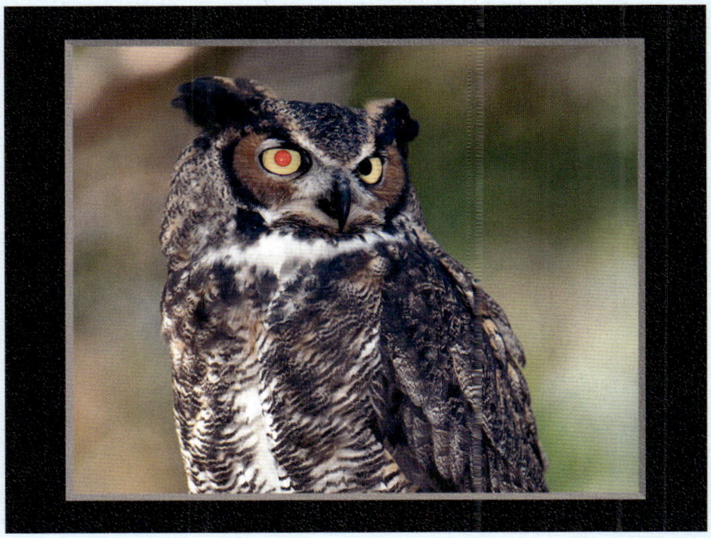

Cet instantané est gâché par le fâcheux effet yeux rouges, si souvent provoqué par le flash.

L'effet yeux rouges peut aussi affecter les animaux familiers ou sauvages que vous photographiez, comme dans ce cliché de hibou grand duc d'Amérique.

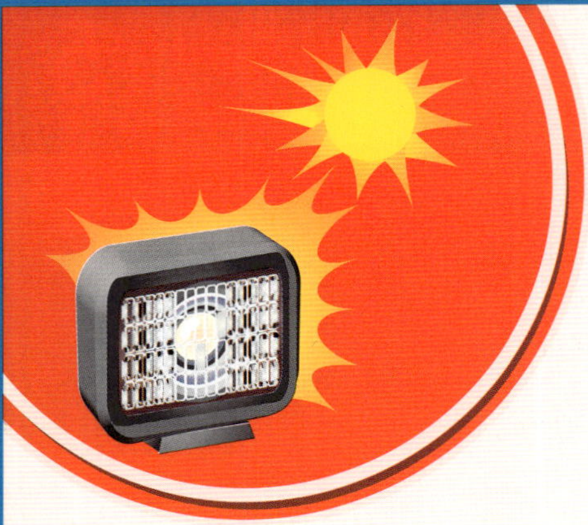

Ajoutez une lumière naturelle AVEC UN RÉFLECTEUR

Un réflecteur est un accessoire abordable des plus utiles en photographie. Il permet en effet de refléter des rayons atténués de la lumière naturelle vers le sujet, mais aussi de réduire la forte luminosité globale et la lumière solaire directe très contrastée. Environ trois fois moins encombrant replié que déployé, ce genre de réflecteur présente généralement une face blanche et une face colorée, souvent argentée, dorée ou orangée.

Les réflecteurs portables se révèlent particulièrement utiles dans les portraits, pour mieux éclairer le visage du sujet. Ils envoient de la lumière naturelle dans les zones d'ombres et permettent d'ajouter une dominante couleur chaude grâce à leur face orangée ou dorée. Lorsque vous photographiez un sujet en contre-jour, un réflecteur devient idéal pour ajouter une lumière naturelle « d'appoint » sur le sujet et faire apparaître des détails supplémentaires.

Il existe de nombreux types de réflecteurs et de diverses tailles, tous faciles à transporter et à utiliser.

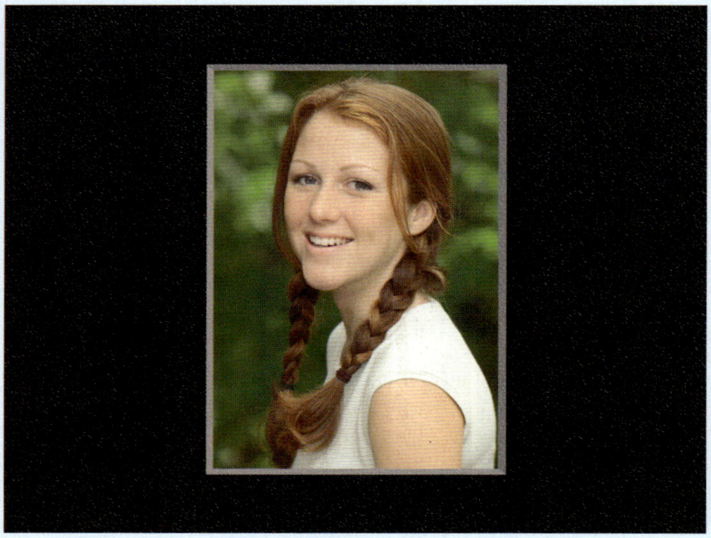

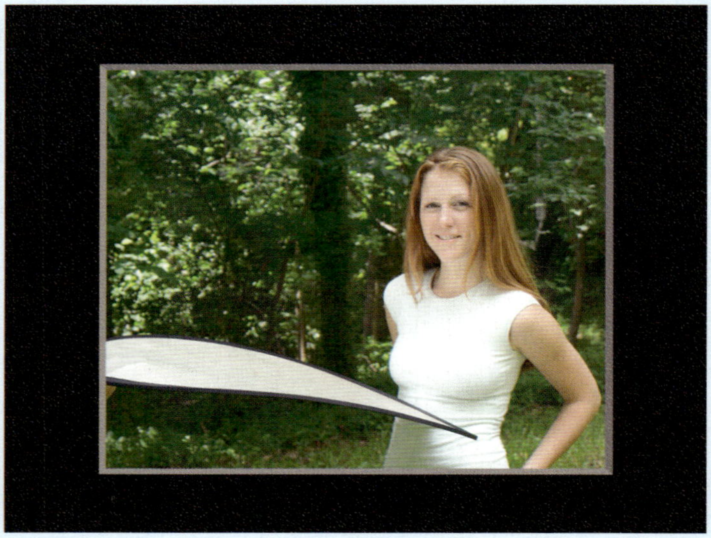

Un réflecteur a permis de réduire le contraste, d'éviter les ombres très marquées et d'éclairer uniformément le visage dans ce portrait réalisé en plein soleil.

Pour ce cliché, un assistant du photographe tenait un réflecteur de telle sorte que celui-ci renvoyait la lumière vers le visage du sujet.

Le saviez-vous ?

Un grand carton blanc mat comme ceux que vendent les magasins d'articles pour artistes constitue un excellent réflecteur bon marché. Ce n'est certes pas aussi pratique à ranger ni à transporter que les modèles professionnels pliables, comme celui illustré ci-dessous, mais ils peuvent parfaitement renvoyer la lumière vers l'endroit souhaité. Par rapport à l'ajout d'une source lumineuse complémentaire, les réflecteurs ont l'avantage de ne pas modifier les qualités de la lumière et d'éviter ainsi les problèmes éventuels de température de couleur et d'ombres.

44

NIVEAU DE DIFFICULTÉ

Mise en pratique !

Si vous possédez juste un stroboscope ou une source unique de lumière chaude alors qu'il vous faut de la lumière émanant d'une seconde direction, vous pouvez utiliser un réflecteur qui renvoie les rayons lumineux du flash vers le sujet. Placez simplement un réflecteur ou un carton blanc mat face à la lumière et orientez-le de telle sorte que le sujet bénéficie d'un éclairage homogène.

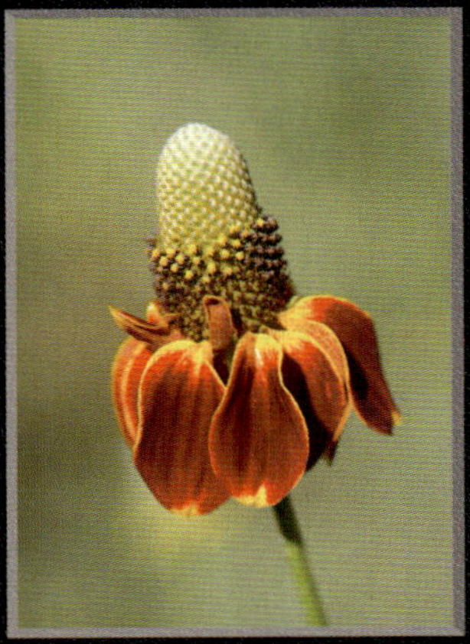

Cette photo de fleur sauvage a été prise par une journée très ensoleillée sous une légère ombre créée grâce à un réflecteur.

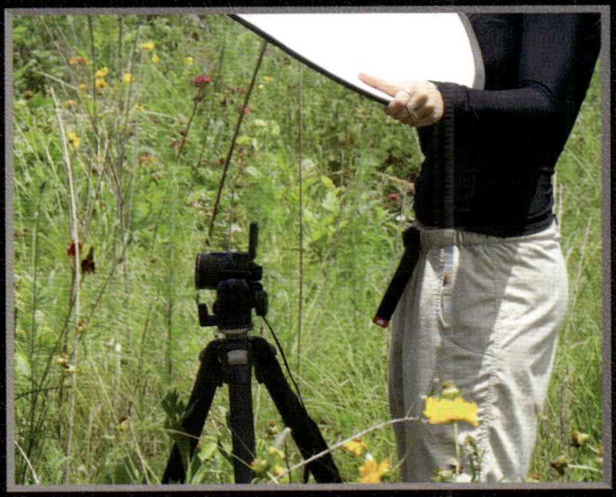

Pour atténuer la lumière ambiante et réussir seul son cliché de fleurs sauvages, ce photographe a utilisé un retardateur et un réflecteur.

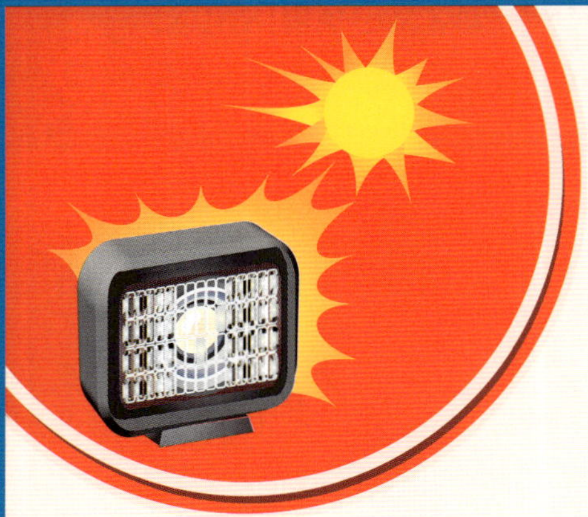

RÉALISEZ DES GROS PLANS
avec un flash annulaire macro

Si vous envisagez de réaliser beaucoup de gros plans ou de plans rapprochés, vous aurez tout intérêt à acquérir un flash annulaire macro, flash qui se fixe devant un objectif macro et s'adapte parfaitement à son contour. Bien qu'un tel dispositif éclaire parfois les ombres au point d'altérer la définition du sujet, un photographe expérimenté peut modifier la quantité de lumière provenant des deux sources lumineuses pour préserver le réalisme des ombres. La plupart des flashs annulaires macro possèdent aussi une lumière modulable très utile à la fois pour voir le sujet et fournir un éclairage suffisant, et pour permettre une mise au point automatique. S'il constitue une source lumineuse supplémentaire pour le sujet, un tel dispositif se révèle également très précieux pour augmenter la profondeur de champ. Celle-ci est limitée quand vous êtes très proche du sujet. Pour l'agrandir au maximum, vous devez utiliser une petite ouverture, ce qui implique une longue exposition et risque donc de générer du flou au moindre mouvement du sujet. Avec un flash, vous pouvez figer les mouvements du sujet tout en bénéficiant d'une plus grande profondeur de champ : au final, le sujet apparaît parfaitement net et bien exposé.

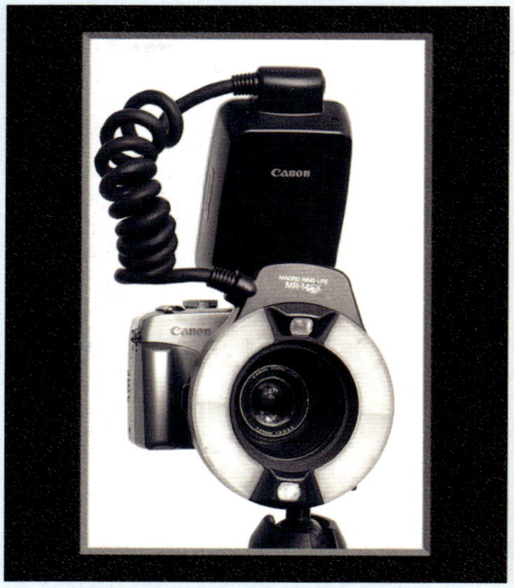

Flash annulaire macro Canon MR-14EX TTL installé en façade d'un Canon PowerShot G2.

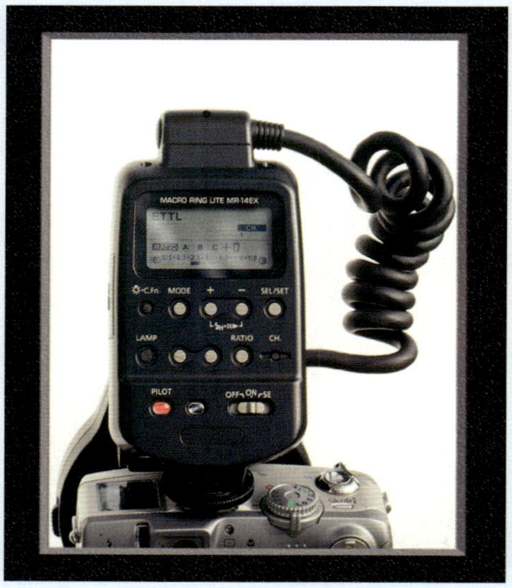

Ce flash annulaire macro Canon MR-14EX TTL offre de multiples fonctionnalités et dispositifs de contrôle pour prendre des photos bien éclairées.

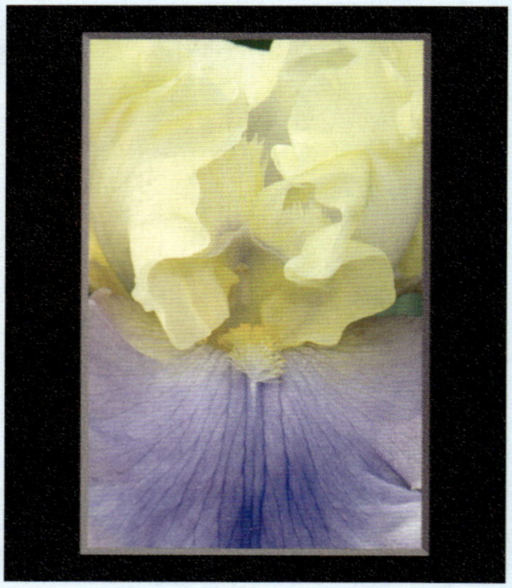

Un flash annulaire macro a permis d'éclairer parfaitement les détails intérieurs de cet iris bleu et jaune.

45

NIVEAU DE DIFFICULTÉ

Le saviez-vous ?

Mieux vaut utiliser un trépied à chaque fois que vous réalisez des gros plans ou des plans rapprochés. Vous pouvez ainsi effectuer une mise au point correcte et contrôler plus précisément la profondeur de champ et la composition.

Prudence !

Outre les grands fabricants d'appareils photo, des fabricants moins connus commercialisent également d'excellents flashs annulaires macro. Soyez toutefois prudent si vous décidez d'acheter un modèle tiers, car certaines de ses fonctionnalités risquent d'être inopérantes avec votre appareil. Mieux vaut donc dépenser un peu plus cher mais opter pour un modèle de la même marque que votre appareil.

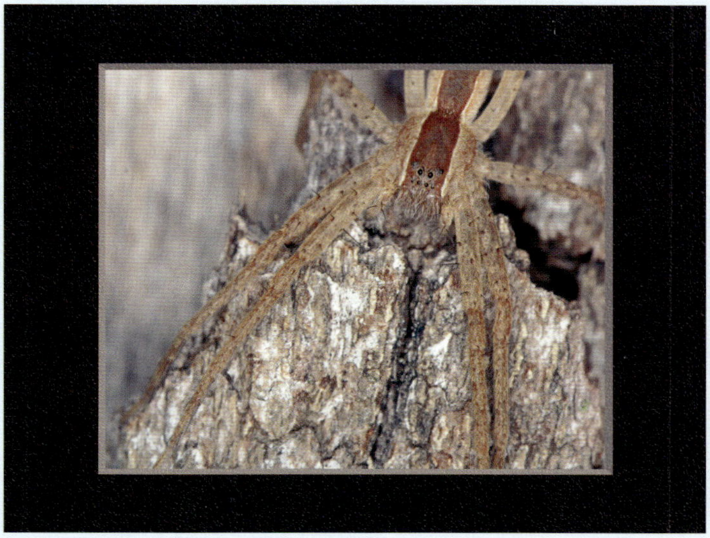

Un flash annulaire macro a fourni un excellent éclairage pour cette araignée dont les yeux renferment une jolie lueur.

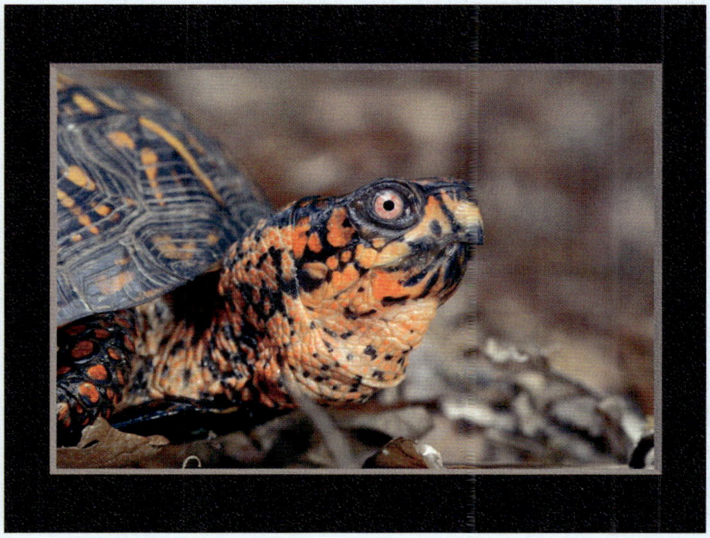

Dans ce gros plan, même la cornée des yeux de la tortue affiche de nombreux détails. Il aurait été difficile d'obtenir un tel résultat sans flash.

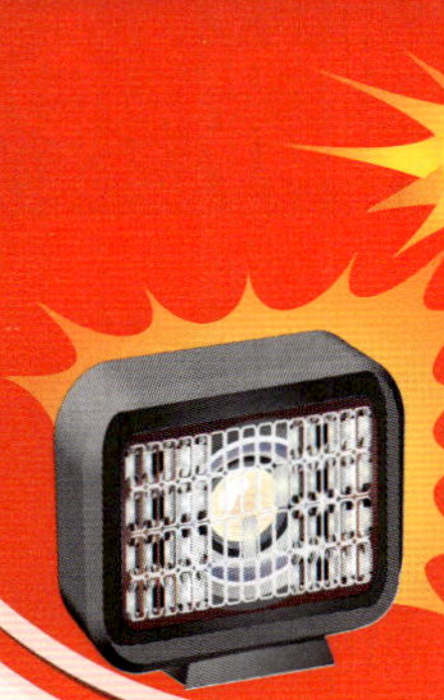

Illuminez un portrait grâce à la LUMIÈRE D'UNE FENÊTRE

46

NIVEAU DE DIFFICULTÉ

La réussite d'un portrait dépend beaucoup de la quantité et de la qualité de la lumière disponible. C'est notamment pour cette raison que de si nombreux photographes dans ce domaine préfèrent réaliser leurs clichés en studio, afin de contrôler l'éclairage au maximum. L'un des accessoires les plus utiles à cet égard dans un studio aménagé pour les portraits est une boîte à lumière, grande boîte qui diffuse la lumière émanant d'un flash, afin de créer un éclairage doux, homogène et naturel pour les portraits bien éclairés.

Néanmoins, vous pouvez obtenir un éclairage aussi doux, régulier et diffusé sans investir dans un studio avec des flashs dédiés et des boîtes à lumière : il suffit de réaliser le portrait en plaçant le sujet devant une fenêtre. Selon la lumière, vous pouvez photographier avec les rayons lumineux provenant directement de la fenêtre ou utiliser la lumière diffuse qui traverse un rideau ou un drap blanc très fin. Si vous voulez contrôler l'arrière-plan, vous pouvez demander au sujet de tenir un carton noir derrière lui, comme ci-dessous.

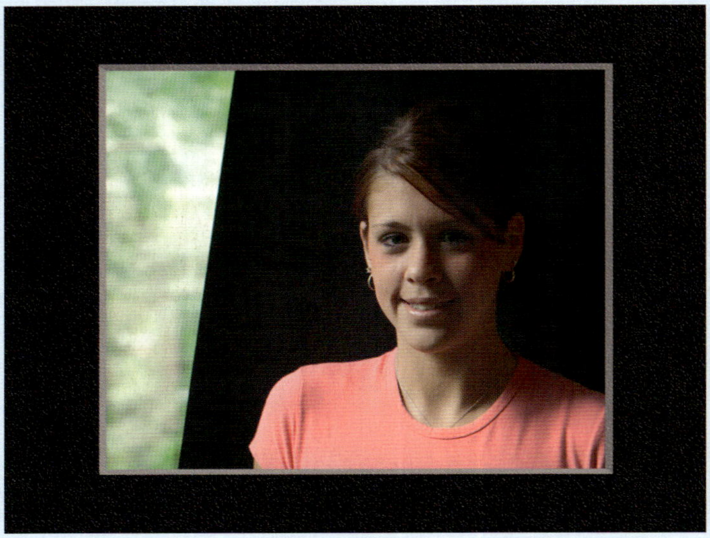

Vous pouvez réussir un excellent portrait en plaçant votre sujet devant une fenêtre et en lui demandant de tenir un carton noir derrière lui qui servira d'arrière-plan.

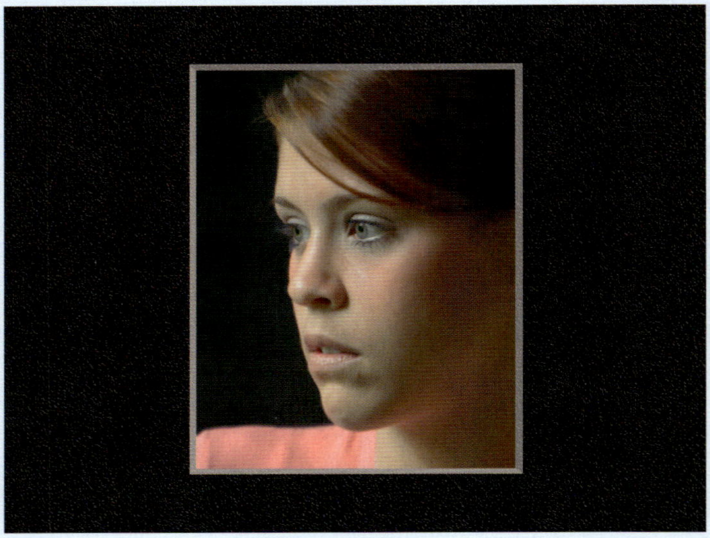

Ce portrait a été réalisé avec la lumière naturelle qui émanait de la fenêtre.

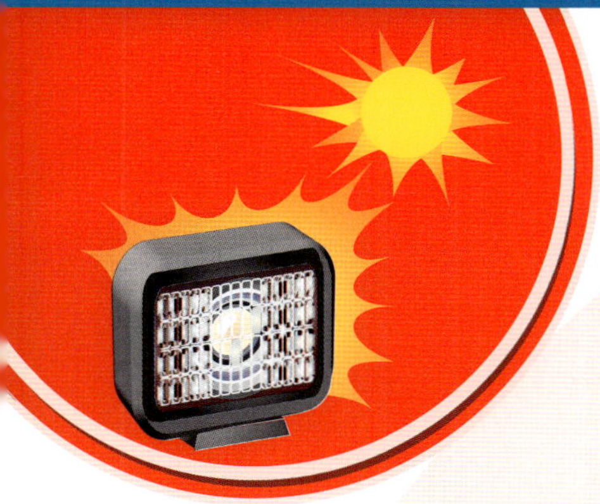

Profitez de la précieuse HEURE DORÉE

47

NIVEAU DE DIFFICULTÉ

La lumière solaire est généralement optimale pendant une période qui commence une petite heure avant le coucher du soleil et se termine une vingtaine de minutes après la disparition de l'astre. Certains photographes appellent ce laps de temps l'heure dorée. La source lumineuse se trouvant à basse altitude dans le ciel, elle diffuse une lumière très directionnelle qui, de par sa nature-même et par les ombres qu'elle génère, ajoute une profondeur saisissante à la scène. Généralement, cet éclairage de fin de journée est aussi plus chaud et plus coloré que la lumière matinale. Si vous photographiez essentiellement des paysages, vous ne devez pas rater cette période courte mais extrêmement favorable.

Lorsque vous décidez de réaliser des clichés pendant l'heure dorée, préparez-vous à agir rapidement, car l'instant idéal peut venir vite et ne durer qu'une ou deux minutes. Veillez à sortir, installer et régler tout votre équipement, afin de ne pas devoir revenir le lendemain. Après le coucher du soleil, attendez encore une vingtaine de minutes avant de ranger votre matériel : vous pourriez profiter de lueurs exceptionnelles qui permettent de capturer des scènes fantastiques.

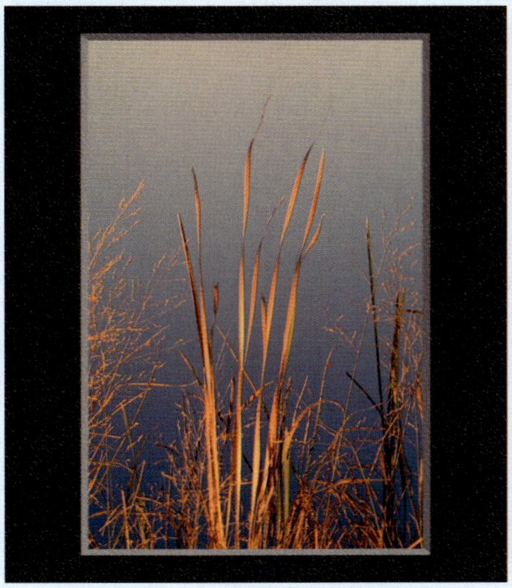

Dans cette photo prise pendant l'heure dorée, le soleil couchant diffuse une couleur superbe sur ces roseaux au bord de l'eau.

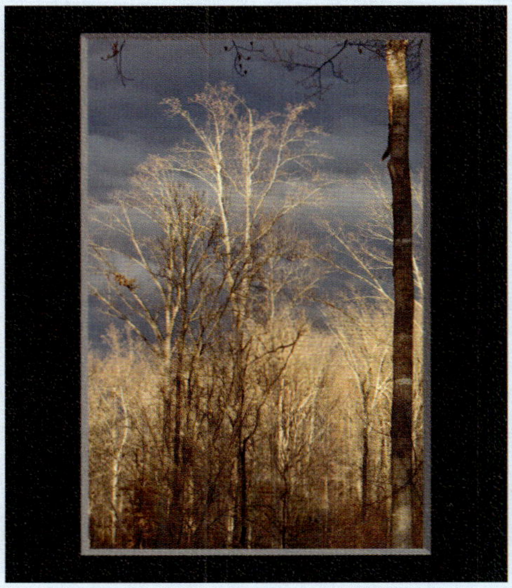

Dans cette forêt photographiée peu avant le coucher du soleil, la lumière donne une impression de chaleur, tout en créant des ombres très marquées.

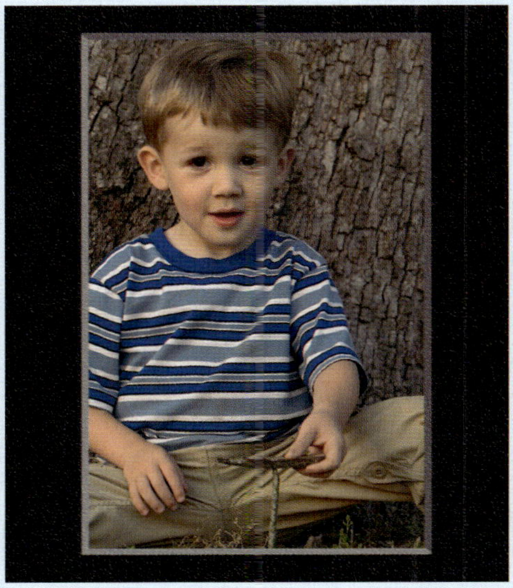

La lumière dorée de la fin de journée a ajouté une magnifique coloration à cette photo d'enfant jouant avec des brindilles.

CHAPITRE 6

Prenez des photos originales

Bien qu'il soit possible de réaliser des instantanés pour immortaliser les événements qui nous entourent, tout l'art de la photographie consiste à se représenter mentalement le cliché à prendre et à bien utiliser son appareil photo pour réussir cette prise de vue. Pour développer cette vision et augmenter vos chances de parvenir à capturer la scène telle que vous l'imaginez, vous devez mener beaucoup d'expériences et tester différentes idées. C'est en multipliant les clichés et les essais, et en étudiant votre travail et celui des autres que vous améliorerez vos compétences en photographie.

Il est facile de réussir des photos originales ou parfaitement satisfaisantes à vos yeux. Toutefois, ne vous contentez pas de tester les idées présentées dans des ouvrages spécialisés : innovez vous-même.

Vous pouvez notamment essayer différentes fonctionnalités de votre appareil et les exploiter dans l'optique de résultats originaux. Par exemple, amusez-vous à régler chaque paramètre sur sa valeur maximale ou minimale et observez les résultats obtenus. Si vous adoptez la plus petite ou grande ouverture possible avec une vitesse d'obturation réduite, vous avez des chances d'obtenir des clichés fascinants. Réfléchissez aussi à la manière de faire ressortir certains aspects graphiques de la composition. Voyez comment vous pouvez attirer l'attention sur le sujet, capturer des couleurs intenses ou subtiles, révéler des motifs ou des formes dans des scènes complexes, ou juste photographier des éléments ou des fonds à combiner ensuite à d'autres images. Plus vous envisagerez vos prises de vue sous un angle créatif, mieux vous comprendrez comment obtenir les meilleures photos.

TOP 100

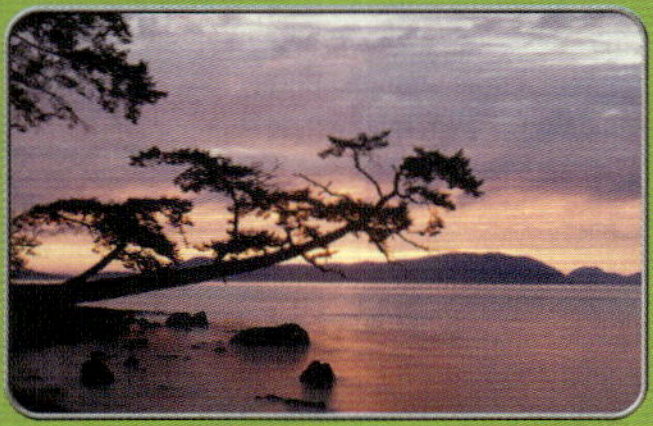

ATTIREZ L'ATTENTION sur le sujet

De nombreuses techniques permettent d'attirer l'attention sur le sujet. Vous pouvez notamment jouer sur les couleurs, les textures, l'arrière-plan, la mise au point, la perspective et toute une gamme d'aspects graphiques.

La prochaine fois que vous prendrez une photo, réfléchissez bien à la manière dont vous pourriez mettre votre sujet en valeur. Voyez par exemple si vous devez utiliser un téléobjectif pour que le sujet occupe l'ensemble du cadre ou s'il vaut mieux employer un grand-angle pour ménager beaucoup d'espace autour d'un petit sujet. À moins que vous ne puissiez adopter un nouvel angle pour la prise de vue qui donne un regard original sur le sujet.

Offrant un contrôle considérable sur la profondeur de champ, un téléobjectif permet de capturer un sujet parfaitement net devant un arrière-plan légèrement flou avec des couleurs contrastantes. Quelle que soit la stratégie adoptée, recentrer l'attention sur le sujet produit souvent de meilleures photos.

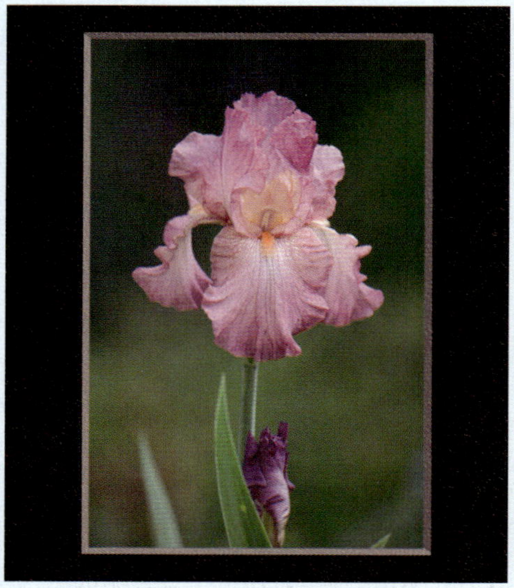

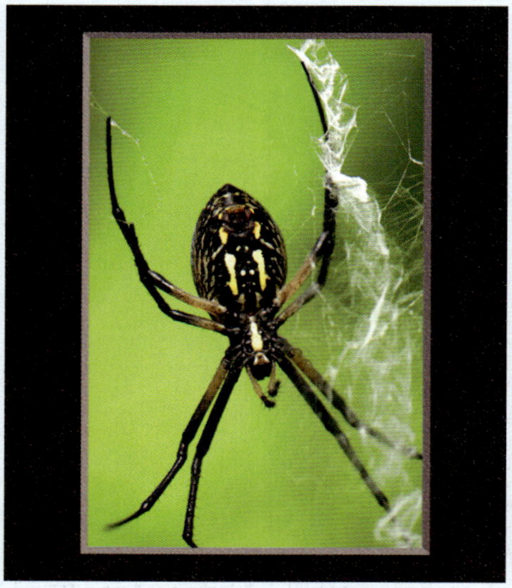

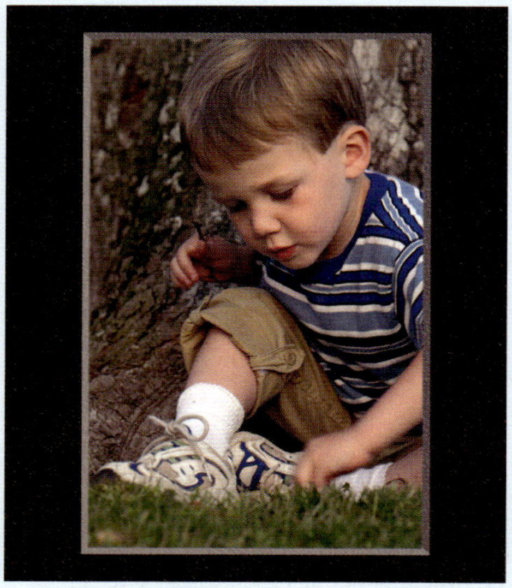

Dans cette photo réalisée avec un téléobjectif et une grande ouverture, l'iris mauve, parfaitement net, se détache très bien de l'arrière-plan flouté.

L'arrière-plan vert vif, constitué de plantes floutées, recentre l'attention sur l'araignée dans sa toile.

Pour mettre l'activité de ce garçon en valeur, l'appareil photo a été placé à quelques centimètres, seulement, au-dessus du sol.

48

NIVEAU DE DIFFICULTÉ

Astuce de pro !

Grâce à sa profondeur de champ réduite, un téléobjectif permet au photographe d'isoler un sujet de son arrière-plan en lui faisant occuper l'intégralité du cadre. Lorsque vous cherchez à obtenir un tel effet, utilisez une ouverture qui préserve la netteté du sujet mais floute l'arrière-plan. Pour choisir une longueur de focale et une profondeur de champ adaptées, consultez les tâches n° 32, n° 33 et n° 35.

Astuce de pro !

Une composition très simple est parfois la meilleure manière de mettre le sujet en valeur, car elle réduit le nombre d'éléments perturbateurs qui risqueraient de détourner l'attention.

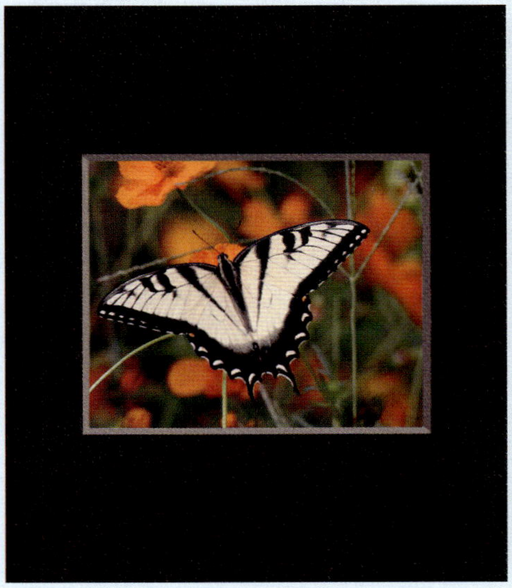

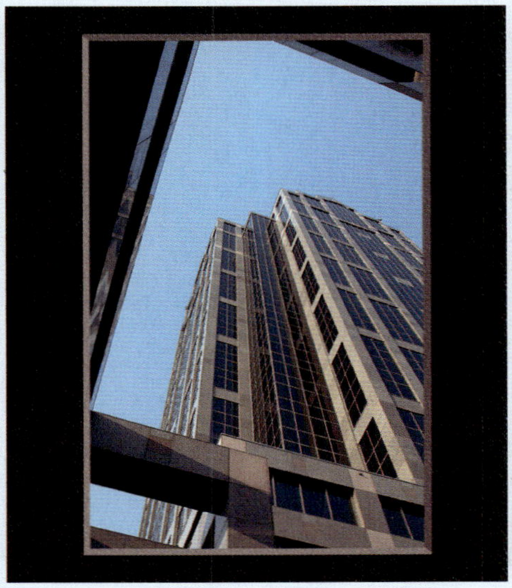

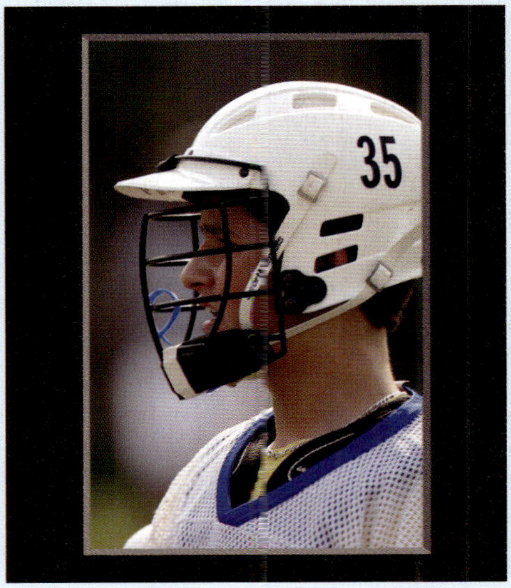

- Les fleurs orange vif contrastent beaucoup avec ce papillon jaune, qui se détache ainsi nettement de son arrière-plan.
- La passerelle qui relie deux bâtiments souligne la hauteur de cet immeuble de bureaux.
- Le visage de ce sportif a été capturé de telle sorte qu'il occupe tout le cadre : cela attire l'attention sur le regard dirigé vers le terrain.

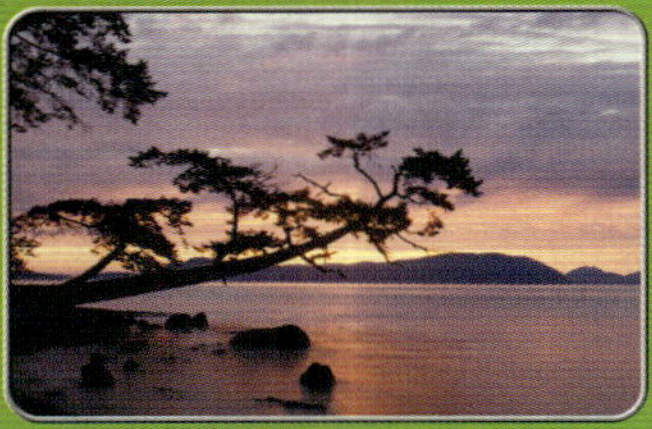

Capturez des couleurs pour obtenir des PHOTOS PUISSANTES

Les couleurs constituent parfois le composant le plus puissant d'une photo. Certaines d'entre elles évoquent des émotions ou créent des atmosphères particulières ; d'autres passent plus inaperçues. Par exemple, le rouge se remarque toujours très vite, même s'il n'occupe qu'une petite partie du cliché. Selon la couleur de l'éclairage ambiant, la plupart des scènes et des sujets peuvent devenir tout à fait remarquables ou au contraire parfaitement insipides. Étudiez les couleurs de votre composition pour déterminer leur interaction et la manière dont vous pourriez les combiner pour réussir une jolie photo. Des couleurs douces et subtiles, voire presque absentes, comme dans un cliché monochrome, peuvent ajouter une intensité tout aussi forte que des couleurs très soutenues.

Lorsque vous trouvez un sujet ou un paysage qui vous plaît, photographiez-le à différents moments de la journée, voire à plusieurs jours d'intervalle, afin de constater à quel point la lumière peut changer les couleurs. En multipliant les prises de vue et vos visions de la scène, vous apprendrez à capturer les couleurs souhaitées. Photographier un sujet légèrement flou et sous-exposé permet parfois d'améliorer une photo en renforçant la richesse et l'intensité des couleurs.

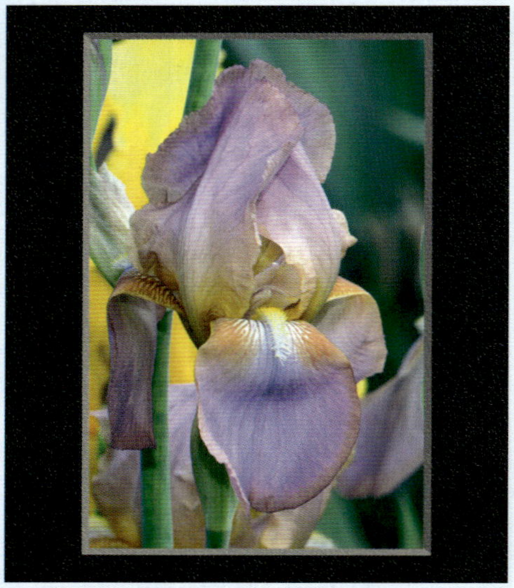

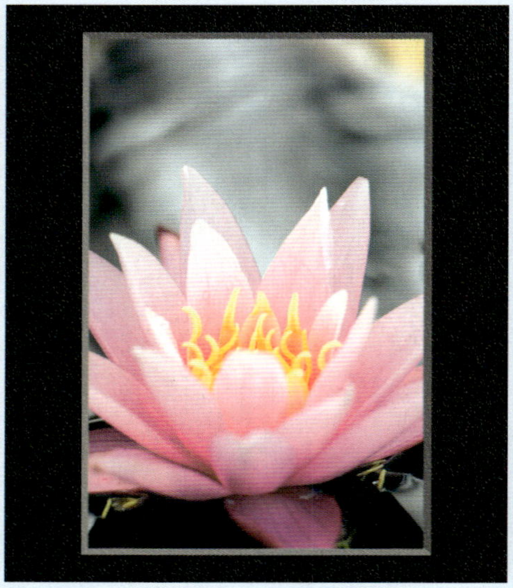

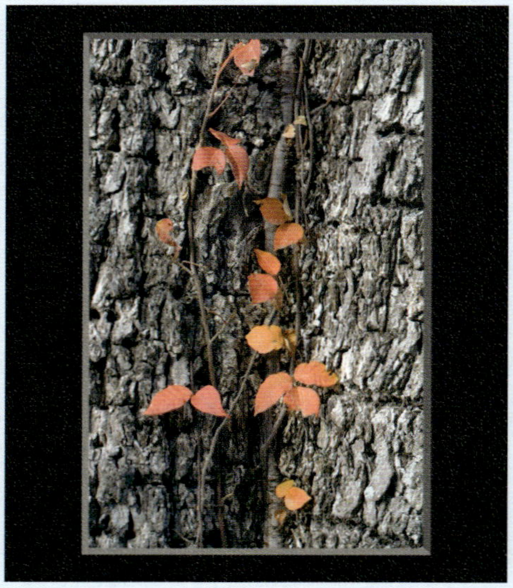

○ Ces jaunes, verts et mauves très intenses attirent l'attention sur l'iris.

○ Associées à un léger flou, les couleurs pastel très subtiles mettent ce nénuphar en valeur.

○ Le contraste entre les feuilles de vigne rouge vif et la texture sombre et monochrome de l'écorce donne un intérêt tout particulier à cette photo.

49

NIVEAU DE DIFFICULTÉ

Le saviez-vous ?

Les couleurs d'une photo sont parfois plus évocatrices que le sujet lui-même. Imaginez des couleurs soutenues et contrastées, mais bien équilibrées sur une page. Si leur agencement n'est pas bien réfléchi, elles donnent une impression radicalement différente, risquant même de provoquer une certaine tension chez l'observateur.

Le saviez-vous ?

Certaines couleurs sont plus attrayantes que d'autres. C'est pourquoi les périodes qui précèdent et suivent immédiatement le coucher du soleil sont connues comme l'heure dorée : les rayons solaires inondent les sujets d'une intense lumière dorée, produisant une scène aux couleurs chaudes. À l'inverse, toutes les couleurs proches du bleu créent une atmosphère froide.

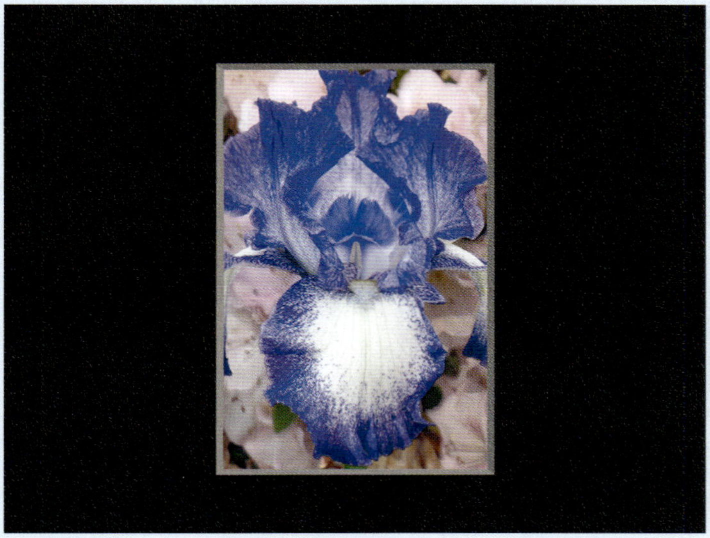

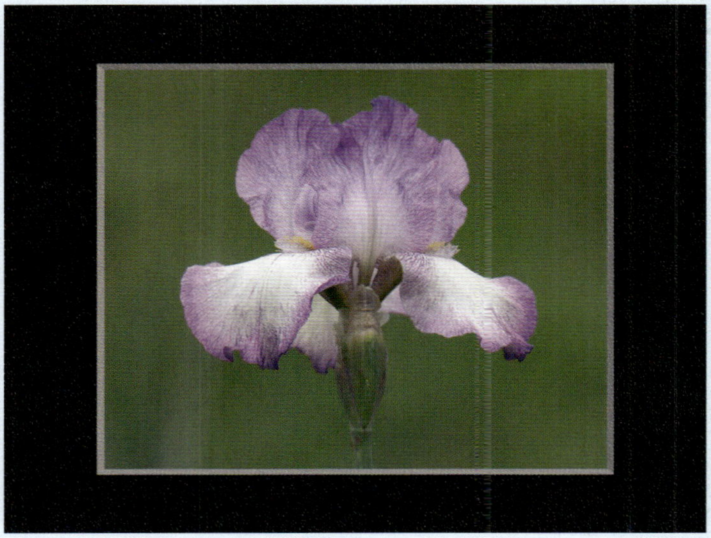

Les fleurs roses en arrière-plan permettent de délimiter clairement les bords de l'iris bleu et blanc au centre de cette photo.

L'association très disgracieuse entre l'arrière-plan vert olive et l'iris blanc et violet de ce cliché montre combien il est important de capturer des couleurs bien harmonisées.

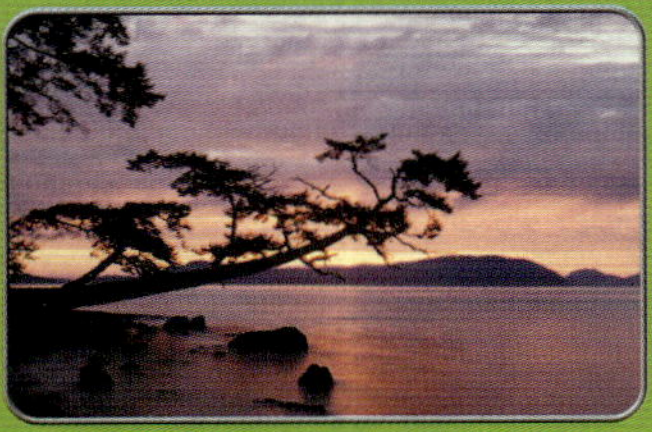

Capturez un mouvement avec un FILTRE GRIS NEUTRE

50

NIVEAU DE DIFFICULTÉ

Une faible vitesse d'obturation permet de montrer un mouvement dans une photo en capturant le sujet mobile partiellement flou. Malheureusement, il n'est pas toujours possible de choisir une vitesse d'obturation suffisamment réduite lors d'une prise de vue dans un environnement très éclairé. Les appareils photo imposent en effet une taille d'ouverture minimale qui requiert parfois une vitesse d'obturation trop élevée pour capturer un mouvement. Dans de telles situations, vous pouvez utiliser un filtre gris neutre qui réduise la vitesse d'obturation dans des proportions équivalant à une ou plusieurs fois le nombre f. Simple lentille de verre, un filtre gris neutre réduit la quantité de lumière qui atteint le capteur d'images de l'appareil photo sans modifier du tout les couleurs. La puissance de ces filtres s'exprime généralement sous la forme 2X, 4X et 8X, ce qui implique une diminution respective de la quantité de lumière de 1, 2 ou 3 fois le nombre f. Il est d'ordinaire recommandé d'utiliser un trépied lors de la capture d'un mouvement avec un filtre gris neutre et une vitesse d'obturation réduite. Pour découvrir d'autres manières d'intégrer du mouvement dans un cliché, consultez les tâches n° 29 et n° 30.

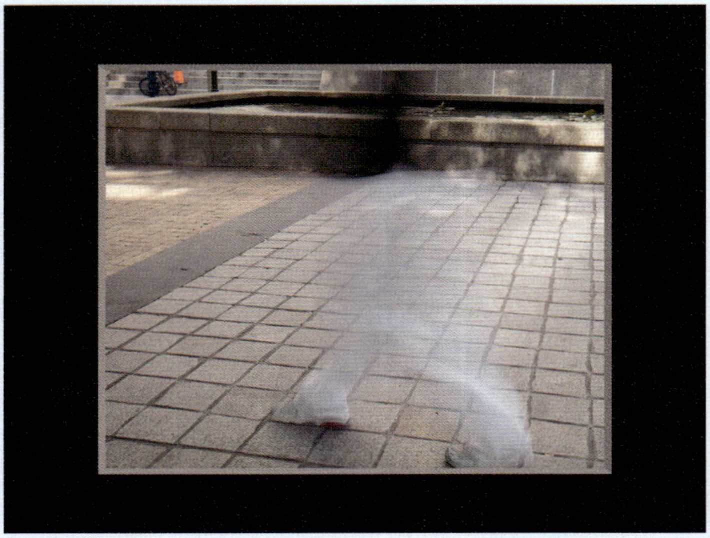

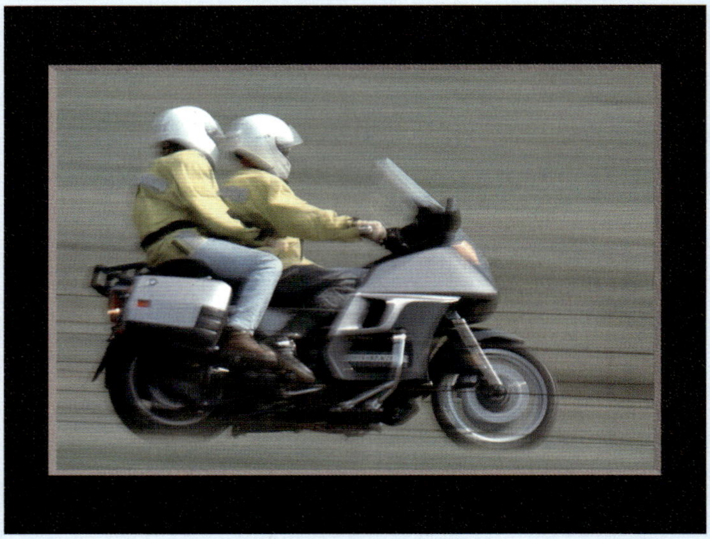

Grâce à l'ombre d'un arbre et à un filtre gris neutre, le photographe a pu utiliser une vitesse d'obturation assez faible pour capturer le mouvement de ce passant et donner à celui-ci une apparence fantomatique.

Cette photo de motards n'aurait pas pu être prise sans filtre gris neutre, car celui-ci a permis d'utiliser une vitesse d'obturation extrêmement réduite, indispensable pour réussir cet effet de panoramique malgré la très forte lumière ambiante.

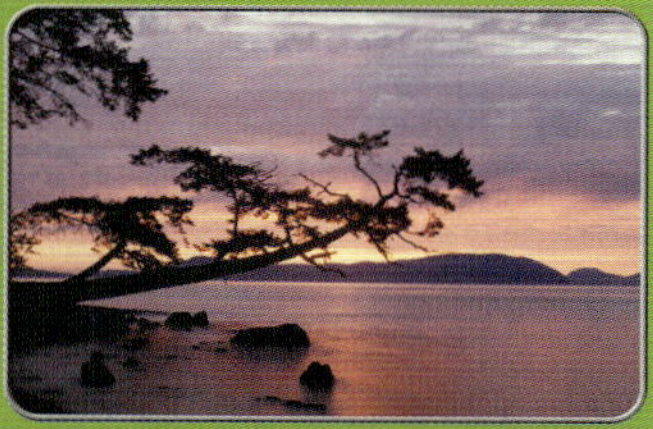

Contrôlez les reflets grâce à un FILTRE POLARISEUR

51

NIVEAU DE DIFFICULTÉ

Un filtre *polariseur* (ou *polarisant*) se fixe devant l'objectif pour accomplir deux fonctions essentielles : supprimer les reflets lumineux et améliorer ou accentuer la saturation des couleurs. Pour ce deuxième rôle, l'appareil photo doit former un angle droit avec les rayons solaires. Votre contrôle sur l'effet produit est sinon réduit. Il est possible d'utiliser un filtre polariseur circulaire et de le faire pivoter pour maîtriser le niveau de l'effet. Lorsque vous vous servez d'un filtre polarisant pour améliorer les couleurs, vous devez veiller tout particulièrement à rester mesuré, car un effet trop contrasté donnerait une photo totalement ratée.

Quand vous cherchez à réaliser un cliché sans reflets lumineux, vous pouvez atténuer ou éliminer ceux-ci grâce à un filtre polariseur. Un tel accessoire se révèle notamment utile pour photographier une scène intérieure à travers une fenêtre ou des éléments qui se trouvent sous la surface d'une étendue d'eau. Un filtre polariseur permet aussi de contrôler les reflets sur des surfaces réfléchissantes ou brillantes, en métal ou en verre, par exemple.

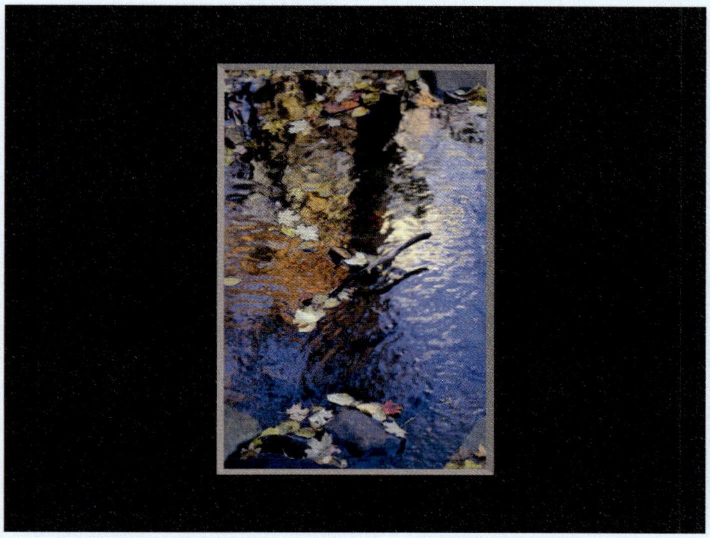

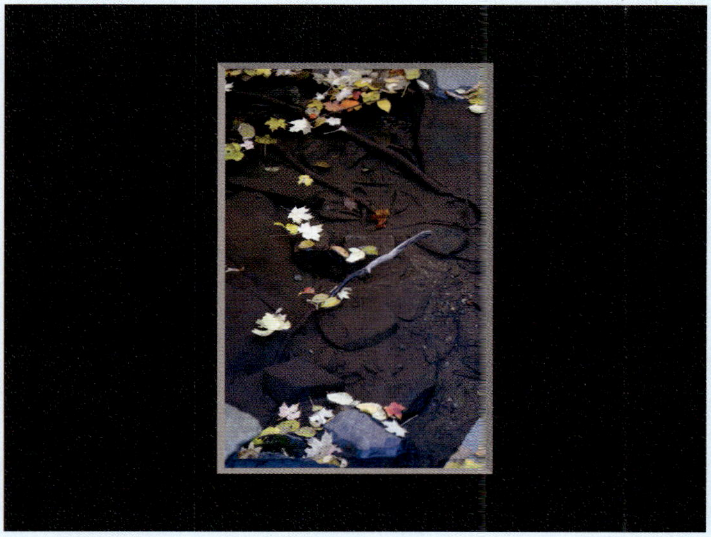

À cause des reflets des couleurs intenses des arbres et du ciel, il est très difficile de voir le fond de ce petit cours d'eau.

Un filtre polariseur a permis d'éliminer tous les reflets et de laisser apparaître le fond du ruisseau.

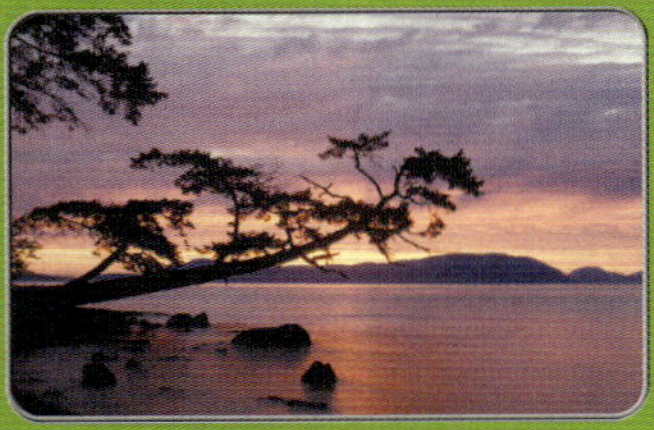

Prenez des photos pour un PANORAMA

Depuis les débuts de la photographie, immortaliser la beauté de scènes très vastes a toujours constitué un véritable défi. Un grand-angle permet certes de capturer une scène plus étendue qu'un objectif avec une focale courte, mais il génère souvent une distorsion inopportune, sans pour autant inclure une zone de la scène aussi grande que vous le souhaitez. Grâce à un logiciel de montage ou à une fonction comme Photomerge d'Adobe Photoshop Elements, vous pouvez photographier différentes parties d'une scène, puis les réunir en une longue image panoramique verticale ou horizontale.

Au moment de réaliser des clichés à combiner ensuite avec une application ou une fonction de montage, veillez à ce que chacun possède environ un tiers ou la moitié de sa surface en commun avec les prises de vue adjacentes, de façon que la fusion ultérieure des images reste indécelable. Veillez par ailleurs à prendre toutes les photos avec la même exposition et évitez d'y inclure des éléments en mouvement, comme des nuages ou des vagues, car les clichés seraient trop disparates pour être combinés. Dernière précaution : utilisez un trépied.

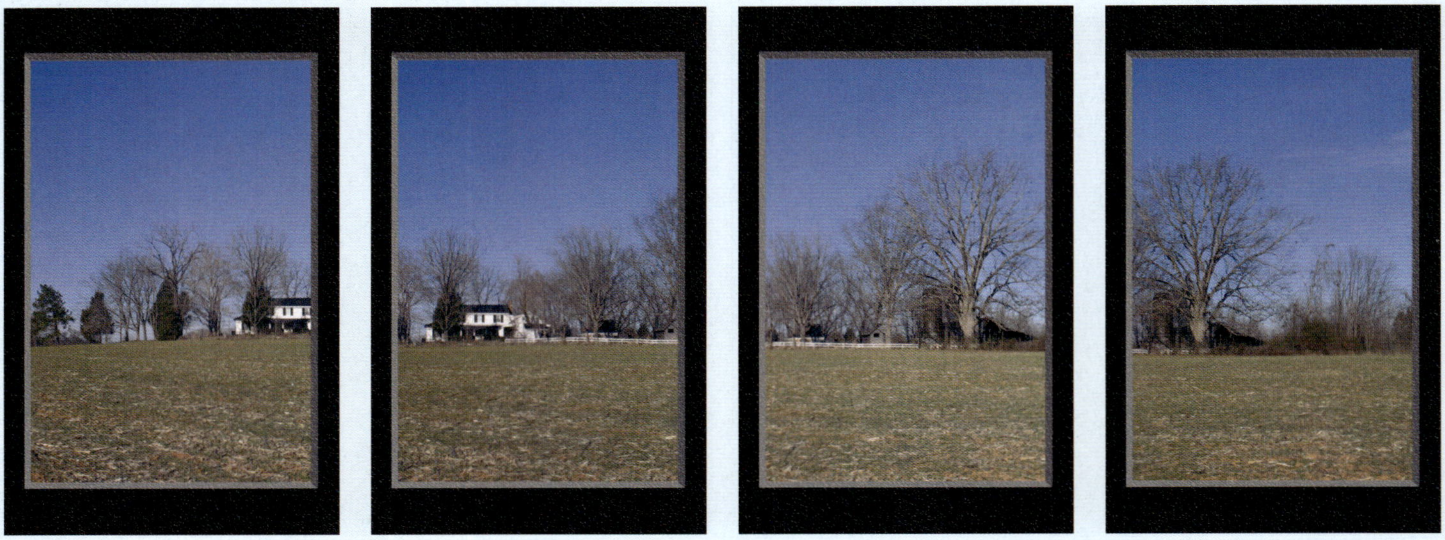

Ces quatre photos d'un paysage de campagne ont été prises avec un appareil installé sur un trépied doté d'une tête adaptée à la réalisation de panoramiques.

52

NIVEAU DE DIFFICULTÉ

Le saviez-vous ?

La fonction Photomerge d'Adobe Photoshop Elements (consultez la tâche n° 67) permet de réunir plusieurs clichés en une grande image qui pourra donner lieu à une impression plus grande que de coutume. Outre pour des prises de vue panoramiques, elle se révèle très utile quand votre appareil photo n'offre pas de résolution assez élevée pour réaliser une impression de qualité de la taille souhaitée.

Le saviez-vous ?

Il est possible de prendre plusieurs photos d'un sujet vertical et d'en créer un panorama vertical aussi aisément que dans le cas d'un panorama horizontal. Les grands arbres et les bâtiments très élevés constituent de bons sujets pour des panoramas verticaux. Pour minimiser la regrettable distorsion de perspective souvent provoquée par les objectifs avec une focale courte, éloignez-vous assez du sujet et utilisez un téléobjectif.

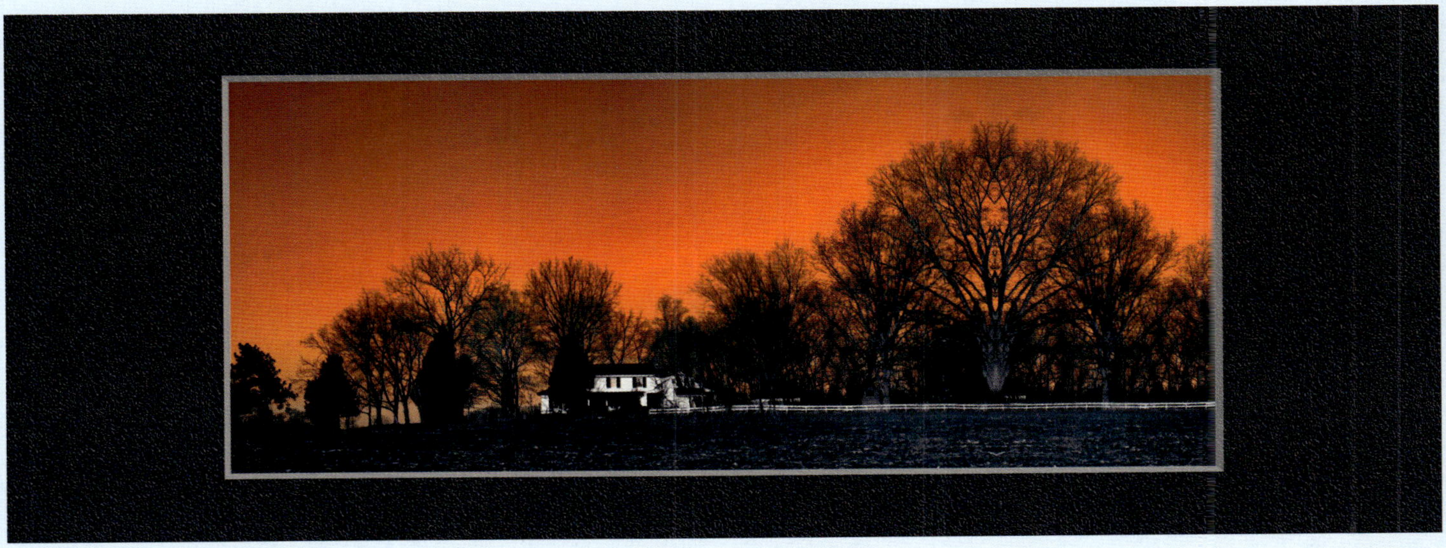

Cette image a été créée par la réunion des quatre photos numériques de la page précédente avec le logiciel de retouche Adobe Photoshop Elements. D'autres fonctions de ce logiciel ont ensuite permis de peaufiner et de recolorer le cliché.

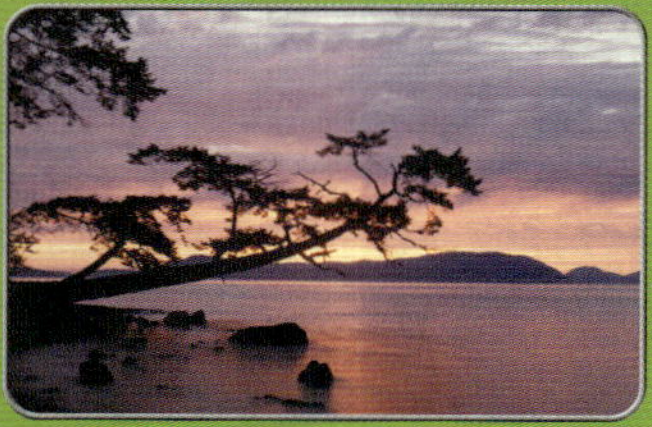

Ajoutez une dimension SPECTACULAIRE à vos photos

53

NIVEAU DE DIFFICULTÉ

Quel que soit le sujet photographié, vous pourrez parfois en obtenir une photo spectaculaire. Dans le cas d'événements sportifs, par exemple, il peut s'agir d'un cliché de deux joueurs de football au-dessus du sol tentant tous deux de frapper le ballon de la tête : si vous parvenez à capturer le moment même où le ballon se trouve coincé entre les deux têtes, vous obtenez une photo qui dégage une extrême intensité, renforcée par les maillots volant au vent.

Les photographes naturalistes chercheront à capturer, par exemple, un cerf avec des bois témoins de son âge ou le renard roux éclairé par une lumière dorée, voire une marmotte avec des petits. Pour réussir des clichés spectaculaires, vous devez réunir à la fois un éclairage exceptionnel, un spécimen naturel parfait et/ou une scène rare. Parfois, il suffit de paramétrer assez de variables correctement pour obtenir une photo fabuleuse de par son angle de vue, sa composition et les réglages qui y ont été appliqués. La réalisation d'une prise de vue spectaculaire se résume souvent à se trouver au bon endroit au bon moment et à mettre correctement toutes ses compétences en œuvre.

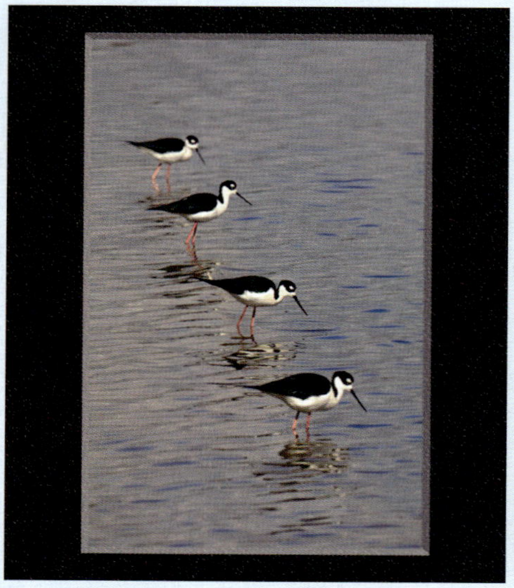

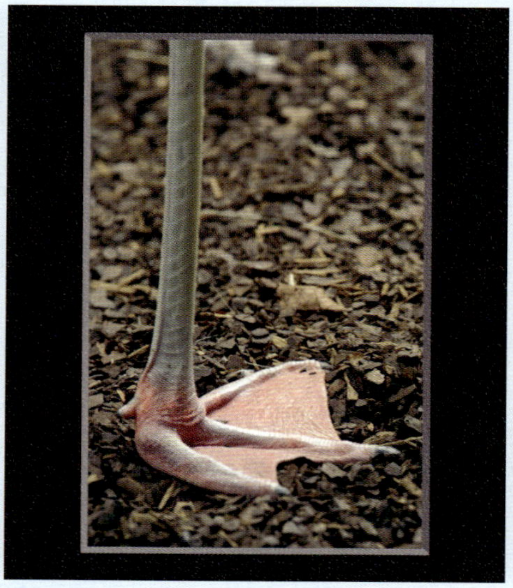

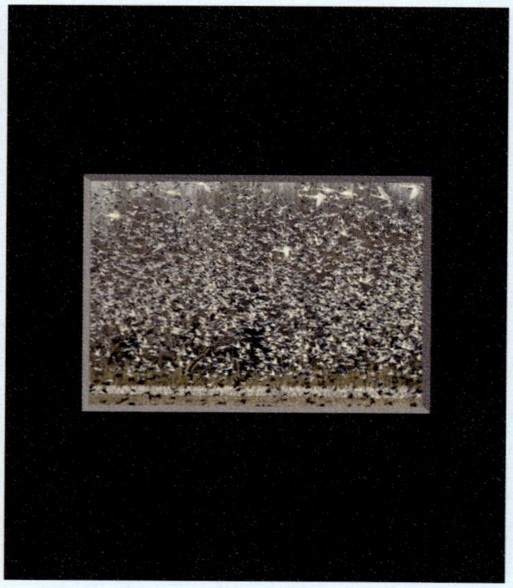

Cette rangée d'échasses d'Amérique en train de pêcher en groupe est aussi spectaculaire en réalité qu'en photo.

Quel pied ! Mais à qui appartient-il donc ? Des photos comme celle-ci tirent tout leur intérêt des éléments qui n'y figurent pas.

Des milliers d'oiseaux migrateurs en vol au-dessus des champs constituent une scène quelque peu étrange à regarder, entendre et photographier.

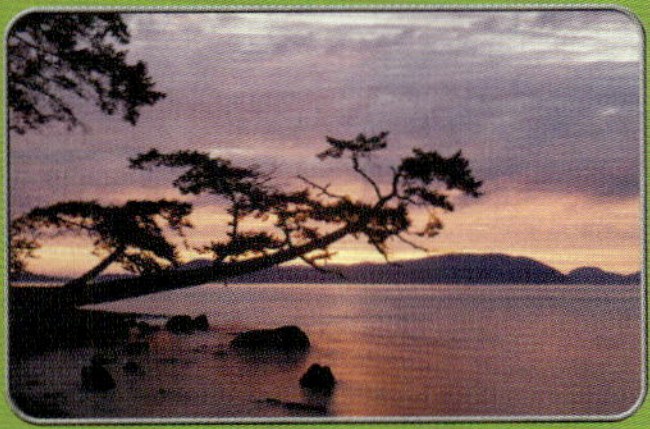

Photographiez des scènes PEU CONTRASTÉES

54

NIVEAU DE DIFFICULTÉ

Réduisant généralement le contraste, un éclairage doux et diffus peut contribuer à la réussite de magnifiques photos. Une lumière forte crée souvent un contraste supérieur à celui qui peut être enregistré par un capteur d'images ou une pellicule. À l'inverse, un éclairage doux permet de préserver de nombreux détails dans l'ensemble d'un cliché, de capturer de subtiles et magnifiques dégradés de couleurs et d'obtenir au final de superbes photos.

Efforcez-vous de trouver des environnements éclairés par une lumière peu contrastée et de bien les exploiter. L'aube et la fin de soirée constituent généralement deux bonnes périodes pour trouver une lumière peu contrastée et d'une jolie couleur. La brume, le brouillard et les nuages peuvent également créer un éclairage idéal, faiblement contrasté. Ces conditions d'éclairage atténuent en outre la saturation des couleurs et permettent de capturer des images monochromes aussi simples qu'intenses.

Il n'est pas toujours facile de trouver une lumière peu contrastée. Certaines zones géographiques sont rarement éclairées par autre chose qu'un soleil éclatant au milieu d'un ciel parfaitement bleu. D'autres ne reçoivent presque jamais la lumière solaire directe. Pouvoir photographier sous un éclairage peu contrasté est souvent une question d'endroit, de moment et de chance.

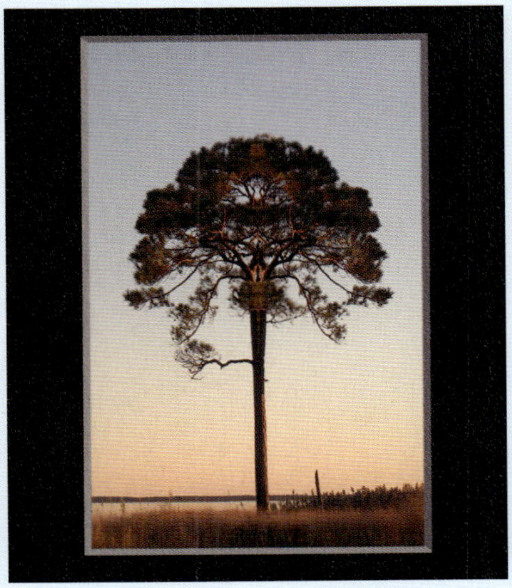

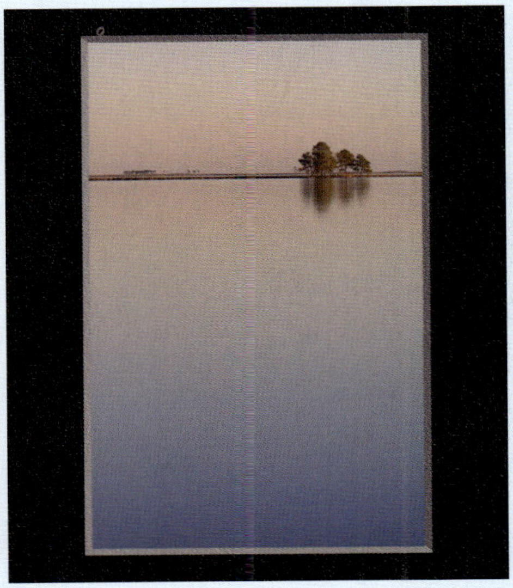

○ La faible lumière qui demeure après la disparition du soleil derrière l'horizon a permis de capturer ces lueurs et couleurs chaudes derrière la silhouette de la côte.

○ La faible luminosité a permis d'obtenir plus facilement ce doux dégradé bicolore utilisé comme arrière-plan pour cet arbre modifié numériquement.

○ La lumière peu contrastée qui a permis de créer ce magnifique dégradé bicolore améliore sensiblement cette photo très simple, prise au bord d'un lac.

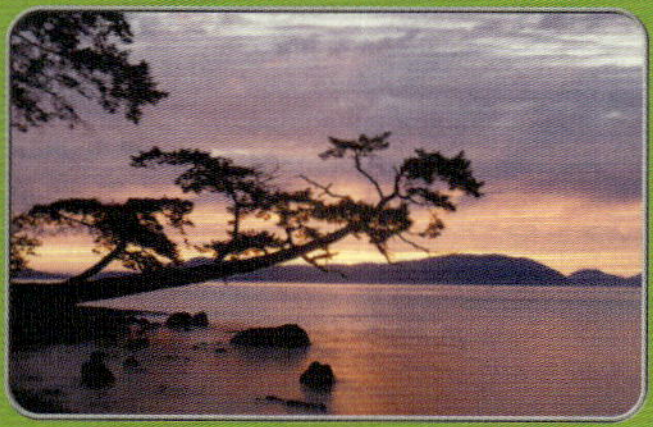

Photographiez
AU FIL DES SAISONS

55

NIVEAU DE DIFFICULTÉ

Il est généralement possible de réussir des photos très originales en profitant des changements de saisons. Au début du printemps, vous pouvez trouver de nouveaux bourgeons tout à fait fascinants lorsqu'ils commencent à s'ouvrir. Cette saison offre aussi parfois de jolis contrastes entre les restes noircis des plantes de l'hiver et les différents verts des plantes en pleine croissance.

Bien sûr, les couleurs intenses et riches de l'automne peuvent donner lieu à d'extraordinaires clichés, d'une qualité difficilement égalable à d'autres mois de l'année. Trouver le juste moment pour capturer les plus belles scènes automnales ou la floraison de diverses plantes et espèces d'arbres relève plus de la chance que de la prévision. Si la proximité géographique vous le permet, rendez-vous souvent sur des lieux de photographie, jusqu'à ce que les couleurs automnales vous semblent les plus belles. Sinon, demandez à un ami qui habite près de tels endroits de vous informer sur l'évolution de la coloration des feuilles. Malheureusement assez courtes, ces périodes intermédiaires entre les saisons sont exceptionnelles et offrent des opportunités uniques pour quiconque photographie durant toute l'année.

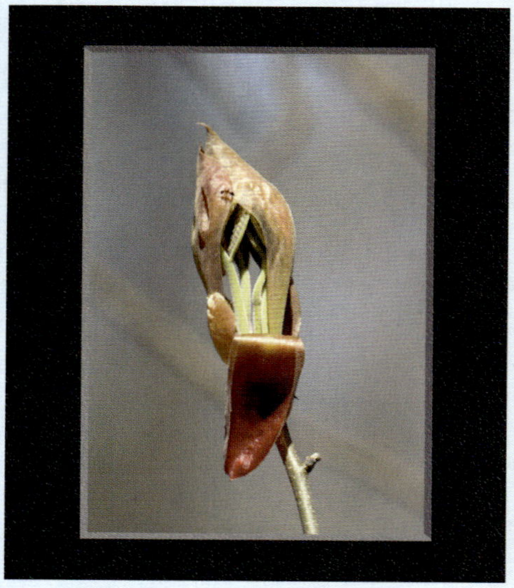

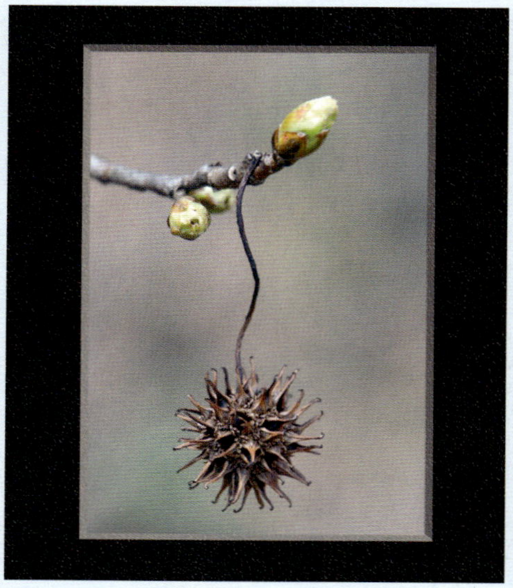

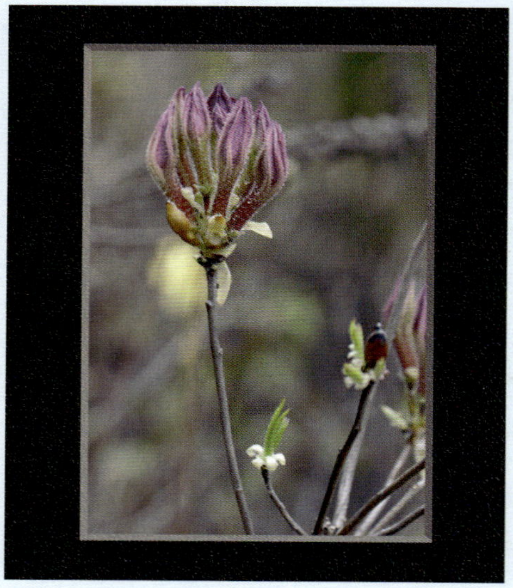

Savoir observer la nature au début du printemps peut permettre de beaucoup mieux comprendre vos sujets.

Au printemps, le copalme produit de nouveaux bourgeons et ces petits fruits non comestibles qui restent pendus quelques semaines avant de tomber.

Sur beaucoup de plantes et d'arbres, l'ouverture d'un bourgeon peut constituer un fascinant sujet d'observation et de photographie pendant plusieurs jours.

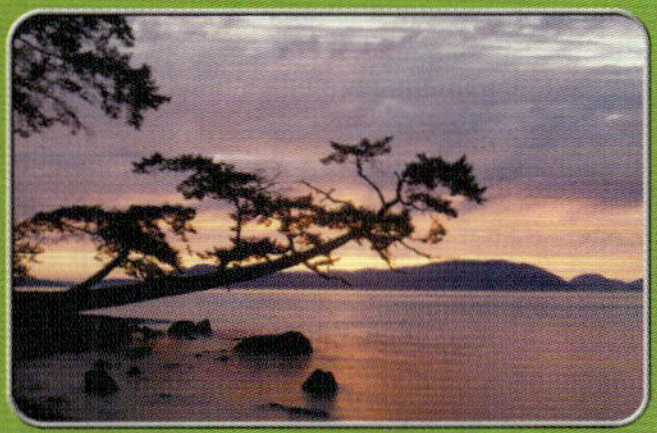

Photographiez DES MOTIFS ET DES FORMES

56

NIVEAU DE DIFFICULTÉ

De nombreux éléments peuvent susciter de l'intérêt pour un cliché, mais ce sont souvent les motifs et les formes qui ont le plus d'impact. Dès lors que vous aurez pris l'habitude de les remarquer, de les identifier et de les photographier, vous constaterez qu'il est possible d'en trouver partout.

Lorsque nous recherchons des motifs et des formes dans l'environnement complexe et souvent très hétéroclite qui nous entoure, notre cerveau s'efforce toujours de convertir en vision signifiante ce que nos yeux perçoivent. Ces motifs et ces formes en deviennent ainsi plaisants. Les premiers sont formés par la répétition d'objets, de formes, de lignes ou de couleurs. Parfois, la qualité d'une photo tient d'ailleurs davantage aux motifs ou aux formes qu'elle renferme qu'au sujet lui-même. En fait, beaucoup de clichés réussis intègrent un motif ou une forme très marqué(e), constitué(e) par une entité non identifiable.

Lorsque vous dénichez un motif ou une forme, réfléchissez à la manière dont vous devez le ou la photographier pour obtenir une prise de vue intéressante. Par exemple, servez-vous de la lumière pour créer une silhouette ou utilisez des tons très clairs pour renforcer ce motif ou cette forme.

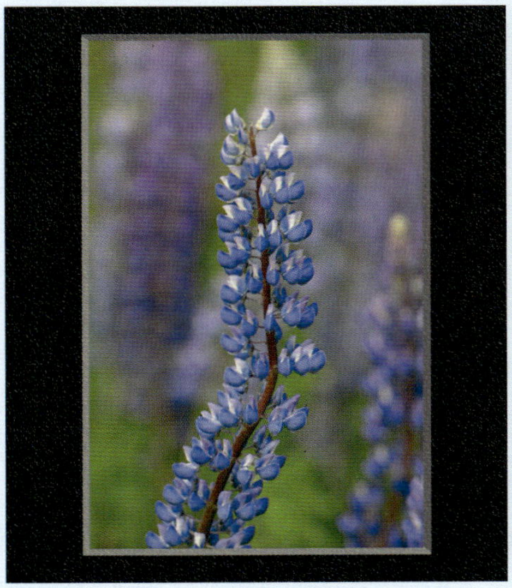

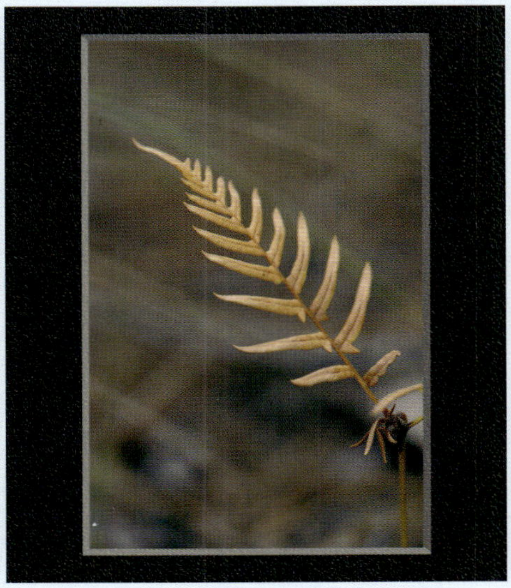

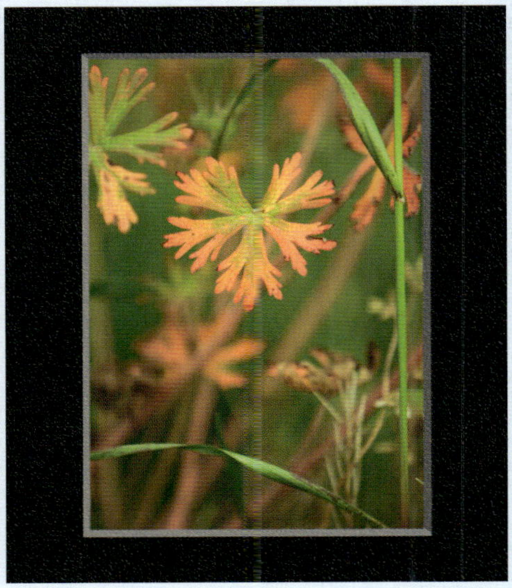

Les lupins légèrement floutés en arrière-plan reflètent et soulignent la forme gracieuse de ce lupin bleu.

Les formes et l'orientation des herbes floues en arrière-plan font ressortir la forme de cette jolie fougère brune isolée.

La forme et les couleurs vives de cette fleur sauvage renforcent l'impact de la photo.

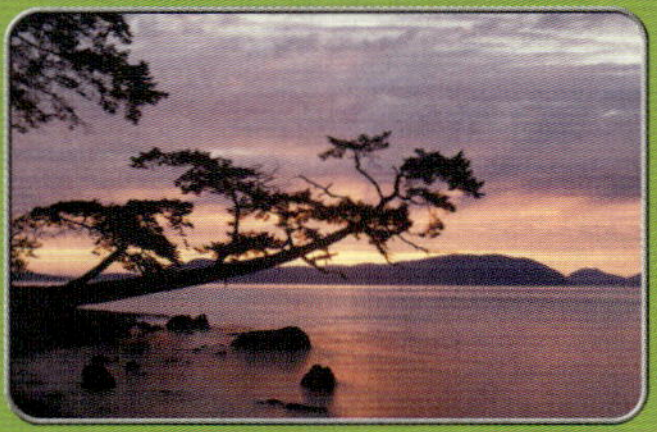

PHOTOGRAPHIEZ DANS L'OPTIQUE
du traitement numérique final

Dès que vous commencez à prendre des photos avec un appareil numérique et à les modifier dans un logiciel de retouche d'images, vous entrez dans un univers créatif radicalement nouveau. À chaque prise de vue, réfléchissez à la manière dont vous pourrez ou non l'exploiter ensuite dans votre programme de retouche, afin de ne pas limiter inconsidérément votre potentiel photographique.

Les possibilités offertes en imagerie numérique sont multiples : vous pouvez notamment combiner plusieurs clichés ou parties de clichés, supprimer des éléments indésirables, et modifier le contraste et la gamme tonale. Par conséquent, réfléchissez toujours bien aux sujets à photographier et à ignorer, et à la manière de les capturer. Par le passé, le coût élevé des pellicules aurait pu vous dissuader de photographier un paysage traversé par une ligne téléphonique, gâché par un véhicule ou altéré par un contraste trop marqué. En photographie numérique, ces problèmes n'en sont plus, car vous pouvez généralement gommer ces défauts *a posteriori* dans un logiciel de retouche d'images.

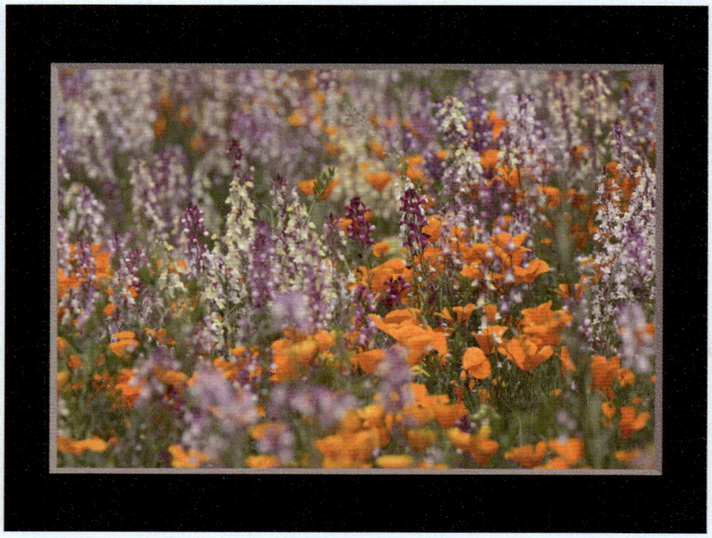

Cette photo d'un champ de fleurs a été volontairement floutée pour pouvoir être combinée au cliché de droite et produire au final une image avec un léger effet d'atténuation et une double exposition.

Cette photo a été prise dans le seul but d'être fusionnée avec celle de gauche par le biais d'un nouveau calque dans un logiciel de retouche d'images.

57

NIVEAU DE DIFFICULTÉ

Astuce de pro !

Songez à divers objets et arrière-plans que vous pourriez photographier pour les exploiter ensuite dans des montages. La prochaine fois que vous trouverez un magnifique sujet comme une voiture ancienne garée, envisagez la scène en termes d'objet et capturez-la même si le ciel ne convient pas du tout de par sa couleur ou sa luminosité. Par la suite, vous trouverez nécessairement un parfait arrière-plan pour ce véhicule. Il vous restera alors à le photographier et à le combiner au cliché initial.

Le saviez-vous ?

Efforcez-vous *toujours* de prendre les meilleures photos possibles. Beaucoup de photographes encore peu habitués au numérique s'imaginent à tort qu'ils peuvent corriger n'importe quel défaut d'un cliché dans un logiciel de retouche d'images. Quelles que soient les modifications apportées, une image retouchée est toujours meilleure quand la photo de départ est excellente.

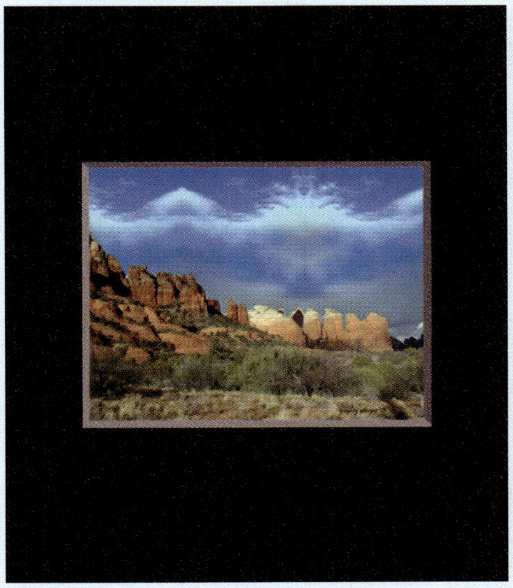

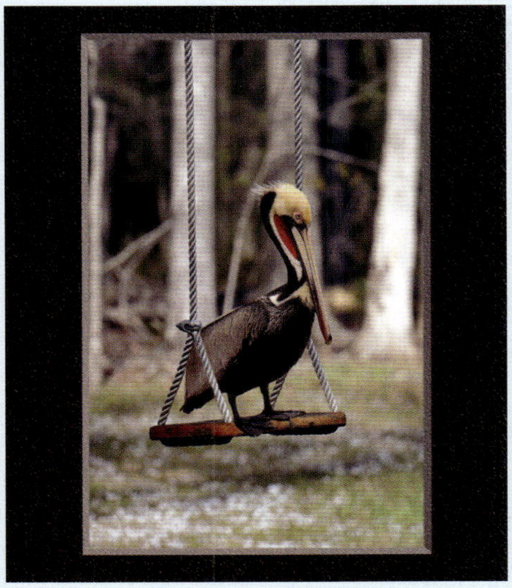

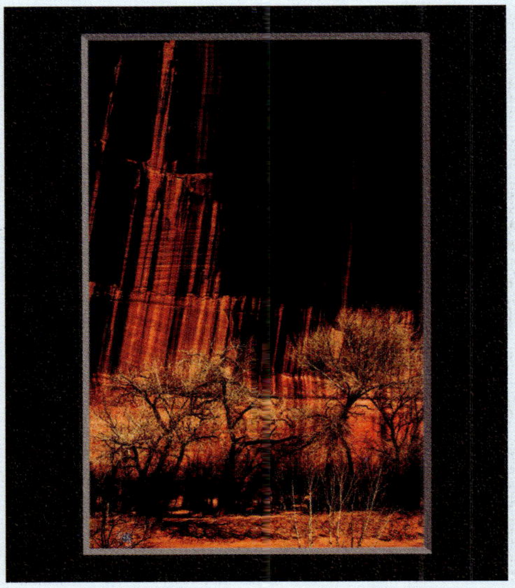

Quelques traits de pinceau numérique et des filtres ont suffi pour transformer cette photo du désert près de Sedona en peinture numérique.

Ce pélican a été photographié dans le seul but de constituer un objet réutilisable dans d'autres clichés, comme ici, où la prise de vue initiale renfermait une balançoire au milieu d'une forêt.

Cette image a été obtenue à partir d'un mur nu de canyon du Nouveau-Mexique photographié en plein soleil dans l'objectif d'être modifié dans un logiciel de retouche.

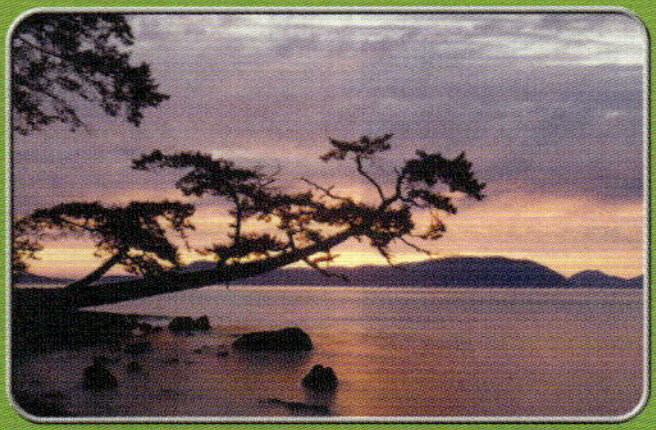

Entraînez-vous pour réussir des PHOTOS UNIQUES 58

NIVEAU DE DIFFICULTÉ

Dérogez à toutes les règles et tous les principes que vous connaissez en photographie. Capturez avec une faible vitesse d'obturation sans trépied. Effectuez un zoom ou un panoramique avec le diaphragme ouvert pendant la prise de vue à une vitesse d'obturation réduite. Générez à dessein une sous-exposition ou une surexposition. Photographiez sous un éclairage très contrasté ou au contraire très faible, pendant une journée pluvieuse ou une tempête de neige. Capturez des sujets que vous ignorez d'habitude. Prenez 50 photos avec l'appareil posé au sol. Réalisez 50 autres clichés avec l'ouverture minimale. Exploitez les valeurs extrêmes pour l'angle de vue, la focale, l'ouverture et la distance par rapport au sujet.

Lorsque vous photographiez des sujets ou des scènes qui l'ont déjà été des milliers de fois, réfléchissez soigneusement à tous les clichés ordinaires et évidents qui sont réalisés et essayez de trouver une dizaine de nouvelles visions originales de ces sujets ou de ces scènes. Il suffit parfois de changer l'angle de vue ou la hauteur de l'appareil. Testez également différents éclairages et diverses distances par rapport au sujet. N'hésitez pas à inclure un peu de premier plan dans le cadre. Il est toujours bon de multiplier les expériences et de penser minutieusement chaque photo.

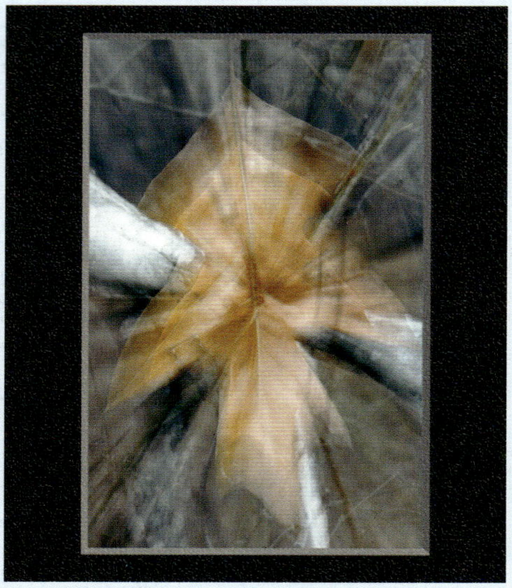

Cette photo a été prise avec une faible vitesse d'obturation, et un zoom effectué pendant que le diaphragme était ouvert.

Un léger panoramique horizontal pendant que le diaphragme était ouvert a permis de créer cet effet de coucher de soleil flou.

Zoomer avec une vitesse d'obturation réduite a permis d'attirer l'attention sur un livre de ces étagères.

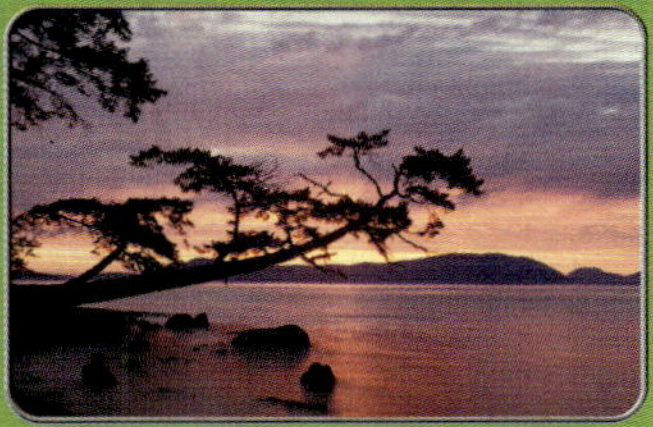

Photographiez sous un faible éclairage pour obtenir des COULEURS SOUTENUES

59

NIVEAU DE DIFFICULTÉ

Des expositions prolongées dans un environnement peu éclairé peuvent générer des couleurs lumineuses et intenses, et donner ainsi lieu à une magnifique photo. À cet égard, les rues d'une ville la nuit, l'intérieur d'un bâtiment ou les reflets de scènes nocturnes dans une fenêtre constituent de bons sujets. Des foires avec des allées animées, éclairées par une forte lumière permettent parfois de réaliser des clichés spectaculaires dans lesquels les lumières de couleurs vives deviennent des traits flous de couleurs très saturées.

Pour réussir des photos bien nettes dans un environnement peu éclairé, vous devez utiliser un trépied. Afin de minimiser le mouvement de l'appareil consécutif à l'appui sur le déclencheur, vous pouvez en outre réduire le flou qui risque d'en résulter en vous servant du retardateur, si votre appareil en propose un, ou d'un câble optionnel qui jouera le rôle de déclencheur. Avec leurs couleurs soutenues, les couchers de soleil offrent une lumière magnifique pour la réalisation de clichés aux couleurs très intenses. Au lieu de photographier face au coucher de soleil, tournez-vous et profitez de la lumière particulière qu'il diffuse sur les sujets à capturer. Vous pouvez aussi exploiter cette lumière très colorée pour un effet esthétique de contre-jour.

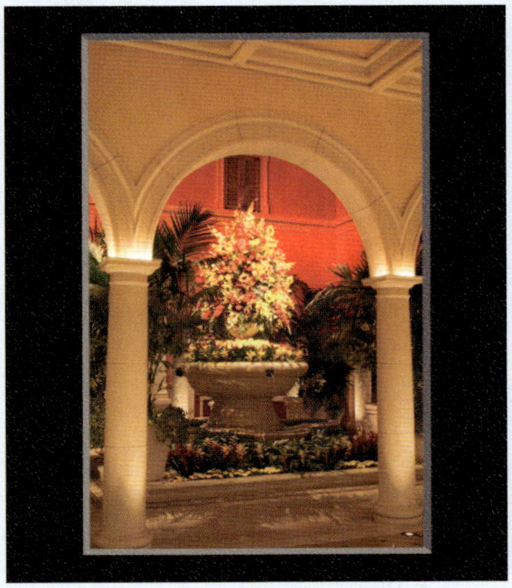

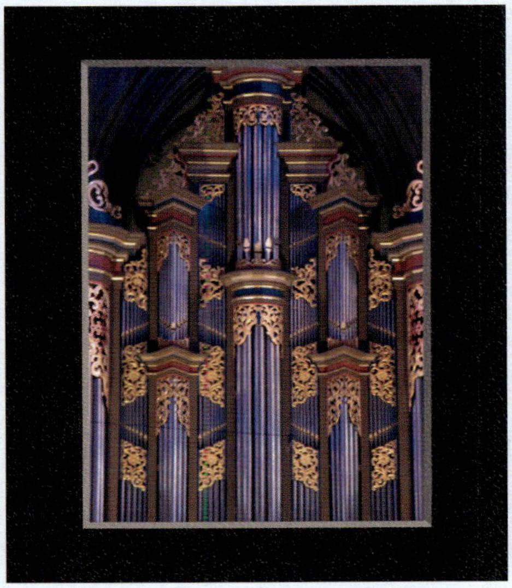

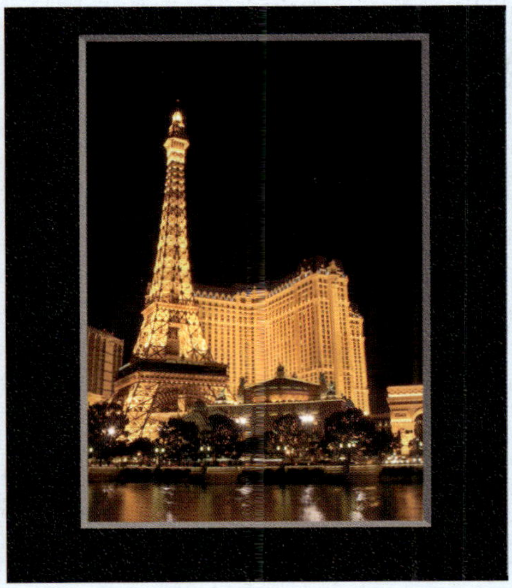

Ce vase de fleurs derrière l'arche est illuminé de couleurs chaudes et intenses capturées dans un environnement peu éclairé avec un appareil photo installé sur trépied.

À peine visibles à cause du faible éclairage, les tuyaux de l'orgue de cette église apparaissent tout de même lumineux dans ce cliché pris avec une longue exposition et avec l'appareil photo installé sur un trépied.

Les couleurs très saturées de cet hôtel de Las Vegas ont été capturées avec un temps d'exposition de deux secondes.

CHAPITRE 7

Modifiez vos photos avec Adobe Photoshop Elements

Après avoir téléchargé sur votre ordinateur des clichés pris avec votre appareil numérique, vous pouvez les modifier numériquement. Un logiciel de retouche d'images comme Adobe Photoshop Elements permet d'améliorer sensiblement des prises de vue, mais aussi de leur appliquer pratiquement n'importe quelle transformation souhaitée. Ce chapitre suppose que vous connaissiez déjà les commandes fondamentales de ce programme. Si vous ne les maîtrisez pas encore ou si vous avez oublié leur mode d'emploi, consultez l'ouvrage de la collection *Apprendre, Restauration et retouche avec Photoshop Elements 2,* aux éditions First Interactive.

Avant d'apporter le moindre changement à une photo, vous devez évaluer celle-ci et établir un plan d'action. Pour cela, commencez par répondre à quelques questions importantes. Le cliché doit-il d'abord être converti depuis le format brut ? Comment améliorer ses couleurs, sa gamme tonale et son contraste ? Quelle autre modification ou correction aimeriez-vous apporter ? Devez-vous supprimer ou ajouter des éléments ? Sous quelle forme exploiterez-vous l'image finale ? L'intégrerez-vous à une page Web, la joindrez-vous à un courrier électronique ou l'imprimerez-vous en grand format avec une imprimante à jet d'encre ?

C'est uniquement après avoir répondu à ces interrogations que vous pourrez être efficace dans vos retouches et obtenir les résultats attendus. Il est aussi fondamental de savoir quand enregistrer vos fichiers graphiques pour préserver à la fois votre travail et la qualité de l'image.

TOP 100

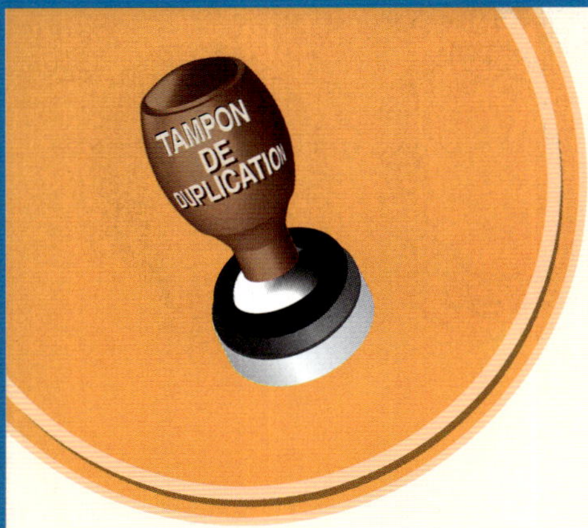

Apportez les modifications DANS LE BON ORDRE

L'ordre des modifications apportées à une image numérique importe beaucoup. Chaque changement altère en effet certaines données de la photo initiale. Bien qu'ils puissent améliorer celle-ci, ils entraînent la perte d'informations qui figuraient dans le cliché à sa première ouverture. La toute première chose à faire lors de la modification d'une prise de vue consiste donc à l'enregistrer sous un autre nom de fichier, afin de préserver le « négatif numérique » de départ.

Après avoir apporté divers changements, vous voudrez parfois revenir quelques étapes en arrière ou rectifier des paramètres appliqués lors d'une étape antérieure. Cette marche arrière peut s'effectuer sans dommage pour la qualité de l'image si vous utilisez la palette Annuler l'historique et des calques de réglage. Lorsque vous envisagez d'agrandir l'image ou d'accentuer sa netteté, n'accomplissez ces tâches qu'à la fin, après avoir déjà enregistré le fichier.

Si vous respectez toutes les étapes du processus de modification d'une photo, vous risquez d'obtenir de nombreuses copies en plus de l'original, parfaitement intact, et d'une copie de sauvegarde des versions retouchées importantes.

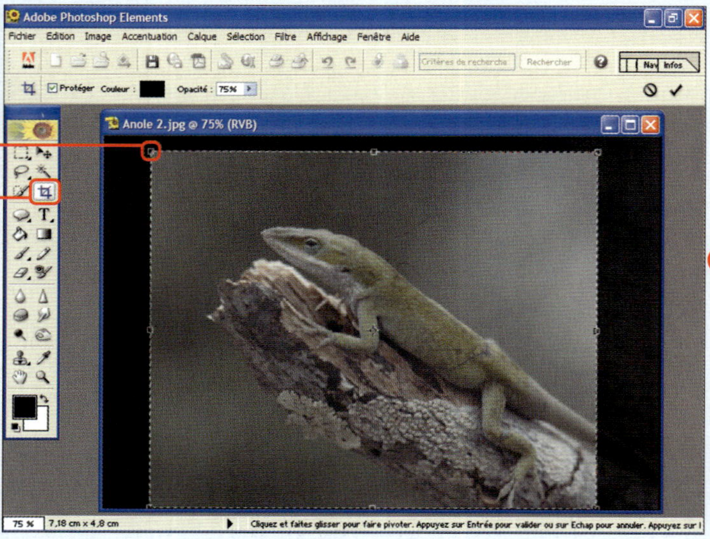

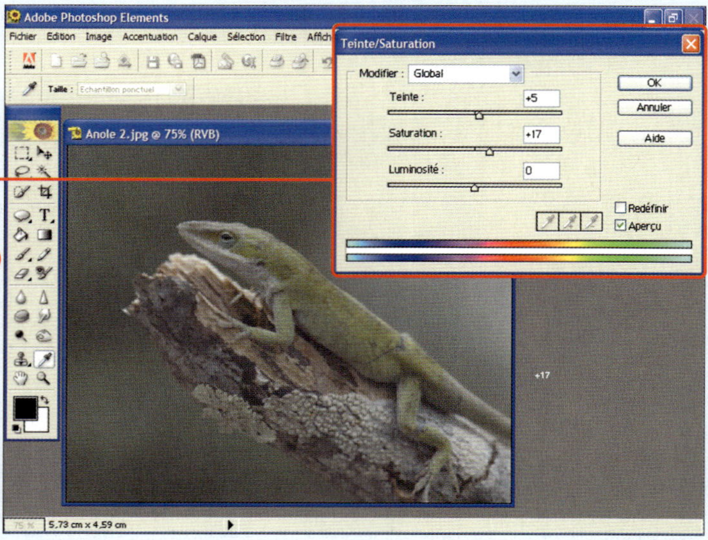

1 Redressez et recadrez la photo, ajustez sa gamme tonale et son contraste, et supprimez toute couleur dominante.

2 Apportez toute autre correction requise, sans modifier pour l'instant la taille ni la netteté de l'image.

60

NIVEAU DE DIFFICULTÉ

Le saviez-vous ?

Quelle que soit la technique employée pour agrandir une photo numérique, la qualité de celle-ci en pâtit. Il est donc préférable d'apporter toutes les modifications souhaitées à l'image originale et d'augmenter les dimensions de cette dernière uniquement lorsque vous connaissez la taille d'impression et l'imprimante à utiliser.

Le saviez-vous ?

Le paramétrage optimal du filtre Accentuation de Photoshop Elements dépend beaucoup de la taille du cliché et de l'exploitation finale de celle-ci. Ce filtre ne doit donc être appliqué qu'en dernier lieu, une fois que vous connaissez la finalité de la photo et la taille d'image requise.

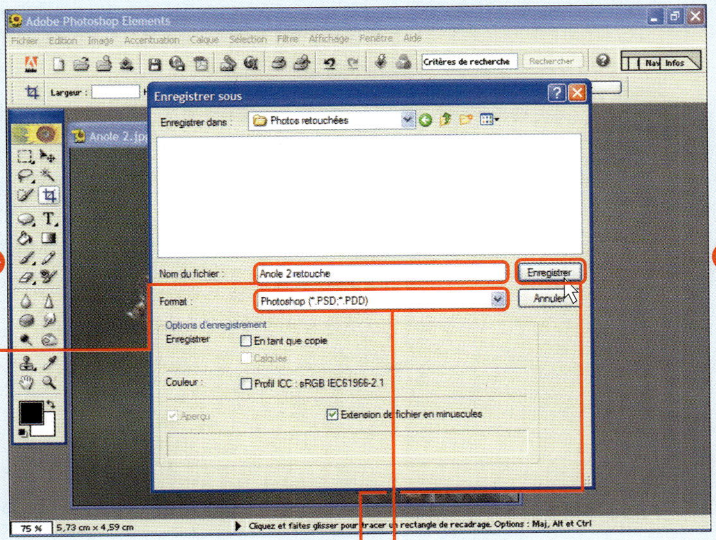

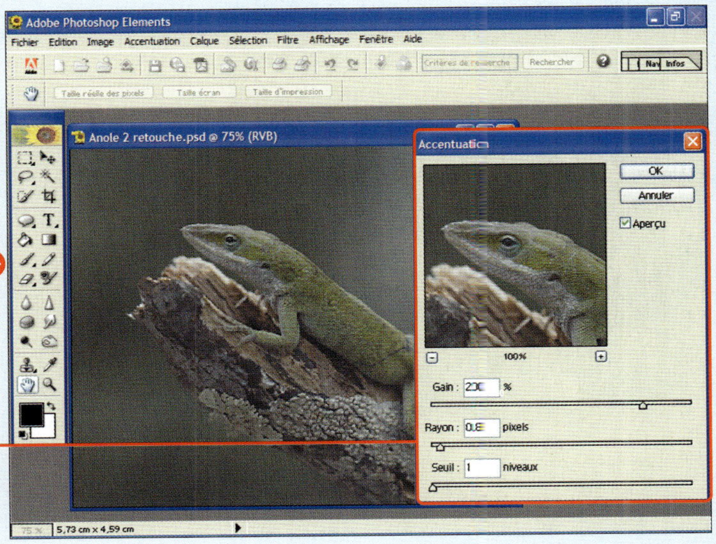

3 Enregistrez l'image sous un autre nom que la photo d'origine.

4 Choisissez le format d'enregistrement PSD ou TIFF si vous voulez préserver les calques éventuels.

5 Cliquez **Enregistrer**.

6 En fonction de la taille d'impression visée ou de l'écran sur lequel afficher l'image, ajustez les dimensions et la netteté de cette dernière.

7 Enregistrez de nouveau le fichier en tant qu'image aplatie, cette fois, si vous envisagez d'imprimer la photo à cette taille et avec cette netteté.

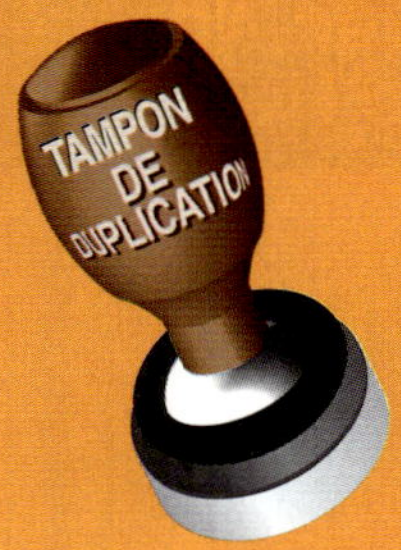

Convertissez des fichiers au format brut avec ADOBE CAMERA RAW

C'est en utilisant le format brut (consultez la tâche n° 4) que vous mesurerez les principaux avantages d'un appareil photo numérique. Ce format permet en effet d'enregistrer un cliché sans appliquer bon nombre des paramètres de l'appareil, comme la balance des blancs. Vous n'avez donc plus à redouter de vous tromper dans le réglage de l'appareil et disposez d'un contrôle considérable sur l'apparence de la photo après sa réalisation.

Le format brut étant un format propriétaire, il existe des différences entre les marques d'appareils, voire entre les modèles. Pour obtenir une image exploitable à partir d'un fichier au format brut, vous devez utiliser un convertisseur d'images RAW compatible avec votre modèle d'appareil. Assurez-vous de cette compatibilité avant d'acheter le plug-in Adobe Camera RAW ou tout autre convertisseur du même type.

Après avoir installé le plug-in Adobe Camera RAW, vous pouvez double-cliquer n'importe quelle image RAW dans l'Explorateur de fichiers de Photoshop Elements pour l'ouvrir dans la boîte de dialogue du module complémentaire et la convertir.

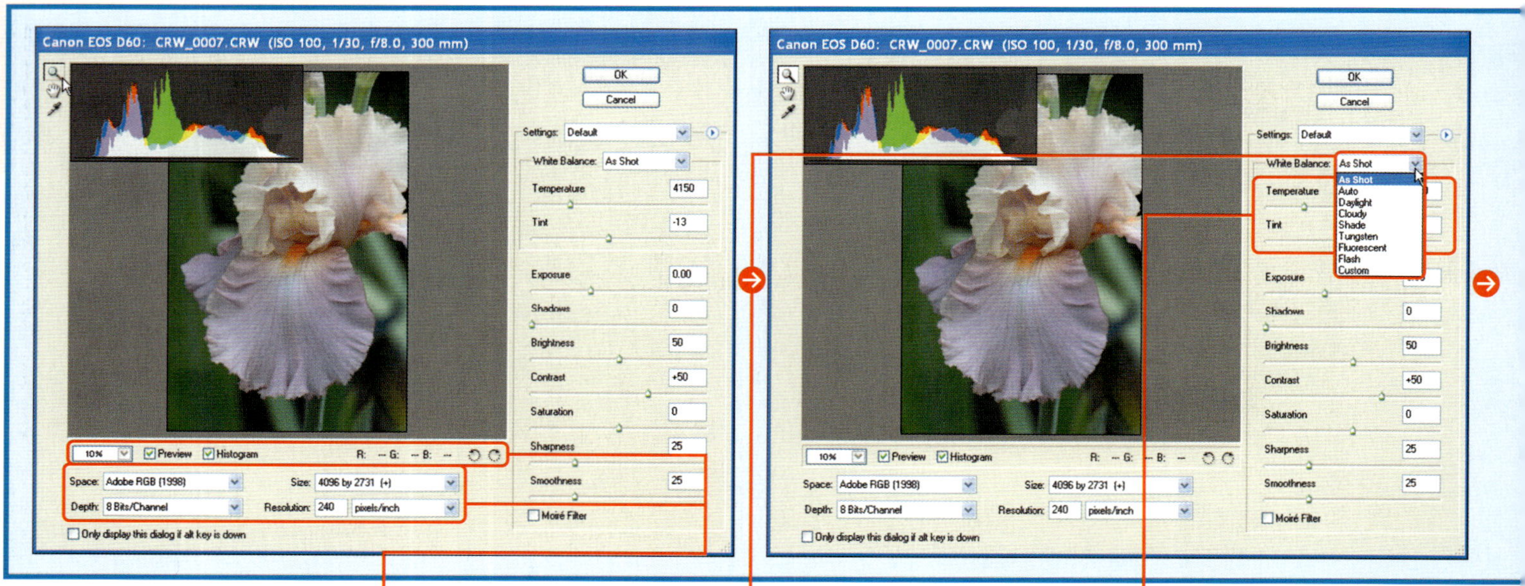

① Dans Photoshop Elements, cliquez **Fichier** ⇨ **Parcourir.**

② Dans l'Explorateur de fichiers, double-cliquez le fichier au format brut à convertir.

○ La boîte de dialogue du plug-in Adobe Camera RAW apparaît. Sa barre de titre indique l'appareil utilisé pour réaliser la photo, le nom du fichier et des données EXIF.

○ Ces options contrôlent l'aperçu de l'image.

○ Cette zone répertorie des caractéristiques de l'image.

③ Cliquez cette zone et sélectionnez les conditions dans lesquelles la photo a été prise.

○ Cette photo contient trop de bleu, au point que la fleur mauve perd son naturel.

○ Vous pouvez aussi ajuster la balance des blancs en modifiant la température de couleur et la teinte.

61

NIVEAU DE DIFFICULTÉ

Le saviez-vous ?

Les fabricants d'appareils photo numériques qui acceptent le format brut fournissent leur propre logiciel de conversion d'images RAW. Généralement, toutefois, ce type de programme est bien moins perfectionné que les utilitaires de conversion d'éditeurs tiers. Le plug-in Adobe Camera RAW (www.adobe.fr), BreezeBrowser de Breeze Systems (www.breezesys.com), Bibble de Bibble Labs (www.bibblelabs.com) et Capture One DSLR de Phase One (www.phaseone.com) font partie des logiciels de conversion d'images RAW les plus connus.

Le saviez-vous ?

Le format brut présente un inconvénient majeur : sa conversion en image exploitable sollicite énormément le processeur de l'ordinateur et requiert beaucoup de temps. Par ailleurs, si le format brut de votre appareil n'est pas reconnu par votre logiciel de visionnage ou de catalogage, vous ne pouvez pas obtenir d'aperçu de la photo sous la forme d'une miniature.

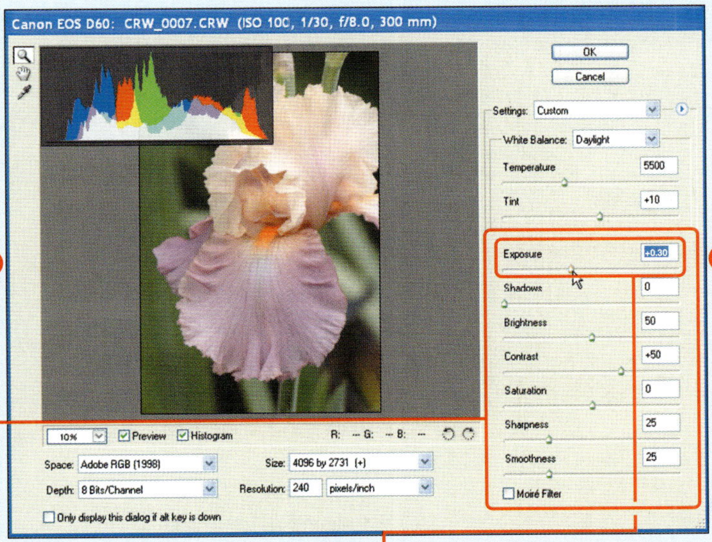

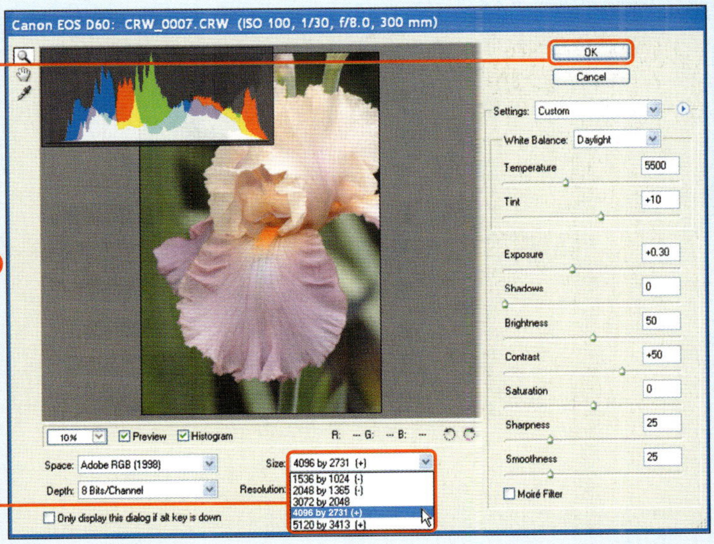

4 Ajustez chaque paramètre souhaité à votre convenance.

- Pour cette photo sous-exposée au moment de la prise de vue, il est nécessaire d'augmenter l'exposition.

- Le curseur de l'exposition permet d'ajuster la compensation d'exposition et d'effectuer des corrections tonales sans compresser l'image ni perdre aucune donnée du cliché original.

5 Cliquez cette zone et sélectionnez la taille d'image souhaitée.

6 Cliquez **OK**.

- Adobe Camera RAW ouvre la photo dans une nouvelle fenêtre de document au sein de Photoshop Elements.

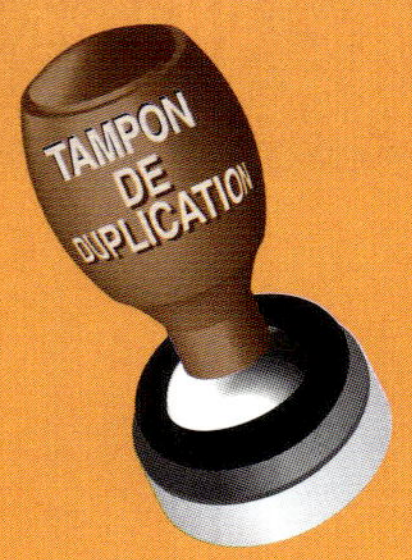

Convertissez des fichiers au format brut avec CAPTURE ONE DSLR LE

Capture One DSLR Limited Edition de Phase One est à la fois un logiciel de consultation de photos et un convertisseur d'images RAW qui permet de créer des illustrations absolument exceptionnelles. Bien qu'il constitue une application autonome, et non un plug-in, vous pouvez le configurer de telle sorte qu'il démarre à chaque fois que vous tentez d'ouvrir un fichier au format brut dans votre logiciel de retouche habituel.

Comme tous les convertisseurs d'images RAW, Capture One DSLR LE n'accepte pas tous les fichiers au format brut. Avant d'acquérir ce produit ou un autre utilitaire de conversion, vérifiez sa comptabilité avec votre modèle d'appareil photo.

Contrairement à la plupart des convertisseurs d'images RAW, Capture One DSLR LE permet de parcourir vos photos et de manipuler l'une d'elles pendant que la conversion s'opère en tâche de fond. Vous pouvez aussi choisir divers paramètres et voir leur impact en temps réel sur l'image dans la fenêtre d'aperçu. Ces réglages sont enregistrés sans consommer le temps ni l'espace disque nécessaires à l'enregistrement du fichier. Cette fonctionnalité rend votre travail beaucoup plus efficace. Associée à d'autres commandes très précieuses, elle fait de Capture One DSLR LE un logiciel de prédilection pour la conversion d'un grand nombre de fichiers au format brut.

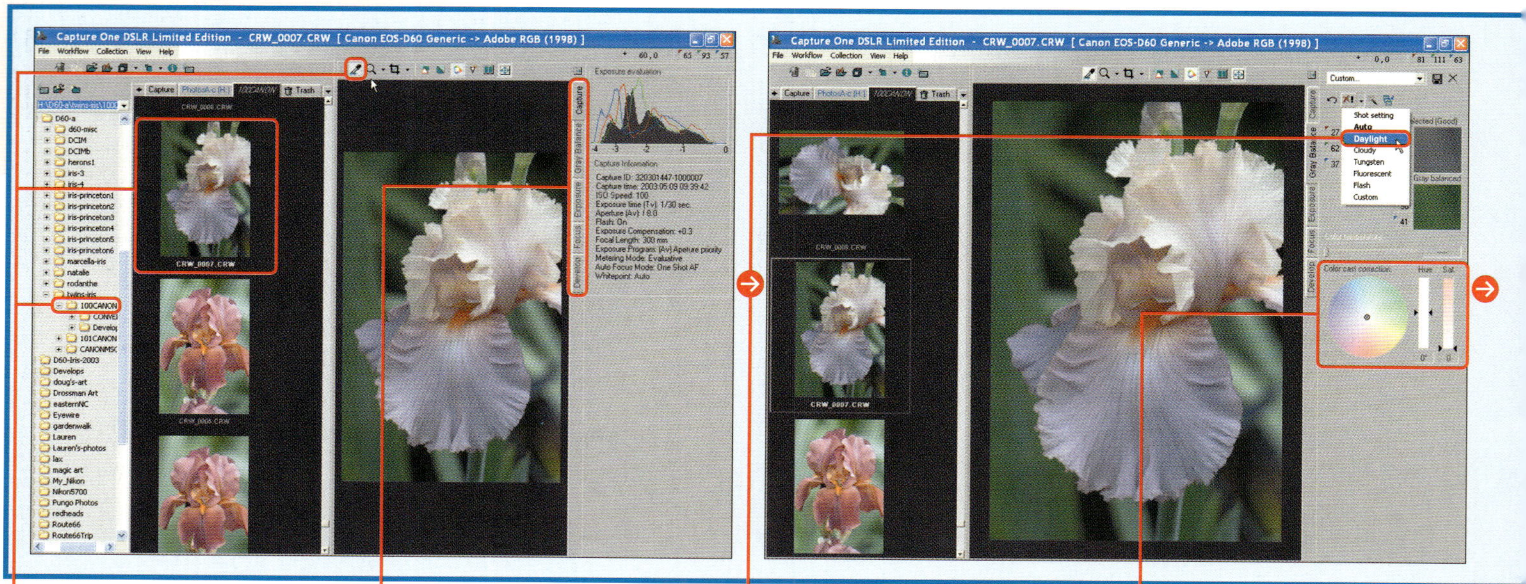

1. Dans Capture One DSLR LE, cliquez un dossier qui renferme des fichiers graphiques.
2. Cliquez le fichier au format brut à convertir.
3. Dans cette zone, cliquez l'outil à employer.

- Dans cette photo, la balance des blancs doit être améliorée.
- Cliquer un onglet permet de sélectionner une étape particulière du processus de conversion.

4. Cliquez cette zone et sélectionnez le paramètre adéquat pour la balance des blancs.

- Très puissants, les outils dédiés à la balance des blancs permettent d'apporter des corrections colorimétriques précises.

62

NIVEAU DE DIFFICULTÉ

Le saviez-vous ?

Capture One DSLR Limited Edition de Phase One ne propose qu'une partie des fonctionnalités de la version complète du logiciel et reconnaît moins de modèles d'appareils photo. La version complète permet notamment de travailler en mode connecté, c'est-à-dire avec l'appareil relié à l'ordinateur. Vous pouvez alors visualiser les paramètres de l'appareil et apporter divers ajustements pendant les prises de vue.

Le saviez-vous ?

Enregistrer vos photos au format brut et les convertir ensuite avec un logiciel dédié présente un avantage indéniable : la plupart des convertisseurs utilisent une profondeur de couleur maximale. Les modifications sont donc effectuées à partir de toutes les données que renferme le cliché créé par l'appareil photo, ce qui garantit une qualité d'image optimale.

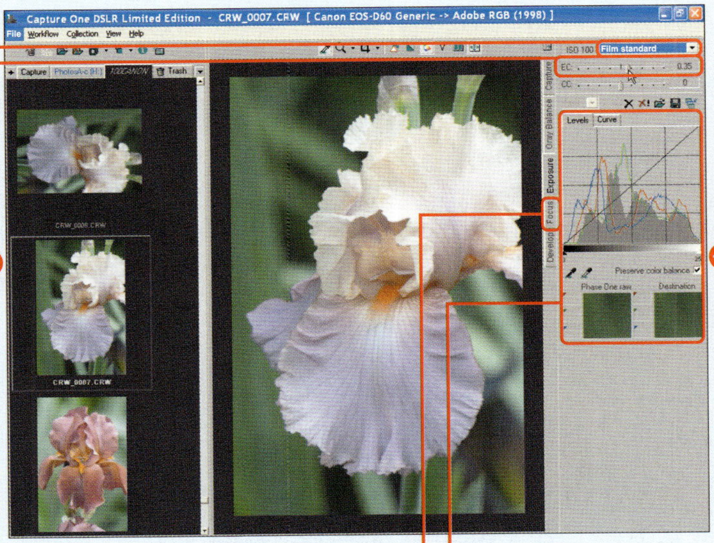

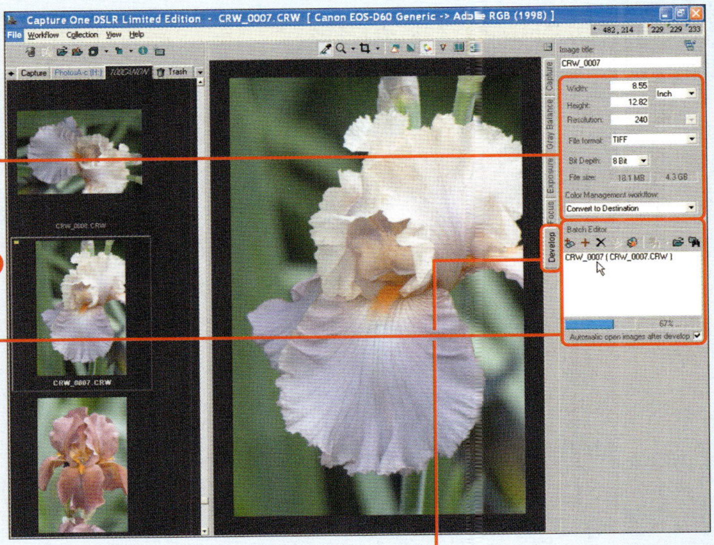

5 Cliquez cette zone et sélectionnez la sensibilité ISO qui permettra d'obtenir une répartition optimale de la gamme tonale.

6 Faites glisser le curseur de la compensation d'exposition pour corriger l'exposition en l'augmentant ou la réduisant au maximum de deux fois le nombre f.

- Pour apporter des corrections tonales très précises, vous pouvez modifier les niveaux et la courbe de l'image.
- L'onglet de mise au point permet de contrôler la netteté de l'image.

7 Spécifiez la taille et la résolution d'image souhaitées, ainsi que le format de fichier, la profondeur de couleur et le profil colorimétrique.

- Cette zone permet d'indiquer où enregistrer les fichiers convertis et de demander leur ouverture dans un logiciel de retouche.

8 Cliquez l'onglet de développement pour enregistrer le fichier dans un dossier par défaut et ouvrir l'image dans une nouvelle fenêtre de document dans le logiciel de retouche choisi.

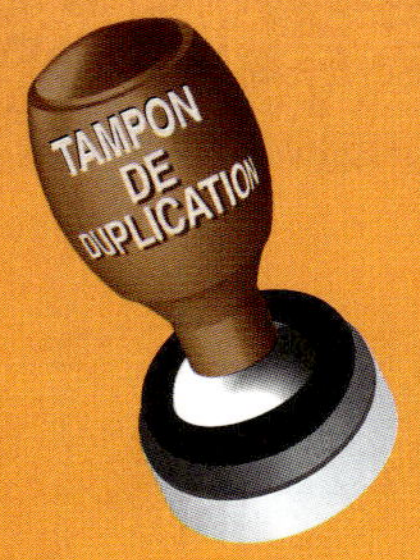

Profitez du Tampon de duplication pour SUPPRIMER DES ÉLÉMENTS INDÉSIRABLES

Divers outils de Photoshop Elements permettent de retirer quantité d'éléments indésirables de vos clichés, comme une ligne téléphonique, un véhicule dans un paysage, un objet disgracieux ou une personne dans une photo de groupe. Bien sûr, certaines suppressions sont plus faciles que d'autres. Le plus souvent, la meilleure technique consiste à reproduire une autre partie de l'image sur l'élément indésirable. Le plus rapide est alors d'utiliser le Tampon de duplication, outil qui duplique des pixels existants sur les zones à masquer.

Avec le Tampon de duplication, vous définissez un point source dans la photo en cours ou dans une autre image, puis vous peignez les pixels ainsi prélevés sur l'élément gênant.

Une autre solution consiste à copier une partie intacte d'un cliché et à la coller sur l'élément indésirable pour masquer celui-ci. Les zones source et cible doivent alors posséder les mêmes texture et couleur.

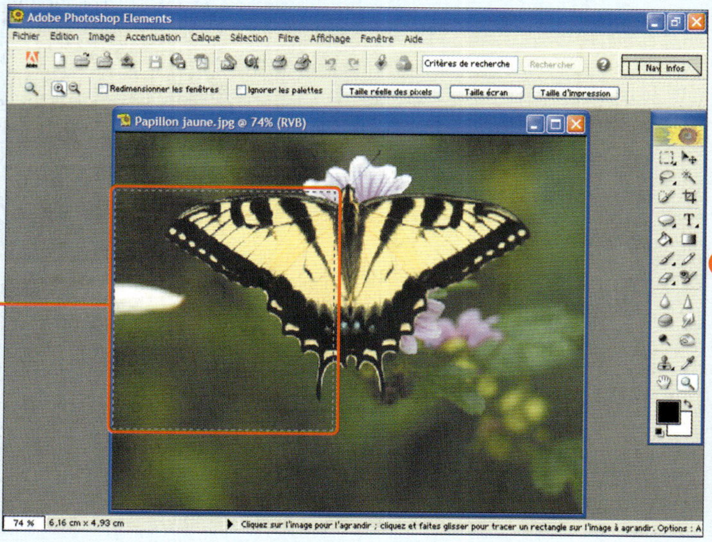

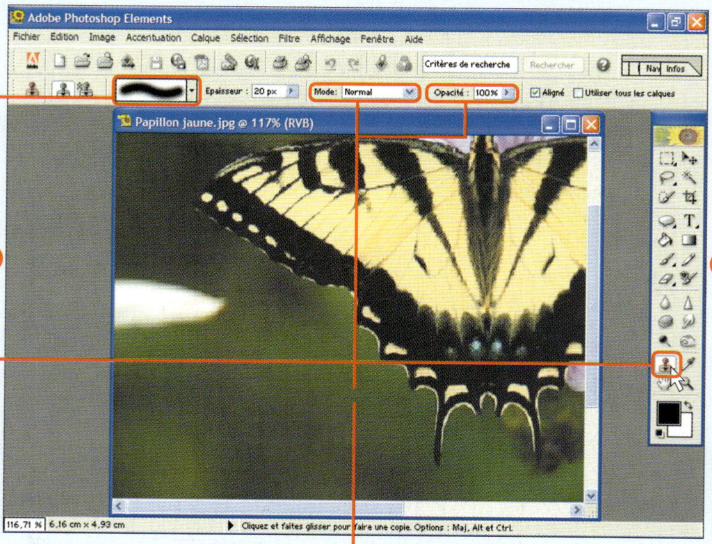

1 Avec l'outil Zoom ou la palette Navigateur, agrandissez l'affichage au niveau de l'élément à masquer.

○ Veillez à ce que la zone à utiliser comme source pour le clonage reste visible.

2 Cliquez le Tampon de duplication.

3 Cliquez cette zone et sélectionnez une forme d'outils aux bords flous de taille adaptée.

4 Cliquez cette zone, puis **Normal**.

5 Cliquez la flèche dans cette zone et faites glisser le curseur sur 100 %.

63

NIVEAU DE DIFFICULTÉ

Le saviez-vous ?

Lorsque la zone où vous prélevez les pixels à dupliquer sur l'élément indésirable est petite, vous pouvez essayer d'ajuster l'opacité pour introduire une certaine variation dans la zone peinte, puis utiliser les pixels ainsi modifiés comme source pour le reste de l'élément à masquer.

Le saviez-vous ?

Vous pouvez aussi profiter du Tampon de duplication pour ajouter dans une image un élément issu d'une autre illustration. Par exemple, si vous possédez un portrait de famille dans lequel il manque une ou deux personnes, vous pouvez y peindre celles-ci en prélevant les pixels qui les composent dans un autre cliché.

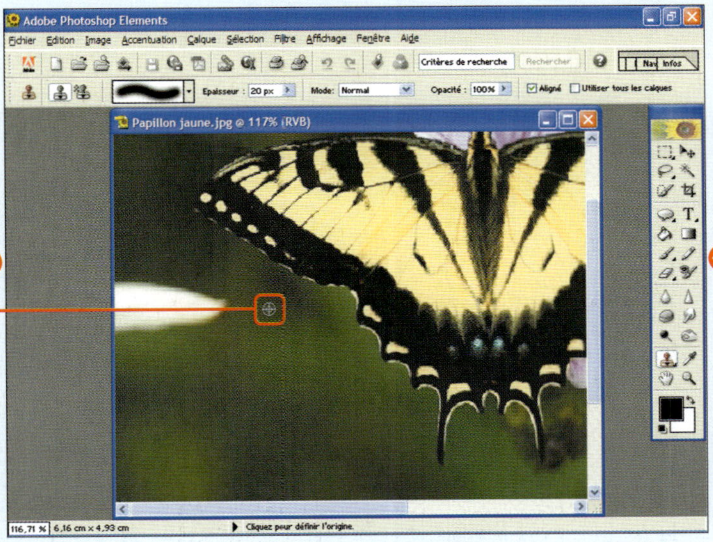

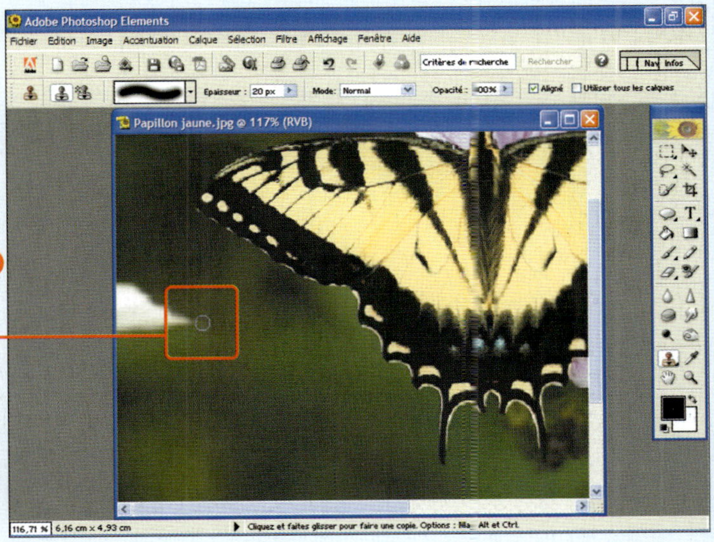

6 En maintenant la touche **Alt (Option)** enfoncée, cliquez la zone à reproduire sur l'élément gênant.

7 Cliquez l'élément à masquer.

- Le Tampon de duplication peint les pixels prélevés sur l'élément indésirable.

- Effectuez de nombreux clics pour masquer l'élément gênant, afin de pouvoir aisément retirer une touche de peinture regrettable en tapant **Ctrl+Z (⌘+Z)**.

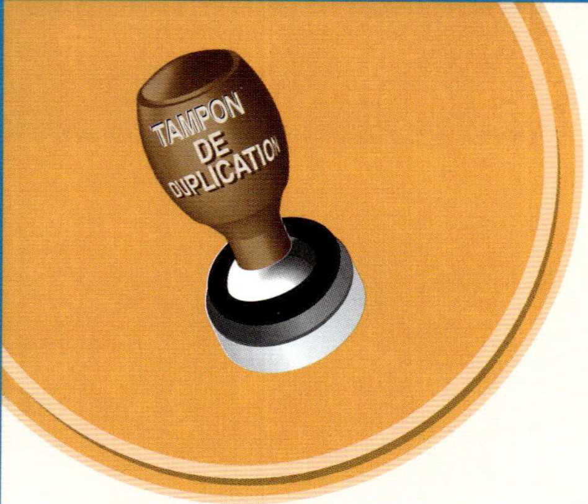

Modifiez une ZONE SÉLECTIONNÉE

Vous voudrez parfois apporter des retouches sélectives, c'est-à-dire appliquer un filtre ou réaliser des modifications dans une zone, seulement, d'une image, au lieu d'affecter celle-ci dans sa globalité. Pour cela, vous devez commencer par sélectionner la partie de la photo à manipuler. Photoshop Elements propose divers outils à cette fin. Vous choisirez l'un ou l'autre en fonction des caractéristiques de la zone à sélectionner. Parfois, vous vous servirez même de plusieurs outils pour obtenir le résultat souhaité, et vous compléterez une sélection existante en sélectionnant en plus d'autres pixels.

Le Rectangle de sélection, l'Ellipse de sélection, le Lasso, la Baguette magique et la Forme de sélection font partie des outils parfaitement adaptés à la sélection d'une zone d'image. Certains d'entre eux permettent de sélectionner simultanément plusieurs parties d'une photo et de compléter ensuite la sélection obtenue. Avec quelques-uns, comme le Rectangle de sélection et l'Ellipse de sélection, vous pouvez à l'inverse tronquer une sélection existante en changeant le mode de sélection activé dans la barre d'options.

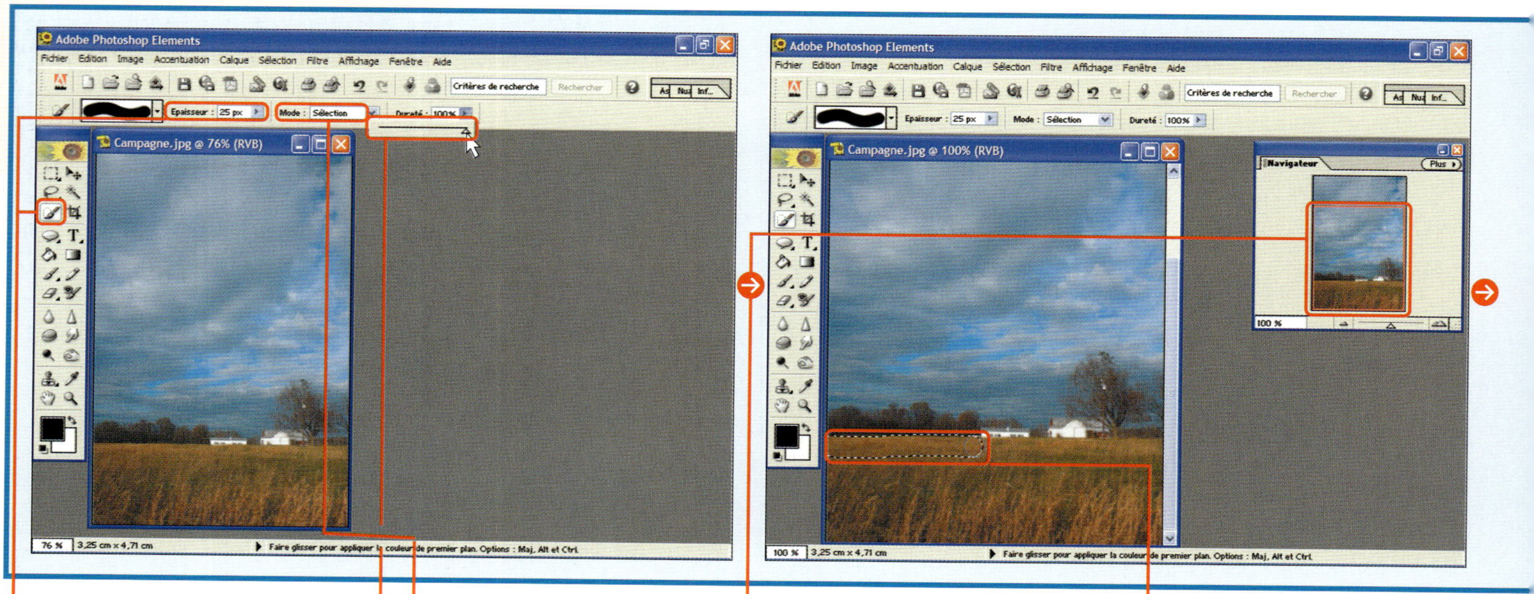

1. Cliquez la Forme de sélection.
2. Cliquez la flèche dans cette zone et faites glisser le curseur sur la taille d'outil souhaitée.
3. Cliquez cette zone, puis **Sélection.**
4. Cliquez la flèche dans cette zone et faites glisser le curseur sur 100 %.
5. Avec l'outil Zoom ou la palette Navigateur, agrandissez l'affichage au niveau des bords de la zone à sélectionner.
6. Avec la Forme de sélection, cliquez et peignez le bord de la zone à modifier, afin de le sélectionner.

64

NIVEAU DE DIFFICULTÉ

Le saviez-vous ?

Après avoir sélectionné une zone complexe à modifier indépendamment du reste de l'image, il est très important de ne pas perdre cette sélection. Si vous pensez devoir apporter d'autres retouches à cette zone par la suite, vous pouvez la copier et la coller sur un nouveau calque au sein du fichier. Simplement, cela vous obligera à aplatir l'image quand vous voudrez qu'une modification affecte celle-ci dans sa globalité.

Le saviez-vous ?

Lorsque vous sélectionnez une zone avec la Forme de sélection, procédez par clics et par petits glissements de pointeur. En cas d'erreur, vous pourrez ainsi aisément désélectionner les derniers pixels sélectionnés en tapant **Ctrl+Z (⌘+Z)**. Nul besoin, alors, de recommencer toute la procédure de sélection.

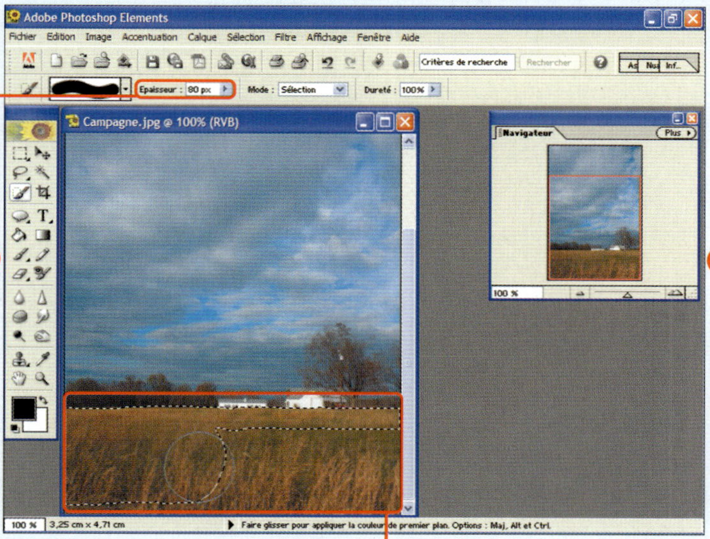

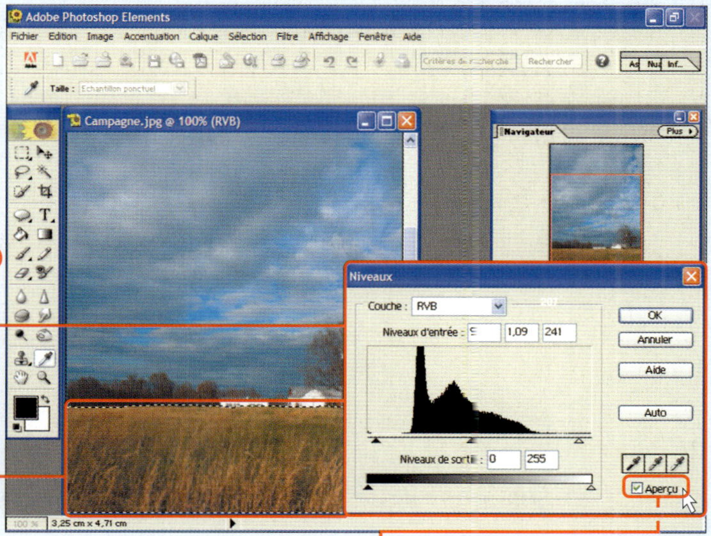

7 Cliquez la flèche dans cette zone et faites glisser le curseur sur une taille d'outil plus grande, qui permettra de sélectionner rapidement l'intérieur de la zone dont vous avez sélectionné la périphérie.

8 Cliquez et peignez l'intérieur de la zone à sélectionner.

9 Apportez les modifications souhaitées : elles affecteront uniquement la zone sélectionnée.

Ici, la commande Niveaux a été appliquée uniquement au champ en premier plan.

Cocher la case **Aperçu** permet de visualiser l'impact des modifications au fur et à mesure dans la fenêtre de l'image.

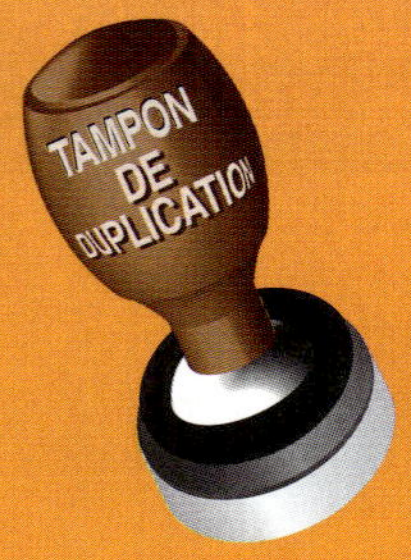

GARDEZ UN SUIVI
de vos modifications

La retouche d'une image numérique consiste souvent en une succession d'essais et d'erreurs. À chaque fois que vous apportez des modifications, vous devez évaluer le résultat. Quand celui-ci ne convient pas, la palette Annuler l'historique permet de revenir aisément plusieurs étapes en arrière. Elle conserve en effet en mémoire chaque tâche effectuée sous la forme d'états d'historique. Lorsque le nombre maximal d'états défini dans la boîte de dialogue Préférences est atteint, Photoshop Elements supprime le plus ancien état à chaque nouvelle action réalisée. Vous pouvez revenir à n'importe quelle étape antérieure stockée dans la palette Annuler l'historique en la cliquant, simplement, puis accéder de nouveau à une étape plus récente en la cliquant. Cela permet notamment de comparer d'anciennes versions de l'image. Soyez toutefois prudent : lorsque vous sélectionnez une étape antérieure et que vous effectuez une autre tâche, toutes les actions qui avaient été enregistrées dans la palette après celle sélectionnée sont remplacées par la nouvelle que vous venez d'accomplir. Il est possible de supprimer un état d'historique en le cliquant et en le faisant glisser sur le bouton marqué d'une icône de poubelle au bas de la palette.

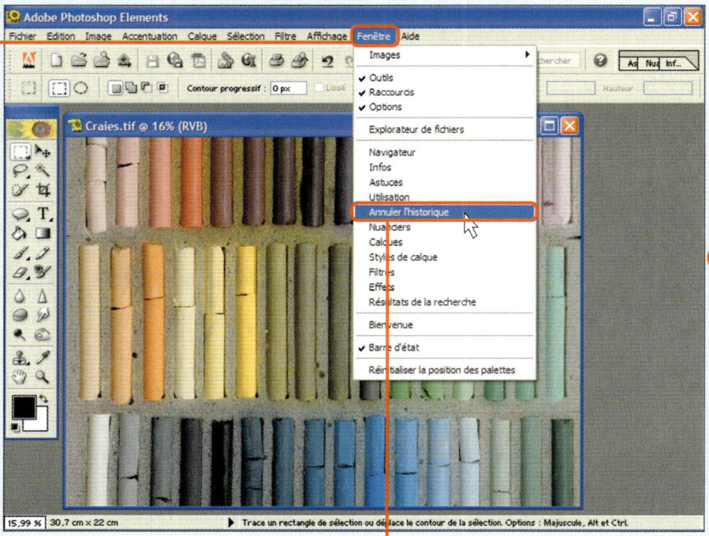

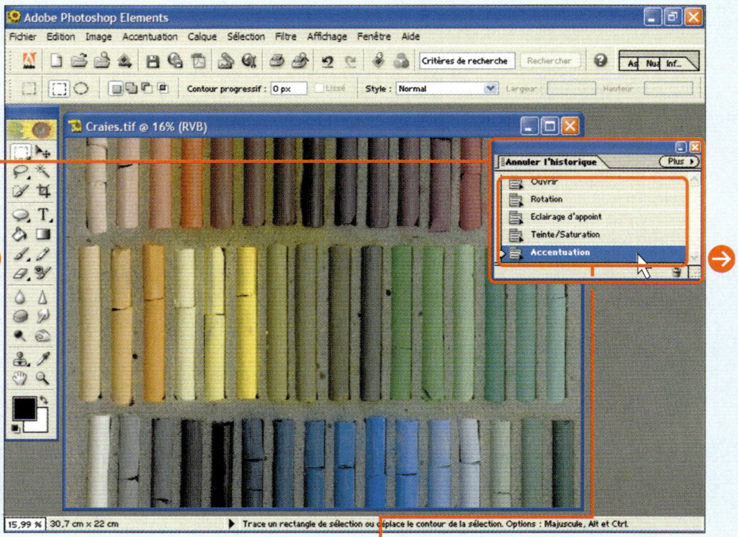

1 Cliquez **Fenêtre**.

2 Cliquez **Annuler l'historique**.

La palette Annuler l'historique apparaît.

À chaque modification que vous apportez, Photoshop Elements crée un nouvel état d'historique correspondant dans la palette Annuler l'historique.

65

NIVEAU DE DIFFICULTÉ

Le saviez-vous ?

Lorsque vous travaillez sur une grande image, une longue liste d'états d'historique dans la palette Annuler l'historique risque de consommer une énorme quantité de mémoire. Vous pouvez changer le nombre maximal d'états enregistrables en modifiant la valeur de la zone **Etats d'historique** dans l'onglet **Général** de la boîte de dialogue Préférences. Par défaut, cette valeur est fixée à 20.

Le saviez-vous ?

Vous pouvez revenir plusieurs étapes en arrière dans la modification d'une image sans passer par la palette Annuler l'historique, mais en appuyant simplement sur **Ctrl+Z (⌘+Z)**, raccourci clavier de la commande Aller vers l'arrière. Il est en outre possible de retrouver instantanément la dernière version enregistrée de l'image en cours en cliquant **Fichier ⇨ Version précédente**.

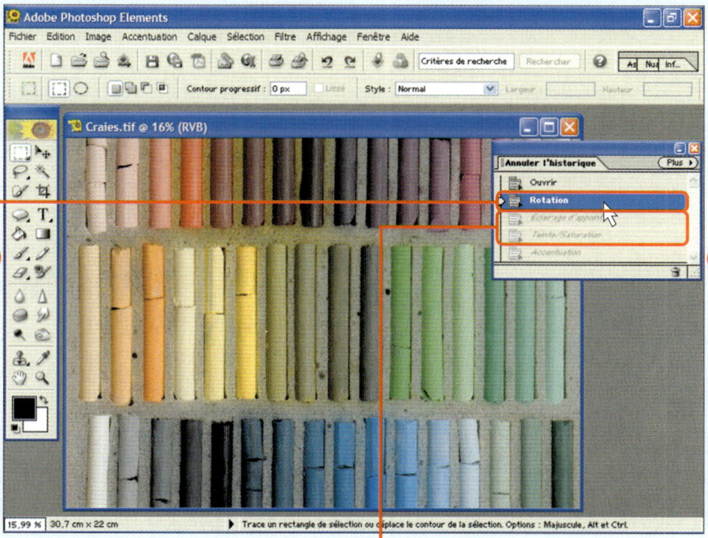

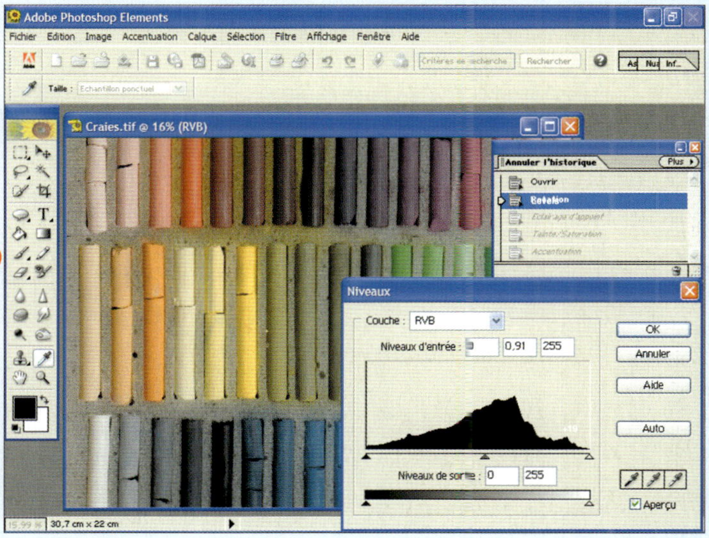

3. Cliquez l'état d'historique correspondant au stade de l'image à visualiser ou à partir duquel apporter de nouvelles modifications.

- Les états d'historique postérieurs à celui cliqué apparaissent grisés tant que vous n'effectuez aucune nouvelle retouche. Ils disparaissent dès que vous apportez une modification.

- Si vous voulez retravailler l'image à partir de l'état d'historique sélectionné, apportez simplement le changement voulu, et celui-ci apparaîtra en tant que nouvel état dans la palette Annuler l'historique.

- Ici, nous remplaçons la commande Eclairage d'appoint par la fonction Niveaux.

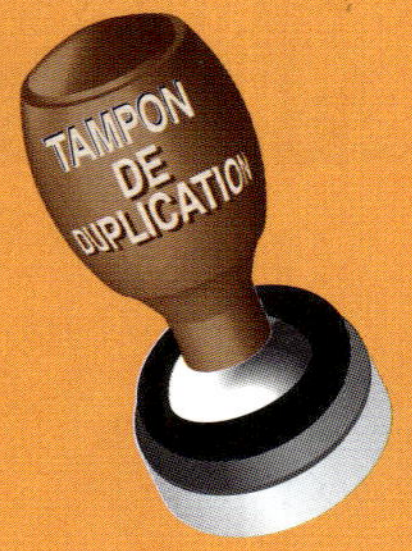

Testez vos retouches et modifications grâce à des CALQUES DE RÉGLAGE

Chaque application de la commande Niveaux, Luminosité/Contraste, Courbes, Balance des couleurs, Teinte/Saturation, Courbe de transfert de dégradé, Inverser, Seuil ou Isohélie modifie définitivement l'image. Vous ne pouvez pas ensuite faire marche arrière pour changer le paramétrage employé pour ces fonctions : la seule solution consiste à annuler totalement l'application de la commande depuis la palette Annuler l'historique (consultez la tâche n° 65), puis à exécuter de nouveau la fonction en la configurant différemment. Bien sûr, si vous aviez réalisé d'autres tâches depuis, celles-ci sont perdues. La bonne solution consiste donc à utiliser un calque de réglage à chaque fois que vous voulez appliquer l'une de ces neuf commandes. Extrêmement puissant, cet outil permet de modifier à tout moment le paramétrage initialement choisi pour la fonction sans affecter d'éventuelles actions réalisées depuis son ajout.

Un calque de réglage se crée par la commande Calque ⇨ Nouveau calque de réglage, puis le type de calque souhaité parmi les neuf proposés. Une fois nommé et configuré, il apparaît dans la palette Calques.

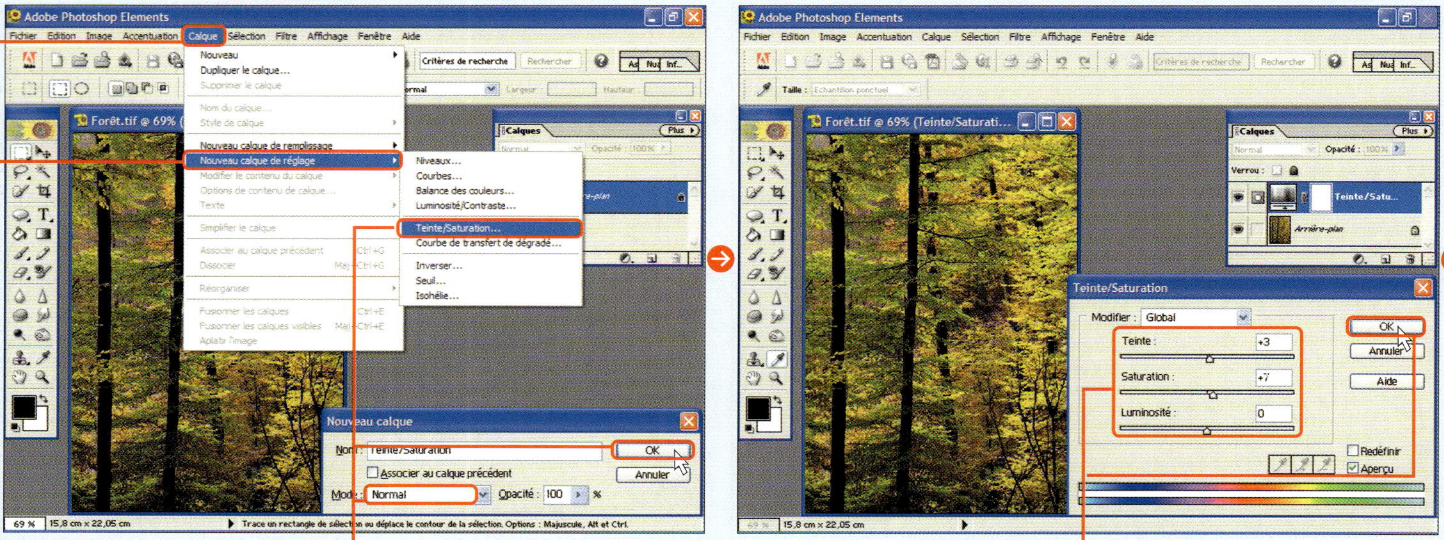

1 Cliquez **Fenêtre ⇨ Calques** pour afficher la palette Calques.

2 Cliquez **Calque**.

3 Pointez **Nouveau calque de réglage**.

4 Cliquez le type de calque à créer.

○ La boîte de dialogue Nouveau calque apparaît.

5 Tapez un nom pour le calque.

6 Cliquez **OK**.

○ La boîte de dialogue correspondant au type de calque choisi apparaît.

Note. Un calque de réglage de type Inverser s'applique directement : aucune boîte de dialogue ne permet de le paramétrer ni de le reconfigurer par la suite.

7 Paramétrez le calque à votre convenance.

8 Cliquez **OK**.

○ Vous pouvez poursuivre la modification de l'image en ajoutant d'autres calques de réglage.

Le saviez-vous ?

Il est possible de désactiver, puis de réactiver les effets d'un calque de réglage en cliquant l'icône d'œil devant celui-ci dans la palette Calques.

66

NIVEAU DE DIFFICULTÉ

Le saviez-vous ?

Lorsque vous êtes certain de ne plus vouloir modifier un calque de réglage, vous pouvez le fusionner avec le calque sous-jacent ou aplatir l'image, afin de réduire la taille du fichier graphique. Cliquez le calque de réglage pour le sélectionner, puis cliquez le bouton **Plus** dans la palette Calques. Dans le menu qui apparaît, cliquez **Fusionner avec le calque inférieur** si vous voulez fusionner uniquement le calque de réglage et le calque sous-jacent, ou **Aplatir l'image** si vous préférez fusionner tous les calques du fichier.

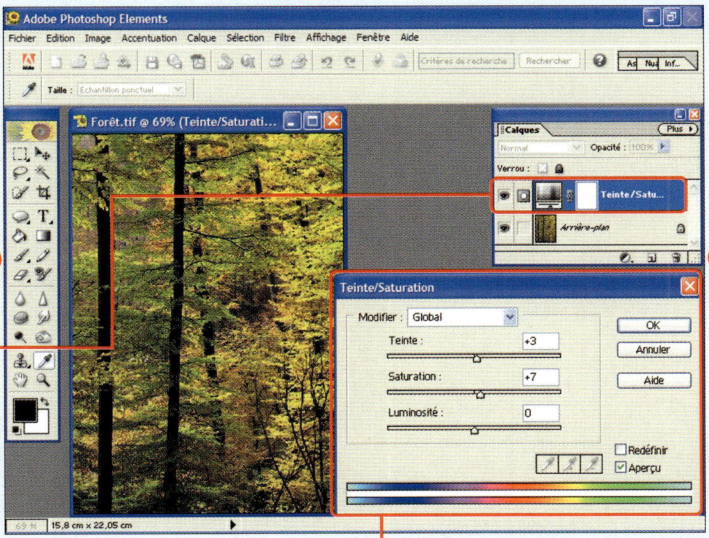

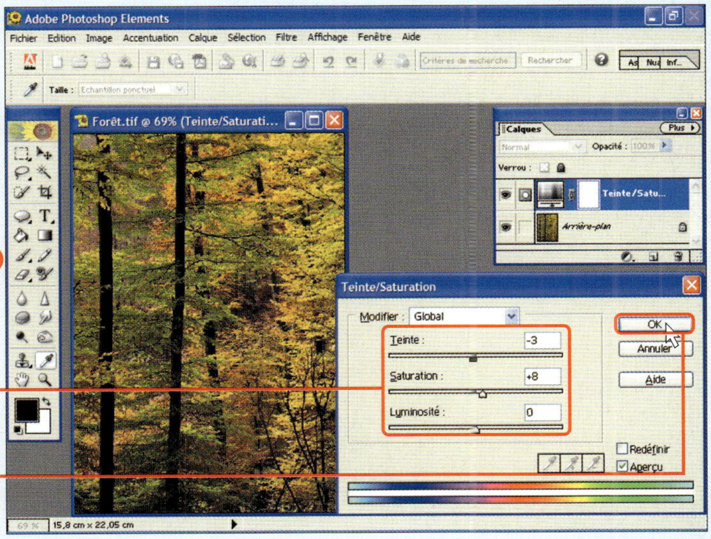

9 Si vous devez modifier le paramétrage initial du calque de réglage, double-cliquez la vignette de celui-ci.

- La boîte de dialogue correspondant au type de calque choisi réapparaît.

10 Modifiez les paramètres souhaités à votre convenance.

11 Cliquez **OK**.

- Photoshop Elements applique les nouveaux paramètres au calque de réglage.

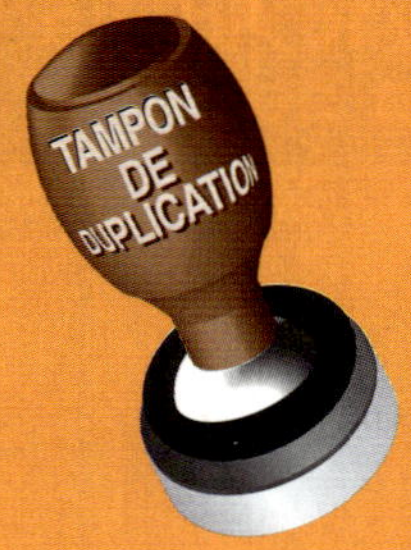

Créez un PANORAMA

Depuis que la photographie existe, capturer tout le charme et l'esthétique de scènes extérieures très vastes a toujours été un véritable défi. Par rapport à un téléobjectif, un grand-angle peut certes capturer un paysage plus étendu, mais il génère souvent une déformation regrettable, sans pour autant permettre de photographier une scène aussi grande que vous le souhaiteriez. L'idéal est donc d'utiliser un logiciel de montage ou une fonction telle que Photomerge, proposée par Photoshop Elements. Avec un tel outil, vous pouvez réaliser plusieurs clichés, puis les combiner en une seule image panoramique horizontale ou verticale.

La tâche n° 52 explique comment prendre des photos destinées à une impression panoramique. Si vous avez suivi ses recommandations, vous n'aurez aucun mal à réaliser le montage souhaité avec Photomerge dans Photoshop Elements.

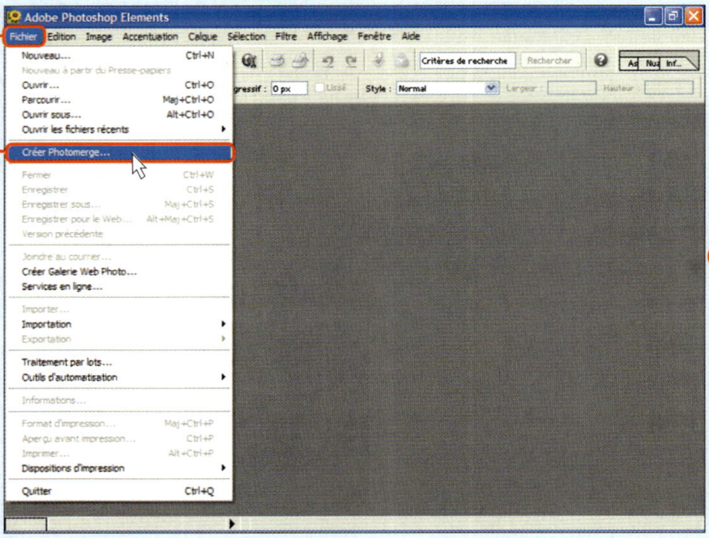

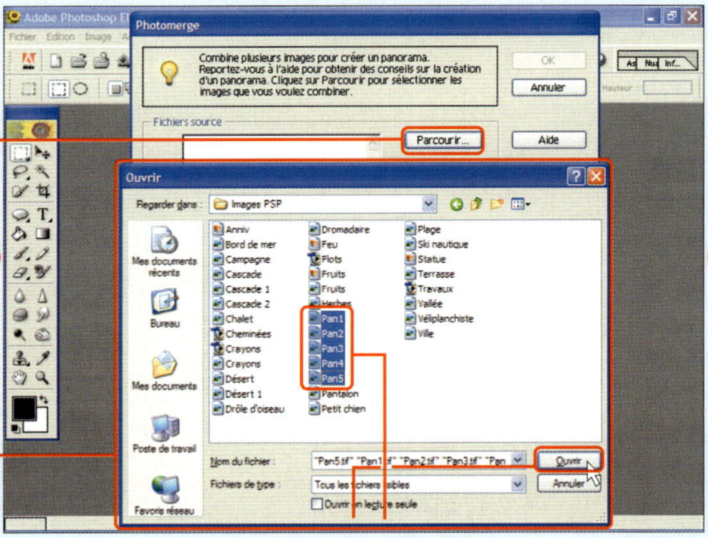

① Cliquez **Fichier**.

② Cliquez **Créer Photomerge**.

○ La boîte de dialogue Photomerge apparaît.

③ Cliquez **Parcourir**.

○ La boîte de dialogue Ouvrir apparaît.

④ Ouvrez le dossier qui contient les images à combiner.

⑤ **Ctrl**+cliquez (⌘+cliquez) chaque fichier à utiliser dans le montage.

⑥ Cliquez **Ouvrir**.

67

NIVEAU DE DIFFICULTÉ

Astuce de pro !

Si votre appareil photo n'offre pas de résolution assez élevée pour obtenir une impression de qualité aux dimensions souhaitées, vous pouvez profiter de la fonction Photomerge pour réunir plusieurs photos en une seule et réaliser ainsi une impression plus grande.

Le saviez-vous ?

Il est possible de prendre plusieurs photos de sujets verticaux, comme des arbres ou des bâtiments, et de créer des panoramas verticaux tout aussi facilement que des panoramas horizontaux. Utilisez alors un téléobjectif et reculez-vous suffisamment du sujet, afin de limiter la distorsion de perspective causée par la focale courte.

SUITE

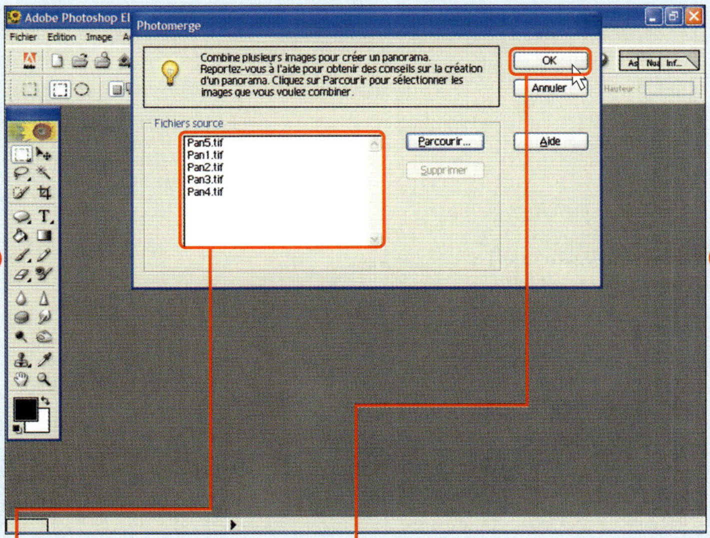

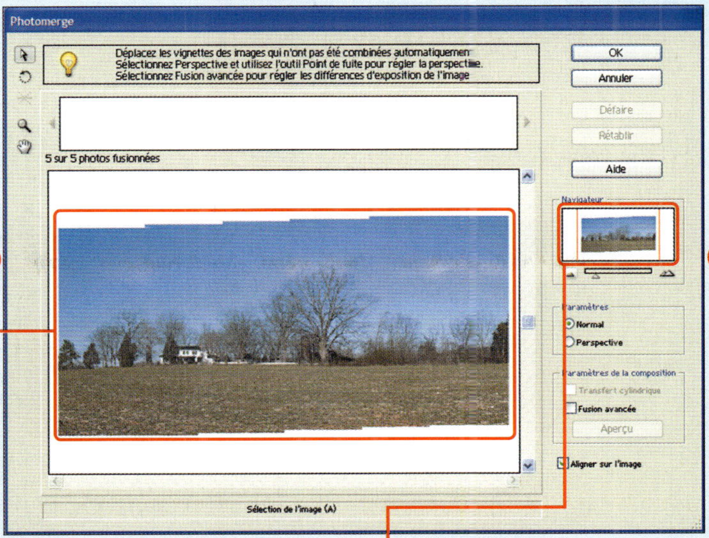

○ Cette zone répertorie les fichiers à combiner.

⑦ Cliquez **OK**.

○ Photomerge combine automatiquement les images.

⑧ Cliquez cette icône pour agrandir l'image dans la zone centrale.

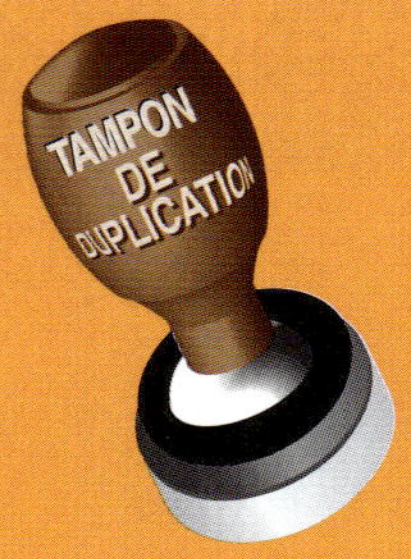

Créez un PANORAMA

Quand Photomerge ne parvient pas à aligner correctement les photos numériques, il les place dans la boîte à lumière en haut de la boîte de dialogue. Il vous suffit alors de faire glisser chaque cliché dans la zone centrale et de les juxtaposer manuellement. Photomerge peut à cet instant vous aider en positionnant automatiquement et précisément les photos.

Si vous voulez renforcer la perspective d'un tel montage, vous pouvez activer l'option correspondante dans la boîte de dialogue Photomerge, puis cliquer le point de fuite souhaité dans l'image. Pour un résultat satisfaisant, les photos doivent posséder une partie commune d'environ 50 %. Sinon, des espaces vides apparaissent en haut et en bas des clichés combinés.

Cocher la case Fusion avancée permet de rendre la zone de fusion entre chaque image encore plus indécelable.

SUITE

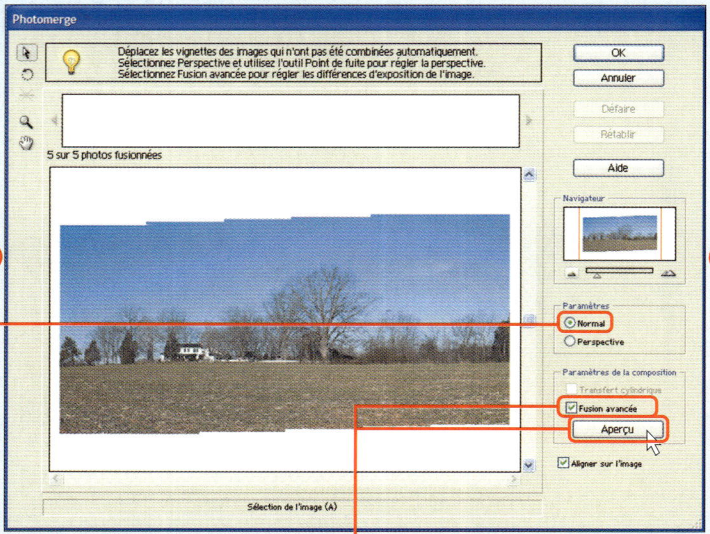

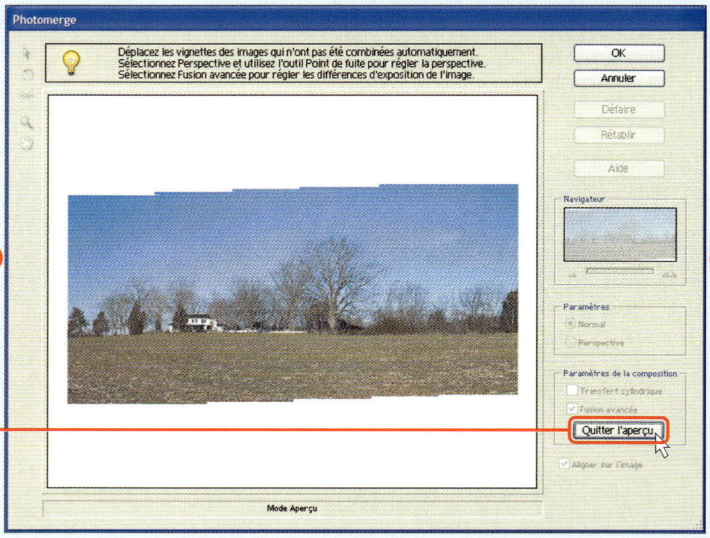

9 Cliquez **Normal**.

10 Cochez la case **Fusion avancée**.

11 Cliquez **Aperçu** pour prévisualiser le montage final.

12 Après avoir examiné l'aperçu, cliquez **Quitter l'aperçu**.

Le saviez-vous ?

Certaines applications de montage numérique permettent de réaliser des photos qui couvrent un angle de vue de 360°. Vous pouvez ensuite combiner celles-ci en une vidéo déplaçable vers la gauche ou la droite en faisant glisser l'image dans la direction souhaitée. La vue obtenue correspond à celle que vous auriez en faisant un tour complet sur vous-même tout en regardant l'horizon.

Le saviez-vous ?

Beaucoup d'appareils photo numériques sont fournis avec diverses applications logicielles, dont des utilitaires de montage. Pour savoir si le vôtre en fait partie, consultez la documentation et les CD-ROM qui l'accompagnent.

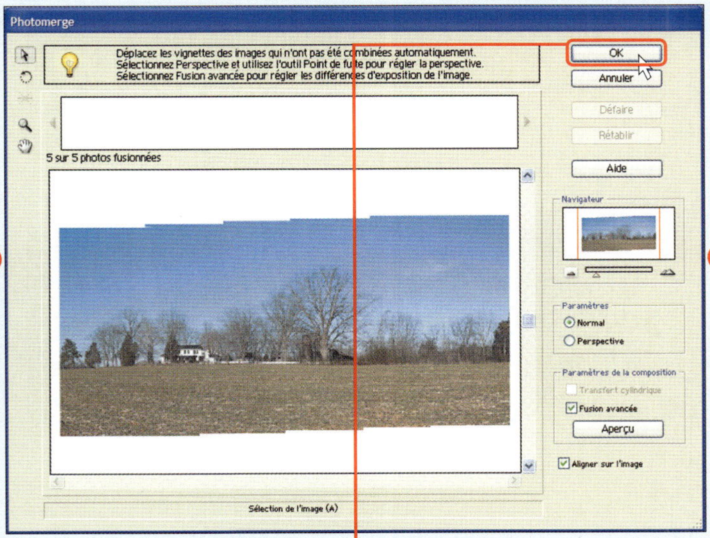

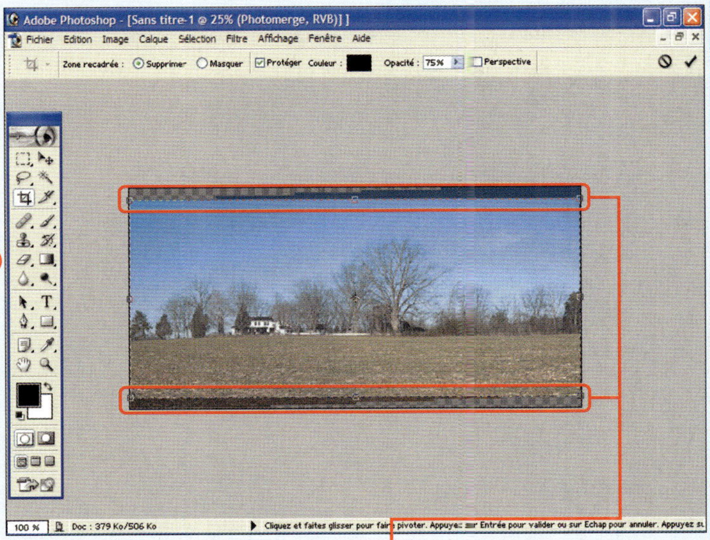

- Si le montage ne vous convient pas, vous pouvez cliquer l'outil Sélection de l'image et déplacer certaines photos du montage pour ajuster leur position.

13. Une fois satisfait du montage, cliquez **OK**.

- Photomerge fusionne les images en une seule.

- L'image panoramique apparaît dans une nouvelle fenêtre de document.

14. Si nécessaire, cliquez l'outil Recadrage et rognez l'image pour obtenir un rectangle parfait.

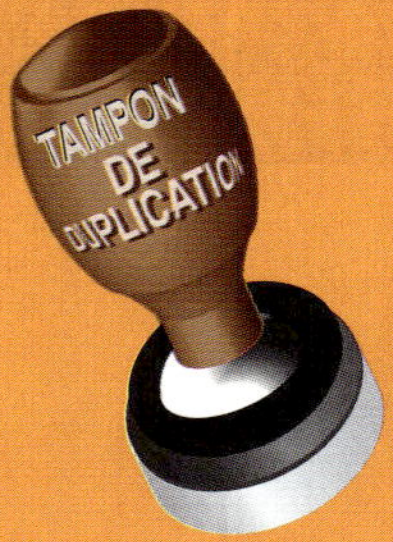

AJOUTEZ DES TOUCHES DE COULEUR

dans des photos noir et blanc

Il est possible de simuler une photo noir et blanc peinte à la main à partir de n'importe quel cliché numérique. Pour obtenir le même résultat en photographie argentique, vous devez utiliser une peinture spéciale dont le séchage demande beaucoup de temps et qui laisse facilement des traces. Sans compter les pinceaux et palettes à nettoyer ensuite. En photographie numérique, la tâche est à la fois simple et divertissante. Si vous prenez le temps de choisir des couleurs appropriées et de les appliquer avec soin, vous obtiendrez de superbes images. Vous pouvez vous faciliter la tâche en remplaçant votre souris par une tablette graphique et un stylet, comme ceux que commercialise Wacom (www.wacom-europe.com/fr/index.asp).

La technique de coloration manuelle la plus efficace repose sur la création d'un calque par couleur. Elle permet en effet d'ajuster chaque couleur indépendamment en changeant l'opacité des calques ou en recourant à la commande Teinte/Saturation, mais aussi de corriger facilement vos erreurs. Si vous voulez appliquer des couleurs en dégradé, vous pouvez varier l'opacité du Pinceau.

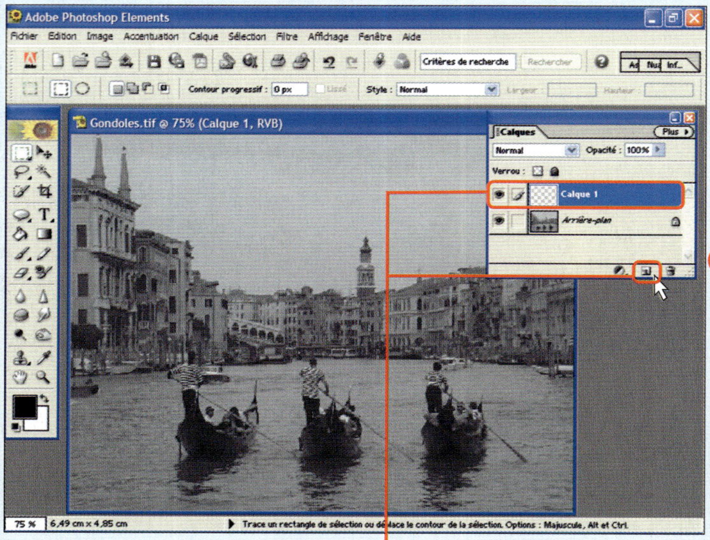

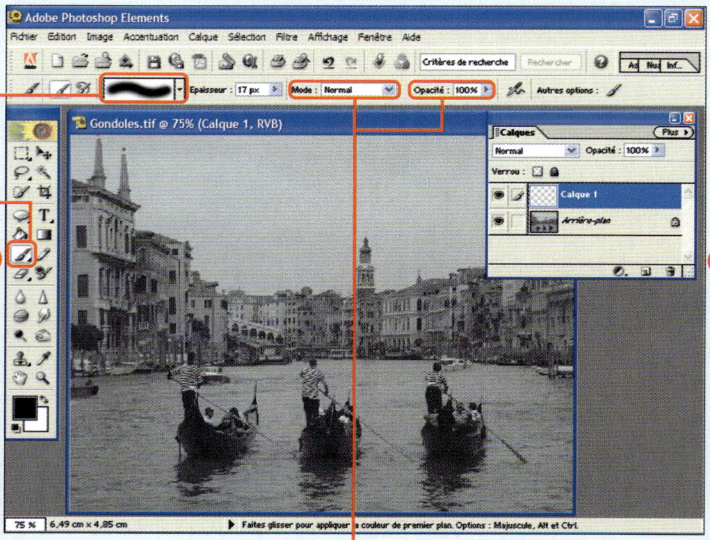

1. Cliquez **Fenêtre** ⇨ **Calques** pour afficher la palette Calques.

2. Si l'image est en couleurs, désaturez-la en cliquant **Accentuation** ⇨ **Régler la couleur** ⇨ **Supprimer la couleur**.

3. Cliquez le bouton **Créer un nouveau calque au bas de la palette Calques**, afin d'ajouter un nouveau calque pour la première couleur.

4. Cliquez le **Pinceau**.

5. Cliquez cette zone et sélectionnez une forme et une taille d'outils adaptées.

6. Cliquez cette zone, puis **Normal**.

7. Cliquez la flèche dans cette zone et faites glisser le curseur sur 100 %.

Le saviez-vous ?

Une autre technique simple permet de réussir une superbe image noir et blanc colorée à la main. Ouvrez une photo couleurs, enregistrez-en une copie et convertissez celle-ci en niveaux de gris. Avec la Pipette, prélevez dans le cliché original la première couleur à utiliser comme peinture et appliquez-la comme expliqué ci-dessous dans l'image noir et blanc. Répétez ces étapes autant de fois que nécessaires, sans oublier de créer un calque par couleur pour faciliter les rectifications ultérieures.

68

NIVEAU DE DIFFICULTÉ

Le saviez-vous ?

Lorsque vous peignez une photo noir et blanc à la main, n'utilisez pas de couleurs trop saturées ni trop intenses. Limitez-vous à quelques couleurs, toutes discrètes.

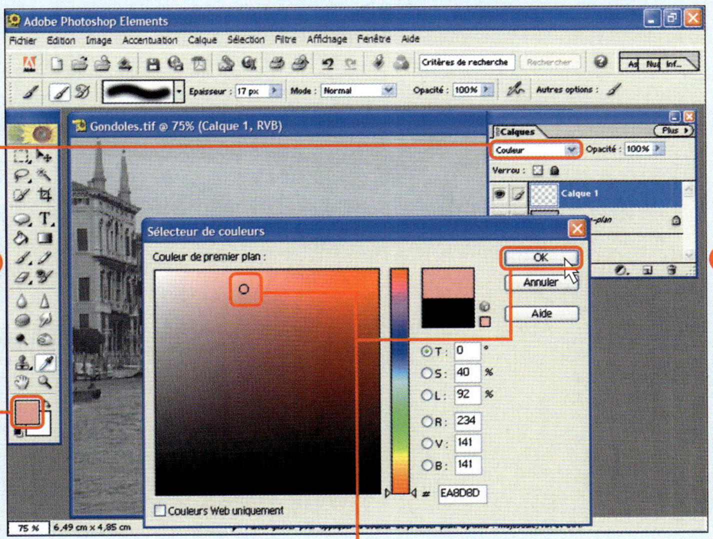

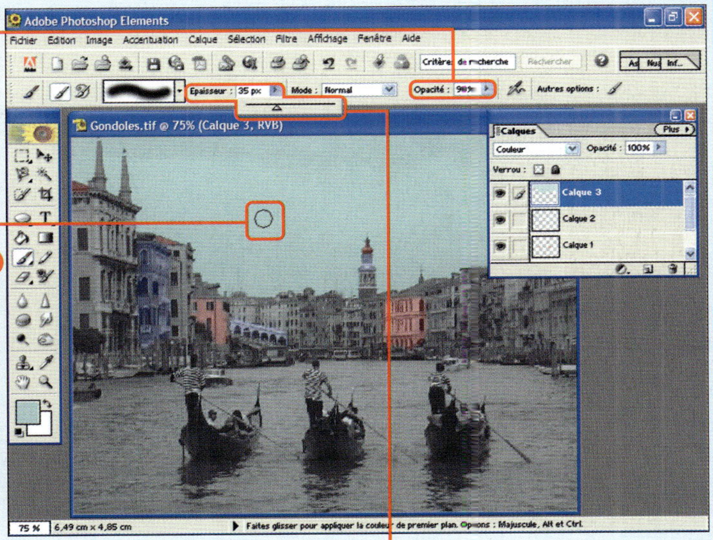

8 Cliquez cette zone, puis **Couleur**.

9 Cliquez cette case.

○ Le Sélecteur de couleurs apparaît.

10 Sélectionnez la couleur à utiliser comme peinture.

11 Cliquez **OK**.

12 En cliquant et en faisant glisser le pointeur, peignez la zone où appliquer la couleur choisie.

13 Si nécessaire, variez l'opacité de la couleur en cliquant la flèche dans cette zone et en faisant glisser le curseur sur la valeur souhaitée.

14 Peignez autant de zones que vous le souhaitez en créant de nouveaux calques, en choisissant d'autres couleurs et en changeant si nécessaire la taille du Pinceau.

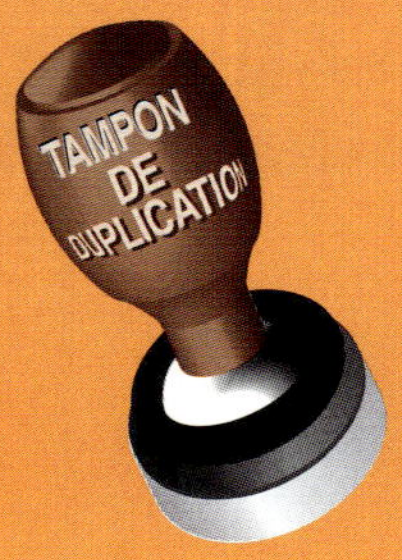

PROTÉGEZ ET PRÉSERVEZ

les fichiers originaux de vos photos

Enregistrer un fichier de photo numérique n'est guère compliqué. Simplement, il faut le faire au bon moment. Les débutants en photographie numérique commettent souvent l'erreur d'écraser le fichier du cliché original par le fichier retouché en enregistrant celui-ci sous le même nom au même endroit. Ils perdent alors la prise de vue initiale et n'en mesurent souvent les conséquences tragiques que bien plus tard. En effet, au fur et à mesure que leurs compétences et leurs connaissances se multiplient, ils s'aperçoivent qu'ils auraient pu mieux retoucher une photo qui leur semblait pourtant au départ parfaitement corrigée. Mais ils ne disposent alors plus du fichier original.

Par conséquent, n'écrasez jamais les fichiers de vos clichés originaux, car ils sont les seuls à renfermer le maximum d'informations graphiques. La plupart des modifications altèrent l'image, même si elles en améliorent l'apparence. Il est donc indispensable de protéger les fichiers de vos photos originales.

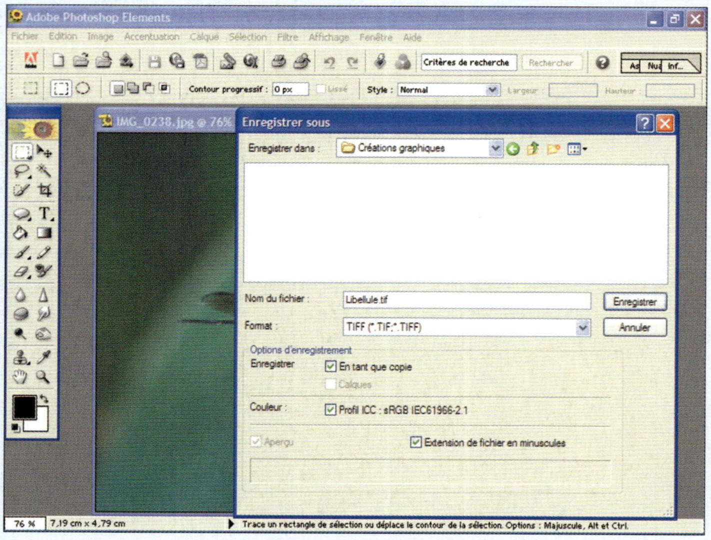

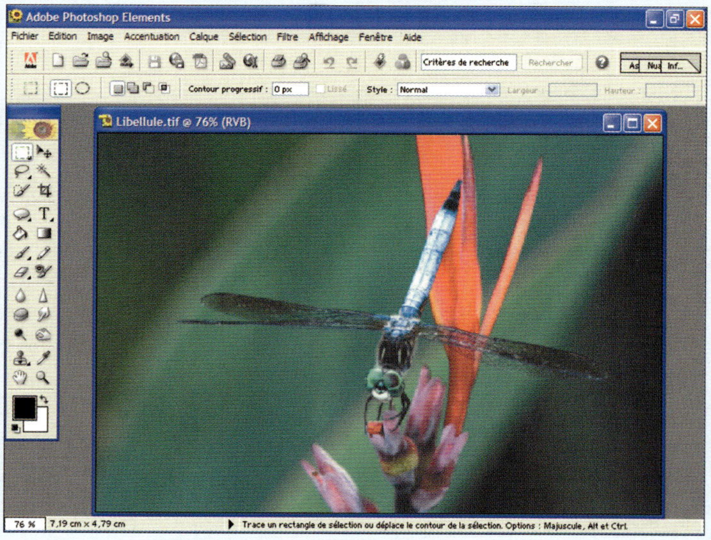

RENOMMEZ VOTRE FICHIER

○ Après avoir ouvert le fichier d'une photo numérique qui vient d'être téléchargée, enregistrez-le dans un autre dossier, sous un nom différent ou dans un autre format, afin de préserver le cliché d'origine.

ENREGISTREZ SOUVENT VOTRE TRAVAIL

○ À chaque fois que vous avez passé une vingtaine de minutes à modifier un fichier, enregistrez-le dans un autre dossier ou dans un format différent, afin de préserver la photo d'origine et diverses phases de votre travail.

69

NIVEAU DE DIFFICULTÉ

Prudence !

Une erreur fréquente consiste à apporter toutes les retouches requises à une photo, puis à agrandir celle-ci et à augmenter sa netteté avant de l'enregistrer. Malheureusement, la qualité de l'image se détériore à chaque agrandissement. Si vous n'enregistrez pas la photo après avoir terminé les retouches et avant de l'agrandir, vous sauvegardez une image de moindre qualité, sans aucune possibilité de retrouver par la suite la qualité ainsi perdue.

Le saviez-vous ?

Le filtre Accentuation de Photoshop Elements permet de renforcer la netteté d'une photo numérique, mais il ne doit être appliqué qu'une fois l'image à sa taille définitive. Le paramétrage optimal de ce filtre dépend beaucoup de la résolution du cliché.

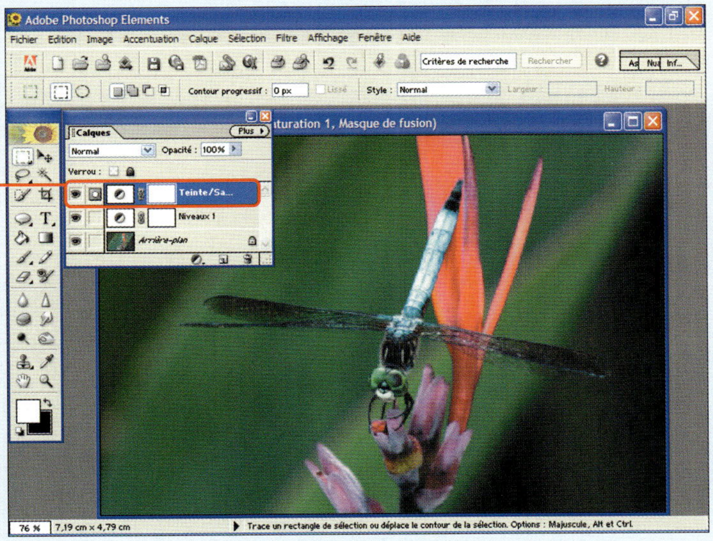

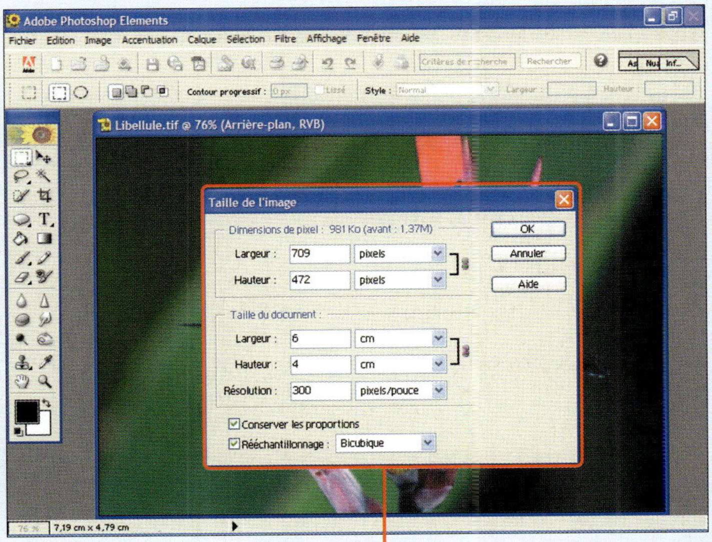

PRÉSERVEZ LES CALQUES DE RÉGLAGE

À chaque fois que vous apportez une retouche par le biais d'un calque de réglage, enregistrez le fichier au format PSD, de façon que ces calques restent accessibles à la prochaine ouverture de l'image.

Si vous enregistrez une image multicalques au format JPEG, tous les calques sont fusionnés, et les calques de réglage deviennent donc définitivement inaccessibles.

N'ATTENDEZ PAS D'ACCENTUER LA NETTETÉ ET DE REDIMENSIONNER L'IMAGE

Après avoir apporté toutes les retouches souhaitées, mais avant d'accentuer la netteté ou de redimensionner l'image, enregistrez le fichier.

L'accentuation de la netteté et le changement de taille doivent s'effectuer juste avant l'exploitation finale de l'image sur papier ou sur écran.

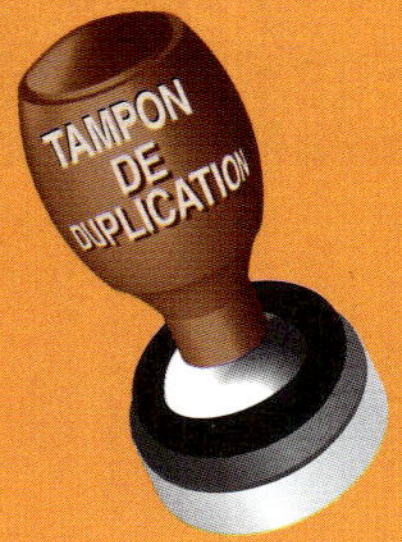

REDIMENSIONNEZ UN LOT
de photos

La commande Traitement par lots de Photoshop Elements permet de convertir aisément un ensemble de photos numériques à un même format de fichier, une même taille ou une même résolution. Il suffit de placer les fichiers correspondants dans un dossier, avec ou sans sous-dossiers, puis de spécifier le type de conversion et le dossier où stocker les images converties.

La commande Traitement par lots permet aussi de renommer un dossier complet de fichiers graphiques et sous-dossiers éventuels sans modifier les photos de quelque autre manière. Il faut simplement veiller à choisir le même format de fichier dans la zone Convertir le type de fichier et à ne pas cocher la case Convertir la taille de l'image.

La commande Traitement par lots se révèle extrêmement précieuse pour convertir rapidement et facilement un dossier complet de photos numériques à utiliser dans un diaporama ou sur une page Web, ou à transférer sur un CD-ROM destiné à un service d'impression.

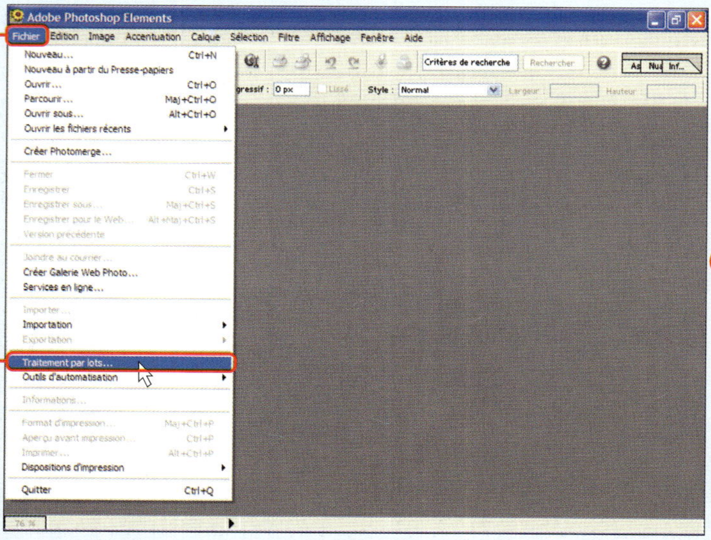

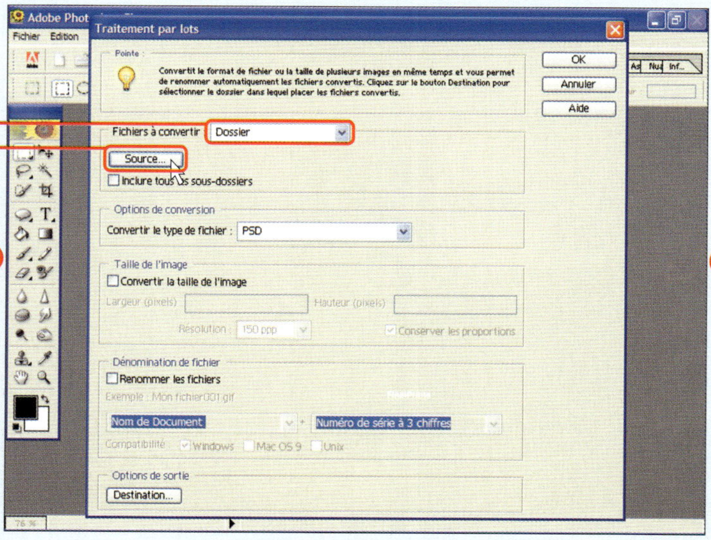

1 Cliquez **Fichier**.

2 Cliquez **Traitement par lots**.

○ La boîte de dialogue Traitement par lots apparaît.

3 Cliquez cette zone, puis Dossier.

4 Cliquez **Source**.

○ La boîte de dialogue Rechercher un dossier apparaît.

70

NIVEAU DE DIFFICULTÉ

Le saviez-vous ?

Lorsque vous voulez convertir un dossier d'images et redimensionner celles-ci de telle sorte que leur côté le plus long équivaille à une longueur spécifique, vous ne pouvez pas utiliser la commande Traitement par lots si certaines photos sont plus hautes que larges, et d'autres, plus larges que hautes. Ce problème se contourne néanmoins facilement : créez deux dossiers, puis placez les clichés avec une orientation verticale dans l'un, et les prises de vue avec une orientation horizontale dans l'autre. Exécutez ensuite la commande sur chaque dossier successivement.

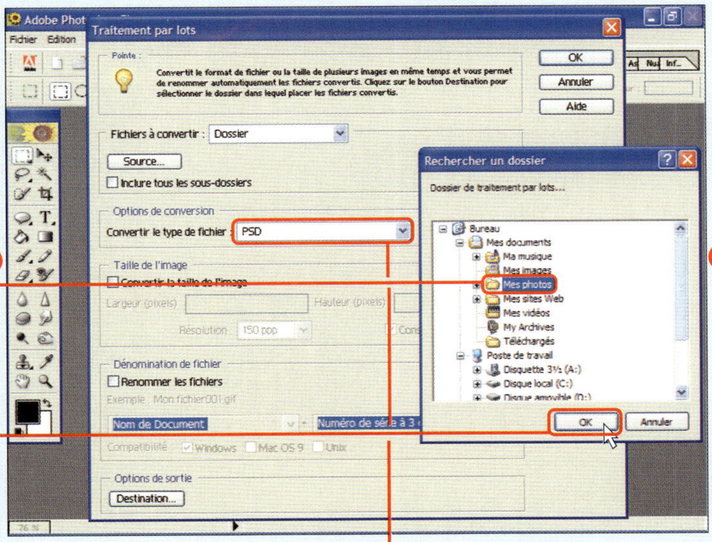

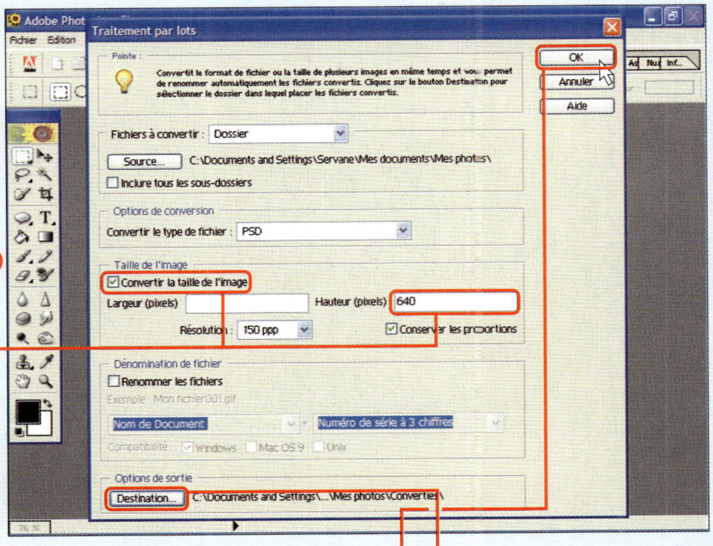

5 Sélectionnez le dossier qui renferme les images à convertir.

6 Cliquez **OK**.

7 Dans la boîte de dialogue Traitement par lots, cliquez cette zone, puis le format dans lequel convertir les images.

8 Cochez cette option, afin de redimensionner les photos.

9 Tapez la nouvelle hauteur souhaitée pour les images.

○ Vous pouvez changer le nom des images converties en cochant **Renommer les fichiers** et en spécifiant le mode de nommage désiré.

10 Cliquez **Destination**.

11 Dans la boîte de dialogue Rechercher un dossier, sélectionnez le dossier où enregistrer les fichiers convertis, puis cliquez **OK**.

12 Cliquez **OK** pour démarrer la conversion.

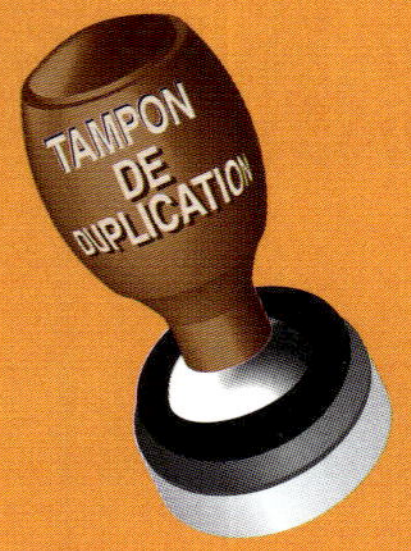

Enregistrez vos photos destinées au WEB

La commande Enregistrer pour le Web de Photoshop Elements constitue l'outil idéal pour convertir vos photos destinées à une page Web ou à un envoi par courrier électronique. Elle présente de nombreux avantages par rapport à la procédure qui consisterait à redimensionner vos clichés avec la fonction Taille de l'image, puis à sauvegarder les fichiers obtenus avec la commande Enregistrer sous.

Chaque enregistrement d'une photo numérique destinée à une page Web oblige à trouver le juste compromis entre la taille du fichier et la qualité de l'image. Plus vous compressez le cliché, plus son téléchargement et son affichage sont rapides, mais plus sa qualité est altérée. La commande Enregistrer pour le Web permet de visualiser simultanément la version compressée et la version originale de la photo. Vous pouvez ainsi choisir le format de fichier et le niveau de compression correspondant au meilleur compromis entre la taille du fichier et la qualité de l'image. Il est aussi possible de redimensionner le cliché et de connaître instantanément la nouvelle taille de fichier obtenue.

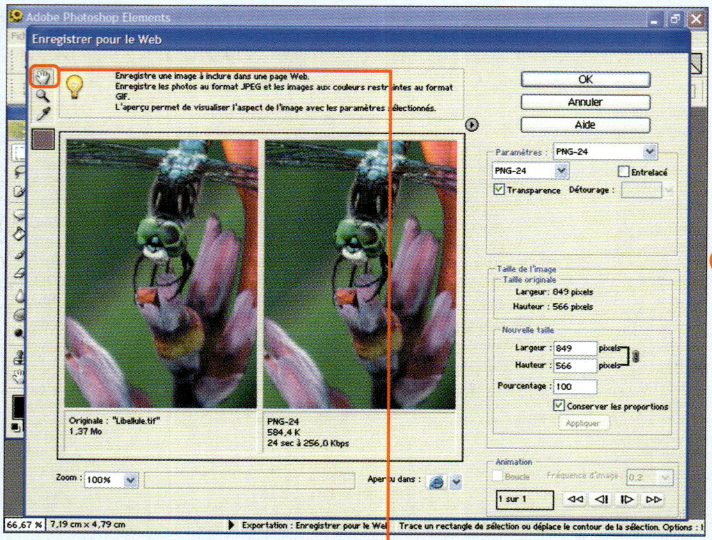

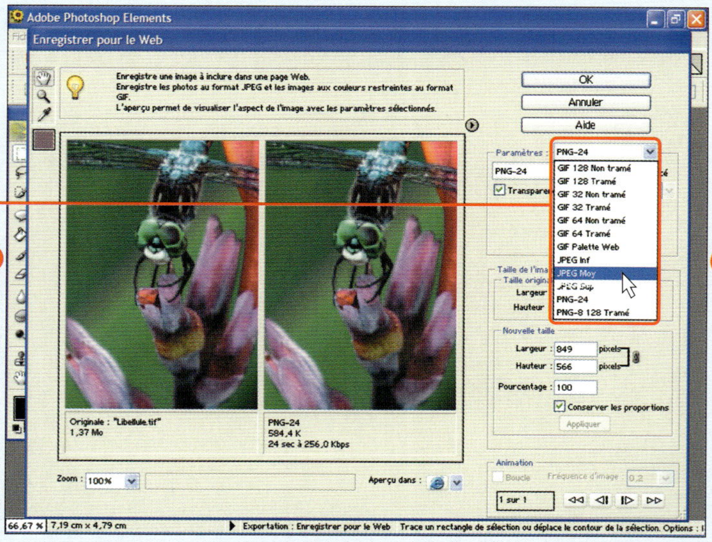

1 Cliquez **Fichier**.

2 Cliquez **Enregistrer pour le Web**.

○ La boîte de dialogue Enregistrer pour le Web apparaît.

3 Cliquez la **Main**.

4 Faites glisser l'image au sein du volet gauche, en vue d'afficher une zone qui renferme des détails.

5 Cliquez cette zone, puis **JPEG Moy**.

71

NIVEAU DE DIFFICULTÉ

Le saviez-vous ?

Lorsque vous enregistrez une image destinée au Web au format JPEG, vous pouvez ajuster le niveau de compression en spécifiant la valeur souhaitée dans la zone Qualité de la boîte de dialogue Enregistrer pour le Web.

Le saviez-vous ?

Lorsque l'aperçu offert par la boîte de dialogue Enregistrer pour le Web ne vous suffit pas, vous pouvez prévisualiser l'image avec les paramètres choisis dans votre navigateur Web par défaut. Cliquez simplement le bouton **Aperçu dans** au bas de la boîte. Votre navigateur s'ouvre et affiche l'image, ainsi que diverses informations la concernant et le code HTML de la page.

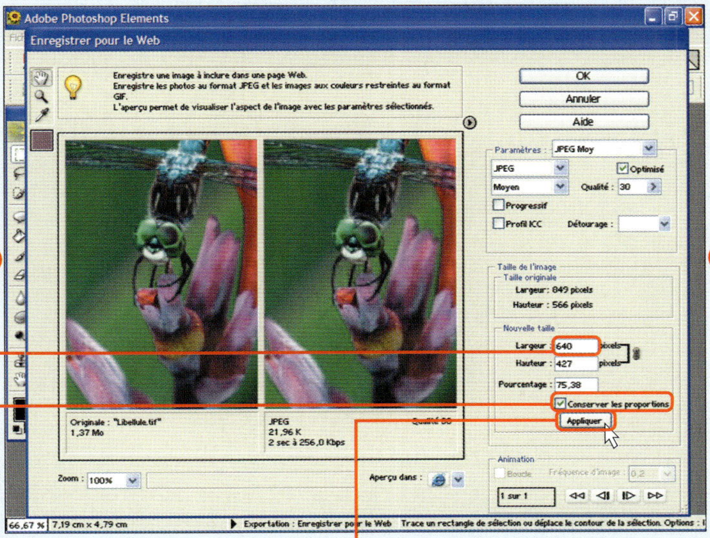

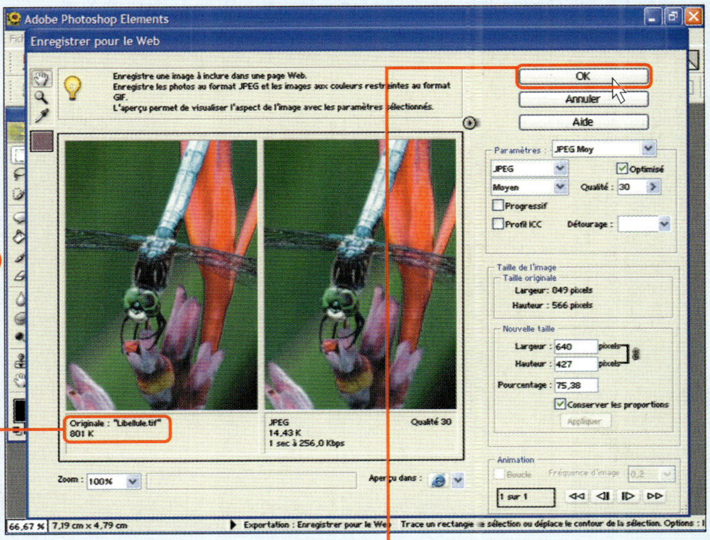

6 Cochez cette case pour redimensionner l'image sans la déformer.

7 Tapez **640** dans cette zone.

8 Cliquez **Appliquer** pour redimensionner l'image.

○ Cette zone indique la nouvelle taille du fichier.

9 Cliquez **OK**.

10 Dans la boîte de dialogue Enregistrer une copie optimisée sous, ouvrez le dossier où stocker l'image optimisée, tapez un nom pour celle-ci et cliquez **Enregistrer**.

CHAPITRE 8

Ajustez les tons et les couleurs avec Adobe Photoshop Elements

La grande majorité des problèmes dont souffrent les photos numériques est liée aux tons et aux couleurs. Les causes peuvent être multiples : manque de contraste, contre-jour excessif, éclairage insuffisant au premier plan, couleur dominante, couleurs fades ou couleurs trop claires. Que le problème résulte d'un éclairage inapproprié, d'un réglage incorrect de l'appareil photo ou simplement d'un mauvais scannage, il est toujours possible de le corriger au moins partiellement avec Photoshop Elements.

Ce logiciel de retouche propose divers outils dédiés à l'ajustement des tons et des couleurs de clichés numériques. Le plus connu d'entre eux est la boîte de dialogue Niveaux, qui permet à la fois de corriger des problèmes de contraste et de couleurs. Vous pouvez en outre appliquer divers filtres pour éclaircir ou assombrir une image, ou fusionner des calques.

Lorsque vous décidez de corriger une gamme tonale ou des couleurs incorrectes, commencez par dupliquer le calque d'arrière-plan, afin de pouvoir tester différentes commandes et techniques de retouche sans altérer définitivement l'image originale. Pour bien cibler les ajustements en fonction de chaque type de problème, comme la teinte et la saturation, ou la luminosité et le contraste, utilisez des calques de réglage, de façon à effectuer des corrections modifiables et annulables à tout moment.

TOP 100

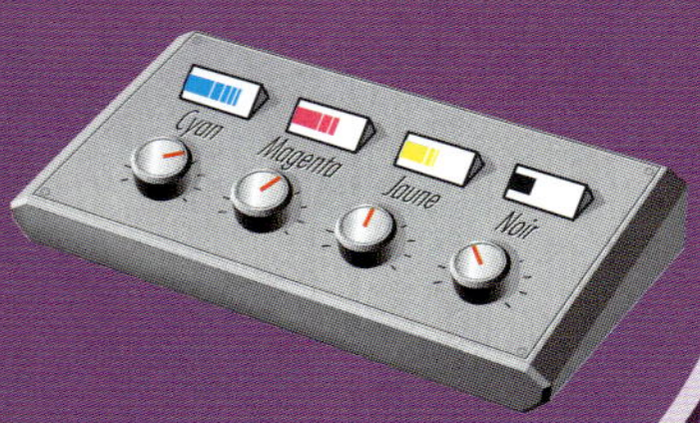

VÉRIFIEZ L'EXPOSITION

avec l'histogramme

72

NIVEAU DE DIFFICULTÉ

Avant de commencer à retoucher une photo, vous devez l'étudier attentivement et déterminer l'ordre des corrections. La gamme tonale est l'un des premiers aspects à vérifier. Ce contrôle peut s'effectuer par le biais de la boîte de dialogue Niveaux, qui permet aussi d'ajuster les tons.

Sous la forme d'un histogramme, cette boîte offre une juste représentation graphique de l'exposition de l'image. L'histogramme montre la répartition des pixels clairs et foncés en termes d'intensité. Il indique aussi le niveau de contraste dont bénéficie la photo en affichant la quantité de pixels existante pour chacun des 256 tons. Plus les pixels d'une image sont regroupés, plus l'histogramme de la gamme tonale correspondante est haut. Par exemple, quand celui-ci signale une grande quantité de pixels foncés, il est souvent nécessaire d'ajuster les tons ou le contraste du cliché.

Pendant votre utilisation de la boîte de dialogue Niveaux, n'oubliez jamais qu'un histogramme parfait n'existe pas.

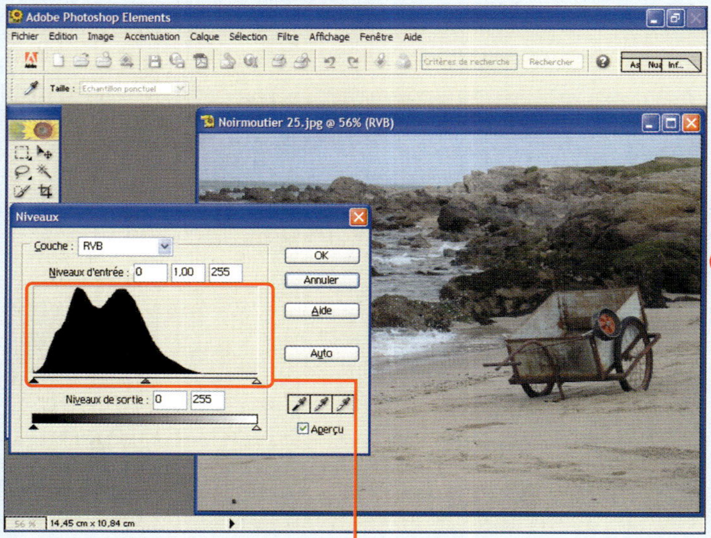

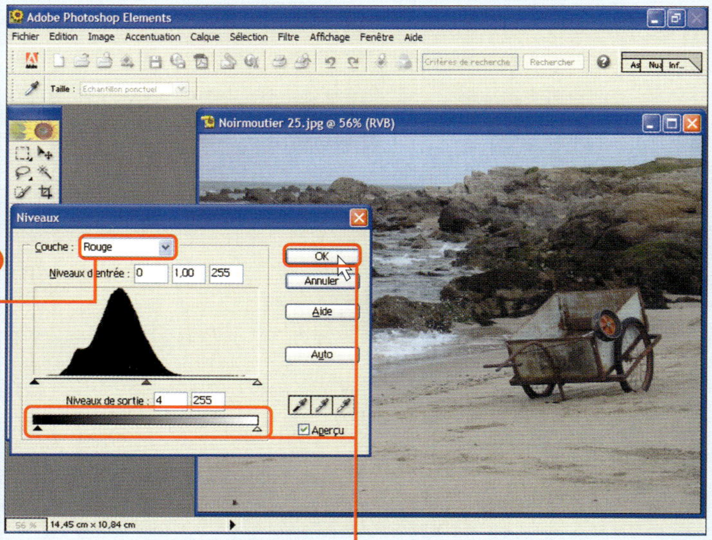

AFFICHEZ LES NIVEAUX DE LA COUCHE RVB

1 Cliquez **Accentuation**.

2 Pointez **Luminosité/Contraste**.

3 Cliquez **Niveaux**.

○ La boîte de dialogue Niveaux apparaît, affichant par défaut la gamme tonale de la couche composite RVB.

○ Cet histogramme indique qu'il s'adit d'une image foncée sans aucun pixel parfaitement noir ni aucun pixel clair.

AFFICHEZ LES NIVEAUX D'UNE COUCHE SPÉCIFIQUE

4 Cliquez cette zone, puis la couche à examiner.

○ La boîte de dialogue Niveaux affiche la gamme tonale de la couche sélectionnée.

○ Mémorisez le début et la fin approximatifs de la gamme tonale.

○ Vous pouvez ajuster la gamme tonale en faisant glisser ces curseurs.

5 Cliquez **OK**.

○ Photoshop Elements applique vos ajustements.

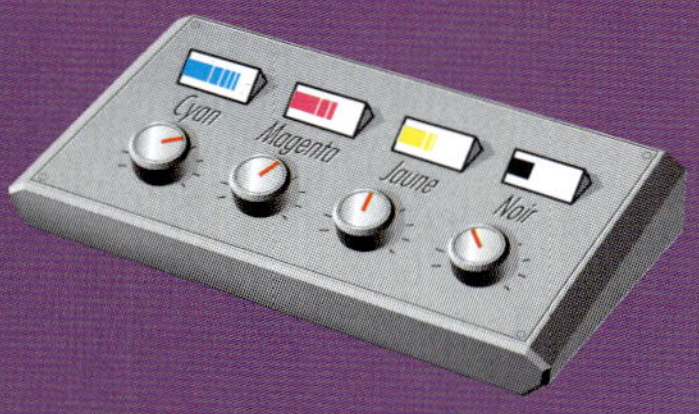

IDENTIFIEZ UN DÉCALAGE DE COULEURS

avec la palette Infos

73

NIVEAU DE DIFFICULTÉ

Très pratique, la palette Infos de Photoshop Elements permet d'identifier les valeurs de chaque couleur d'une image numérique. Vous pouvez ainsi contrôler différents pixels d'une photo en comparant leurs valeurs pour les couches Rouge, Vert et Bleu. La palette Infos se révèle notamment idéale pour comparer les décalages de couleurs au sein de deux clichés, tels que la version originale d'une prise de vue et la version retouchée. Par exemple, vous pouvez y recourir pour vérifier l'impact de corrections sur les tons de peau entre deux photos, ou pour déterminer si l'application d'un filtre a généré une couleur dominante dans une zone du cliché.

Au fur et à mesure que vous déplacez le pointeur au-dessus d'une image, la palette Infos affiche les valeurs numériques de la couleur située sous le pointeur. Elle fonctionne par défaut en mode RVB, mais vous pouvez abandonner celui-ci au profit du mode Niveaux de gris, Web ou TSL.

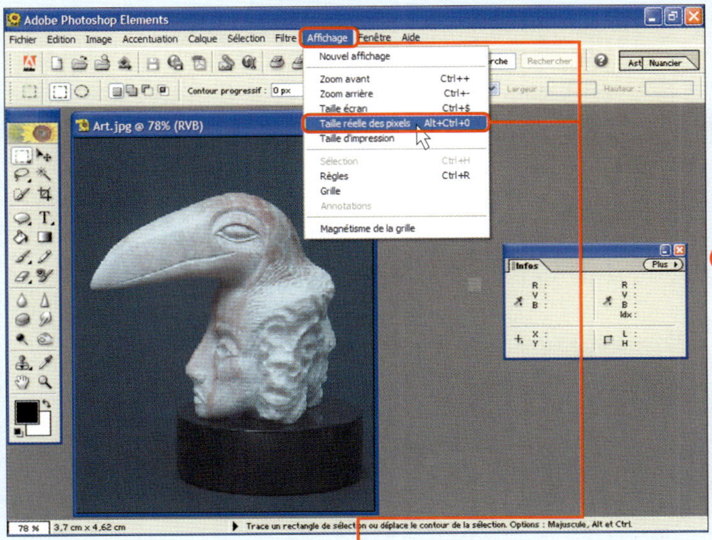

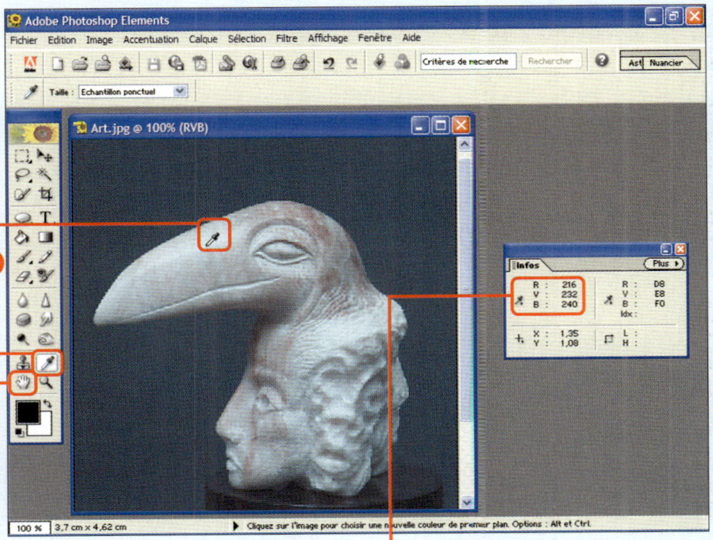

1 Cliquez **Fenêtre ⇨ Infos** pour afficher la palette Infos.

○ Vous pouvez aussi afficher la palette Infos en cliquant son onglet dans le conteneur de palettes.

2 Cliquez **Affichage**.

3 Cliquez **Taille réelle des pixels**.

4 Cliquez la Main et déplacez l'image dans sa fenêtre, de façon à afficher une zone qui devrait apparaître blanche ou grise.

5 Cliquez la Pipette et pointez une zone qui devrait être blanche ou grise.

6 Consultez les valeurs RVB données par la palette Infos.

○ Cette image possède une dominante bleue, car la valeur Bleu (240) est beaucoup plus élevée que les valeurs Rouge (216) et Vert (232).

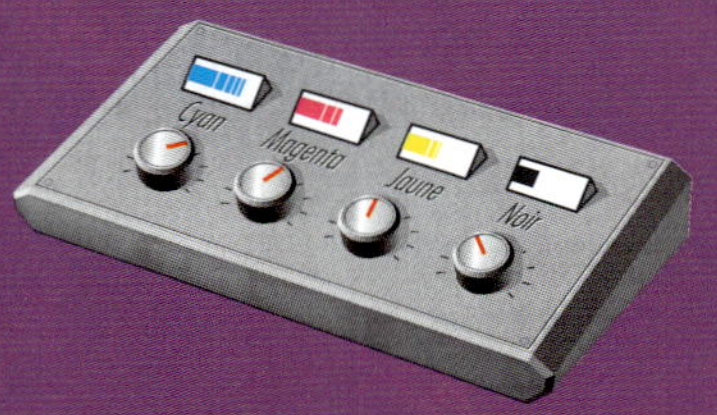

Corrigez des photos SOUS-EXPOSÉES OU SUREXPOSÉES

Les problèmes d'exposition font partie des plus couramment rencontrés avec les photos. Qu'il s'agisse d'une sous-exposition ou d'une surexposition, cela relève souvent d'une appréciation objective. Photoshop Elements permet d'éclaircir ou d'assombrir rapidement une image en jouant sur les modes de fusion de ses calques, c'est-à-dire en modifiant la manière dont se mélangent les pixels de deux calques superposés. Par exemple, vous pouvez profiter du mode Superposition pour éclaircir les couleurs d'une image sous-exposée. Ce mode examine la couleur de chaque couche et multiplie l'inverse de la couleur du calque de base par l'inverse de la couleur du calque fusionné.

Le mode Produit assombrit quant à lui les couleurs et convient donc bien aux photos surexposées. Il examine la couleur de chaque couche et multiplie la couleur du calque de base par la couleur du calque fusionné. Vous pouvez aussi y recourir pour accentuer les couleurs d'une image.

Pour peaufiner l'exposition, il est en outre possible d'ajuster l'effet produit par ces deux modes de fusion en changeant l'opacité du calque fusionné.

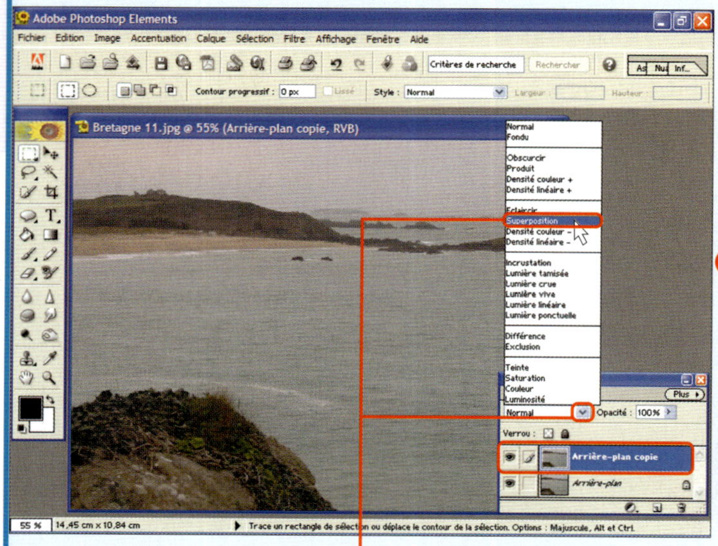

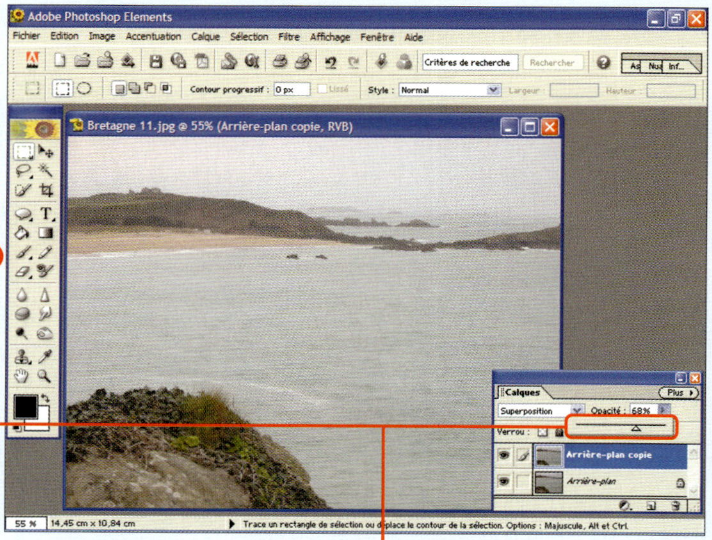

CORRIGEZ UNE SOUS-EXPOSITION

○ Cette photo de bord de mer souffre d'une légère sous-exposition.

① Cliquez **Fenêtre** ⇨ **Calques** pour afficher la palette Calques.

② Dupliquez le calque d'arrière-plan en le glissant-déposant sur le bouton Créer un nouveau calque.

③ Cliquez ce bouton fléché, puis **Superposition**.

○ Photoshop Elements éclaircit l'image.

④ Ajustez l'effet de la fusion en cliquant la flèche dans la zone **Opacité** et en faisant glisser le curseur jusqu'à ce que l'exposition convienne.

○ Photoshop Elements réduit la sous-exposition.

74

NIVEAU DE DIFFICULTÉ

Le saviez-vous ?

Contrairement aux apparences, la commande Luminosité/Contraste ne permet pas de corriger correctement les problèmes d'exposition et de contraste des photos globalement trop claires ou trop foncées. En effet, elle augmente ou réduit les valeurs de luminosité de l'image pour respectivement éclaircir ou assombrir tous les pixels. Pour la plupart des clichés, il est inutile d'ajuster l'ensemble des pixels : il suffit de se limiter à ceux qui souffrent d'une mauvaise exposition. C'est pourquoi les modes de fusion et les calques de réglage constituent les meilleurs outils pour corriger les problèmes d'exposition.

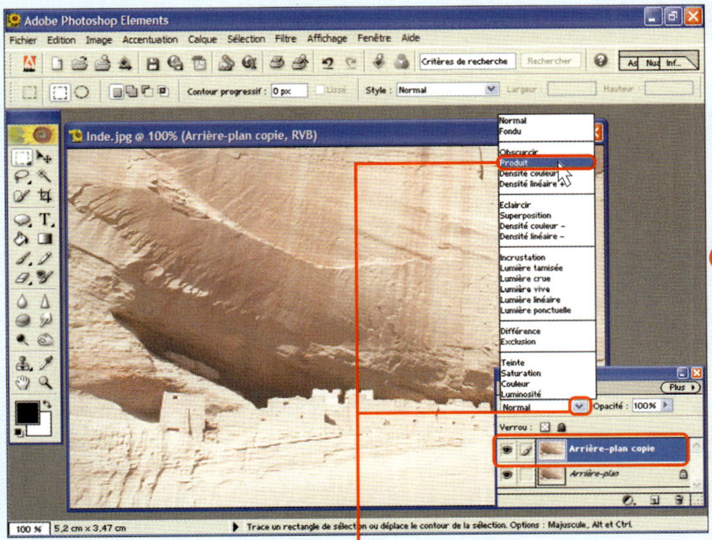

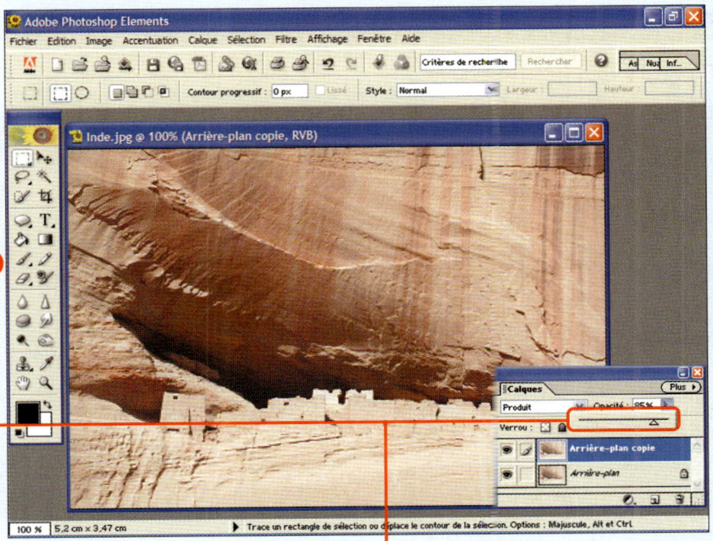

CORRIGEZ UNE SUREXPOSITION

○ Cette photo d'anciennes habitations indiennes souffre d'une légère surexposition.

1 Cliquez **Fenêtre** ⇨ **Calques** pour afficher la palette Calques.

2 Dupliquez le calque d'arrière-plan en le glissant-déposant sur le bouton Créer un nouveau calque.

3 Cliquez ce bouton fléché, puis **Produit**.

○ Photoshop Elements assombrit l'image.

4 Ajustez l'effet de la fusion en cliquant la flèche dans la zone **Opacité** et en faisant glisser le curseur jusqu'à ce que l'exposition convienne.

○ Photoshop Elements réduit la surexposition.

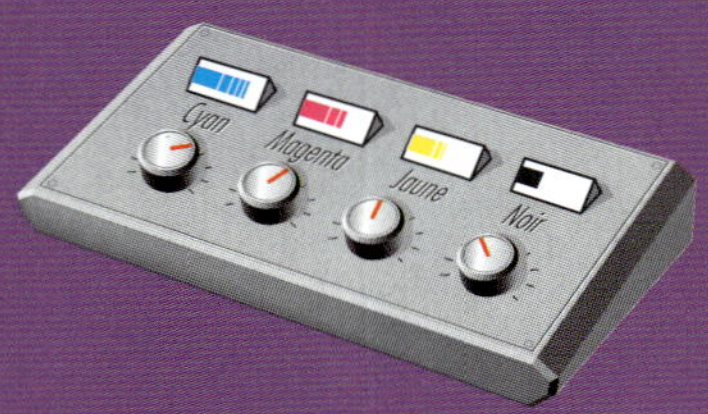

Maîtrisez le CONTRASTE

Une bonne manière de peaufiner une photo numérique consiste à en améliorer le contraste. Au sens strict, le *contraste* désigne la différence entre les zones les plus foncées et les plus claires d'un cliché : il est d'autant plus marqué que cette différence est grande. Les photos peu contrastées apparaissent généralement fades et insipides, avec des détails assez estompés.

Le contraste ne se conçoit pas tout à fait de la même manière dans un cliché noir et blanc que dans une photo couleurs. Dans une image en niveaux de gris, il s'exprime en niveaux de luminosité. Les photos couleurs possèdent aussi des niveaux de luminosité, mais ceux-ci se perçoivent dans la teinte et la saturation des couleurs.

Souvent, il suffit de quelques ajustements limités de la teinte et de la saturation d'une image pour améliorer le contraste. Photoshop Elements intègre divers outils adaptés à la correction du contraste. La boîte de dialogue Niveaux fait partie des meilleurs d'entre eux. Accessible par la commande Accentuation ⇨ Luminosité/Contraste ⇨ Niveaux, elle permet d'ajuster les tons foncés, moyens et clairs d'une photo et de restaurer rapidement un contraste absent.

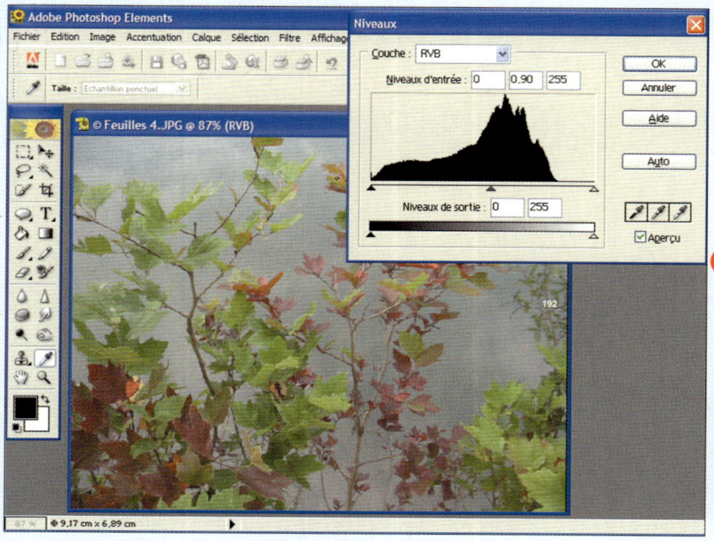

○ Dans cette photo, le manque de contraste donne une apparence légèrement floutée à plusieurs feuilles.

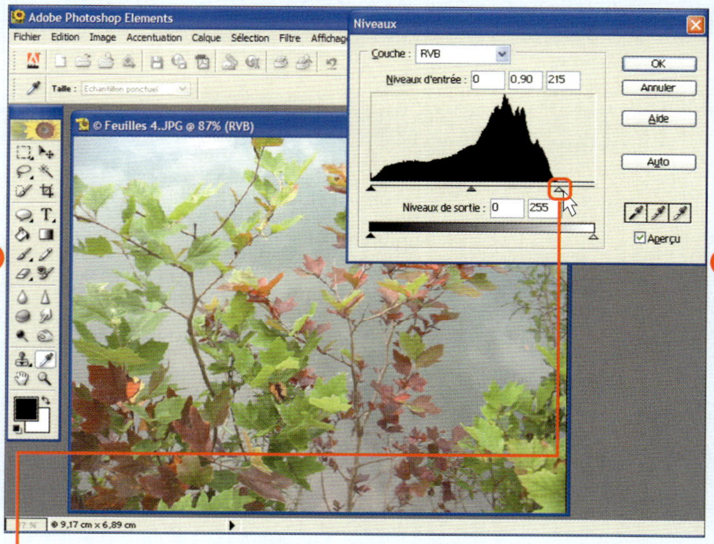

○ Ici, nous améliorons le contraste en accentuant un peu les tons clairs.

75

NIVEAU DE DIFFICULTÉ

Le saviez-vous ?

Vous aurez tout intérêt à savoir déchiffrer l'histogramme de la boîte de dialogue Niveaux pour comprendre et résoudre les problèmes de contraste dont souffrent certaines de vos photos. Ce graphique représente visuellement la gamme tonale de l'image et indique l'emplacement exact des tons foncés, moyens et clairs les plus marqués et les plus faibles. Pour plus d'informations, consultez la tâche n° 72.

Le saviez-vous ?

Les filtres de renforcement de la netteté peuvent aussi servir à améliorer le contraste de vos photos. Dans Photoshop Elements, le plus connu s'appelle Accentuation. Bien utiliser ses trois contrôles requiert quelque expérience. Pour l'appliquer, cliquez **Filtre** ⇨ **Renforcement** ⇨ **Accentuation** et configurez les paramètres à votre convenance en observant les répercussions sur le cliché au fur et à mesure.

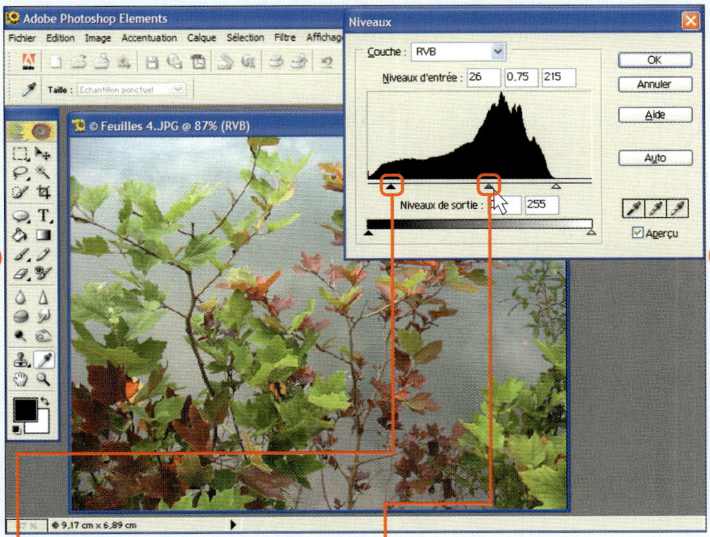

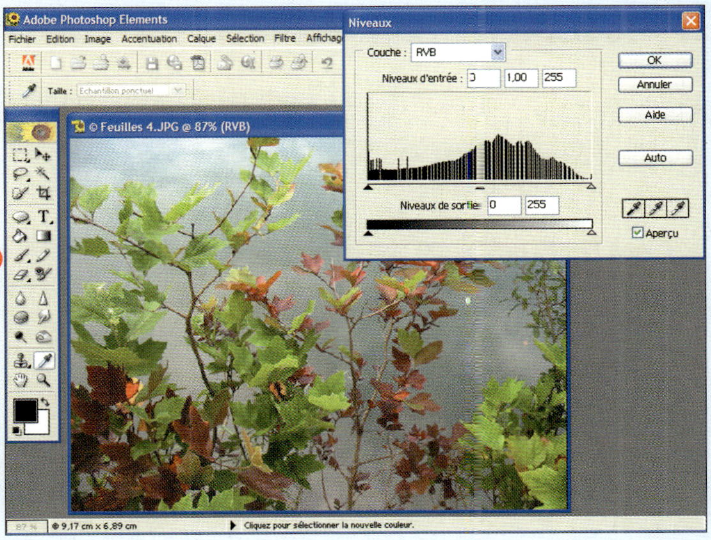

○ Nous accentuons ensuite les tons foncés pour atténuer le contraste entre les zones claires et sombres.

○ Nous peaufinons la correction en modifiant les tons moyens.

○ La commande Niveaux constitue votre meilleur outil pour ajuster les tons foncés, moyens et clairs d'une image et, donc, le contraste.

○ Après validation des corrections, les niveaux d'intensité apparaissent correctement répartis dans toute la gamme tonale.

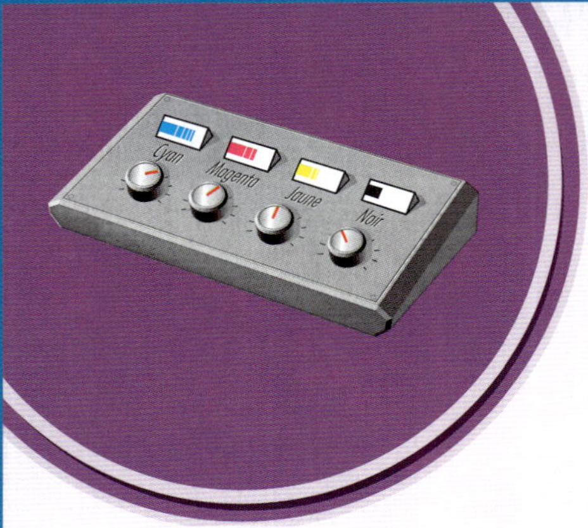

RESTAUREZ LES DÉTAILS D'UNE PHOTO

en redéfinissant les points noir et blanc

La boîte de dialogue Niveaux permet de définir les points noir et blanc au sein d'un cliché. En spécifiant les pixels les plus foncés et les plus clairs de la photo, vous pouvez restaurer des détails, la gamme tonale et le contraste. Une fois les points noir et blanc redéfinis, la plage tonale complète s'étend entre ces deux cibles, ce qui accentue le contraste et améliore nettement le cliché.

Par exemple, lorsque vous spécifiez un pixel blanc dans une photo sombre et austère, Photoshop Elements redistribue et redéfinit les informations tonales dans l'ensemble du cliché, transformant alors celui-ci en une image plus claire, avec des zones blanches et des zones noires. Il ajuste en outre la valeur de tous les autres pixels en fonction des nouvelles valeurs des tons clairs.

Les pipettes de la boîte de dialogue Niveaux permettent de spécifier facilement des couleurs pour les tons clairs et foncés, et les gris neutres. Ces outils ciblant des modifications de couleurs, ils se révèlent plus efficaces dans la correction de couleurs que dans la résolution des problèmes liés à l'exposition. Pour une redéfinition réussie des points noir et blanc, vous devez d'abord identifier des tons foncés et clairs représentatifs au sein de votre photo.

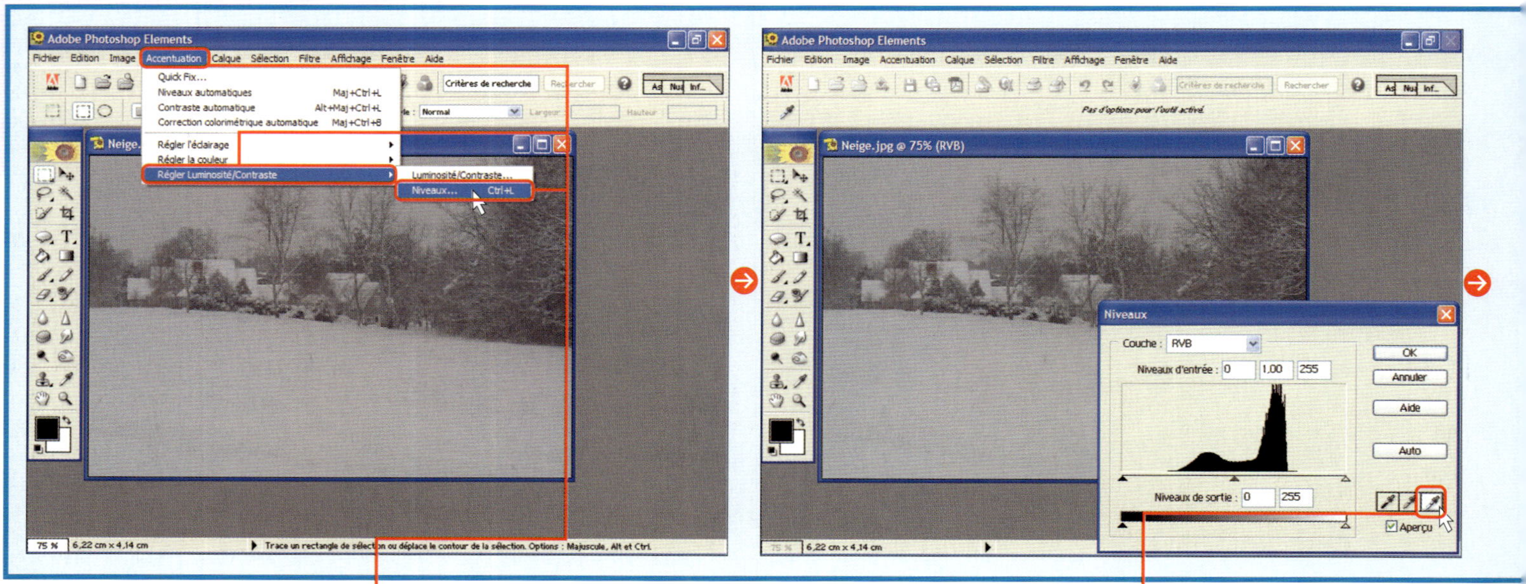

○ Cette photo sans pixels blancs ni noirs souffre d'un contraste insuffisant et d'une gamme tonale trop réduite.

1. Cliquez **Accentuation**.
2. Pointez **Régler Luminosité/Contraste**.
3. Cliquez **Niveaux**.

○ La boîte de dialogue Niveaux apparaît.

4. Cliquez la pipette **Point blanc**.

76

NIVEAU DE DIFFICULTÉ

Prudence !

Soyez très précis lors du clic avec les pipettes de la commande Niveaux. Par exemple, si vous cliquez avec la pipette **Point blanc** une zone qui ne devrait pas être blanche dans le cliché, tous les autres tons clairs de l'image risquent de devenir trop blancs, ce qui pourrait entraîner une perte de certains détails et un contraste trop marqué. Vous vous exposez au même danger si vous cliquez une zone qui ne devrait pas être noire avec la pipette **Point noir**. Dans les deux cas, cliquer un pixel inapproprié pour les points noir et blanc risque de générer des couleurs incorrectes et étranges.

Le saviez-vous ?

Tant que vous n'avez pas fermé la boîte de dialogue Niveaux, vous pouvez restaurer ses valeurs initiales en **Alt**-cliquant (**Option**-cliquant) le bouton **Annuler**, qui devient **Réinitialiser**. Il est sinon toujours possible de quitter cette boîte sans valider vos modifications en cliquant **Annuler**.

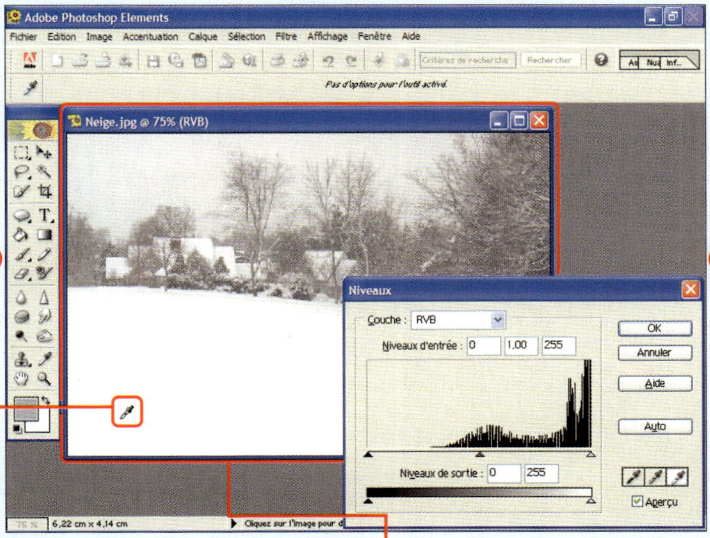

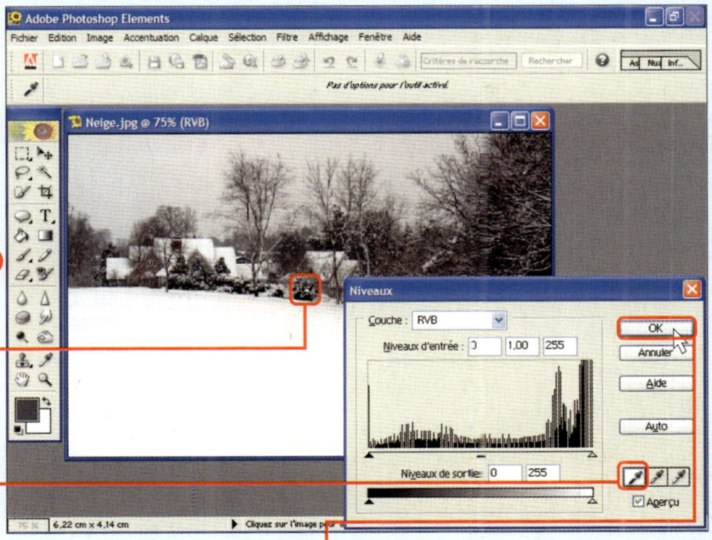

5 Cliquez le pixel le plus clair de l'image.

○ Photoshop Elements définit le pixel comme nouveau point blanc et ajuste les autres pixels clairs en conséquence.

6 Cliquez la pipette **Point noir**.

7 Cliquez le pixel le plus noir ou foncé de l'image.

○ Photoshop Elements définit le pixel comme nouveau point noir et ajuste les autres pixels sombres en conséquence.

○ La photo bénéficie maintenant d'une gamme tonale et d'un contraste améliorés.

8 Cliquez **OK**.

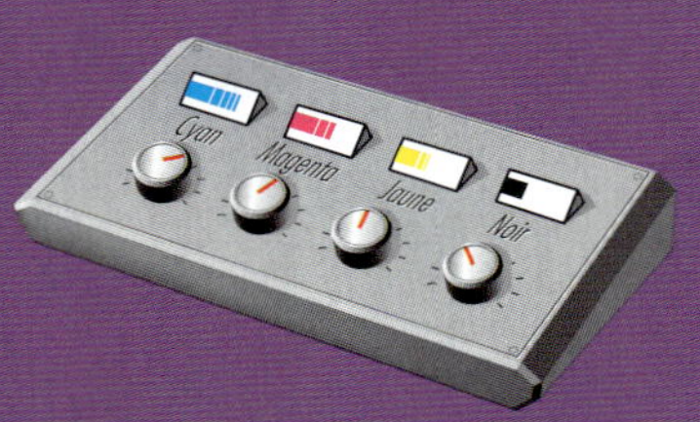

Améliorez le contraste avec un CALQUE DE RÉGLAGE DE TYPE NIVEAUX

Vous pouvez créer un calque de réglage de type Niveaux pour améliorer le contraste d'une image. Ce type d'outil permet de retoucher une photo sans affecter le cliché original sous-jacent. Vous pouvez y recourir pour appliquer diverses modifications au niveau des couleurs, de la gamme tonale et du contraste. Le calque de réglage se superpose à celui de la photo originale, qui reste intacte. Il suffit donc de le supprimer si vous regrettez vos corrections. Lorsque vous êtes satisfait de vos ajustements, en revanche, vous pouvez aplatir l'image et lui appliquer alors définitivement les retouches apportées. Pour plus d'informations sur la création d'un calque de réglage, consultez la tâche n° 66.

Un calque de réglage de type Niveaux est directement lié à la boîte de dialogue Niveaux. Vous pouvez ainsi rouvrir facilement celle-ci à tout moment pour modifier les tons foncés, moyens et clairs de l'image. Les curseurs d'entrée permettent d'améliorer le contraste global de la photo en redéfinissant les points noir et blanc.

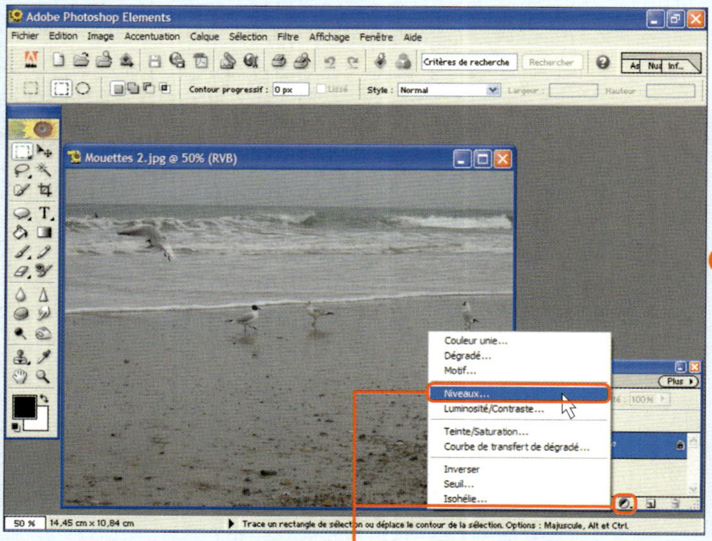

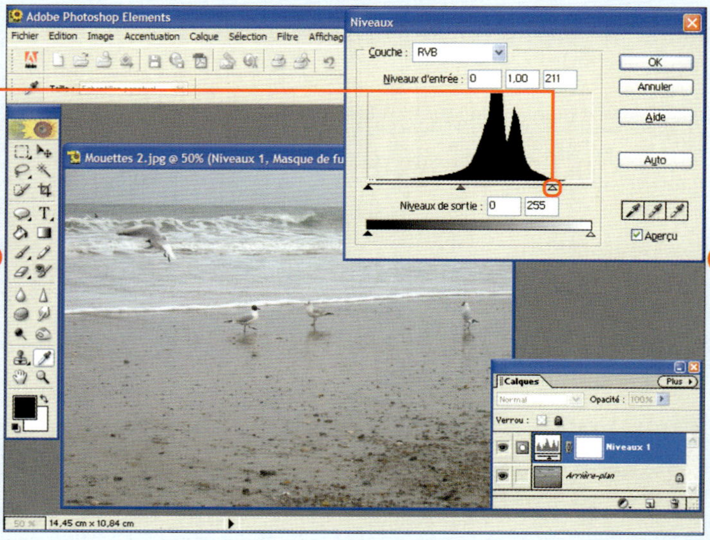

○ Cette photo un peu terne n'est pas assez contrastée.

① Cliquez **Fenêtre** ⇨ **Calques** pour afficher la palette Calques.

Note. Vous pouvez aussi afficher la palette Calques en cliquant son onglet dans le conteneur de palettes.

② Cliquez le bouton **Créer un nouveau calque de remplissage ou de réglage**, puis **Niveaux.**

○ Photoshop Elements ajoute un calque de réglage dans la palette Calques et ouvre la boîte de dialogue Niveaux.

③ Faites glisser le curseur d'entrée des tons clairs jusqu'à l'endroit où figurent les premiers pixels clairs de l'image.

○ Les pixels dans les tons clairs s'éclaircissent.

77

NIVEAU DE DIFFICULTÉ

Le saviez-vous ?

Pour ne pas vous perdre dans vos retouches, prenez l'habitude de nommer chaque calque de réglage ajouté à la palette Calques. Par exemple, si vous utilisez un calque de réglage de type Niveaux pour corriger le contraste, appelez-le « Contraste », afin de pouvoir identifier son rôle à tout moment. Pour renommer un calque, double-cliquez son nom dans la palette Calques, tapez la nouvelle appellation souhaitée et appuyez sur **Entrée (Retour)**.

Le saviez-vous ?

Il est possible de limiter l'application d'un calque de réglage à une partie d'image en sélectionnant celle-ci avant de créer le calque. Cette technique vous offre un contrôle permanent sur la sélection, car vous pouvez changer son opacité et son mode de fusion par le biais de la palette Calques.

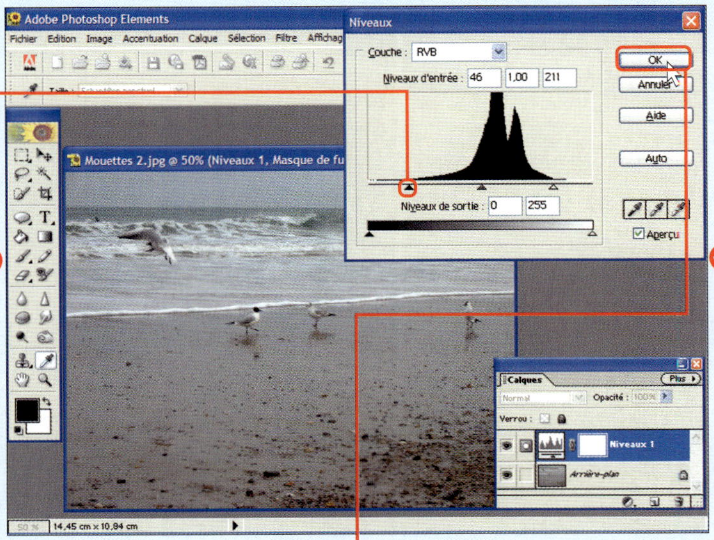

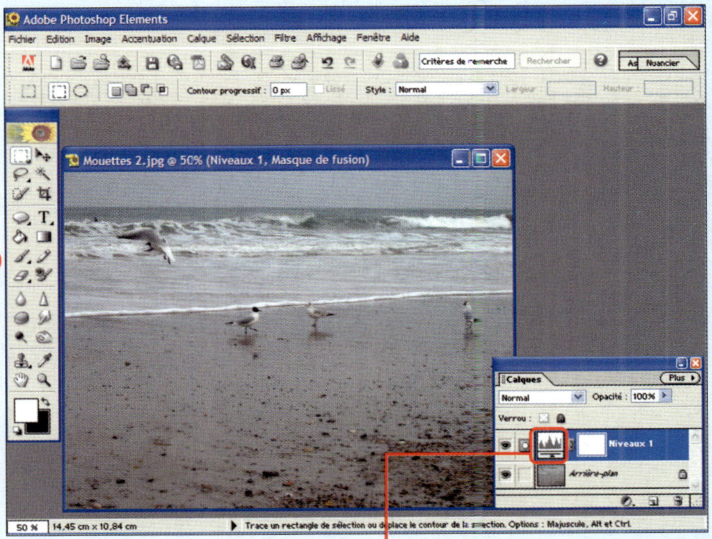

4 Faites glisser le curseur d'entrée des tons foncés jusqu'à l'endroit où figurent les premiers pixels foncés de l'image.

○ Les pixels dans les tons foncés s'assombrissent.

5 Cliquez **OK**.

○ Photoshop Elements applique les modifications au calque de réglage, ce qui améliore le contraste de la photo.

○ Vous pouvez rouvrir la boîte de dialogue Niveaux à tout moment pour en modifier le paramétrage en double-cliquant cette vignette.

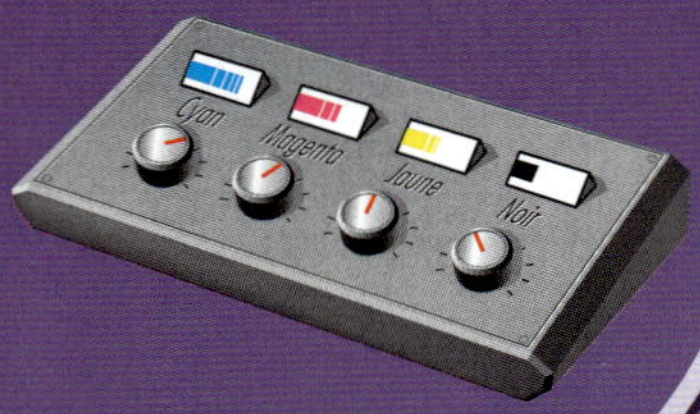

CORRIGEZ UN CONTRE-JOUR
grâce à la commande Régler l'éclairage en contre-jour

78

NIVEAU DE DIFFICULTÉ

Si votre photo est gâchée par un arrière-plan surexposé, comme un ciel trop clair par rapport au sujet, vous pouvez apporter des corrections convaincantes avec la commande Régler l'éclairage en contre-jour. Celle-ci permet de réduire la luminosité du soleil ou de toute autre source lumineuse réfléchissante et de faire ressortir des détails dans l'arrière-plan. Par exemple, vous pouvez y recourir pour réduire la luminosité d'un ciel et texturer ses nuages.

La commande Régler l'éclairage en contre-jour assombrit les zones surexposées d'une photo. Les variations tonales sont ici mesurées en valeurs allant de 0 à 100. Plus la valeur est élevée, plus l'arrière-plan du cliché apparaît sombre.

Si vous préférez que la commande n'affecte pas le premier plan ou le sujet, sélectionnez celui-ci et copiez-le sur un nouveau calque dans la palette Calques. Appliquez ensuite la commande au calque sous-jacent qui renferme l'arrière-plan surexposé.

Pour corriger les problèmes d'exposition avec plus de précision, préférez la boîte de dialogue Niveaux, qui permet d'ajuster individuellement les tons foncés, moyens et clairs.

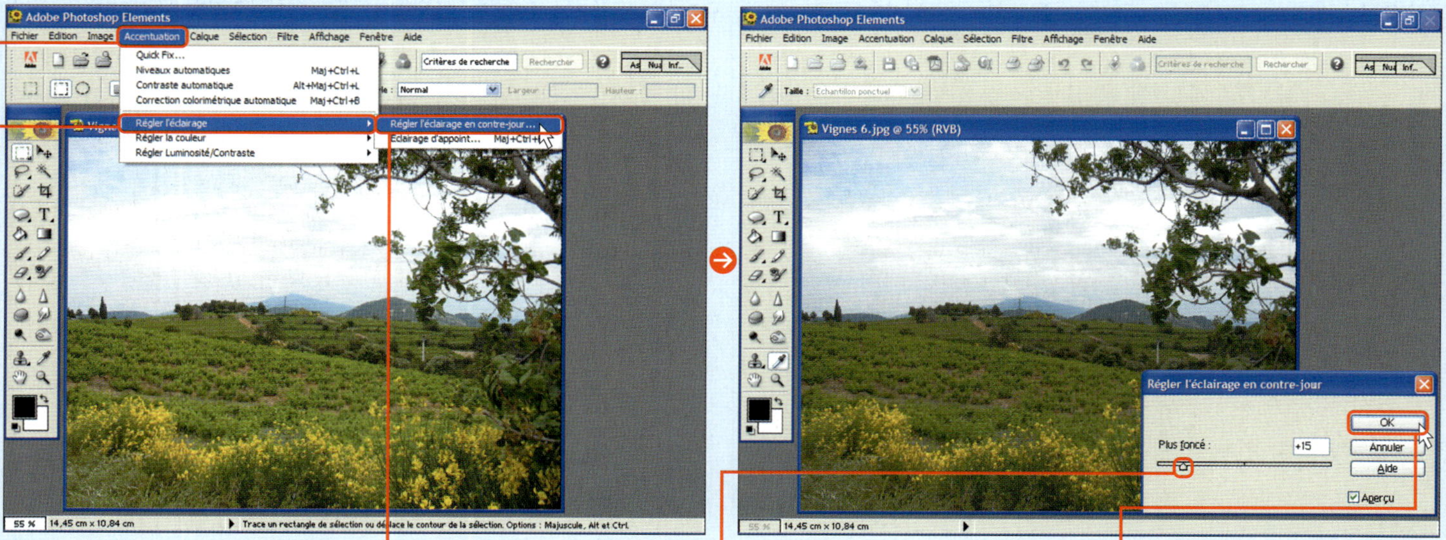

① Cliquez **Accentuation**.

② Pointez **Régler l'éclairage**.

③ Cliquez **Régler l'éclairage en contre-jour**.

○ La boîte de dialogue Régler l'éclairage en contre-jour apparaît.

④ Faites glisser ce curseur jusqu'à ce que l'exposition de l'arrière-plan convienne.

⑤ Cliquez **OK**.

○ Photoshop Elements corrige la photo.

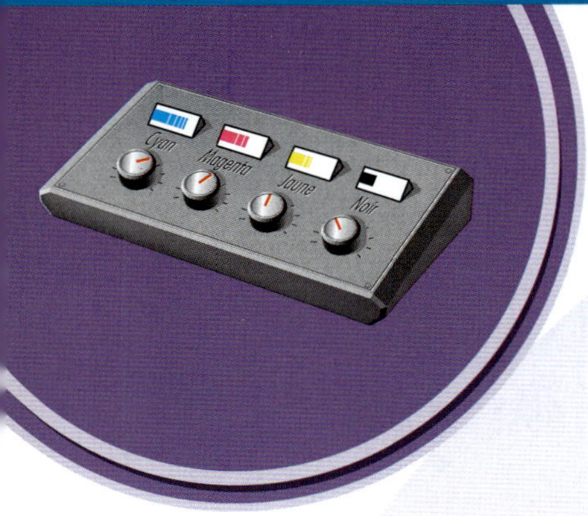

RÉVÉLEZ DES DÉTAILS
grâce à la commande Eclairage d'appoint

79

NIVEAU DE DIFFICULTÉ

La commande Eclairage d'appoint permet d'éclaircir les zones sombres d'une photo. Dans les clichés réalisés dans un environnement très éclairé, les objets situés au premier-plan présentent souvent des zones très foncées, sans beaucoup de détails. Par exemple, si vous photographiez une personne devant un fond clair, son visage devient généralement une simple silhouette avec des ombres qui rendent les détails de la figure invisibles. Grâce à la commande Eclairage d'appoint, vous pouvez faire ressortir des détails dans les zones foncées et améliorer ainsi l'apparence globale du cliché.

Cette commande simule un flash d'appoint physique, employé par les photographes professionnels pour ajouter une source lumineuse dans des environnements peu éclairés. Vous pouvez y recourir pour corriger des photos dont le premier plan n'est pas assez éclairé.

Deux paramètres permettent d'ajuster l'effet produit par la commande Eclairage d'appoint. Le curseur Plus clair contrôle l'éclaircissement des zones sombres, tandis que le curseur Saturation permet de réduire la saturation si la modification de l'éclairage génère une image trop saturée.

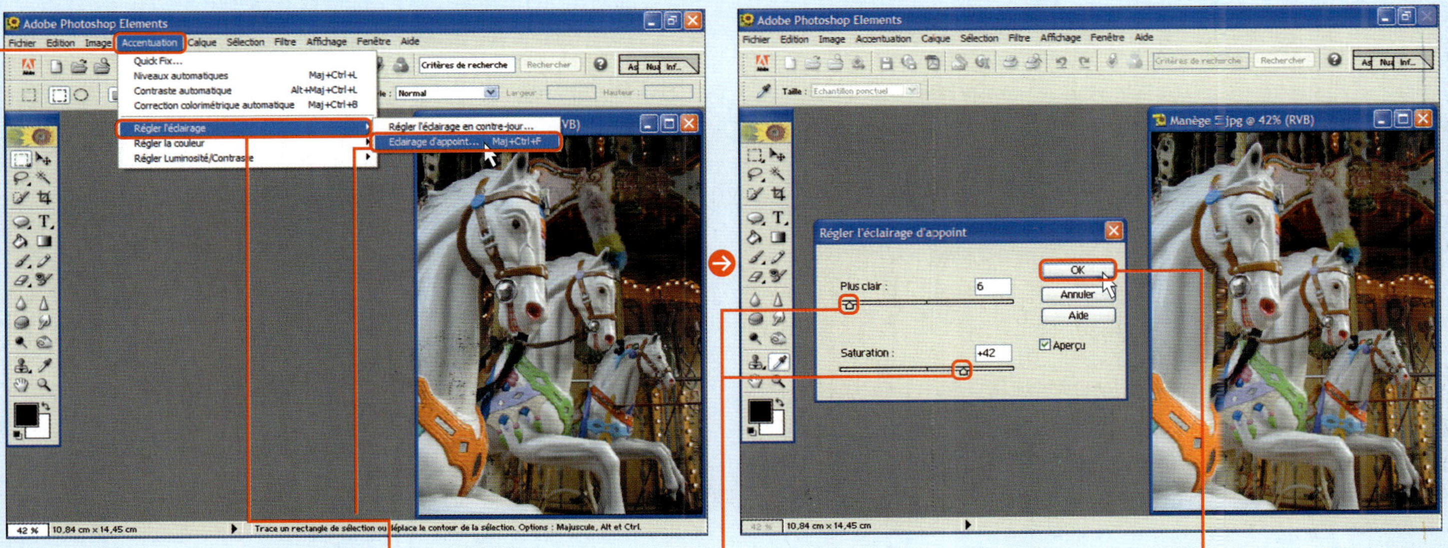

○ Dans cette photo, beaucoup de détails sont perdus dans les zones sombres dans la partie supérieure du manège.

1 Cliquez **Accentuation**.

2 Pointez **Régler l'éclairage**.

3 Cliquez **Eclairage d'appoint**.

○ La boîte de dialogue Régler l'éclairage d'appoint apparaît.

4 Faites glisser ces curseurs jusqu'à ce que l'éclairage des zones sombres convienne.

○ Le curseur Plus clair ajuste la variation des tons foncés.

○ Le curseur Saturation ajuste les niveaux de luminosité/saturation.

5 Cliquez **OK**.

○ Des détails apparaissent dans la partie supérieure du manège.

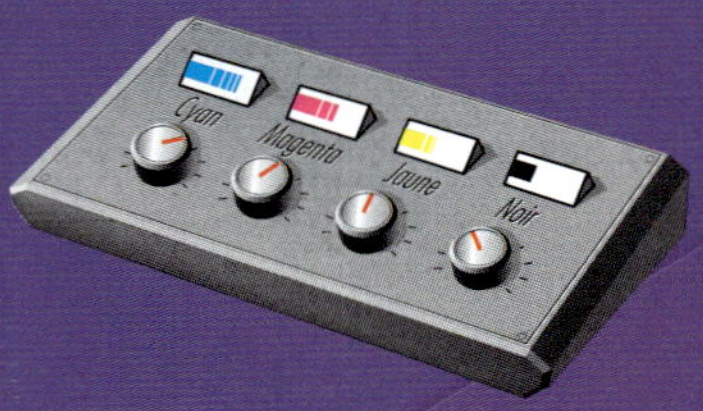

ÉCLAIRCISSEZ OU ASSOMBRISSEZ
une partie sélectionnée d'une photo

Dans certains cas, il suffit d'éclaircir ou d'assombrir uniquement certaines zones d'une photo pour améliorer l'apparence de cette dernière. Par exemple, il est parfois possible de retoucher un portrait en n'intervenant que sur une partie du visage. Vous devez commencer par sélectionner la zone à modifier dans Photoshop Elements, puis ajuster ses tons foncés, moyens et clairs grâce à la boîte de dialogue Niveaux. Les parties de l'image extérieures à la sélection ne subissent aucun changement.

Selon le niveau de détail du cliché, sélectionner une zone de celui-ci est parfois très long. Vous devez choisir l'outil le mieux adapté parmi tous ceux que propose Photoshop Elements pour accomplir cette tâche (consultez la tâche n° 64).

Pour un résultat optimal, mieux vaut dupliquer le calque de l'image originale ou tout autre calque à modifier, et apporter les retouches sur la copie. Vous conservez ainsi la version d'origine et pouvez annuler vos changements en cas de résultat insatisfaisant.

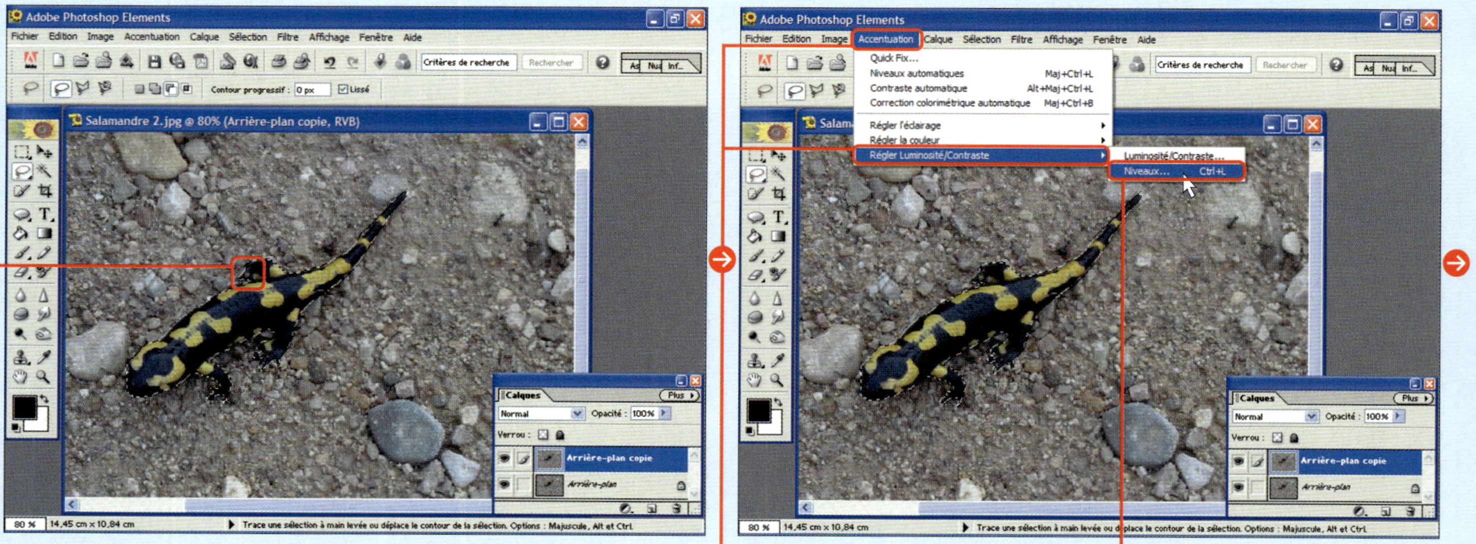

1 Avec un outil de sélection adapté, sélectionnez la zone de la photo à modifier.

2 Cliquez **Accentuation**.

3 Pointez **Régler Luminosité/Contraste**.

4 Cliquez **Niveaux**.

80

NIVEAU DE DIFFICULTÉ

Le saviez-vous ?

Il est possible de sélectionner rapidement toutes les zones extérieures à une sélection existante, tout en désactivant celle-ci. Cliquez simplement **Sélection** ⇨ **Intervertir**.

Le saviez-vous ?

Vous pouvez gagner du temps et économiser vos efforts en enregistrant vos sélections. Cela se révèle surtout intéressant lorsque vous sélectionnez un sujet aussi complexe que la salamandre ci-dessous, car vous pouvez ensuite retrouver la sélection à tout moment si vous devez de nouveau modifier la zone correspondante de l'image. Cliquez **Sélection** ⇨ **Mémoriser la sélection**. Dans la boîte de dialogue Mémoriser la sélection, tapez le nom à donner à la sélection et cliquez **OK**. Pour réutiliser de nouveau la sélection par la suite, cliquez **Sélection** ⇨ **Récupérer la sélection**, spécifiez la sélection à réactiver dans la boîte de dialogue Récupérer la sélection et cliquez **OK**.

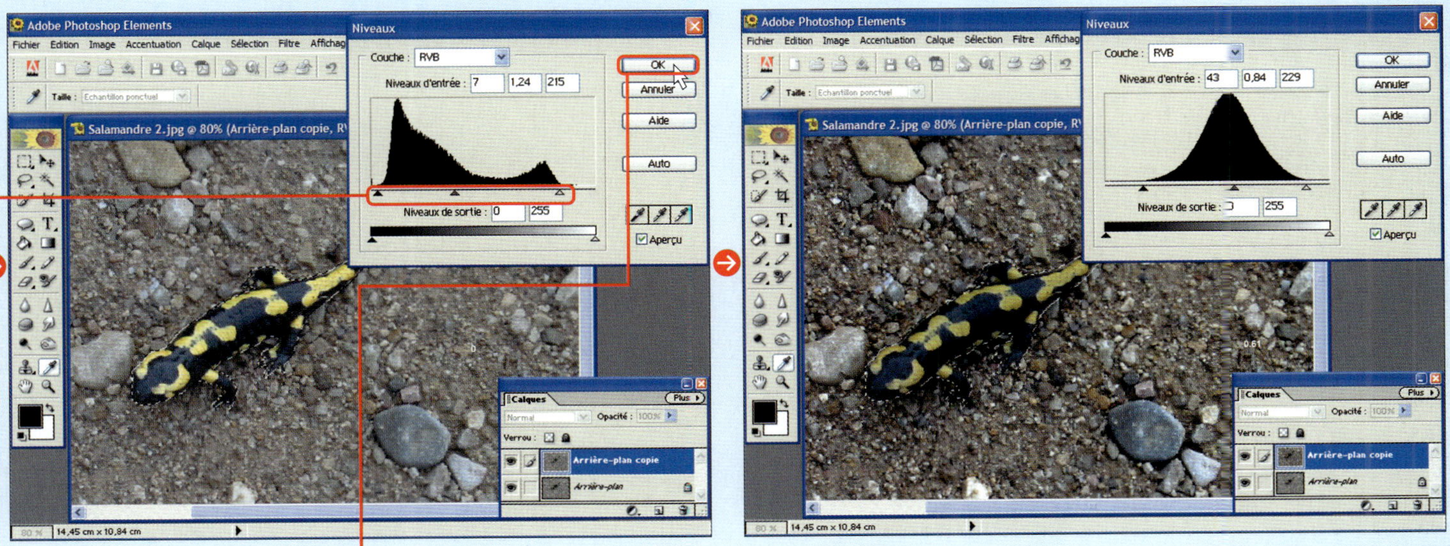

○ La boîte de dialogue Niveaux apparaît.

5 Faites glisser les curseurs des tons clairs, moyens et foncés pour assombrir ou éclaircir la partie sélectionnée de la photo.

○ Ici, nous éclaircissons toute la salamandre, sans affecter l'arrière-plan.

6 Cliquez **OK**.

○ Ici, nous avons inversé la sélection en tapant **Ctrl+Maj+I (z+Maj+I)**, puis rouvert la boîte de dialogue Niveaux.

○ Nous avons ensuite assombri l'arrière-plan sans affecter la salamandre.

○ Dans les deux cas, Photoshop Elements applique les ajustements tonaux à la seule zone sélectionnée.

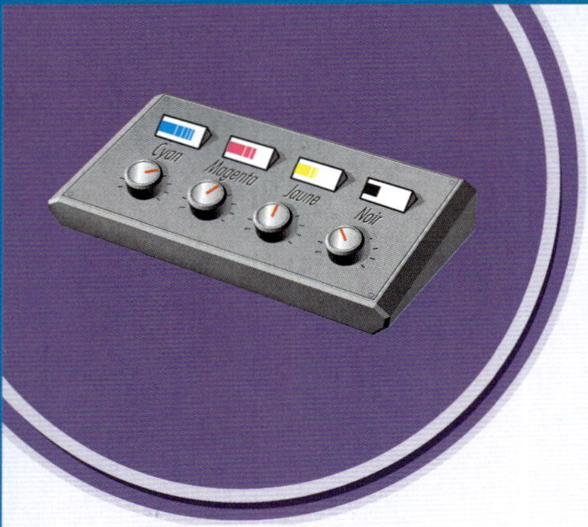

SUPPRIMEZ UNE COULEUR DOMINANTE

grâce à la commande Dominante couleur

Parmi les problèmes liés aux couleurs dont peuvent souffrir les photos, celui de la couleur dominante est l'un des plus fréquents. Il se produit souvent dans des scènes d'intérieur capturées sous un éclairage inapproprié avec une pellicule réservée aux prises de vue en extérieur et se traduit d'ordinaire par une coloration verte. Une couleur dominante peut aussi résulter d'un mauvais réglage de la balance des blancs sur un appareil numérique ou d'un scannage de piètre qualité. Photoshop Elements propose plusieurs outils pour éliminer ce type de problème, dont la commande Dominante couleur.

Pour bien utiliser cette fonction, vous devez identifier une zone qui devrait être grise, blanche ou noire dans le cliché et la spécifier au logiciel. Celui-ci change alors la composition colorimétrique globale de l'image pour compenser le décalage inapproprié des couleurs. Cliquer une zone déjà grise, blanche ou noire ne produit pas un effet satisfaisant. Photoshop Elements compare la zone prélevée de référence et ajoute du rouge, du vert et du bleu en quantités égales. Il décale également les couleurs restantes pour créer une neutralité colorimétrique.

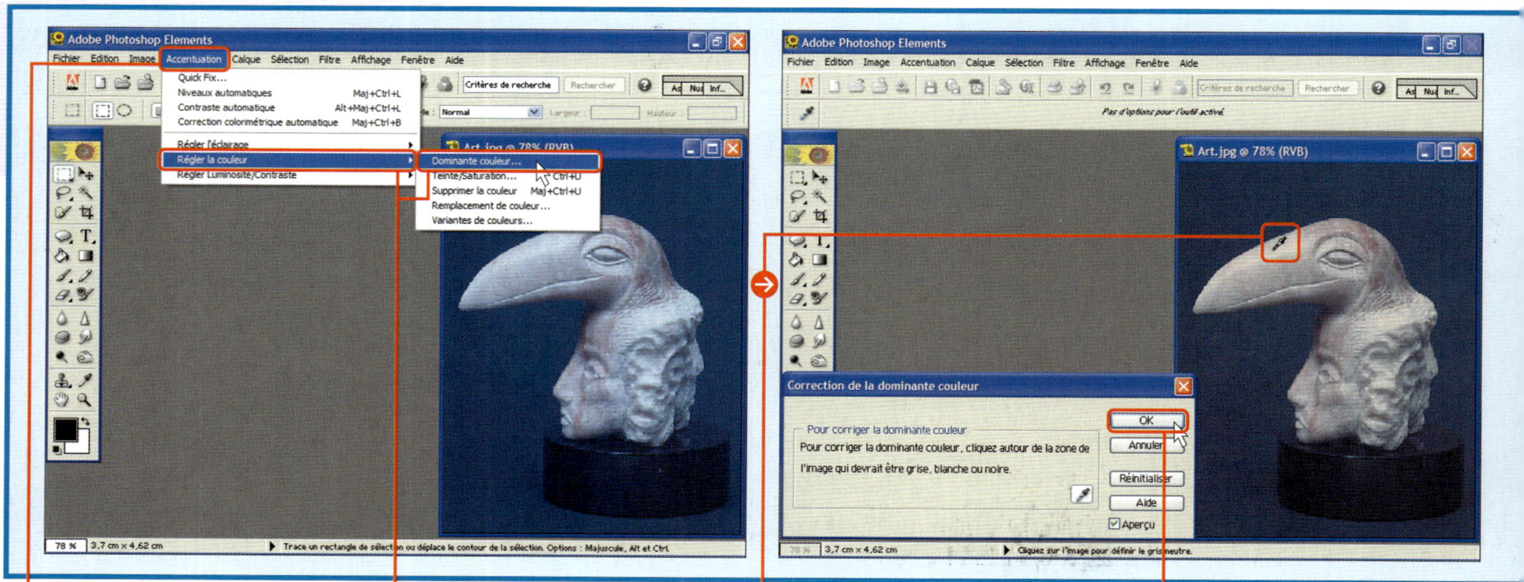

SUPPRIMEZ UNE DOMINANTE COULEUR BLEUE

○ Cette photo souffre d'une dominante couleur bleue due à l'arrière-plan.

(1) Cliquez **Accentuation**.

(2) Pointez **Régler la couleur**.

(3) Cliquez **Dominante couleur**.

○ La boîte de dialogue Correction de la dominante couleur apparaît.

(4) Cliquez une zone de l'image qui devrait être grise, blanche ou noire.

○ Cliquer une zone plus blanche produirait une coloration plus chaude.

(5) Cliquez **OK**.

○ Photoshop Elements supprime la dominante couleur bleue.

Le saviez-vous ?

Vous pouvez aussi supprimer une couleur dominante grâce à la commande Variantes de couleurs, qui permet d'ajuster à la fois la balance des couleurs, le contraste et la saturation. Pour l'utiliser, cliquez **Accentuation** ⇨ **Régler la couleur** ⇨ **Variantes de couleurs**. Dans la boîte de dialogue Variantes de couleurs, cliquez la gamme de tons à modifier, puis la miniature requise selon la couleur que vous voulez ajouter ou retirer dans l'image. Observez le résultat dans la zone **Après**. Une fois qu'il vous convient, cliquez **OK**.

81

NIVEAU DE DIFFICULTÉ

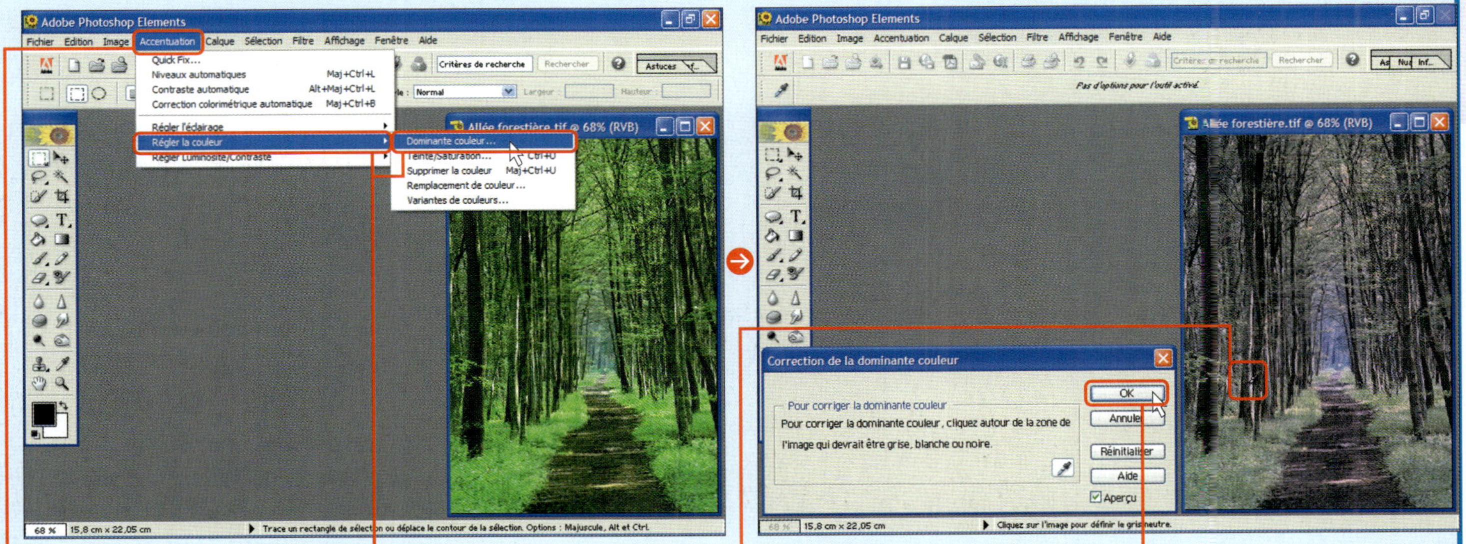

SUPPRIMEZ UNE DOMINANTE COULEUR VERTE

○ Cette photo souffre d'une dominante couleur verte due aux feuilles et aux herbes.

1 Cliquez **Accentuation**.

2 Pointez **Régler la couleur**.

3 Cliquez **Dominante couleur**.

4 Cliquez une zone de l'image qui devrait être grise, blanche ou noire.

○ Ici, cliquer un tronc sombre décale les couleurs vers un gris foncé.

5 Cliquez **OK**.

○ Photoshop Elements supprime la dominante couleur verte.

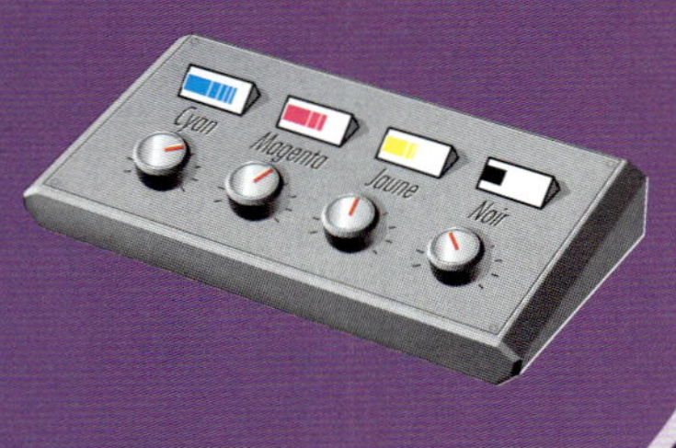

AJUSTEZ LES COULEURS

avec un calque de réglage de type Teinte/Saturation

Il est possible d'ajuster les couleurs d'une photo grâce à un calque de réglage de type Teinte/Saturation. Cela permet à la fois de changer la teinte dans le cliché, d'accentuer ou de réduire la saturation des couleurs et d'ajuster la luminosité de ces dernières. Un calque de réglage de type Teinte/Saturation est directement lié à la boîte de dialogue Teinte/Saturation.

Dans celle-ci, le curseur Teinte permet de changer les couleurs d'après la roue chromatique et de définir ainsi différentes teintes. Faire glisser ce curseur revient à se déplacer sur la roue chromatique. Le paramètre Saturation contrôle l'intensité (la pureté) des couleurs. Enfin, le curseur Luminosité permet d'ajuster la luminosité des couleurs.

Il est possible de retoucher toutes les couleurs d'une photo à la fois ou d'intervenir uniquement sur une gamme de couleurs, comme les jaunes ou les verts. Il suffit de spécifier les couleurs à affecter depuis la liste Modifier avant de déplacer les curseurs. C'est par défaut le paramètre Global qui est sélectionné : toutes les couleurs du cliché sont alors ajustées.

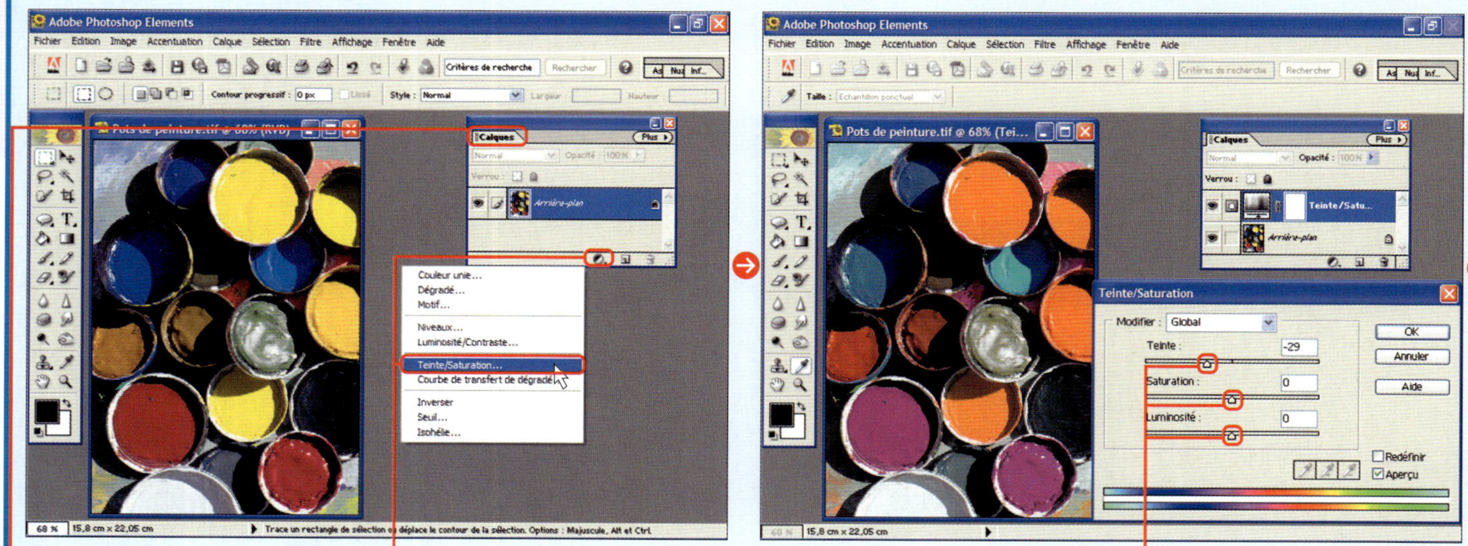

① Cliquez **Fenêtre** ⇨ **Calques** pour afficher la palette Calques.

Note. Vous pouvez aussi afficher la palette Calques en cliquant son onglet dans le conteneur de palettes.

② Cliquez le bouton **Créer un nouveau calque de remplissage ou de réglage**, puis **Teinte/Saturation**.

Note. Pour plus d'informations sur les calques de réglage, consultez la tâche n° 66.

○ Photoshop Elements ajoute un calque de réglage dans la palette calques et ouvre la boîte de dialogue Teinte/Saturation.

③ Faites glisser les curseurs souhaités pour ajuster la teinte, la saturation et/ou la luminosité des couleurs.

○ Ici, nous déplaçons le curseur **Teinte** pour changer la couleur des peintures.

82

NIVEAU DE DIFFICULTÉ

Le saviez-vous ?

Vous pouvez accentuer les couleurs d'une couche sélectionnée dans une image grâce à la boîte de dialogue Niveaux. Par exemple, si vous voulez intensifier uniquement les rouges d'un cliché, sélectionnez **Rouge** dans la liste **Couche**, ajustez les tons clairs, moyens et foncés à votre convenance et cliquez **OK**. Pour créer un calque de réglage de type Niveaux, consultez la tâche n° 77.

Le saviez-vous ?

Le mode de fusion Produit permet lui aussi d'intensifier les couleurs d'une photo. Dupliquez le calque à retoucher, puis sélectionnez **Produit** dans la liste des modes de fusion de la palette Calques. Ajustez ensuite l'effet obtenu grâce au curseur de la zone Opacité.

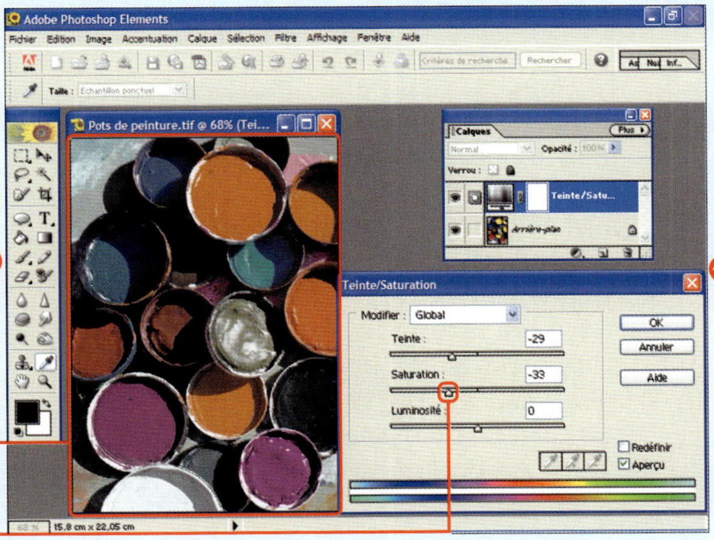

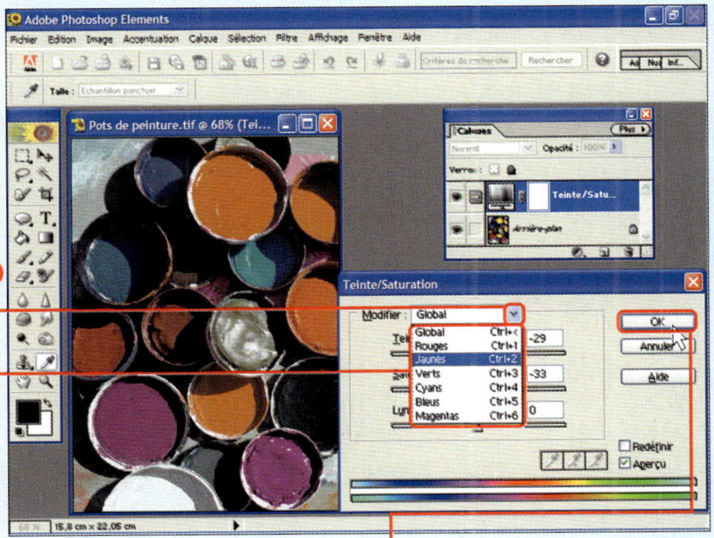

Ici, nous réduisons la saturation pour obtenir des couleurs moins intenses.

Vous pouvez n'affecter que certaines couleurs de l'image en cliquant ce bouton fléché et en sélectionnant la gamme souhaitée.

4 Cliquez **OK**.

Photoshop Elements ajuste les couleurs.

CHAPITRE 9

Imprimez vos photos

Bien que les clichés réalisés avec un appareil numérique s'échangent facilement par voie électronique, notamment par le biais d'une messagerie électronique, d'une page Web ou d'un écran de télévision, beaucoup de personnes ne jurent encore que par les photos papier. De nombreuses techniques permettent d'obtenir des sorties papier de qualité photo à partir des fichiers de vos prises de vue. Par exemple, vous pouvez réaliser des impressions sur une imprimante de bureau, en commander auprès d'un service en ligne ou confier vos fichiers à un laboratoire photo proche de chez vous.

Pour obtenir des impressions optimales, néanmoins, vous devez parfois apporter auparavant quelques ajustements fondamentaux à vos clichés. Si vous voulez que vos sorties papier se présentent comme les images à l'écran, il faut en outre prendre le temps d'étalonner votre moniteur et de créer ou de choisir les profils de couleurs appropriés pour l'imprimante, l'encre et le support employés.

Outre les retouches fondamentales à apporter à vos photos, vous devez vous assurer que celles-ci possèdent des proportions adaptées à la taille d'impression souhaitée, qu'elles sont assez grandes pour la sortie visée et que leur netteté a été accentuée en fonction de l'imprimante utilisée. Si vous vous servez de votre imprimante de bureau personnelle, vous pouvez aussi recourir à Photoshop Elements ou à un autre logiciel de retouche pour positionner précisément le cliché à l'endroit désiré sur la page, imprimer plusieurs images sur une même page ou créer des pages de miniatures qui tiendront lieu d'index.

TOP 100

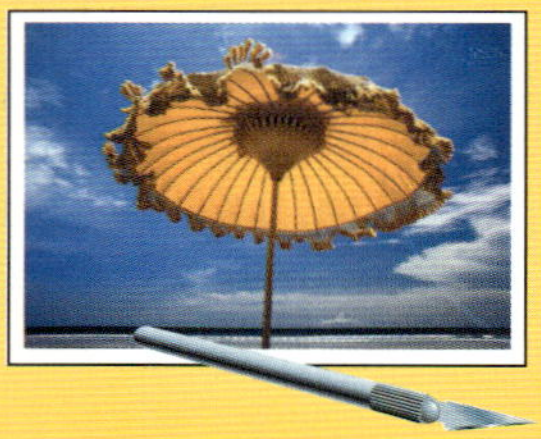

Maîtrisez la GESTION DES COULEURS

Votre appareil photo numérique, l'écran de votre ordinateur et votre imprimante ne restituent pas les couleurs de la même manière : chacun est limité d'une manière ou d'une autre sur la façon dont il peut afficher les couleurs. La *gestion des couleurs* repose sur un ensemble de matériels et de logiciels paramétrés pour garantir un rendu fidèle des couleurs sur tous les périphériques. Autrement dit, une fois votre matériel correctement configuré pour les couleurs, un camion de pompiers rouge vif capturé devant un ciel bleu clair apparaît aussi rouge à l'écran qu'à l'impression. Le ciel conserve lui aussi le même bleu.

Pour une gestion réussie des couleurs, quelques étapes importantes s'imposent. Vous devez étalonner votre moniteur, mais également choisir et utiliser les profils de couleurs appropriés pour chaque dispositif d'impression, ainsi que pour la combinaison imprimante/encre/papier employée. Prendre, retoucher et imprimer des photos numériques devient divertissant et facile dès lors que vous êtes certain d'obtenir des couleurs fidèles pour tous les matériels et logiciels impliqués. Si vous n'assurez pas une bonne gestion des couleurs, en revanche, vous risquez d'être déçu et de gaspiller votre argent en papier et en encre, faute d'impressions satisfaisantes.

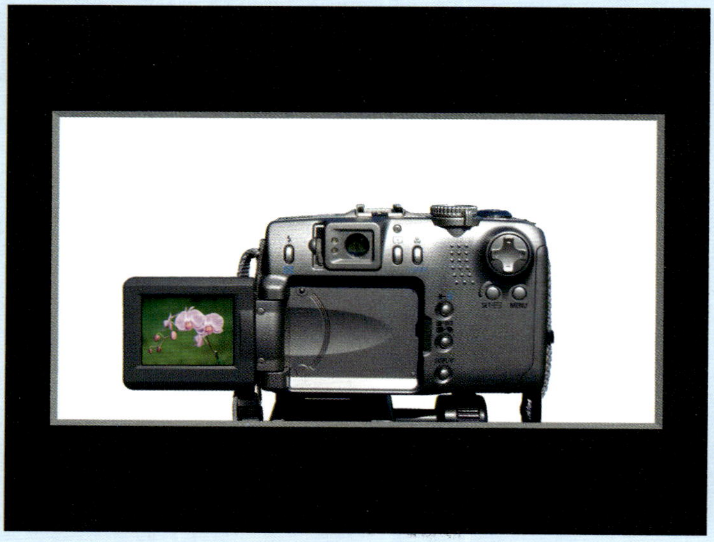

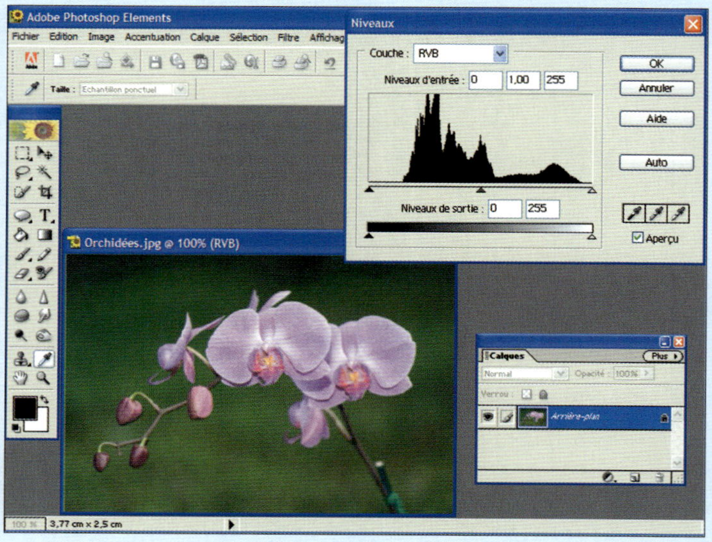

○ L'écran ACL de ce Canon PowerShot G3 affiche une miniature d'une photo d'orchidées.

○ Cet écran d'ordinateur affiche les orchidées telles qu'elles se présentaient au moment de la prise de vue.

83

NIVEAU DE DIFFICULTÉ

Le saviez-vous ?

Si vous travaillez sur un PC Windows, vous pouvez étalonner votre moniteur avec Adobe Gamma, utilitaire qui s'ajoute au Panneau de configuration quand vous installez Photoshop Elements. Pour y accéder, cliquez **démarrer** ⇨ **Panneau de configuration**, puis **Apparence et thèmes** et, enfin, **Adobe Gamma**. Si vous travaillez sur un Mac, vous pouvez utiliser l'utilitaire ColorSync d'Apple, stocké dans les Préférences système. Veillez à effectuer l'étalonnage dans les conditions d'éclairage dans lesquelles vous travaillez habituellement.

Le saviez-vous ?

Pour que l'étalonnage d'un moniteur d'ordinateur ou d'un écran ACL soit optimal, mieux vaut utiliser un colorimètre comme MonacoOPTIX pour écrans ACL et CRT (www.monacosys.com). Ce dispositif matériel se connecte sur le moniteur informatique : il peut alors lire les couleurs affichées par l'écran et créer un profil de couleurs approprié.

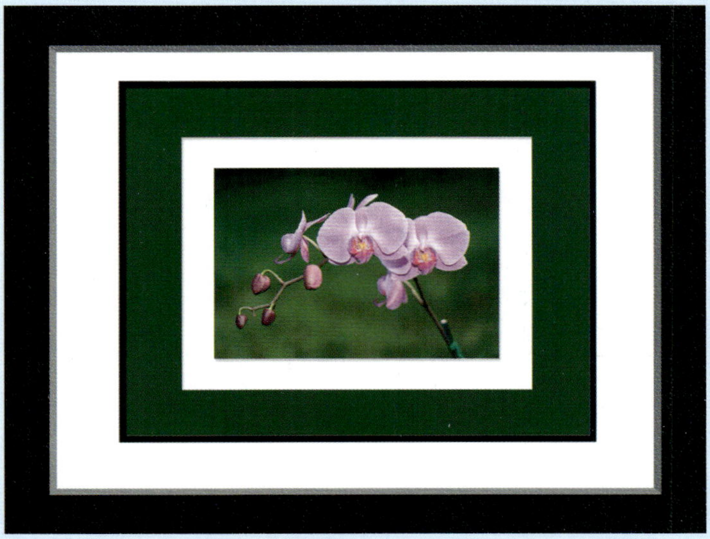

Les orchidées se présentent à l'identique sur cette impression que sur le moniteur et lors de la prise de vue.

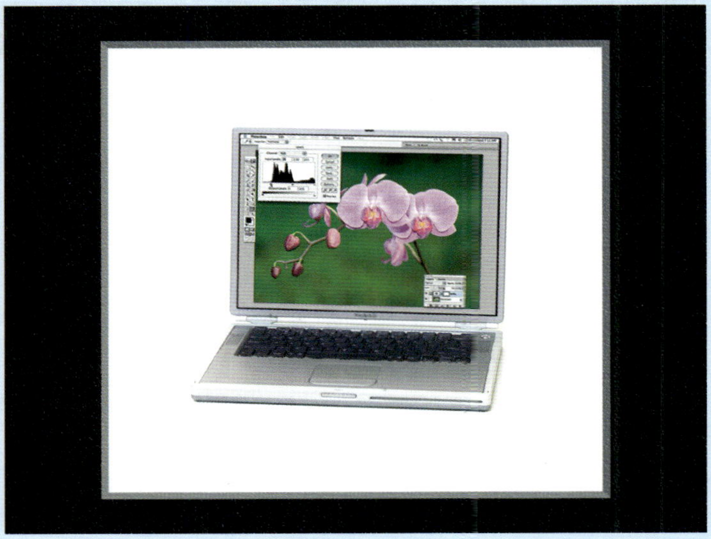

Les orchidées affichées sur l'écran ACL de ce Mac PowerBook G4 ont exactement la même apparence qu'à l'impression, sur le moniteur de PC et au moment de la prise de vue.

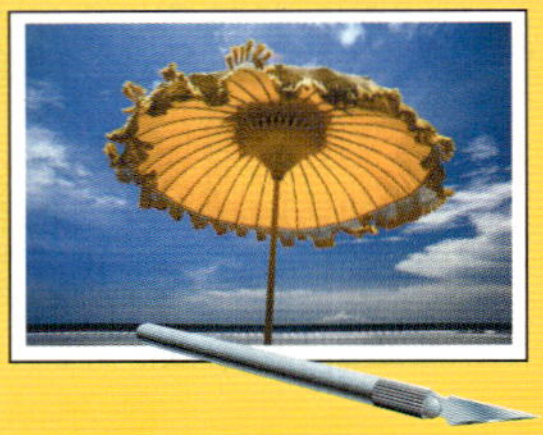

RECADREZ UNE PHOTO
à une taille spécifique

Recadrer une photo permet d'en supprimer les parties inutiles, mais aussi d'ajuster sa hauteur et sa largeur en fonction de la taille d'impression prévue. Photoshop Elements propose deux techniques pour cette tâche. La première consiste à sélectionner la zone du cliché à garder avec le Rectangle de sélection et à cliquer Image ⇨ Recadrer. La seconde repose sur l'outil Recadrage et offre quelques avantages, dont une précision accrue.

Avec l'outil Recadrage, en effet, vous pouvez rogner une photo en respectant des proportions spécifiques, une taille précise ou une résolution d'impression particulière. Cet outil permet en outre de faire glisser les bords du contour de recadrage pour l'ajuster aux dimensions voulues. Vous pouvez même faire pivoter l'image pour changer son orientation.

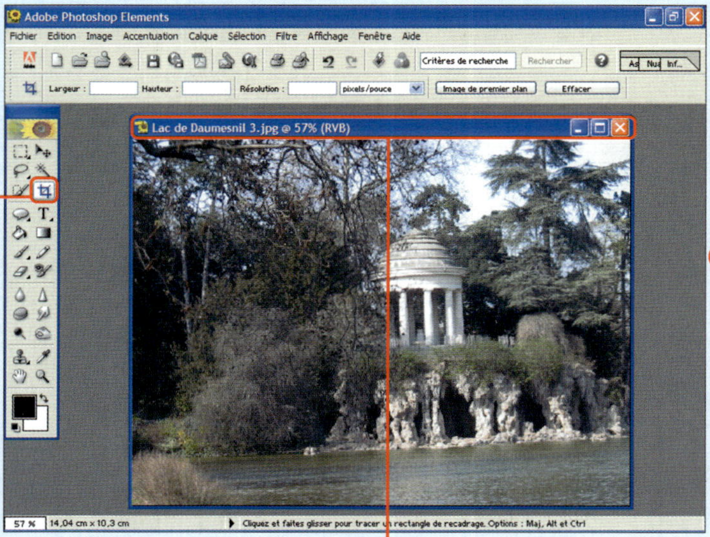

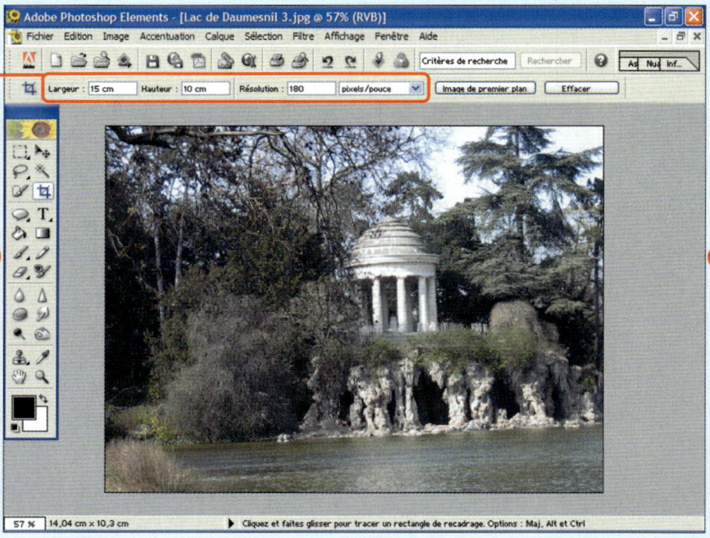

① Cliquez l'outil **Recadrage**.

② Si les zones Largeur, Hauteur et/ou Résolution renferment des valeurs qui ne vous conviennent pas, cliquez **Effacer**.

③ Double-cliquez la barre de titre de l'image pour agrandir sa fenêtre au maximum et faciliter ainsi le recadrage.

④ Tapez les dimensions et la résolution souhaitées, en sélectionnant l'unité adéquate.

○ Photoshop Elements enregistre les spécifications.

84

NIVEAU DE DIFFICULTÉ

Le saviez-vous ?

Vous pouvez agrandir ou réduire un contour de recadrage en faisant glisser ses poignées d'angle. Si vous avez spécifié des valeurs dans les zones **Largeur** et **Hauteur** de la barre d'options, Photoshop Elements préserve alors les proportions de la zone rognée. Il est par ailleurs possible de déplacer un contour de recadrage en cliquant dedans et en le faisant glisser.

L'outil Recadrage permet aussi d'agrandir la zone de travail. Faites simplement glisser ses poignées d'angle à l'extérieur de la photo.

Prudence !

Lorsque vous recadrez une photo en spécifiant une résolution, veillez à ne pas l'agrandir au point d'altérer sa qualité.

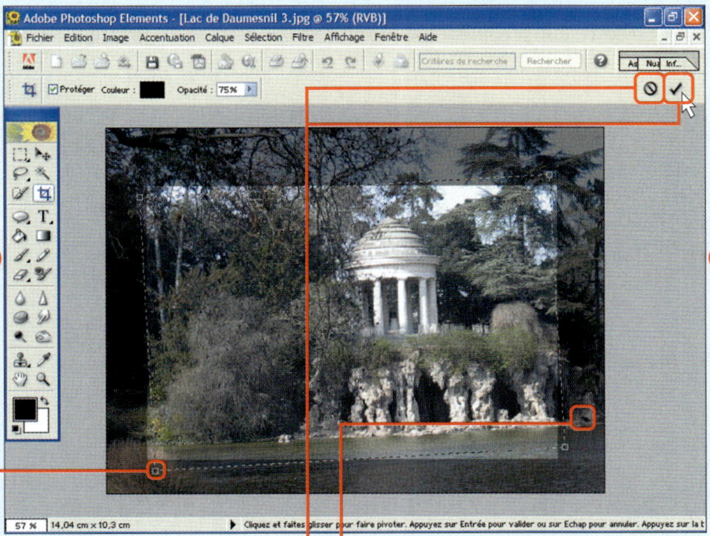

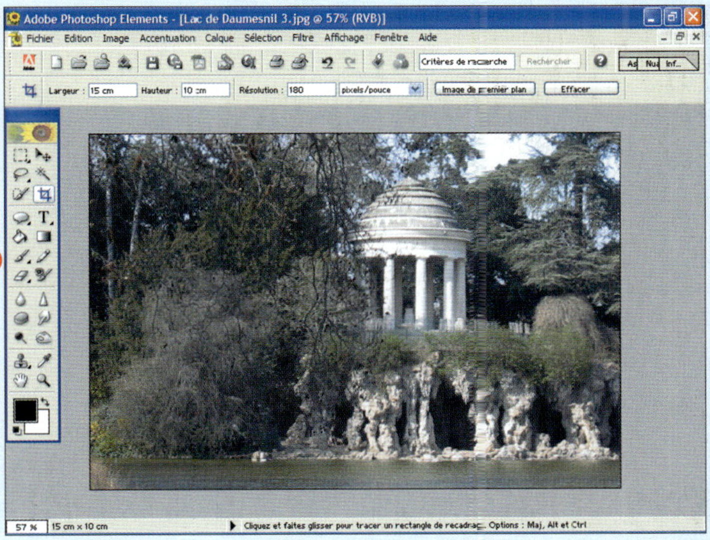

5 En faisant glisser le pointeur, tracez un cadre autour de la zone à conserver.

6 Si nécessaire, ajustez la taille du contour en faisant glisser une ou plusieurs poignées d'angle.

7 Si vous voulez faire pivoter la zone recadrée, placez le pointeur hors de celle-ci et, quand il se transforme en double flèche incurvée, faites glisser la zone dans le sens souhaité.

8 Cliquez cette coche pour valider le recadrage.

○ Vous pouvez annuler le recadrage en cliquant ce bouton.

○ En plus du recadrage, cette image a subi une rotation pour adopter une orientation parfaitement horizontale.

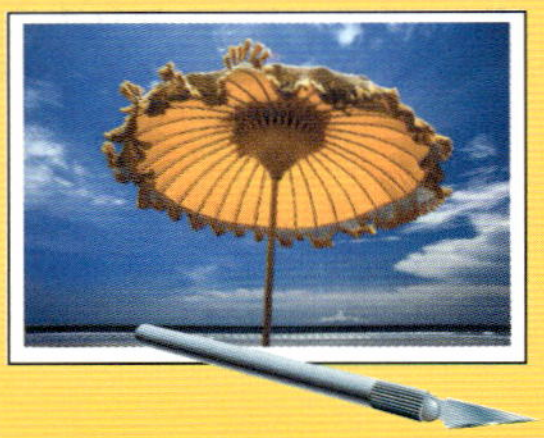

Réalisez une IMPRESSION DE GRANDE TAILLE

La taille maximale à laquelle vous pouvez imprimer vos clichés numériques dépend du nombre de pixels de votre appareil photo, de la qualité de la prise de vue et du plus grand suréchantillonnage possible que puisse subir l'image sans que sa qualité ne soit trop altérée. Plus un appareil enregistre de pixels, plus il peut donner lieu à de grandes impressions. Les photos qui renferment peu de bruit et des dégradés très progressifs ont plus de chances de pouvoir être imprimées à de grandes tailles que celles prises avec un indice ISO élevé, avec beaucoup de bruit (à moins que vous ne souhaitiez délibérément obtenir un tel effet).

Pour connaître la taille d'impression adaptée à une image, vous devez effectuer plusieurs sorties et comparer les épreuves. Il est possible de déterminer la taille d'impression optimale en divisant les dimensions en pixels par la « résolution d'impression optimale en ppp » de l'imprimante ou de tout autre dispositif de sortie. Prenons l'exemple d'une imprimante qui réalise d'excellentes sorties à 240 ppp. Si vous possédez un appareil photo 3,8 mégapixels, qui génère donc des images de 1 536 x 2 480 pixels, la taille d'impression idéale est de 6,4 x 10,3 pouces, soit environ 16,25 x 26,16 cm. Vous pouvez alors obtenir d'excellentes impressions de 15 x 20 cm, mais pas de 20 x 30 cm.

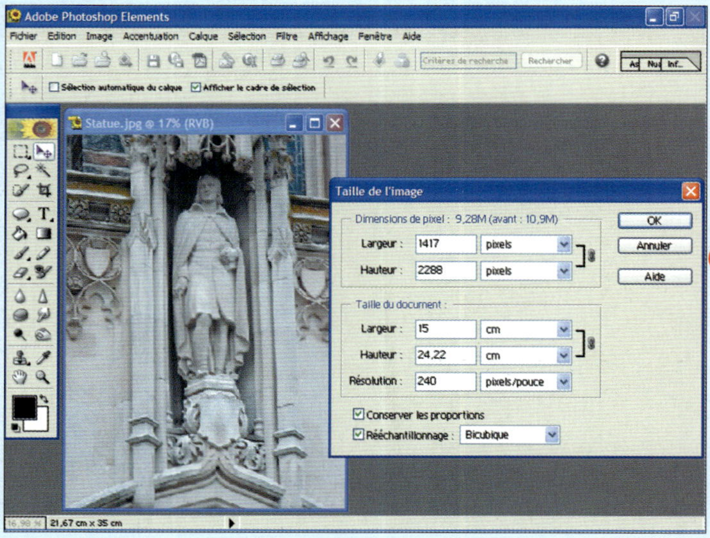

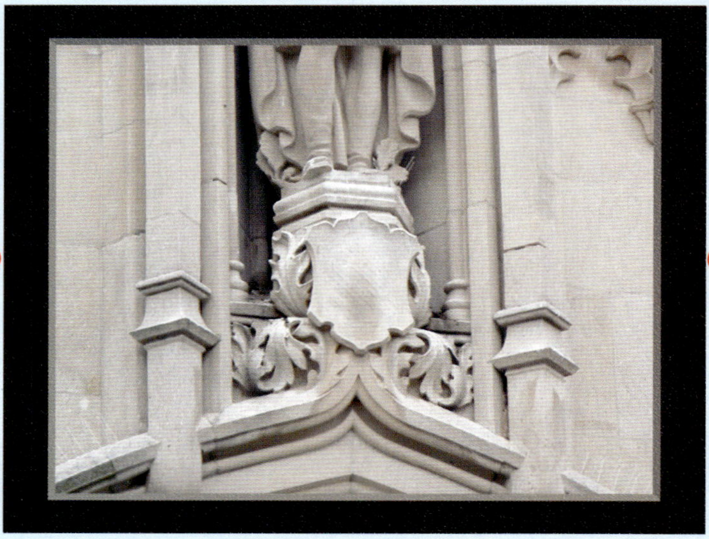

1 Cliquez **Image** ⇨ **Redimensionner** ⇨ **Taille de l'image**.

○ La boîte de dialogue Taille de l'image apparaît.

2 Dans la zone Résolution, tapez la résolution en ppp de l'imprimante à utiliser.

○ Laissez cochée la case Conserver les proportions.

3 Tapez la largeur ou hauteur souhaitée dans la zone Dimensions de pixels ou Taille du document.

○ L'image est redimensionnée.

4 Cliquez **OK**.

○ La taille d'impression optimale à 240 ppp est de 1 575 x 2 100 pixels.

○ De qualité intacte, cette image de 6,06 Mo possède presque les dimensions requises pour la taille d'impression optimale.

85

NIVEAU DE DIFFICULTÉ

Le saviez-vous ?

Certaines imprimantes se révèlent plus performantes que la commande Taille de l'image de Photoshop Elements dans l'agrandissement des images, c'est-à-dire le *suréchantillonnage.* C'est notamment le cas de la Lightjet 5000, qui assure sa propre interpolation, fondée sur ses composants matériels. Cette machine peut sortir des épreuves de qualité aussi grandes que 76 x 101 cm à partir de photos capturées par un appareil 3 mégapixels. Seuls les clichés numériques de qualité exceptionnelle qui ont subi des retouches extrêmement maîtrisées peuvent donner lieu à une impression satisfaisante après avoir été agrandis à ce point.

Prudence !

Après avoir agrandi une image, enregistrez toujours la version redimensionnée dans un nouveau fichier, afin de ne pas écraser l'original. Vous ne disposeriez sinon plus que d'un cliché de moindre qualité.

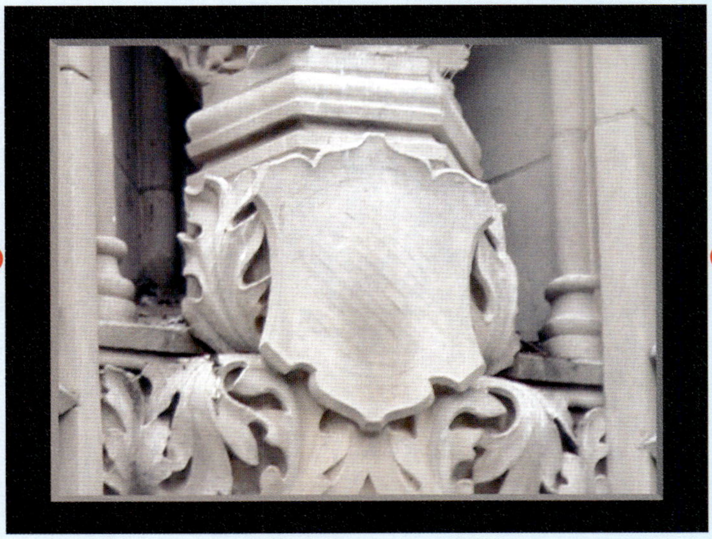

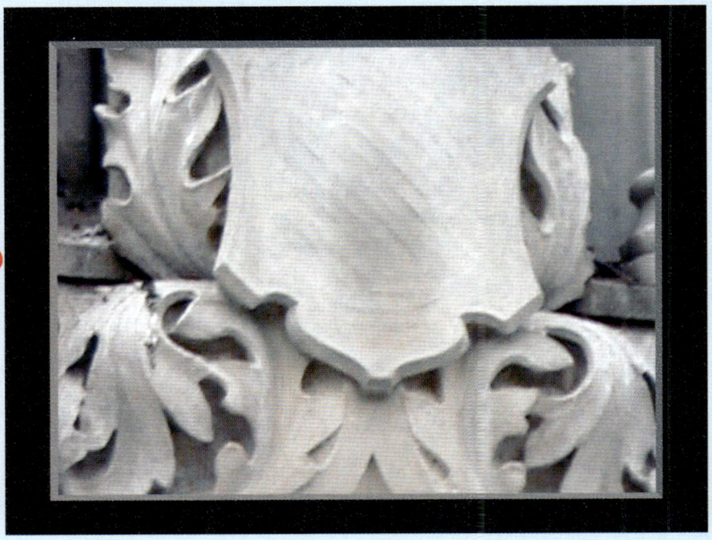

Cette photo suréchantillonnée mesure désormais 1 920 x 2 560 pixels, ce qui convient pour une impression de 28 x 35 cm à 240 ppp.

Cette image de 26,5 Mo a subi une dégradation de qualité évidente, mais acceptable.

Cette photo suréchantillonnée mesure désormais 3 840 x 5 120 pixels, ce qui convient pour une impression de 40 x 50 cm à 240 ppp.

Cette image de 56,3 Mo a été tellement agrandie que sa qualité a été altérée au-delà des limites acceptables.

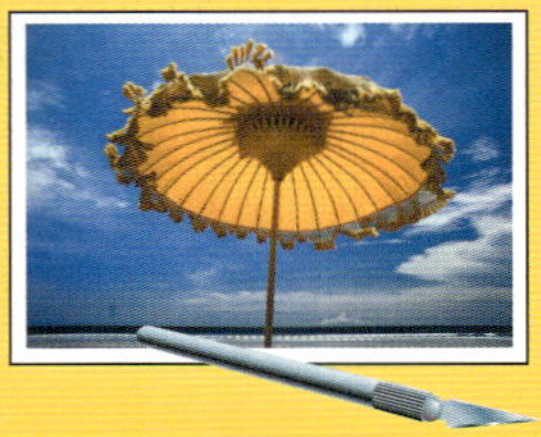

ACCENTUEZ LA NETTETÉ
d'une photo numérique

La plupart des photos prises avec un appareil numérique apparaissent légèrement atténuées, ou du moins pas aussi nettes qu'elles le devraient. Cela vient précisément de leur nature numérique. Les appareils numériques avec un nombre de pixels réduit sont incapables d'assurer une résolution suffisante pour produire des clichés aussi nets que ceux obtenus avec des appareils argentiques. Enregistrant les images sous une forme analogique, ces modèles permettent de capturer les détails importants au niveau des contours des composants d'une scène. Grâce à un programme comme Photoshop Elements, néanmoins, vous pouvez redonner à une photo numérique la même netteté que si elle avait été prise avec un appareil argentique. La manière la plus simple d'accentuer la netteté apparente d'un cliché consiste à appliquer le filtre Accentuation, intégré à la plupart des logiciels de retouche d'images.

Le paramétrage optimal de ce filtre varie pour une même photo en fonction de la taille et de l'exploitation finales de celle-ci. Par exemple, le réglage idéal pour une image de 800 x 600 pixels à afficher dans une page Web diffère radicalement de celui à employer pour une impression en haute résolution.

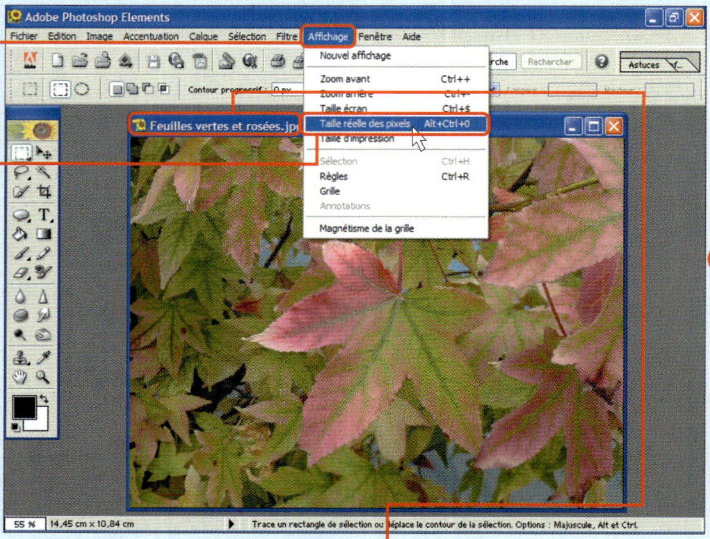

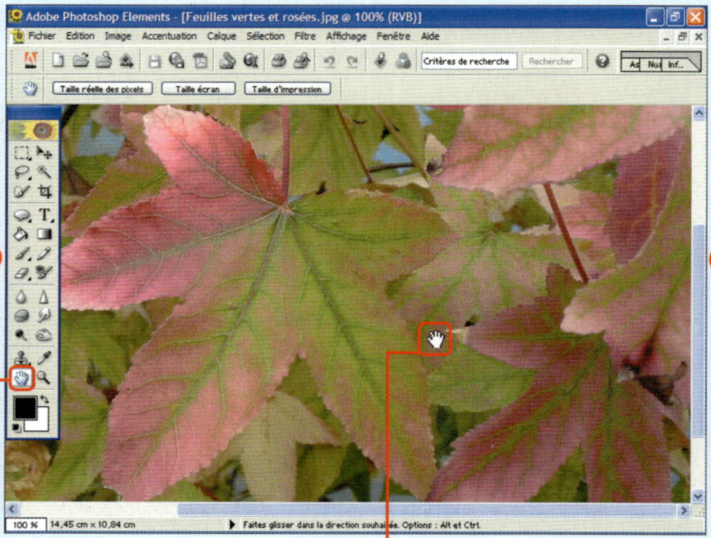

1. Cliquez **Affichage**.
2. Cliquez **Taille réelle des pixels** pour afficher l'image à sa grandeur réelle.
3. Double-cliquez la barre de titre de l'image pour agrandir sa fenêtre au maximum.
4. Cliquez la **Main**.
5. Faites glisser l'image dans sa fenêtre pour afficher une zone dans laquelle l'accentuation de la netteté sera particulièrement critique.

86

NIVEAU DE DIFFICULTÉ

Le saviez-vous ?

Photoshop Elements ne permet pas de renforcer la netteté d'une photo dont vous avez totalement raté la mise au point. En effet, le filtre Accentuation renforce uniquement la netteté existante mais insuffisante d'une photo. Si vous voulez donner une apparence extrêmement nette à un cliché, réalisez celui-ci avec une mise au point parfaite, puis appliquez le filtre Accentuation.

Le saviez-vous ?

Il est impossible de déterminer le meilleur paramétrage du filtre Accentuation pour l'impression d'une photo en examinant le résultat à l'écran. Lors de votre travail sur un moniteur informatique, l'idéal est d'examiner les effets obtenus sur l'image affichée à sa taille réelle. Néanmoins, vous ne pouvez apprécier le juste impact du filtre qu'en réalisant des impressions tests et en les comparant.

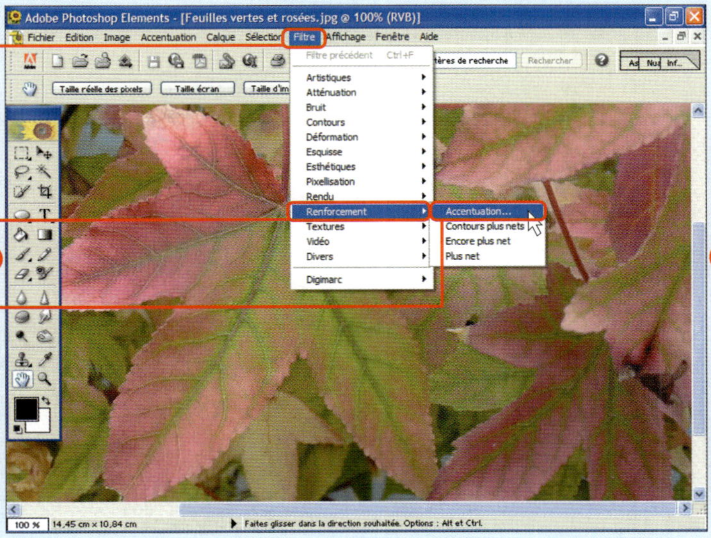

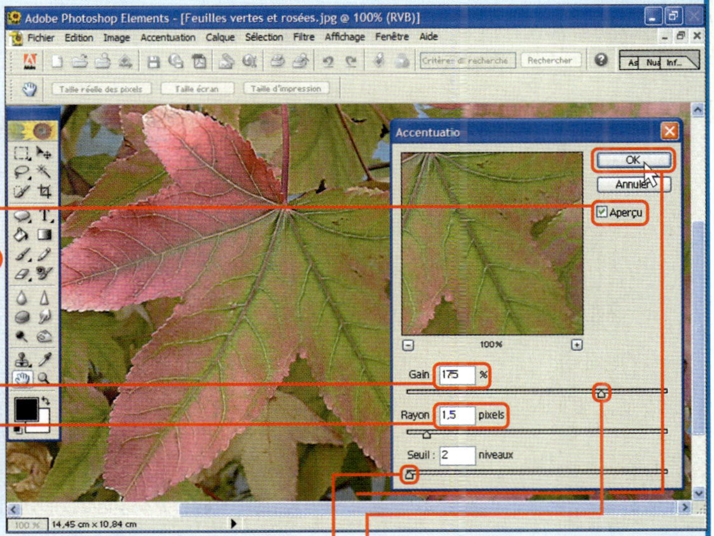

6 Cliquez **Filtre**.

7 Pointez **Renforcement**.

8 Cliquez **Accentuation**.

○ La boîte de dialogue Accentuation apparaît.

○ Assurez-vous que la case **Aperçu** est cochée pour visualiser l'impact des modifications au fur et à mesure.

9 Réglez le **Gain** sur 175 % et le **Rayon** sur 1, environ.

10 Faites glisser le curseur Gain jusqu'à ce que la netteté de l'image convienne.

11 Réglez le **Seuil** sur une valeur comprise entre 0 et 15 : l'image doit être nette mais ne pas renfermer de bruit.

12 Cliquez **OK**.

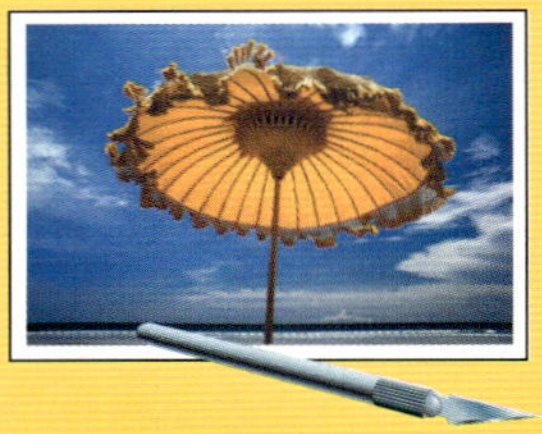

POSITIONNEZ DES PHOTOS AVEC PRÉCISION

sur une page

De nombreuses créations, comme un portfolio, un album ou une carte de vœux, peuvent vous obliger à positionner une ou plusieurs photos avec précision sur une page. Diverses méthodes s'offrent alors à vous. Le pilote de certaines imprimantes intègre une fonction qui permet de spécifier l'emplacement exact d'une image sur la page. Il est généralement conseillé d'y recourir lorsque vous n'imprimez qu'une seule photo dans la page.

La commande Image ⇨ Redimensionner ⇨ Taille de la zone de travail de Photoshop Elements permet d'ajouter de l'espace (du papier, en quelque sorte) autour d'un cliché à imprimer seul sur une page. Il vous suffit de spécifier l'importance des zones vides à ménager. Une autre technique consiste à créer une nouvelle page blanche et à y glisser-déposer la ou les photos à imprimer, puis à positionner celles-ci grâce aux règles.

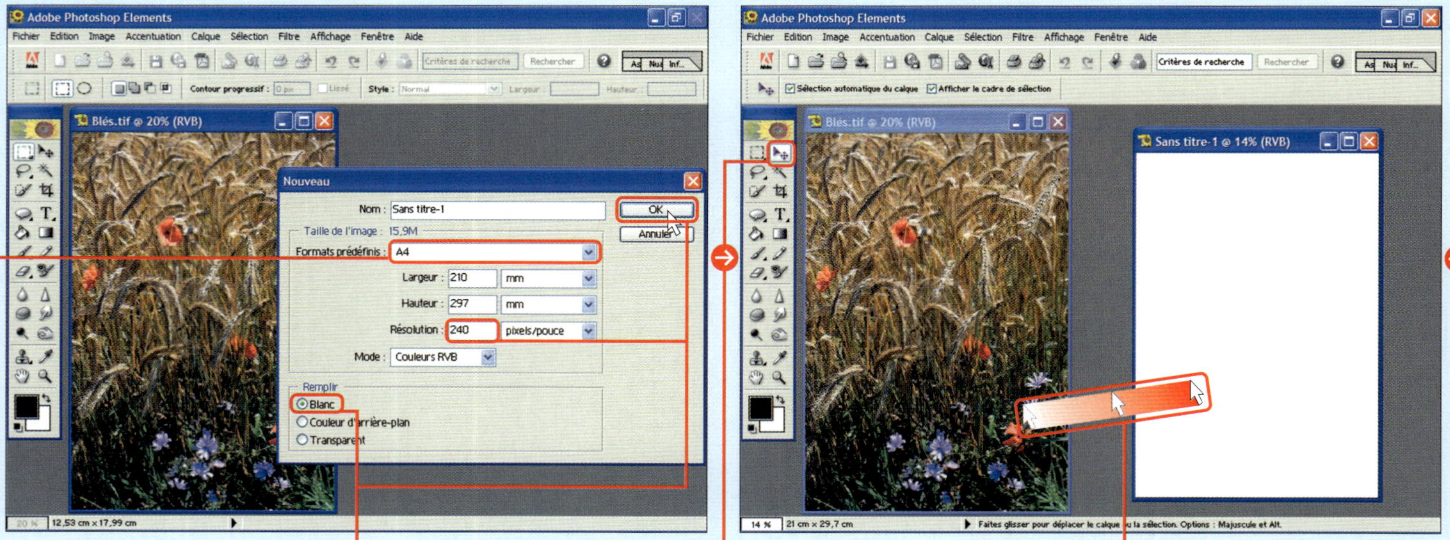

① Cliquez **Fichier** ⇨ **Nouveau** pour créer une page vide.

○ La boîte de dialogue Nouveau apparaît.

② Cliquez cette zone, puis **A4**.

③ Dans la zone **Résolution**, tapez la résolution en ppp de l'imprimante à utiliser.

○ Assurez-vous que l'option **Blanc** est activée.

④ Cliquez **OK**.

○ Photoshop Elements crée un nouveau document conforme à vos spécifications.

⑤ Cliquez l'outil **Déplacement**.

⑥ Glissez-déposez la photo à imprimer dans le nouveau document.

87

NIVEAU DE DIFFICULTÉ

Le saviez-vous ?

Lorsque vous glissez-déposez ou copiez-collez une image dans une page blanche au sein d'un nouveau document, Photoshop Elements la place sur son propre calque. Pour accéder à celui-ci, affichez la palette Calques. Vous pouvez ensuite lui appliquer toutes sortes d'effets, comme une ombre portée, en ouvrant la palette Styles de calque et en double-cliquant l'effet souhaité.

Le saviez-vous ?

À chaque fois que vous ajoutez une image sur son propre calque dans un nouveau document, vous augmentez la taille du fichier. Vous pouvez réduire celle-ci en fusionnant tous les calques par le biais de la commande **Calque** ⇨ **Aplatir l'image**. Si vous voulez conserver les calques en vue de modifications ultérieures, néanmoins, vous devez enregistrer le fichier au format PSD.

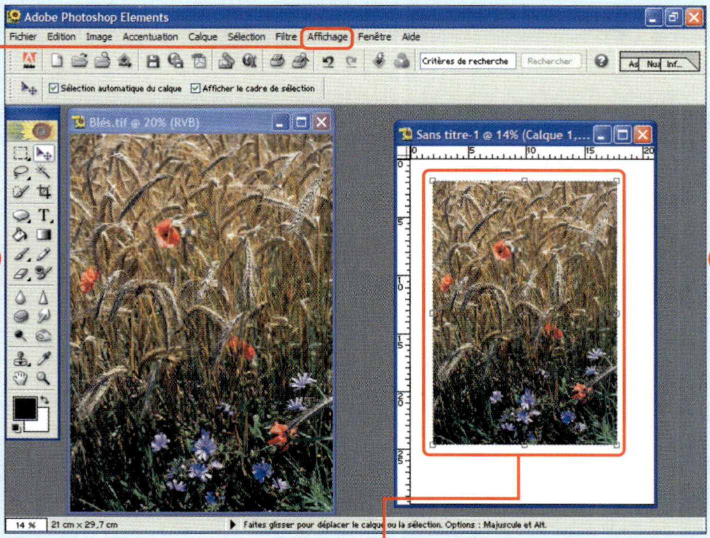

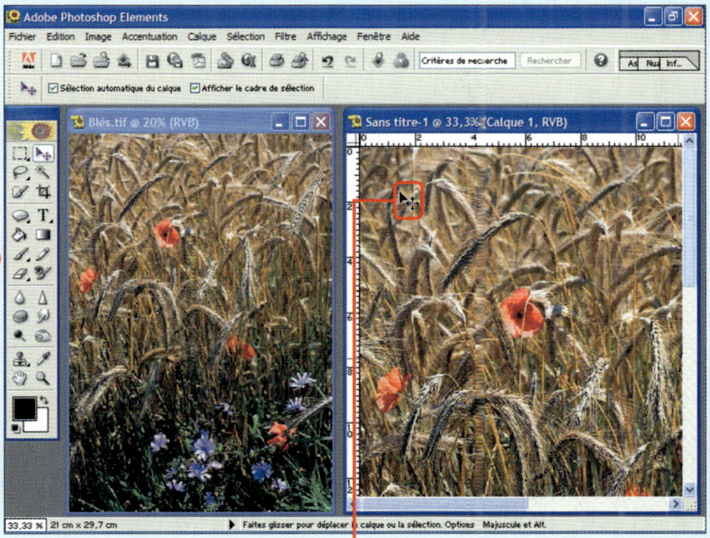

7 Cliquez **Affichage** ⇨ **Règles**.

○ Les règles apparaissent dans le nouveau document.

8 Faites glisser l'image à l'endroit souhaité.

○ Vous pouvez changer la taille de la photo en faisant glisser les poignées sur son contour. Pour préserver les proportions du cliché, déplacez une poignée d'angle en maintenant la touche **Maj** enfoncée.

9 Pour agrandir ou réduire l'affichage et ajuster ainsi la précision des règles en fonction de l'espace à visualiser dans la page, appuyez respectivement sur **Ctrl++ (⌘++)** ou **Ctrl+- (⌘+-)**.

10 Faites de nouveau glisser l'image pour ajuster précisément sa position.

○ Vous pouvez déplacer la photo d'un pixel à la fois vers le haut, le bas, la gauche ou la droite en tapant la touche fléchée correspondante.

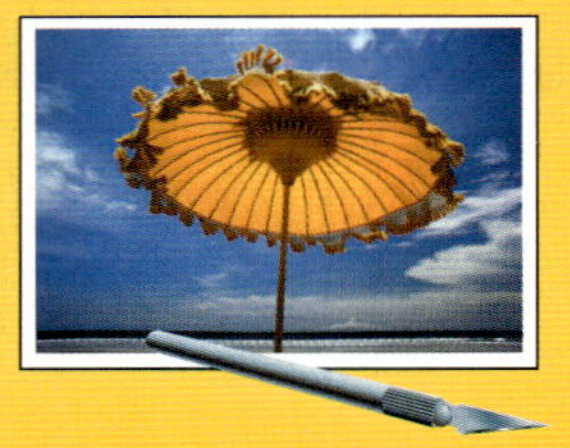

IMPRIMEZ PLUSIEURS PHOTOS
sur une même page

Vous pouvez économiser du papier photo, de l'encre et de l'argent en utilisant une mise en page qui permette d'imprimer plusieurs photos sur une même feuille. Bien qu'il soit possible de procéder manuellement avec divers outils de Photoshop Elements, mieux vaut préférer la fonction Collection d'images. En un clin d'œil et sans aucune difficulté, vous obtiendrez en effet une composition qui vous rappellera vos albums scolaires.

La fonction Collection d'images propose 20 mises en page prédéfinies, mais vous pouvez aussi créer les vôtres. Consultez à cette fin l'aide en ligne de Photoshop Elements. Par défaut, la fonction Collection d'images imprime plusieurs versions d'une photo unique, mais vous pouvez imprimer automatiquement tous les clichés d'un dossier sur une même page. Après avoir choisi une mise en page, cliquez simplement chaque espace réservé à une image et sélectionnez le cliché souhaité.

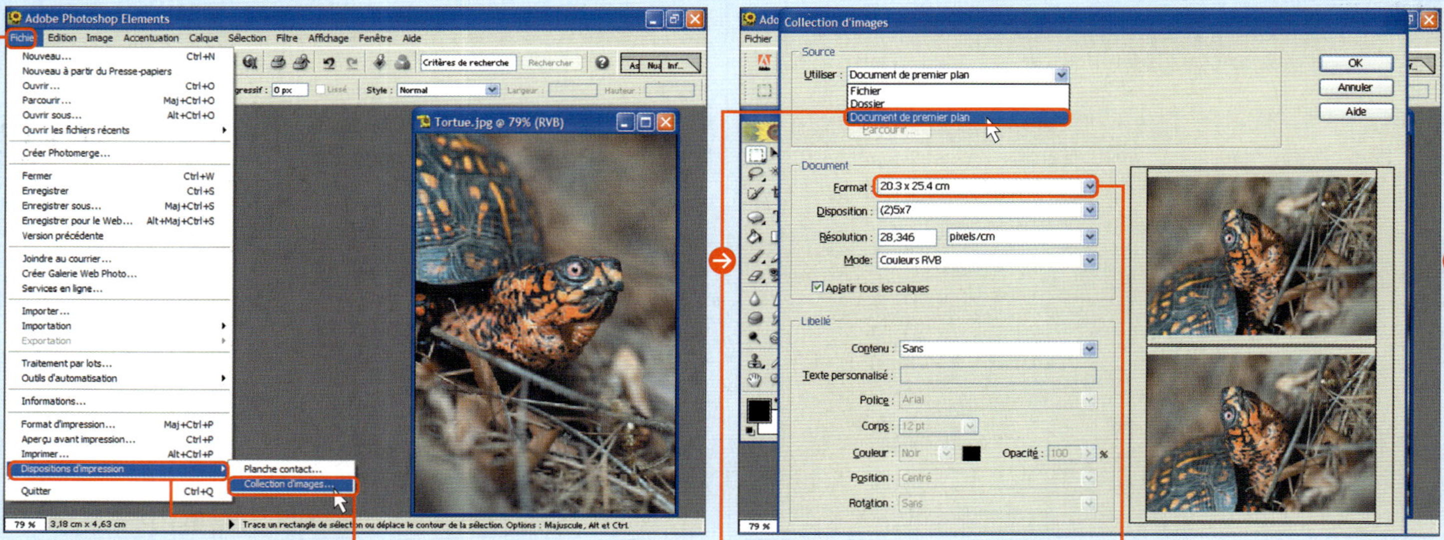

① Ouvrez et activez la photo à imprimer en plusieurs exemplaires sur une même page.

② Cliquez **Fichier**.

③ Pointez **Dispositions d'impression**.

④ Cliquez **Collection d'images**.

○ La boîte de dialogue Collection d'images apparaît.

⑤ Dans cette liste, sélectionnez **Document de premier plan**.

⑥ Cliquez cette zone, puis le format de page à utiliser.

88

NIVEAU DE DIFFICULTÉ

Le saviez-vous ?

Vous pouvez imprimer plusieurs photos différentes sur une même page en les réunissant dans un dossier dédié, en sélectionnant **Dossier** dans la zone **Source** de la boîte de dialogue Collection d'images et en spécifiant le dossier en question. Dans la zone d'aperçu de la boîte de dialogue, cliquez ensuite successivement chaque image et sélectionnez le fichier de la photo à imprimer à l'emplacement cliqué.

Le saviez-vous ?

La fonction Collection d'images permet de créer des mises en page constituées de photos différentes, que vous pouvez ensuite confier à un service d'impression en ligne, comme Photoways (consultez la tâche n° 90).

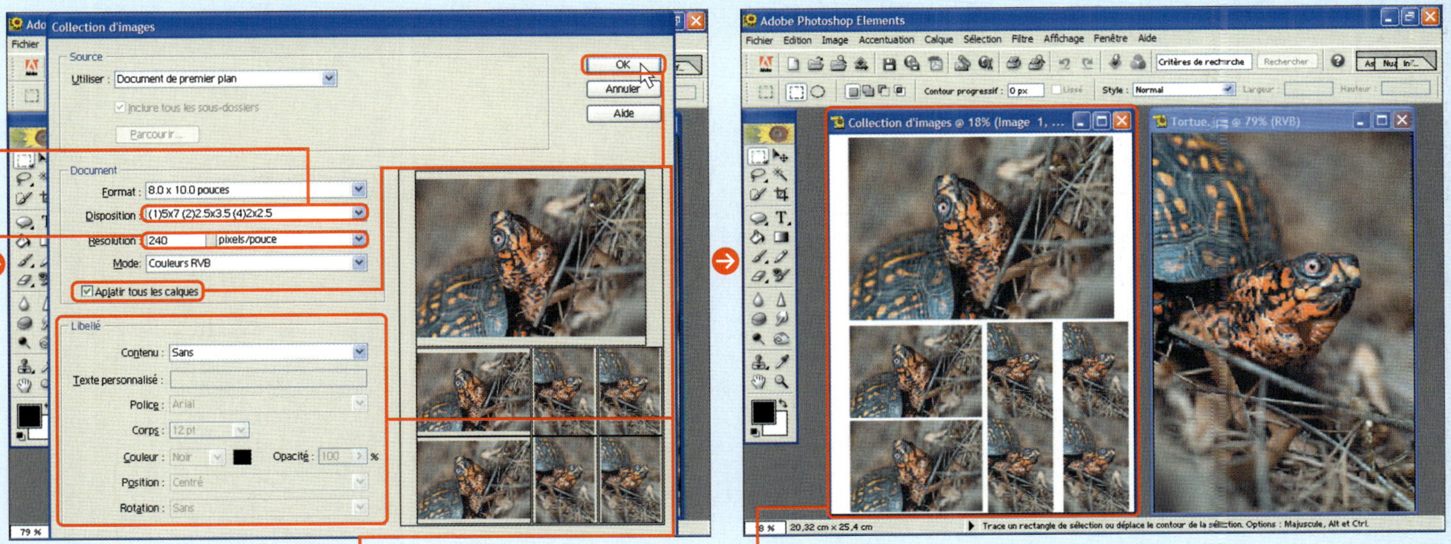

7 Cliquez cette zone, puis la mise en page à utiliser.

8 Dans la zone **Résolution**, sélectionnez l'unité **pixels/pouce** et tapez la résolution en ppp de l'imprimante à utiliser.

○ La résolution optimale est généralement égale à 240 ppp ou 300 ppp.

○ Assurez-vous que la case **Aplatir tous les calques** est cochée.

○ Vous pouvez ajouter un titre ou une mention de copyright en les spécifiant dans la zone Libellé.

9 Cliquez **OK**.

○ Photoshop Elements duplique l'image sélectionnée et dispose tous les exemplaires sur la page conformément à la mise en page choisie.

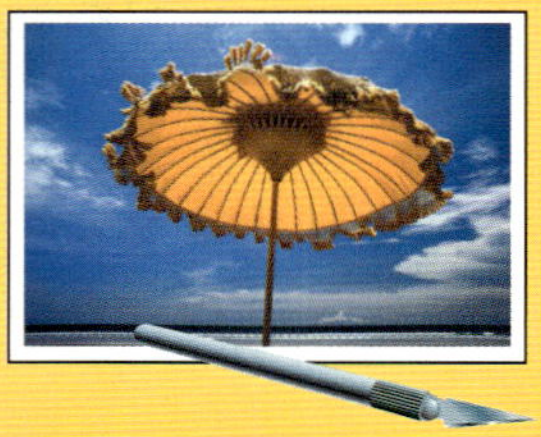

Imprimez des MINIATURES

Plus vous prendrez de photos numériques, plus vous aurez besoin de versions miniatures à des fins de référence et d'archivage. La fonction Planche contact de Photoshop Elements se révèle idéale pour créer automatiquement des images miniatures et les disposer élégamment sur une ou plusieurs pages dont vous aurez spécifié le format.

Vous pouvez profiter de cet outil pour produire des pages de miniatures à classer ensuite en classeurs ou à placer en jaquette de CD-ROM ou de DVD-ROM. Il est aussi possible de stocker les fichiers graphiques de ces pages, de façon à pouvoir consulter celles-ci aisément sur un écran d'ordinateur ou les afficher dans une page Web en tant qu'image unique. Après que vous avez sélectionné un ou plusieurs dossiers de clichés, la fonction Planche contact crée automatiquement les miniatures et les dispose sur une ou plusieurs pages, en incluant les noms de fichiers, si vous le souhaitez.

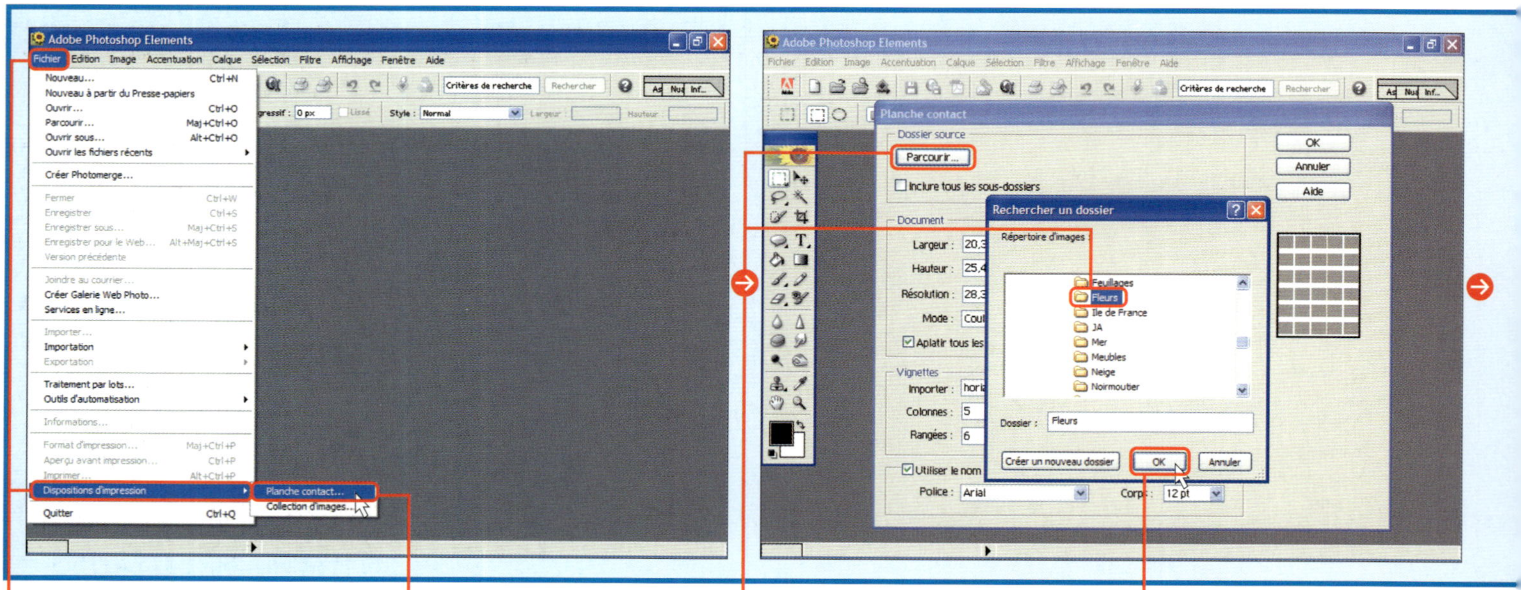

① Cliquez **Fichier**.

② Pointez **Dispositions d'impression**.

③ Cliquez **Planche contact.**

○ La boîte de dialogue Planche contact apparaît.

④ Cliquez **Parcourir**.

○ La boîte de dialogue Rechercher un dossier apparaît.

⑤ Sélectionnez le dossier qui renferme les images à partir desquelles créer des miniatures.

⑥ Cliquez **OK**.

89

NIVEAU DE DIFFICULTÉ

Le saviez-vous ?

Lorsque vous envisagez de partager un grand nombre de photos avec une personne par le biais d'une messagerie électronique, vous pouvez recourir à la fonction Planche contact pour créer des images miniatures en adoptant une taille adaptée à la résolution des écrans informatiques. Par exemple, il est possible de placer au moins 25 miniatures dans une image de 800 x 600 pixels qui constitue un fichier graphique d'une taille inférieure à 75 Ko.

Le saviez-vous ?

La fonction Planche contact convient parfaitement à la réalisation d'index pour un album ou un portfolio. Après avoir créé la page de miniatures, vous pouvez l'améliorer en appliquant des bordures et en ajoutant des titres ou d'autres informations textuelles. Il est même possible de réorganiser les miniatures sur la page dès lors que vous décochez la case **Aplatir tous les calques** dans la boîte de dialogue Planche contact.

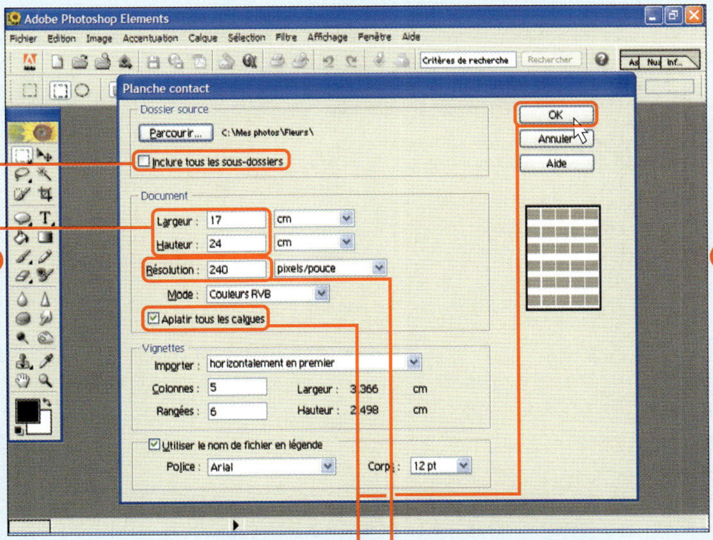

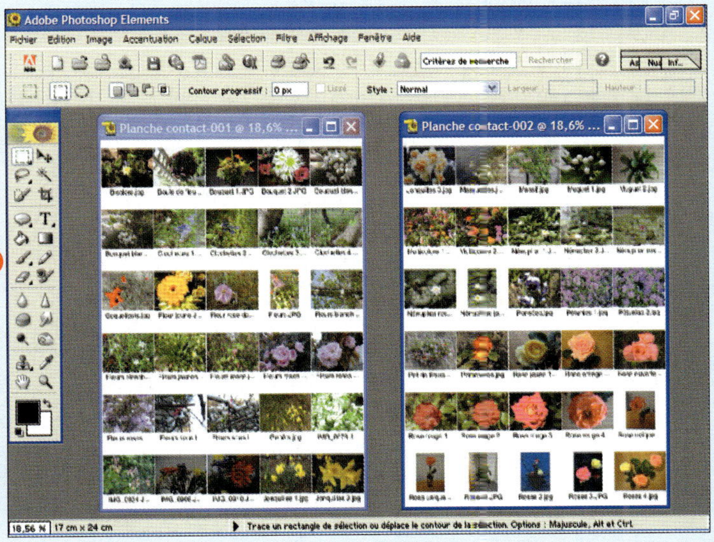

○ Cocher **Inclure tous les sous-dossiers** crée des miniatures des images dans le dossier sélectionné et ses sous-dossiers.

7 Spécifiez les dimensions souhaitées pour la planche (légèrement inférieures au format de la page d'impression).

8 Dans la zone **Résolution**, spécifiez la résolution en ppp de l'imprimante à utiliser (généralement 240 ppp ou 300 ppp).

○ Assurez-vous que la case **Aplatir tous les calques** est cochée.

9 Cliquez **OK**.

○ Photoshop Elements crée autant de pages que nécessaires pour accueillir les planches de toutes les miniatures au format spécifié.

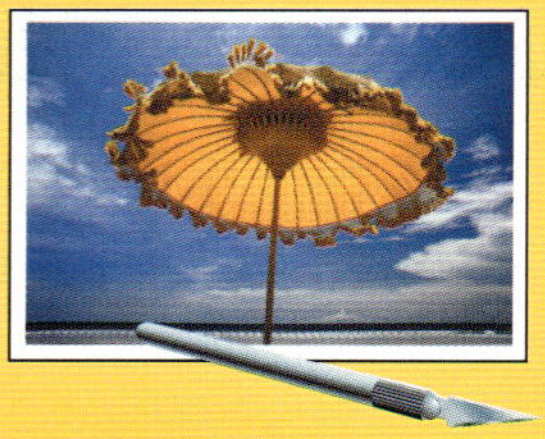

Commandez des IMPRESSIONS EN LIGNE

Si vous aviez l'habitude de recourir à un laboratoire photo proche de chez vous pour faire développer vos photos argentiques en une heure, vous serez convaincu par les services d'impression en ligne. Si vous devez attendre plus d'une heure avant de récupérer vos tirages, vous pouvez sélectionner, retoucher et transférer les clichés souhaités et en commander des impressions directement depuis votre ordinateur à tout moment : plus besoin de vous rendre sur place pour déposer vos pellicules ni d'y retourner pour récupérer vos photos papier. Une fois vos fichiers graphiques transférés sur le site du service d'impression en ligne, ils sont imprimés, et les tirages vous sont envoyés par la poste dans les jours qui suivent.

Certains services en ligne permettent en outre de stocker vos photos sur une page Web sous la forme d'un album que vous pouvez alors partager avec d'autres internautes en leur indiquant l'adresse. Ces personnes peuvent ensuite consulter vos clichés dans leur navigateur. Outre des tirages papier traditionnels à des prix très compétitifs, vous pouvez commander des impressions de vos images sur des cartes de vœux, des calendriers, des tasses, *etc*.

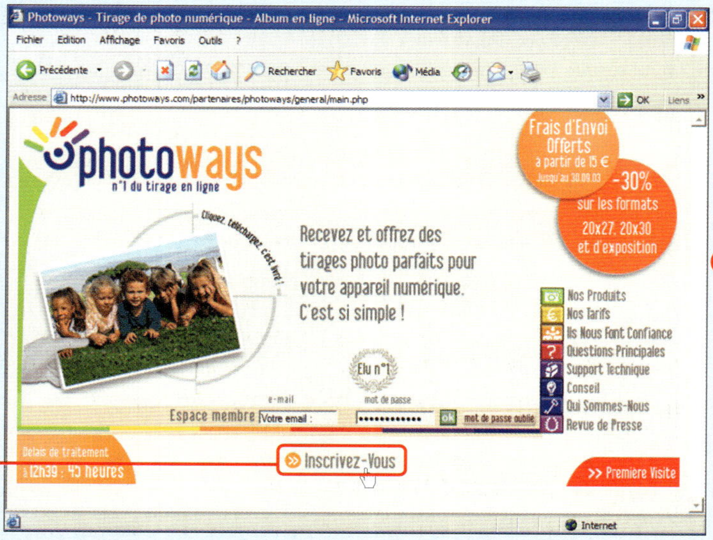

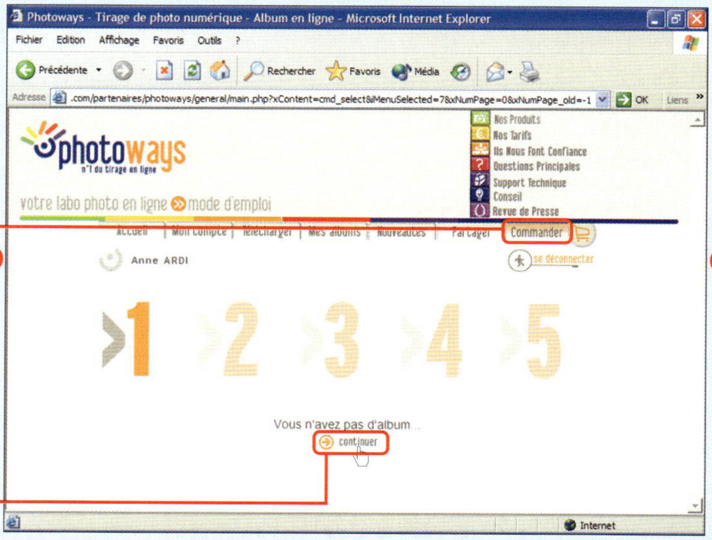

① Affichez la page d'accueil de Photoways dans votre navigateur Web (www.photoways.com).

② Cliquez **Inscrivez-Vous** et renseignez le formulaire qui apparaît pour vous inscrire auprès de Photoways et pouvoir commander des impressions.

Note. Lors de vos prochaines visites, il vous suffira de taper votre adresse électronique et votre mot de passe dans les zones correspondantes de la page d'accueil pour accéder aux services de Photoways.

③ Cliquez l'onglet **Commander**.

④ Cliquez **continuer** pour créer un album.

*Note. Quand vous avez déjà créé un album, il suffit le sélectionner dans la liste déroulante **Choisissez un album**.*

90

NIVEAU DE DIFFICULTÉ

Mise en pratique !

Nous avons choisi d'illustrer la commande d'impressions en ligne avec le site Photoways, premier prestataire français en la matière. Il en existe néanmoins beaucoup d'autres que vous pouvez tester. Citons notamment AGFAnet (www.agfanet.com), Bellapix (www.bellapix.com), Photomania (www.photomania.com) et PhotoReflex (www.photoreflex.com).

Si vous travaillez sur un Mac, vous aurez tout intérêt à utiliser Apple iPhoto 2 (www.apple.com/fr/software/) qui permet de transférer des clichés pour en commander des impressions papier, mais aussi de classer vos photos et de créer des albums.

Le saviez-vous ?

Avant de commander des impressions auprès d'un service en ligne, prenez le temps de retoucher les photos à transférer et de les recadrer à une taille dont les proportions respectent celles du format d'impression visé. Enregistrez-les ensuite au format JPEG dans un dossier dédié.

SUITE

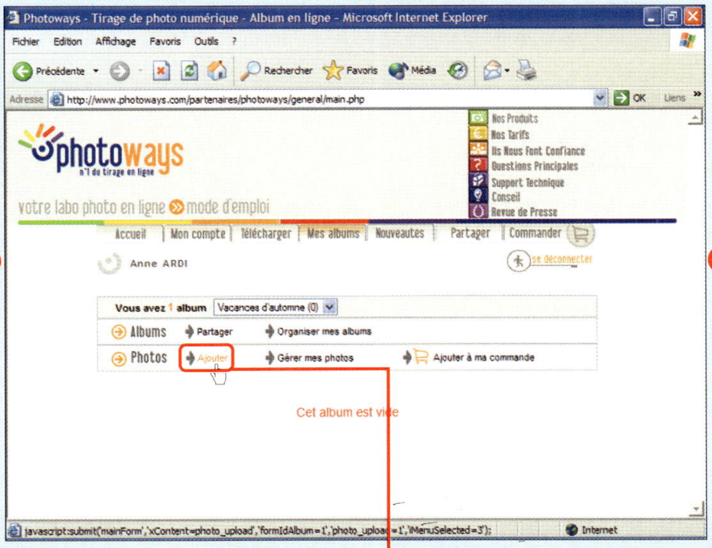

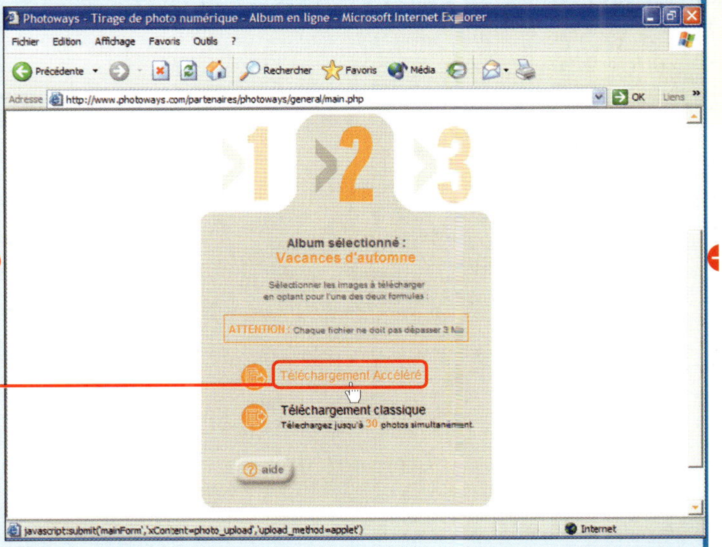

5 Dans la page suivante, tapez le nom à donner à votre album et cliquez **Valider**.

6 Quand Photoways indique que l'album a été créé, cliquez **OK**.

7 Cliquez **Ajouter**.

8 Cliquez **Téléchargement Accéléré**.

○ Photoways vous invite à télécharger l'applet qui permet de transférer vos photos vers le site de la société.

9 Cliquez **Oui**.

Note. Vous n'aurez pas à effectuer l'étape ***9*** *lors de votre prochaine visite.*

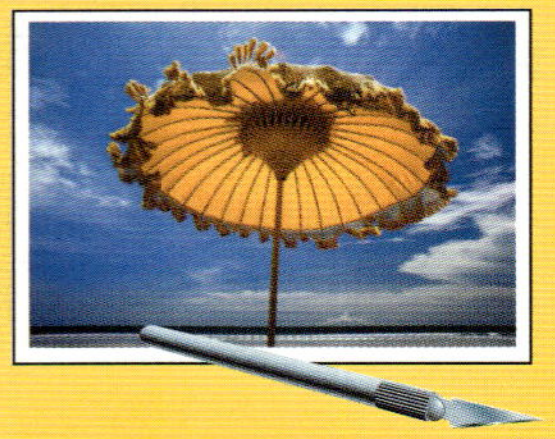

Commandez des IMPRESSIONS EN LIGNE

Avant de pouvoir commander des impressions sur le site du prestataire Photoways, vous devez vous inscrire en remplissant un formulaire. Cela fait, vous pouvez créer un album des photos à imprimer et transférer celles-ci sur le site.

Une fois les clichés sur le site, Photoways en affiche des miniatures. Cela facilite votre commande en vous permettant de visualiser les photos à chaque étape cruciale. Après avoir sélectionné les clichés à imprimer, vous pouvez spécifier entre autres le format d'impression et le nombre d'exemplaires. En cas de regret, il est également possible de retirer une photo de la commande en cliquant son lien Supprimer cette image.

Les dernières étapes de la commande sont extrêmement classiques : comme à l'accoutumée, vous devez spécifier les renseignements personnels indispensables, tels que votre adresse et le mode de règlement.

SUITE

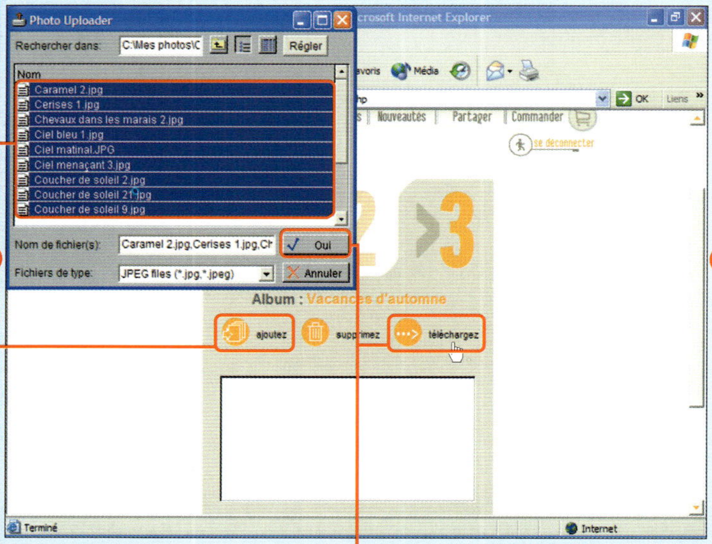

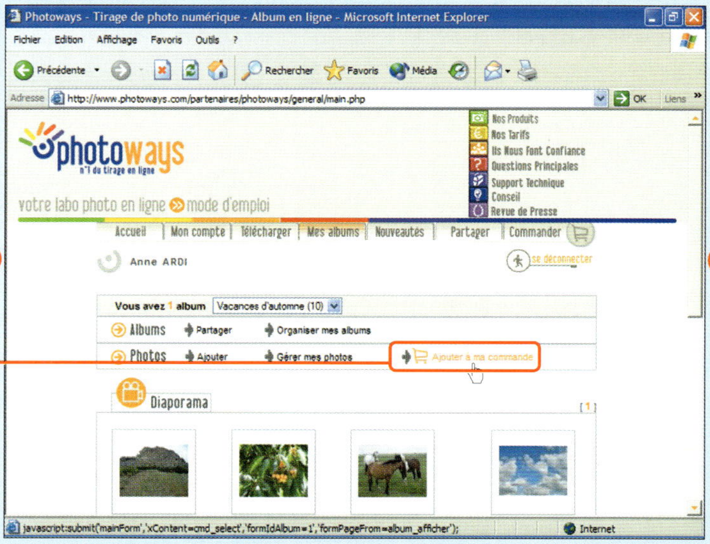

⑩ Cliquez **ajoutez**.

○ La boîte de dialogue Photo Uploader apparaît.

⑪ Localisez et sélectionnez les fichiers à imprimer.

⑫ Cliquez **Oui**.

⑬ Cliquez **téléchargez** pour transférer les photos sur le site.

⑭ Après le transfert des photos, cliquez **OK**.

⑮ Cliquez **Ajouter à ma commande**.

90 SUITE

Le saviez-vous ?

Après avoir créé un album sur Photoways, vous pouvez le partager avec des amis, des membres de votre famille ou des collègues *via* le Net. Cliquez l'onglet **Mes albums**. Sélectionnez l'album souhaité dans la liste déroulante et cliquez **Partager**. Indiquez le contact auquel transmettre votre album, spécifiez un sujet, tapez un message d'accompagnement et cliquez **Continuer**.

Le saviez-vous ?

Outre les photos papier traditionnelles, Photoways permet d'imprimer vos clichés sur des supports plus originaux, comme des calendriers, des tasses, des ours en peluche ou des pendentifs. Vous en obtiendrez la liste et une description en cliquant le lien **Nos Produits** dans l'angle supérieur droit de la page d'accueil.

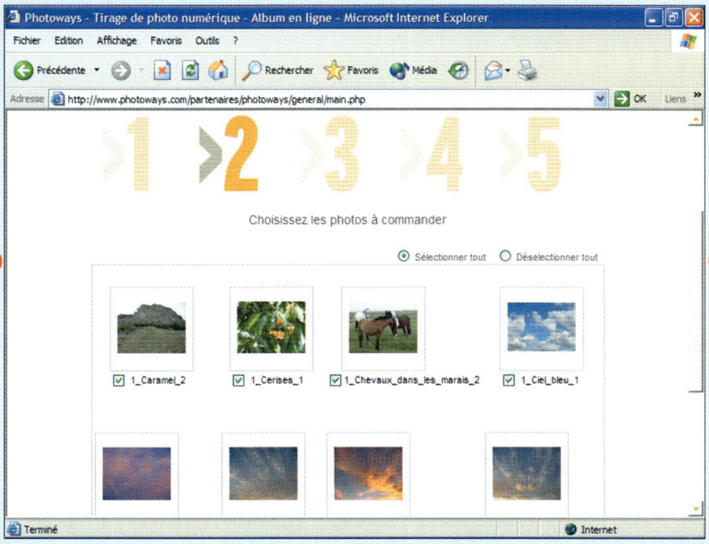

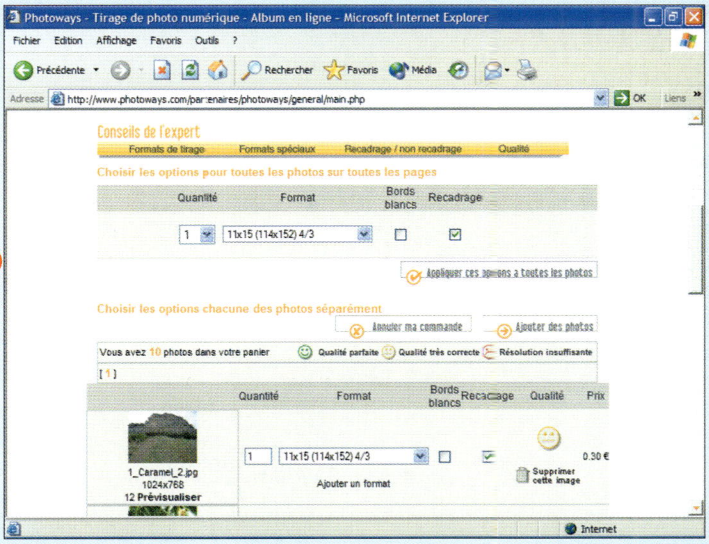

⑯ Cliquez **Sélectionner tout** pour faire imprimer l'ensemble des photos, ou cochez uniquement celles que vous voulez faire imprimer.

⑰ Au bas de l'écran, cliquez **Continuer**.

⑱ Spécifiez le format d'impression et le nombre d'exemplaires voulus, et demandez éventuellement l'ajout d'un cadre blanc et un recadrage des images.

○ Vous pouvez définir des options différentes pour chaque photo en faisant vos choix en regard des clichés, et non dans la partie supérieure de l'écran.

⑲ Au bas de l'écran, cliquez **Continuer**.

⑳ Terminez votre commande en fournissant les informations personnelles demandées.

CHAPITRE 10

Intégrez vos photos à des projets

Après avoir pris de jolies photos et les avoir peaufinées par diverses retouches, vous pouvez les intégrer à différents projets. Deux mesures préalables s'imposent néanmoins : organisez vos clichés avec un logiciel dédié à la gestion d'images et archivez toutes les prises de vue à conserver sur un disque dur externe ou un support de sauvegarde amovible, comme un CD ou un DVD. Une fois vos photos classées et archivées, vous pouvez les exploiter dans diverses réalisations.

Le fait de pouvoir partager facilement ses clichés et en profiter sous différentes formes constitue l'un des aspects les plus passionnants de la photographie numérique. Par exemple, vous pouvez joindre des prises de vue à un courrier électronique, créer un diaporama de vos photos à visionner sur un écran d'ordinateur ou de télévision, publier des bibliothèques en ligne, élaborer des albums photos numériques et réaliser des collages. Beaucoup de projets photographiques requièrent d'autres matériels et logiciels que ceux utilisés habituellement pour l'importation et la modification de clichés. Face à l'intérêt croissant porté à la photographie numérique, les fabricants et éditeurs informatiques ont commercialisé un nombre incroyable de produits. Ainsi, vous trouverez souvent au moins un logiciel pour réaliser certains ou la totalité de vos projets. Parmi les plus complets et les plus faciles à utiliser, citons Adobe Photoshop Album (www.adobe.fr), Adobe Photoshop Elements (www.adobe.fr), Apple iPhoto (www.apple.com/fr/), Jasc Software Paint Photo Album (http://fr.jasc.com), Roxio PhotoSuite Platinum Edition (www.roxio.de/french/), Ulead DVD Picture Show (www.ulead.co.uk/fr) et Ulead Explorer (www.ulead.co.uk/fr).

TOP 100

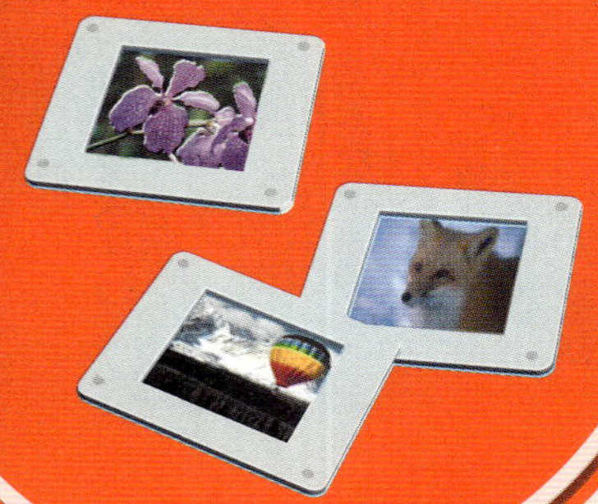

ORGANISEZ
vos photos numériques

Après avoir transféré des centaines de photos numériques sur votre ordinateur, vous devez adopter un système d'organisation et de gestion efficace pour préserver l'ordre dans votre collection de clichés toujours plus grande. Une bonne technique consiste à recourir à un gestionnaire d'images, logiciel qui permet de gérer facilement de grandes quantités de clichés numériques. Il existe plusieurs bons utilitaires de ce type, mais ThumbsPlus de Cerious Software est l'un des plus puissants et plus faciles à utiliser. Vous pouvez le télécharger depuis la page www.cerious.com/thumbnails.shtml. Après que vous avez sélectionné un ou plusieurs dossiers ou lecteurs à gérer, ThumbsPlus crée automatiquement des miniatures pour chaque photo numérique stockée à ces endroits. Vous pouvez ainsi obtenir rapidement un aperçu des images, ainsi que diverses informations textuelles, comme les données EXIF des fichiers graphiques (consultez la tâche n° 17). Outre gérer une base des noms de fichiers et des miniatures, la base de données de ThumbsPlus fonctionne comme un lieu de stockage pour toutes sortes d'informations textuelles très précieuses. Vous pouvez notamment associer des mots-clés à vos photos et enregistrer des indications sur le lieu de la prise de vue, des annotations et des mentions de copyright.

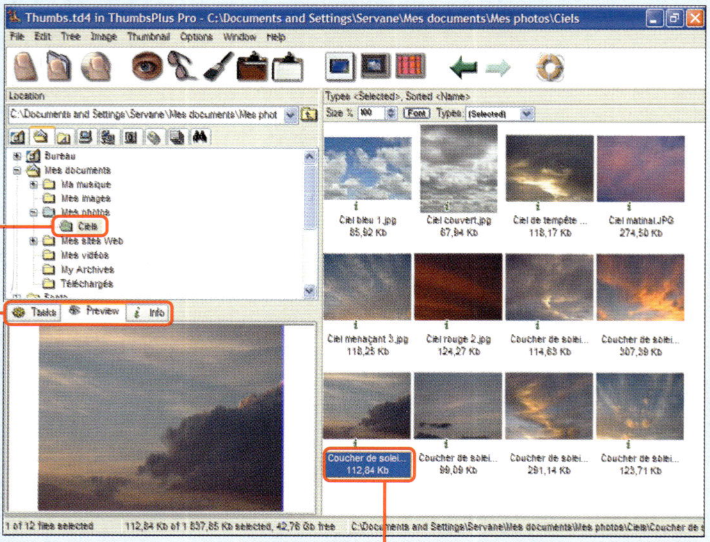

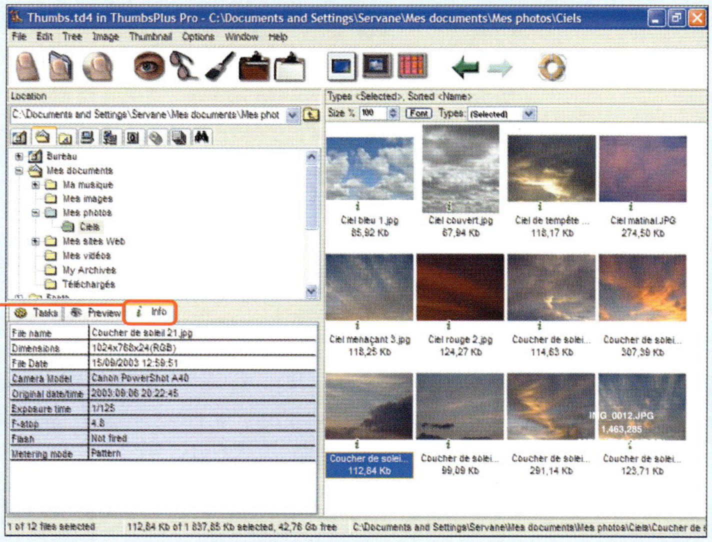

① Ouvrez le dossier dont vous souhaitez consulter les photos.

○ Les onglets **Tasks**, **Preview** et **Info** fournissent différents types d'informations sur les clichés.

○ Sous chaque miniature figurent diverses informations.

Note. Pour spécifier les informations à afficher sous les miniatures, cliquez ***Options ⇨ Show for Files*** *et cochez les éléments désirés.*

② Cliquez l'onglet **Info** pour afficher des informations sur la photo dont la miniature est sélectionnée.

○ L'onglet **Info** indique divers paramétrages de l'appareil photo, comme le nombre f, le temps d'exposition et le mode de mesure de la lumière.

Note. Pour définir les informations à afficher dans l'onglet Info, cliquez le contenu de celui-ci avec le bouton droit, cliquez ***Select items*** *et faites vos choix dans la boîte de dialogue Select Items.*

91

NIVEAU DE DIFFICULTÉ

Le saviez-vous ?

ThumbsPlus propose plusieurs fonctionnalités pour consulter des photos numériques. Par exemple, vous pouvez changer le facteur de zoom de la zone d'aperçu, afin de voir plus ou moins de miniatures à la fois. Il est aussi possible d'afficher celles-ci sous la forme d'une liste ou d'un rapport personnalisable, en ce sens que vous choisissez les informations textuelles à faire apparaître. Rien ne vous empêche d'ouvrir plusieurs exemplaires du programme à la fois et de déplacer des photos en les faisant simplement glisser du dossier ouvert dans une fenêtre du logiciel vers le dossier ouvert dans l'autre fenêtre.

Le saviez-vous ?

L'affichage Synch permet une comparaison précise entre plusieurs photos qu'il présente côte à côte et le défilement conjoint de plusieurs images.

SUITE ▶

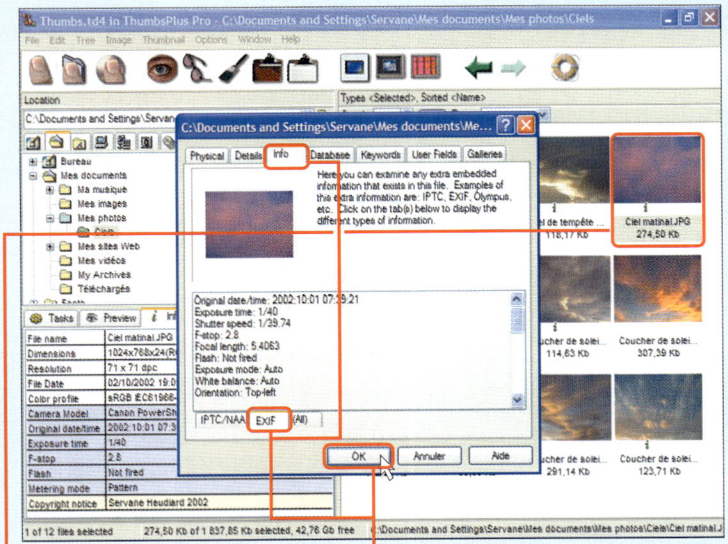

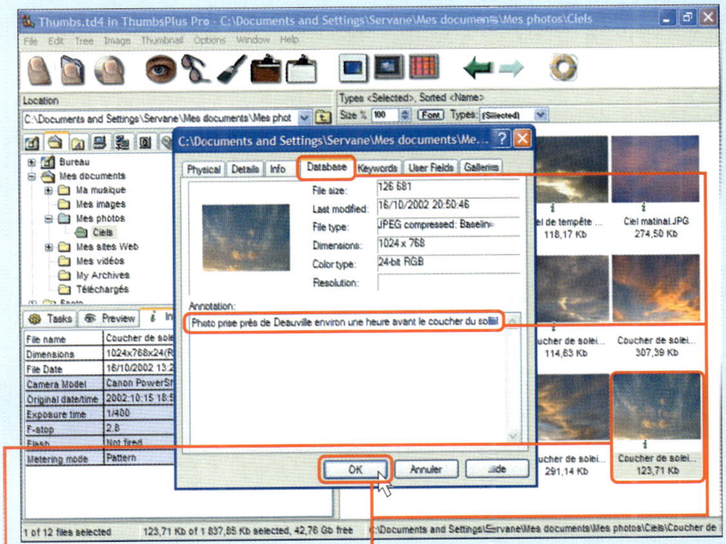

AFFICHEZ LES DONNÉES EXIF

1. Cliquez avec le bouton droit la photo dont vous voulez consulter les données EXIF et cliquez **Properties**.

○ La boîte de dialogue Properties apparaît.

2. Cliquez l'onglet **Info**.
3. Cliquez l'onglet **EXIF**.
4. Cliquez **OK**.

ANNOTEZ UNE PHOTO

1. Cliquez la photo à annoter avec le bouton droit et cliquez **Properties**.

○ La boîte de dialogue Properties apparaît.

2. Cliquez l'onglet **Database**.
3. Tapez vos commentaires.
4. Cliquez **OK**.

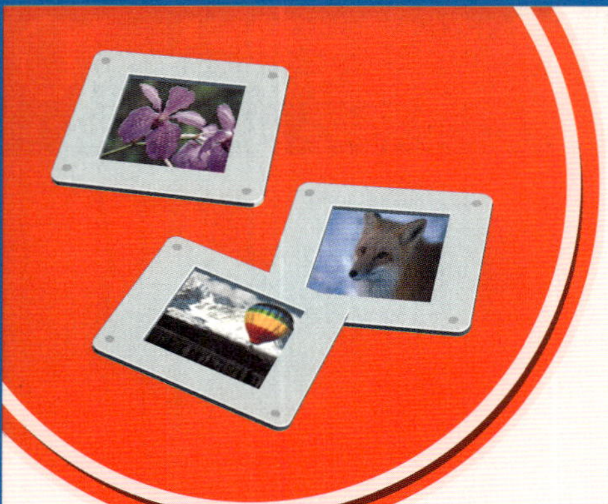

ORGANISEZ
vos photos numériques

Beaucoup d'éditeurs de logiciels qui commercialisaient à l'origine de simples gestionnaires d'images ont vite mesuré l'intérêt d'ajouter des fonctionnalités à leurs produits pour rendre ceux-ci encore plus performants dans l'organisation et la gestion de collections de photos numériques. Ils ont également enrichi leurs programmes d'un nombre d'outils considérable, dédiés par exemple à la création de diaporamas, de galeries Web, de planches contact ou de catalogues d'images imprimés. Pour réaliser de tels projets, vous pouvez recourir à Cerious Software ThumbsPlus 6.0 (www.cerious.com/thumbsplus.shtml) ou à d'autres gestionnaires d'images tout aussi complets et faciles à utiliser, comme ACDSee 5.0 (www.acdsystems.com/Francais/), Adobe Photoshop Album (www.adobe.fr), Apple iPhoto 2 (www.apple.com/fr/), Jasc Software Paint Photo Album 4.0 (http://fr.jasc.com) et Ulead Explorer (www.ulead.co.uk/fr/).

N'en négligez pas pour autant les outils dédiés à la photo numérique que propose votre système d'exploitation. Windows XP, Windows 2000 et Mac OS X intègrent des fonctionnalités très intéressantes. Sous Windows XP, par exemple, profitez de l'affichage Miniatures, de l'assistant Impression de photographies et de la fonction Afficher un diaporama.

SUITE ▶

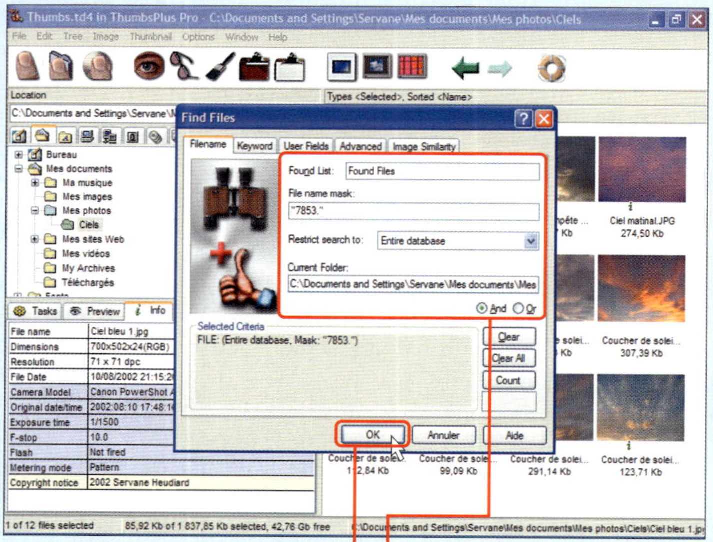

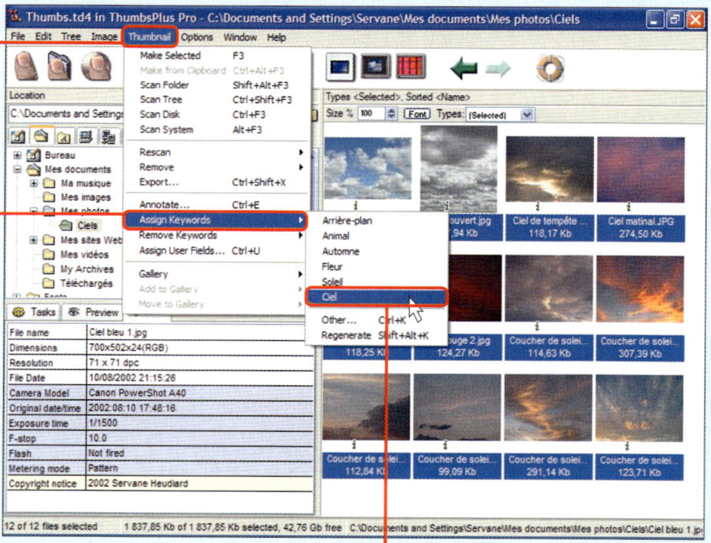

RECHERCHEZ UN FICHIER D'APRÈS SON NOM

(1) Cliquez **Edit**.

(2) Cliquez **Find by Query**.

○ La boîte de dialogue Find Files apparaît.

(3) Spécifiez tout ou partie du nom des fichiers à trouver et l'emplacement à explorer.

(4) Cliquez **OK**.

○ ThumbsPlus affiche les fichiers correspondant aux critères spécifiés dans un sous-dossier du dossier Found Files.

DÉFINISSEZ DES MOTS-CLÉS POUR FACILITER LES RECHERCHES

(1) Sélectionnez la ou les images à doter d'un même mot-clé.

(2) Cliquez **Thumbnail**.

(3) Pointez **Assign Keywords**.

(4) Cliquez le mot-clé à attribuer.

*Note. Pour ajouter des mots-clés au sous-menu Assign Keywords, cliquez **Other**, tapez le mot souhaité dans la boîte de dialogue Assign Keyword(s) et cliquez **OK**.*

Le saviez-vous ?

La commande **Edit ➪ Find Similar Images** est l'une des plus utiles de ThumbsPlus, car elle permet de localiser rapidement toutes les photos avec diverses mesures en commun, notamment pour les couleurs et les formes.

Le saviez-vous ?

La commande **File ➪ Auto Rename** permet de renommer automatiquement un lot de fichiers de photos numériques. Vous pouvez spécifier un préfixe et un suffixe, ainsi qu'un incrément, et faciliter ainsi l'identification de vos fichiers. Il est aussi possible de demander l'utilisation systématique du nom de fichier comme mot-clé. Cela permet ensuite d'effectuer des recherches par mots-clés en spécifiant simplement une partie du nom du fichier.

SUITE ▶

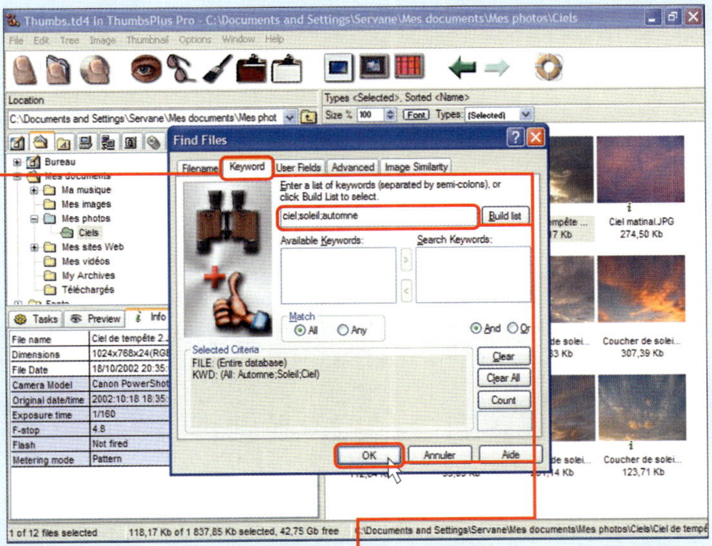

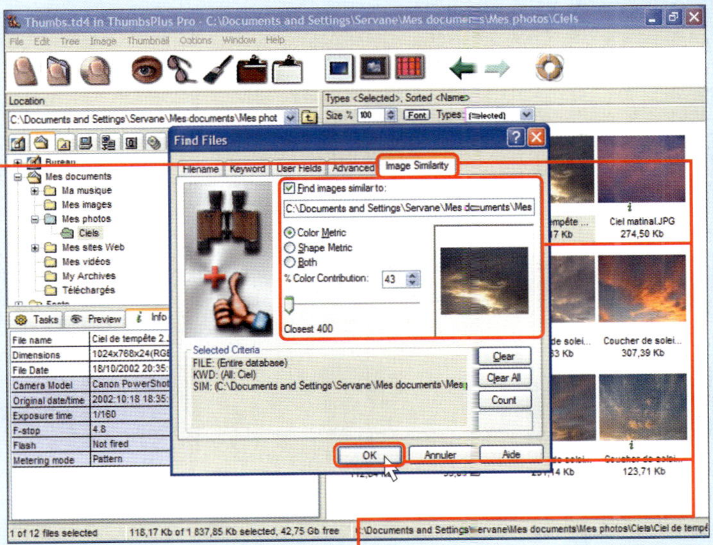

RECHERCHEZ UN FICHIER D'APRÈS LES MOTS-CLÉS ASSOCIÉS

① Cliquez **Edit**.

② Cliquez **Find by Query**.

○ La boîte de dialogue Find Files apparaît.

③ Cliquez l'onglet **Keyword**.

④ Tapez les mots-clés à utiliser comme critère de recherche, en les séparant par des points-virgules.

⑤ Cliquez **OK**.

○ ThumbsPlus affiche les fichiers associés aux mots-clés spécifiés dans un sous-dossier du dossier Found Files.

RECHERCHEZ UNE PHOTO SIMILAIRE

① Cliquez **Edit**.

② Cliquez **Find by Query**.

○ La boîte de dialogue Find Files apparaît.

③ Cliquez l'onglet **Image Similarity**.

④ Spécifiez les paramètres souhaités dans cette zone.

⑤ Cliquez **OK**.

○ ThumbsPlus affiche les fichiers répondant aux critères spécifiés dans un sous-dossier du dossier Found Files.

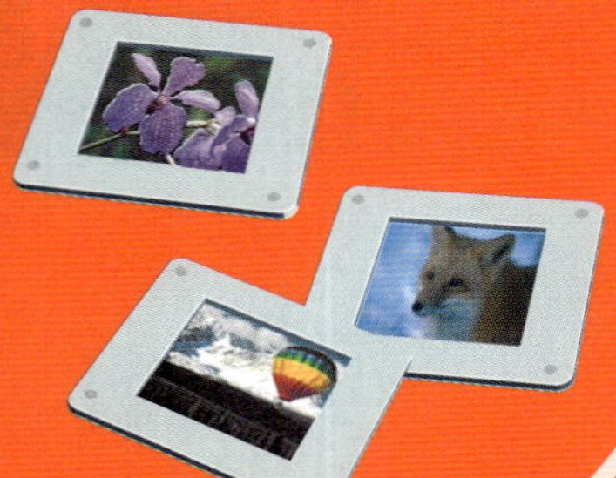

ORGANISEZ
vos photos numériques

Gérer des photos numériques stockées sur plusieurs lecteurs, en réseau et sur des supports amovibles depuis un logiciel unique tout en gardant un accès simultané à l'ensemble de ces clichés n'est pas chose facile. ThumbsPlus vous permet pourtant de relever aisément ce défi.

Grâce à ce programme, vous pouvez en outre créer des miniatures et élaborer des bases de données à partir de photos numériques stockées sur des supports amovibles et des lecteurs externes. Lorsque vous retirez ensuite le périphérique, les miniatures et les informations enregistrées dans les bases restent dans le dossier Offline Disks. De même, vous pouvez créer des miniatures et des bases de données pour vos clichés stockés sur un CD-ROM. Après avoir retiré le disque de son lecteur, vous accédez à ces miniatures et à cette base en ouvrant le dossier Offline CDROMs.

Les besoins en espace de stockage ne cessant d'augmenter pour les photographes qui pratiquent le numérique, ces fonctionnalités deviennent de plus en plus indispensables pour gérer, organiser et archiver des clichés numériques sur divers lecteurs et supports.

SUITE ▶

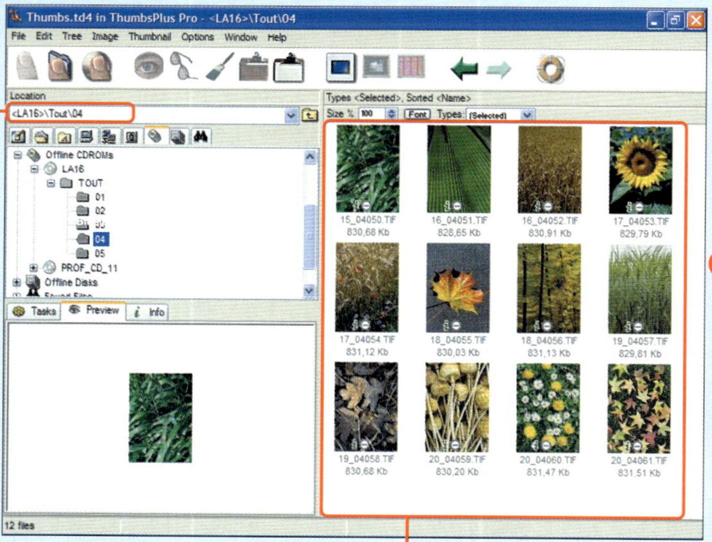

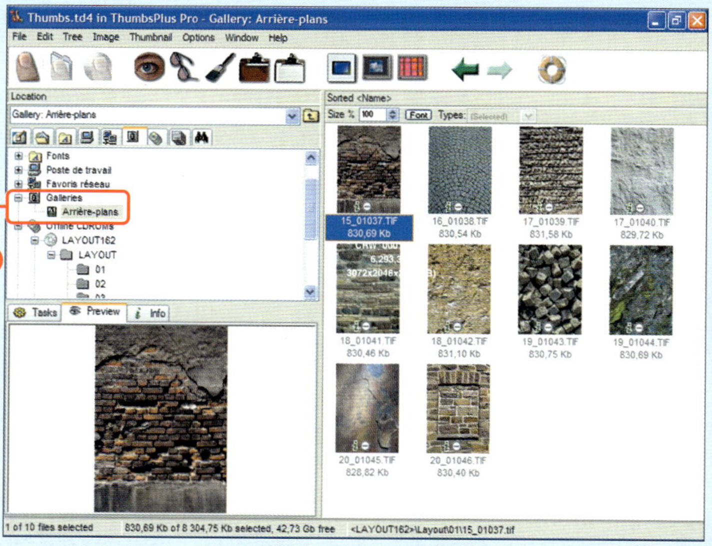

CONSULTEZ DES FICHIERS STOCKÉS SUR UN SUPPORT EXTERNE

Après que vous avez créé des miniatures pour un support amovible, comme un CD-ROM, ThumbsPlus les enregistre conjointement à d'autres informations dans le dossier Offline CDROMs.

Vous pouvez consulter les miniatures du support amovible sans insérer le disque dans le lecteur.

Les bibliothèques constituent des lieux de stockage logiques pour les miniatures qui figurent dans des bases de données, mais pas pour les photos elles-mêmes.

91 SUITE

Le saviez-vous ?

Les bibliothèques de ThumbsPlus permettent d'économiser de l'espace disque tout en vous laissant consulter les miniatures de photos numériques stockées dans différents dossiers. Par exemple, vous pouvez enregistrer tous les clichés de votre voyage en Espagne dans un dossier spécifique, puis créer une bibliothèque correspondante avec des sous-dossiers distincts pour les paysages, les scènes de bord de mer, les châteaux et les villes. Sélectionnez ensuite les miniatures à intégrer à la bibliothèque, cliquez-les avec le bouton droit et cliquez **Gallery** ⇨ **Add to**, puis le nom de la bibliothèque de destination. Dès lors, vous pouvez visualiser toutes les miniatures relatives à un sujet particulier en ouvrant un dossier unique, que celui-ci renferme ou non les fichiers des photos originales. Autrement dit, un seul exemplaire du fichier graphique suffit.

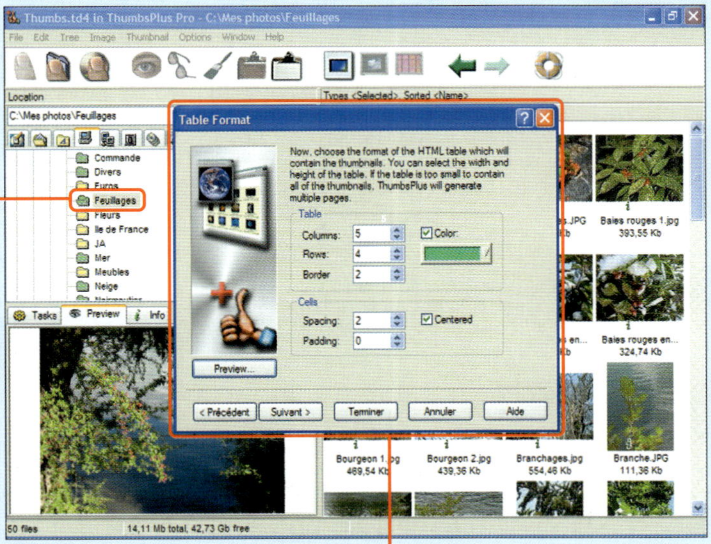

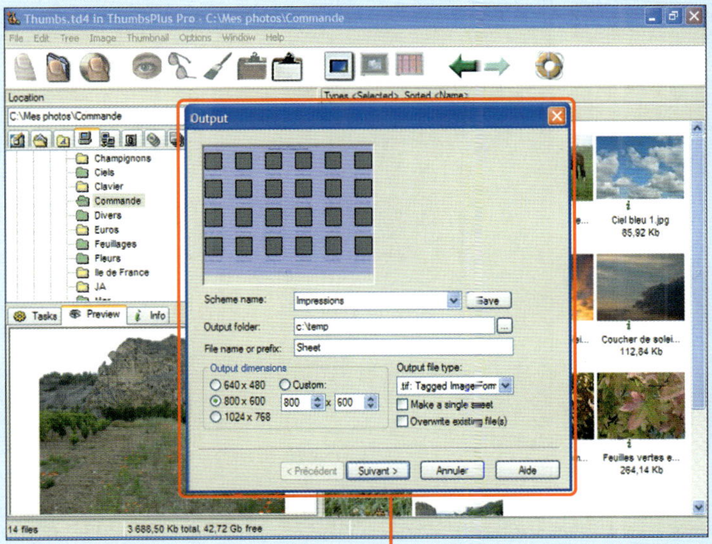

CRÉEZ UNE PAGE WEB

1 Ouvrez le dossier qui renferme les images à intégrer à la page Web.

2 Cliquez **Image**.

3 Cliquez **Web Page Wizard**.

○ L'assistant Web Page apparaît.

4 Répondez aux différentes questions de l'assistant pour configurer votre page Web, en cliquant à chaque fois **Suivant** pour accéder à l'étape suivante.

5 Après avoir fini, cliquez **Terminer** pour que l'assistant crée la page Web.

CRÉEZ UNE PLANCHE CONTACT

1 Ouvrez le dossier qui renferme les images à intégrer à la planche contact.

2 Cliquez **Image**.

3 Cliquez **Contact Sheets**.

○ L'assistant Contact Sheets apparaît.

4 Répondez aux différentes questions de l'assistant pour configurer votre page Web, en cliquant à chaque fois **Suivant** pour accéder à l'étape suivante.

5 Après avoir fini, cliquez **OK** pour créer et enregistrer la planche contact.

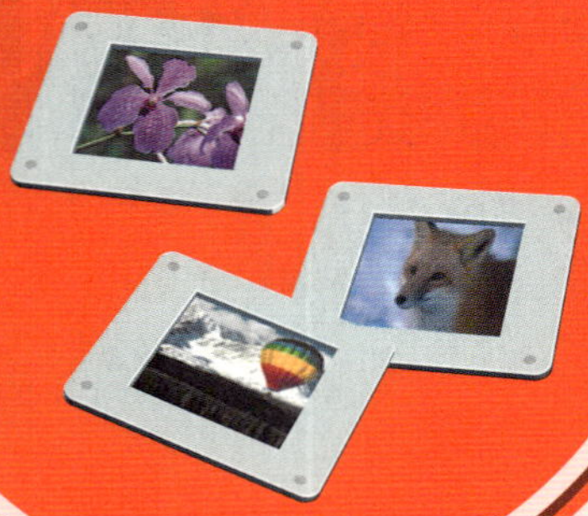

Partagez vos photos numériques avec MSN MESSENGER

Les logiciels de *messagerie instantanée* (chat) permettent d'échanger des messages textuels en temps réel avec d'autres internautes équipés d'un programme compatible du même type. Dès que vous cliquez le bouton d'envoi après avoir tapé votre message, celui-ci s'affiche sur l'écran de votre correspondant. Ce dernier peut alors vous répondre en appliquant la même technique. La communication se révèle donc beaucoup plus rapide, fluide et interactive qu'avec le traditionnel courrier électronique. Vous pouvez en outre créer des salles de conversation où vous invitez plusieurs internautes à bavarder.

Au-delà des simples fonctionnalités de messagerie, beaucoup de logiciels de messagerie instantanée très connus intègrent des outils dédiés à l'envoi de fichiers, vous permettant ainsi de partager vos photos numériques. Transmettre un cliché à un ami tout en le commentant constitue un excellent mode d'échange, car votre correspondant peut vous donner son avis sur-le-champ. Cette tâche est fondée sur Windows/MSN Messenger (ilove messenger.fr), logiciel de messagerie instantanée très employé, mais vous pouvez également utiliser des programmes comme ICQ (www.icq.com) ou AOL Instant Messenger (www.aol.ca/fr/aim/index_fr.adp).

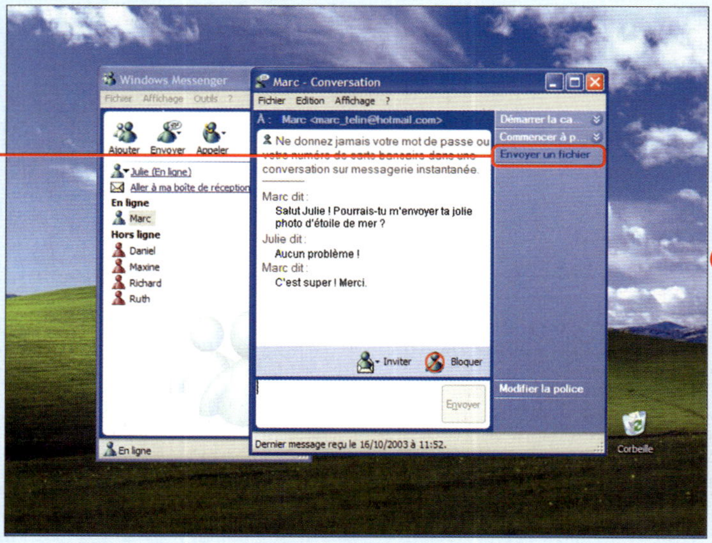

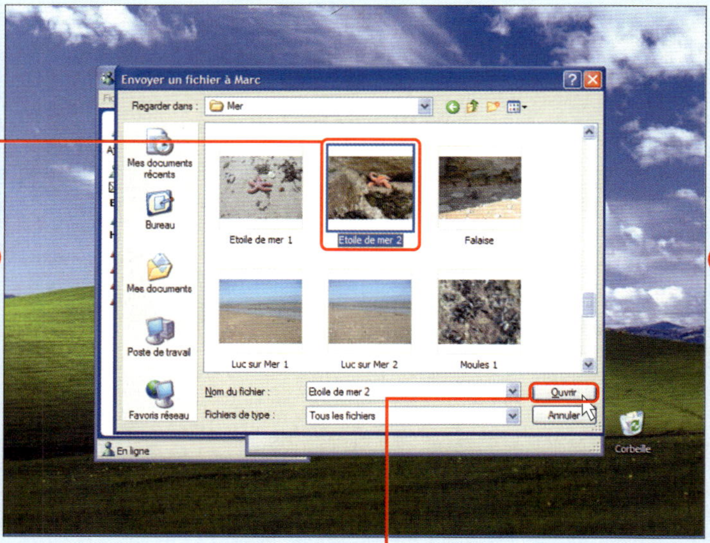

1 Ouvrez une session et entamez une conversation avec un ami.

2 Cliquez **Envoyer un fichier**.

○ La boîte de dialogue Envoyer un fichier apparaît.

3 Localisez et sélectionnez le fichier de la photo à envoyer.

4 Cliquez **Ouvrir**.

92

NIVEAU DE DIFFICULTÉ

Le saviez-vous ?

S'il suffit de posséder Windows XP pour pouvoir utiliser Windows Messenger, vous devez en revanche être abonné à AOL pour profiter de toutes les fonctions d'AOL Instant Messenger. Il est néanmoins toujours possible de télécharger une version gratuite du produit. Après quelques minutes nécessaires à son installation et à la création d'un compte, vous pouvez entamer votre première conversation.

Prudence !

Vérifiez bien l'identité de votre correspondant avant d'accepter des photos numériques qu'il propose de vous envoyer par le biais d'un message instantané. Vous pourriez recevoir des images qui ne soient pas à votre goût. Veillez par ailleurs à ne transmettre vos clichés qu'à des personnes de confiance qui ne risquent pas d'exploiter vos images à votre insu.

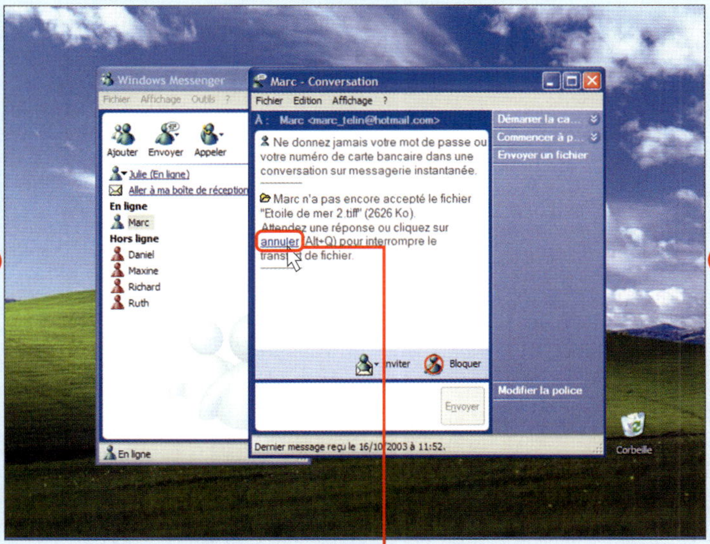

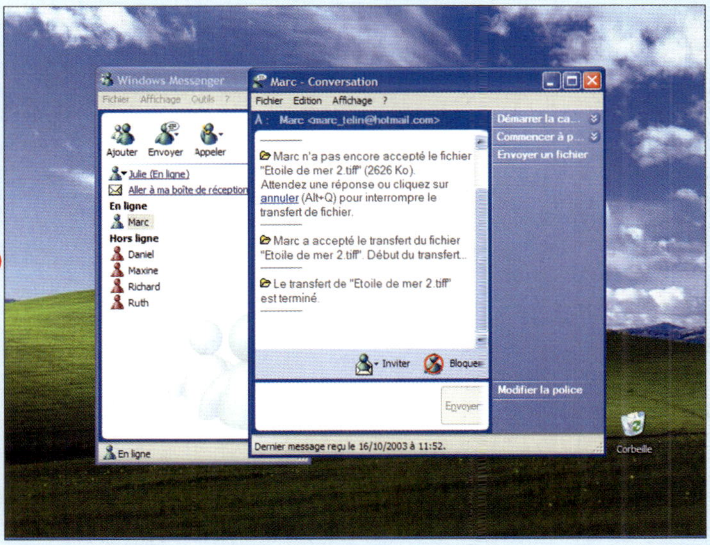

○ MSN Messenger attend que le destinataire accepte le transfert du fichier pour envoyer la photo.

○ Tant que votre correspondant n'a pas accepté la photo, vous pouvez annuler la transmission de celle-ci en cliquant **Annuler**.

○ Dès que le destinataire accepte le transfert, MSN Messenger envoie la photo et vous informe une fois la procédure terminée.

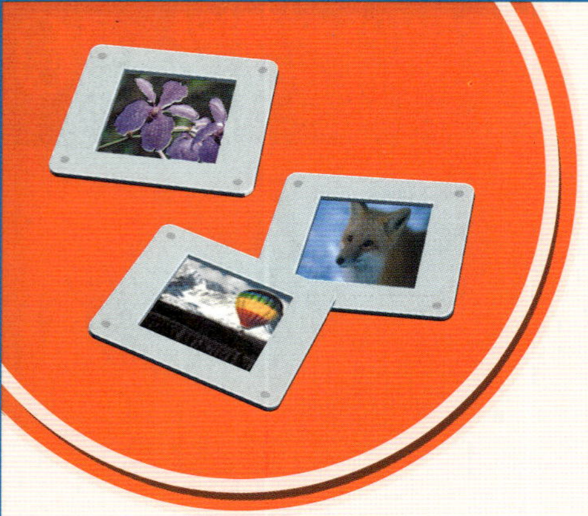

ARCHIVEZ

vos photos numériques sur un CD ou un DVD

Les disques durs ne sont pas infaillibles. Plus ils vieillissent, plus ils risquent de tomber en panne. Pour ne rien perdre de vos collections de photos numériques, vous devez assurer leur bonne organisation permanente grâce à un gestionnaire d'images (consultez la tâche n° 91) et effectuer des sauvegardes régulières à des fins d'archivage sur un autre disque dur ou sur un support amovible, comme un CD-ROM ou un DVD-ROM.

La méthode d'archivage la plus simple et la plus fiable consiste à graver vos photos numériques sur un CD ou un DVD. Il vous faut pour cela un graveur de CD ou de DVD, dispositif à même de lire des CD ou DVD et d'y inscrire des données grâce à un pilote dédié. Roxio Easy CD & DVD Creator est un logiciel extrêmement complet qui permet de sauvegarder facilement quelques fichiers isolés ou un grand nombre d'images sur plusieurs disques. Ce programme s'accompagne d'un utilitaire qui permet d'imprimer des étiquettes et des jaquettes pour les boîtiers de CD et de DVD.

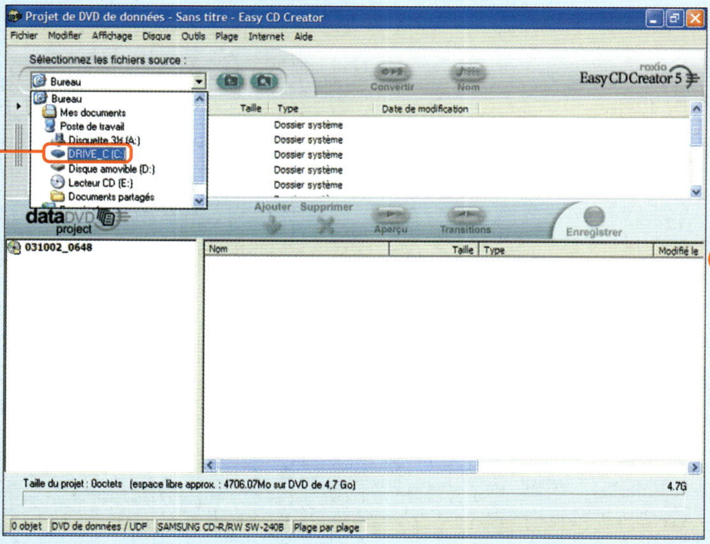

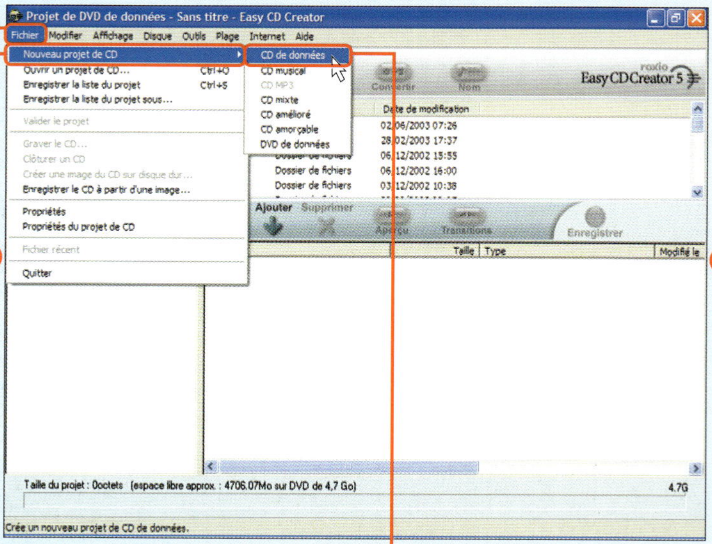

1 Dans cette liste, sélectionnez le lecteur ou dossier qui renferme les photos à archiver.

2 Cliquez **Fichier**.

3 Pointez **Nouveau projet de CD**.

4 Cliquez le type de disque sur lequel archiver les clichés.

93

NIVEAU DE DIFFICULTÉ

Le saviez-vous ?

Un DVD-ROM peut accueillir 4,7 Go de données, l'équivalent d'environ sept CD-ROM. Si vous réalisez des photos au format brut avec un appareil 3 mégapixels, vous pouvez donc archiver environ 1 500 clichés (pas moins de 40 pellicules de 36 poses !) sur un seul DVD-ROM.

Prudence !

Rien ne permet encore de connaître la durée de vie d'un DVD. Par ailleurs, il suffit d'une rayure sur le disque pour vous empêcher définitivement d'accéder aux clichés qu'il renferme. Vous devez donc prendre moult précautions pour protéger vos photos. Achetez par exemple des DVD de deux marques différentes et archivez les mêmes clichés sur chacun. Ainsi, vous ne perdrez pas vos images en cas de support défectueux.

SUITE ▶

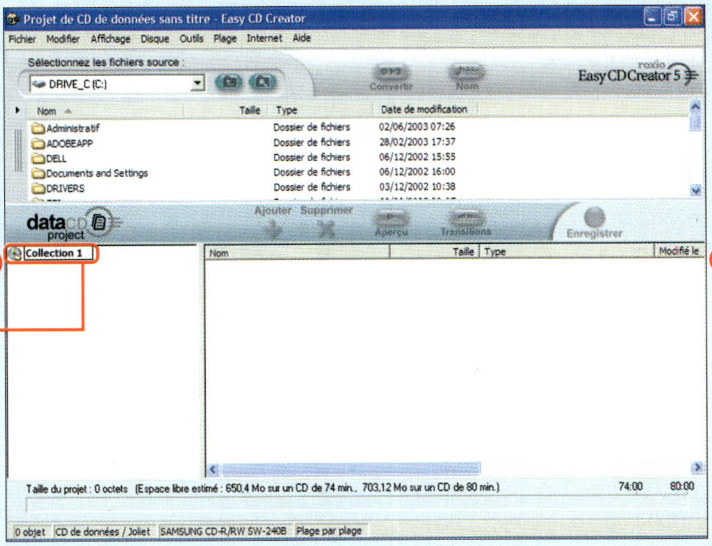

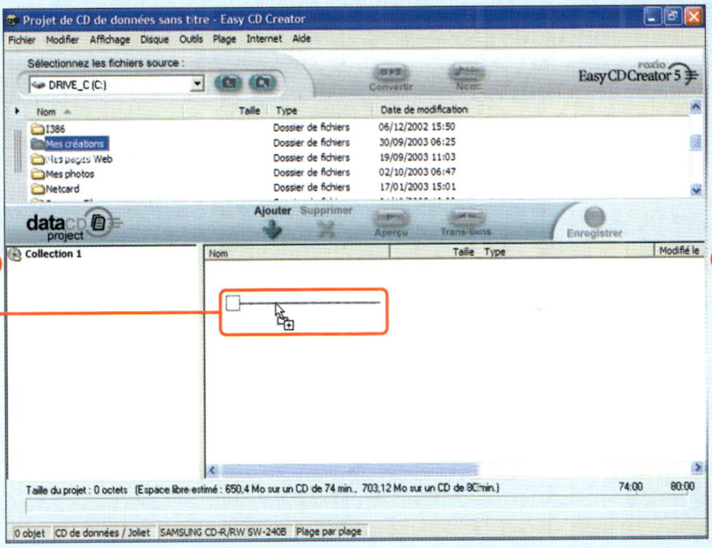

5 Cliquez le nom du disque par défaut, tapez l'appellation souhaitée et appuyez sur **Entrée (Retour)**.

6 Glissez-déposez chaque dossier à archiver depuis le volet supérieur dans le volet inférieur droit.

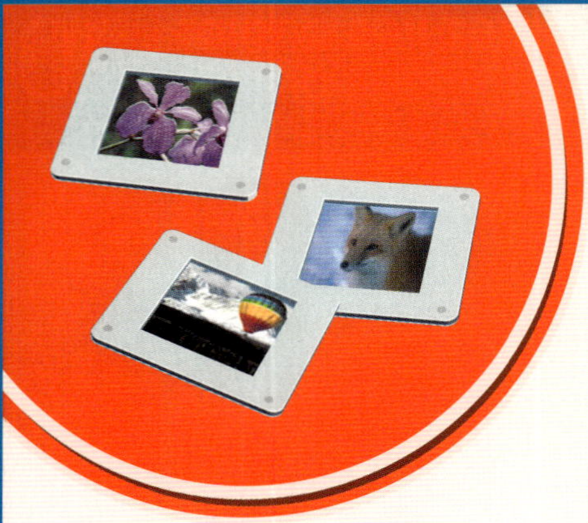

ARCHIVEZ

vos photos numériques sur un CD ou un DVD

Au moment d'acquérir un graveur de CD ou de DVD et des disques, vous devez choisir un format convenable. Il n'existe malheureusement pas de format unique : pour les lecteurs comme pour les disques, les fabricants ont commercialisé différents formats, aujourd'hui en concurrence sur le marché. Pour les DVD, par exemple, vous avez notamment le choix entre des DVD-R, des DVD+R, des DVD-RW, des DVD+RW et même des DVD-Vidéo et des DVD-RAM.

Si vous décidez d'acheter un graveur de DVD pour archiver vos photos, choisissez un modèle qui permette de réaliser des diaporamas visionnables ensuite sur l'écran de votre ordinateur ou de votre télévision (consultez la tâche n° 97). De nombreuses marques peuvent graver des données dans plusieurs formats.

Malgré la concurrence entre les différents formats de DVD, rien ne justifie de vous passer d'un tel outil d'archivage pour vos clichés numériques. Les graveurs de DVD font en effet partie des meilleurs outils de sauvegarde, en raison de leur fiabilité, mais aussi de la quantité de données impressionnante qu'il est possible de stocker sur un seul disque.

SUITE ▶

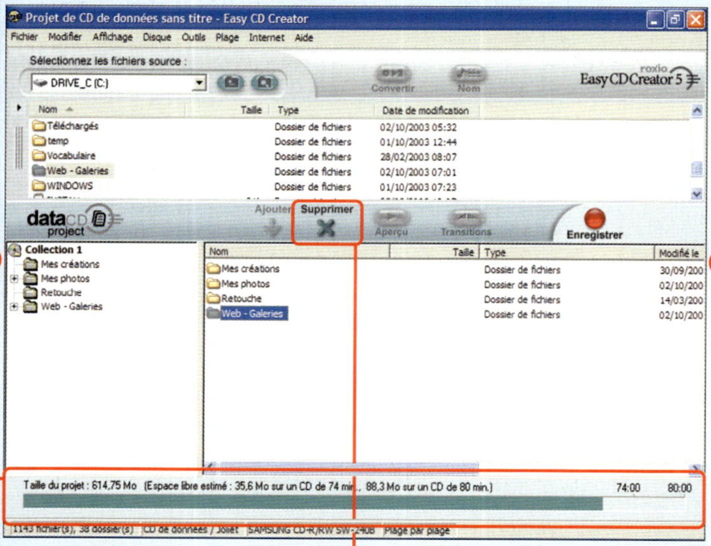

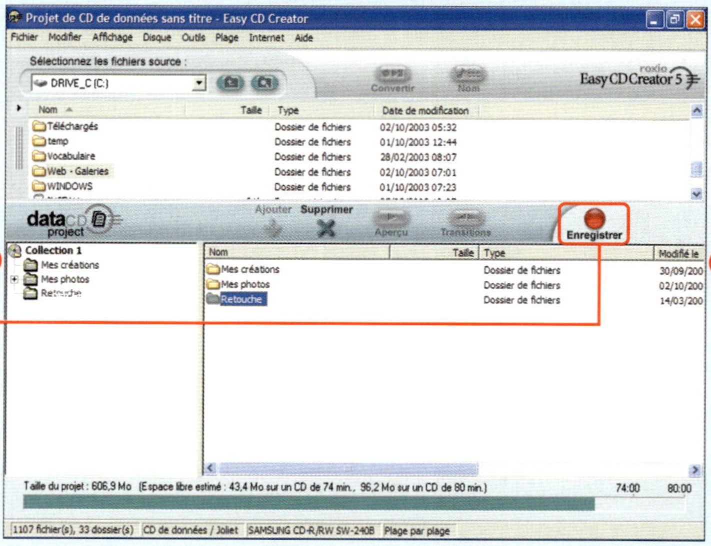

○ Cette barre indique le nombre de disques requis pour l'archivage et l'espace qui sera occupé.

○ De très grandes collections de photos numériques peuvent nécessiter plusieurs disques pour la sauvegarde.

7 Si vous voulez retirer un dossier ou un fichier de la liste des éléments à archiver, sélectionnez-le et cliquez **Supprimer**.

8 Cliquez **Oui** pour confirmer la suppression.

9 Cliquez **Enregistrer**.

○ La boîte de dialogue Enregistrement de la configuration apparaît.

93 SUITE

Prudence !

Soyez vigilant si vous utilisez des DVD : d'anciens graveurs et pilotes inscrivent les données dans un format illisible pour quelques graveurs très récents. Veillez par conséquent à archiver vos photos avec un matériel et un logiciel qui vous permettront de lire vos clichés avec les nouveaux lecteurs et graveurs de DVD, sur des ordinateurs équipés d'un système d'exploitation actuel.

Le saviez-vous ?

Pour fonctionner, les lecteurs et graveurs de DVD requièrent un firmware et un pilote. En cas de problèmes avec le vôtre, vérifiez si le site Web du fabricant de propose de nouveaux produits ou des mises à jour. Le cas échéant, télécharger ceux-ci et installez-les en suivant les instructions qui apparaissent généralement à l'écran pour vous faciliter la tâche. Veillez simplement à choisir des logiciels adaptés à votre système d'exploitation.

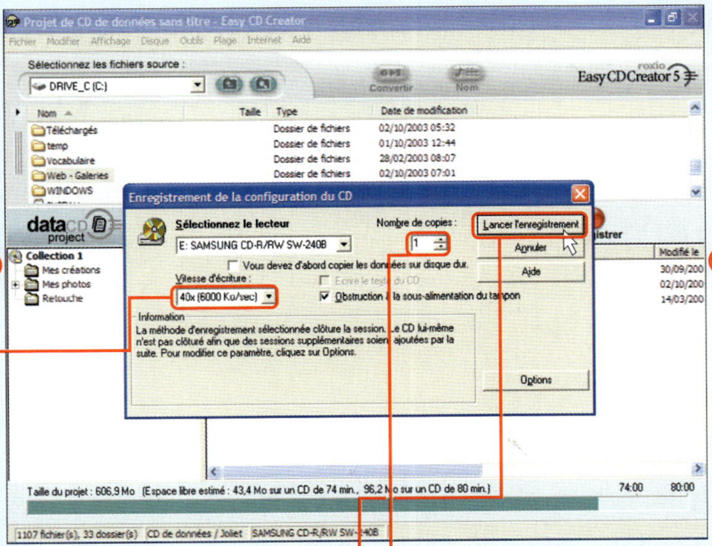

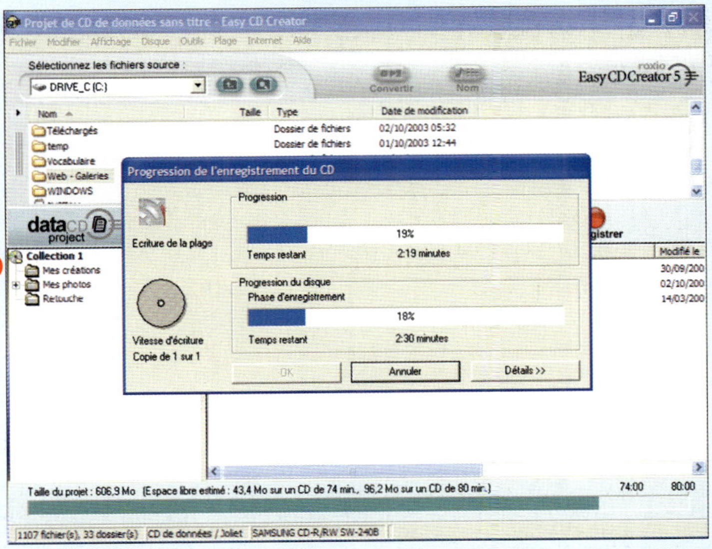

10 Dans cette zone, sélectionnez la vitesse d'écriture requise.

11 Tapez le nombre de copies désiré.

12 Cliquez **Lancer l'enregistrement**.

O La boîte de dialogue Progression de l'enregistrement apparaît et indique l'état d'avancement de la gravure, ainsi que le temps restant estimé.

13 Une fois la copie des fichiers terminée, cliquez **OK**.

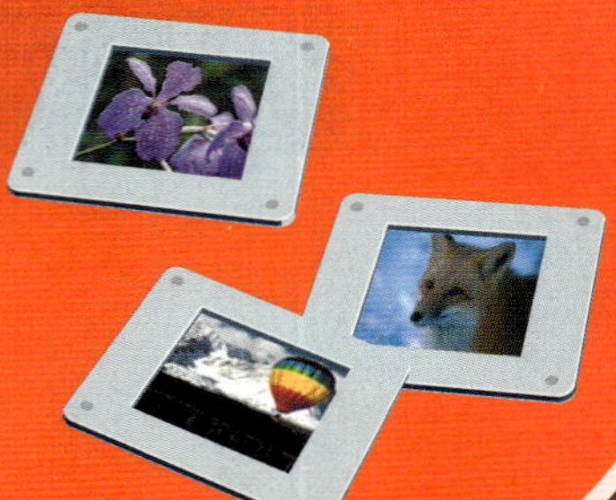

Créez un DIAPORAMA AU FORMAT PDF

L'une des manières les plus divertissantes de partager des photos consiste à en créer un diaporama à visionner ensuite sur un écran d'ordinateur. Beaucoup de programmes proposent une fonction dédiée à cette tâche. Par exemple, vous pouvez créer un diaporama au format PDF avec Adobe Photoshop Elements. Un PDF (Portable Document Format) est un fichier qui se lit idéalement avec l'application Adobe Acrobat ou la visionneuse gratuite Adobe Acrobat Reader, sur les PC comme sur les Mac. Vous pouvez donc créer un diaporama dans ce format sur n'importe quel type d'ordinateur et le partager avec toute personne qui possède un ordinateur.

Le fichier PDF d'un diaporama renferme tous les clichés et paramètres définis pour la lecture. Partager vos photos dans ce format présente un avantage majeur : Acrobat Reader intègre plusieurs fonctions très utiles, dédiées notamment à l'exportation, la modification et l'impression des images.

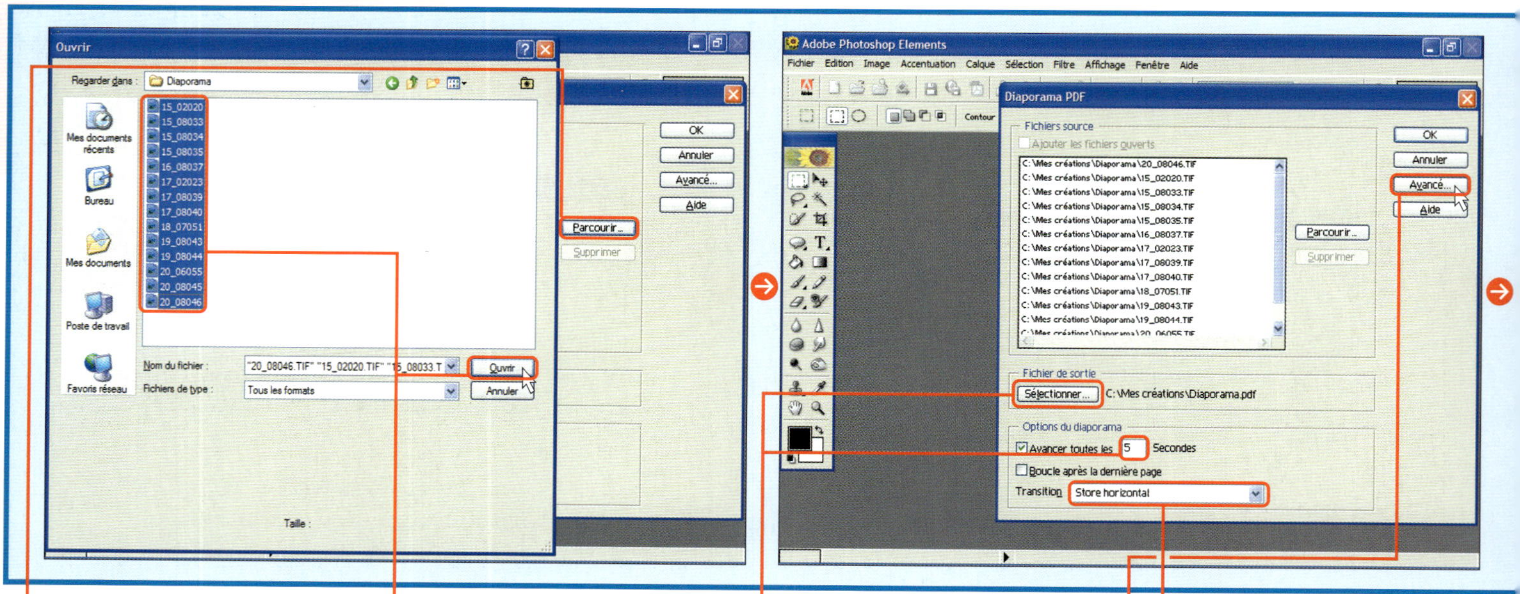

① Cliquez **Fichier ➪ Outils d'automatisation ➪ Diaporama PDF**.

○ La boîte de dialogue Diaporama PDF apparaît.

② Cliquez **Parcourir**.

○ La boîte de dialogue Ouvrir apparaît.

③ Sélectionnez les fichiers à intégrer au diaporama.

④ Cliquez **Ouvrir**.

⑤ Cliquez **Sélectionner** et spécifiez le lieu d'enregistrement et le nom souhaités pour le fichier du diaporama.

⑥ Tapez le nombre de secondes pendant lequel laisser chaque image affichée.

⑦ Cliquez cette zone, puis le type de transition voulu entre les diapositives.

⑧ Cliquez **Avancé** pour définir la qualité graphique.

94

NIVEAU DE DIFFICULTÉ

Le saviez-vous ?

Pour visionner un diaporama au format PDF créé avec Adobe Photoshop Elements, vous devez vous procurer une version d'Adobe Acrobat ou de la visionneuse gratuite Acrobat Reader. Rendez-vous à cette fin sur le site adobe.fr. La version 6.0 d'Acrobat Reader permet d'exporter, de modifier et d'imprimer les images d'un diaporama sans la moindre difficulté, mais aussi de commander des impressions ou des objets en ligne. Il vous suffit de cliquer le lien correspondant dans le volet Atelier d'images.

Le saviez-vous ?

Adobe Acrobat est un produit beaucoup plus poussé et complet qu'Acrobat Reader. Il permet notamment de créer, consulter et modifier des fichiers PDF. Il vous conviendra parfaitement si vous voulez annoter directement des photos numériques.

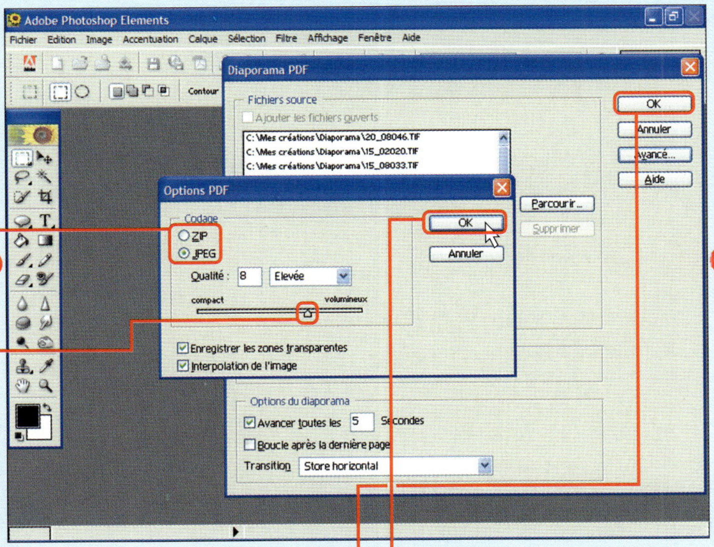

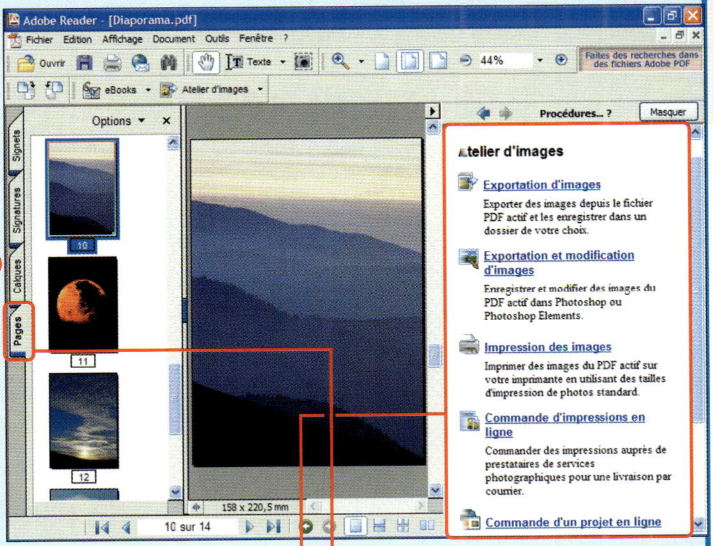

○ La boîte de dialogue Options PDF apparaît.

9 Cliquez le format souhaité.

10 Si vous avez choisi le format JPEG, faites glisser ce curseur sur la qualité d'image souhaitée.

11 Cliquez **OK**.

12 Cliquez **OK** dans la boîte de dialogue Diaporama PDF.

13 Une fois le diaporama créé, cliquez **OK**.

VISIONNEZ UN DIAPORAMA PDF

1 Ouvrez et visionnez le diaporama dans Acrobat Reader.

2 Pour revenir à la fenêtre classique du programme, appuyez sur **Echap**.

○ Vous pouvez cliquer l'onglet **Pages**, puis une miniature pour afficher une version plus grande de la photo.

○ Affichable par le bouton Atelier d'images, ce volet donne accès aux commandes d'exportation, de modification d'impression et de commande en ligne de photos.

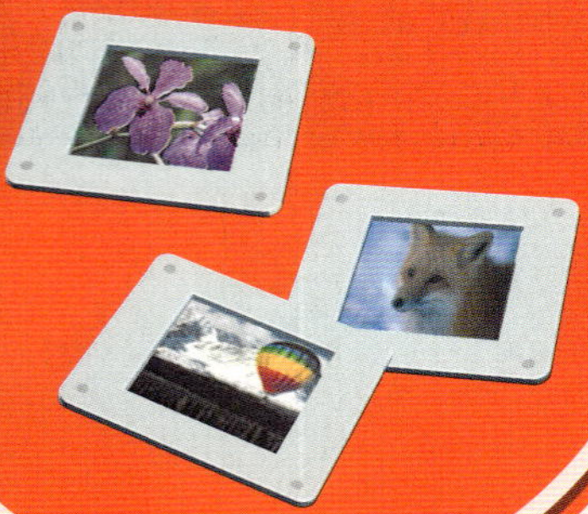

Créez un
ALBUM PHOTOS NUMÉRIQUE

Vous pouvez créer l'équivalent numérique d'un album photos avec de vraies pages qui se tournent grâce à l'un des produits FlipAlbum d'E-Book System. Il est possible d'en télécharger une version shareware depuis le site http://telecharger.01net.com ou d'en obtenir l'une des versions payantes sur www.flipalbum.com. Parmi celles-ci, FlipAlbum 5 Standard organise automatiquement vos clichés en albums réalistes, composés de pages qui se tournent, consultables sur un PC et échangeables *via* l'Internet. FlipAlbum 5 Suite intègre des outils supplémentaires qui permettent de partager vos albums par le biais de CD ou de les lire sur des DVD. FlipAlbum Pro réunit toutes les fonctionnalités de ces deux produits, ainsi que d'autres, comme la protection de CD par un mot de passe, l'encodage d'images, l'insertion de filigranes et le verrouillage de clichés pour contrôler et/ou empêcher leur impression. Les utilisateurs de Mac doivent se tourner vers FlipAlbum 3.

Pour créer un album, il suffit de cliquer Folder ⇨ Open Folder et de sélectionner un dossier d'images. Le logiciel crée ensuite automatiquement les première et quatrième de couverture, des pages de miniatures qui tiennent lieu de table des matières visuelle, un sommaire et un index. Il est possible de consulter les photos dans l'ordre alphabétique des noms de fichiers ou de réorganiser les miniatures dans l'ordre de lecture souhaité.

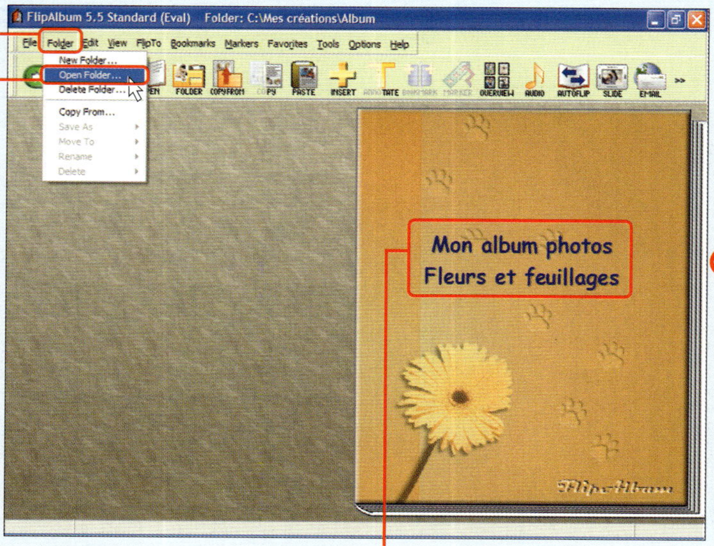

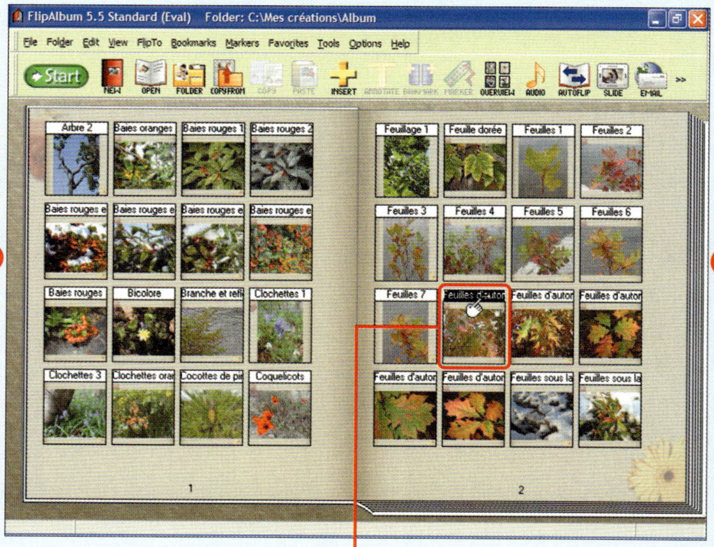

① Cliquez **Folder**.

② Cliquez **Open Folder**.

③ Dans la boîte de dialogue Browse for Folders, sélectionnez le dossier à partir duquel créer l'album et cliquez **OK**.

○ FlipAlbum crée automatiquement un album en appliquant les réglages par défaut. Vous pouvez notamment changer son titre en double-cliquant celui-ci.

④ Ouvrez l'album en faisant glisser son angle inférieur droit vers la gauche.

○ FlipAlbum génère automatiquement des miniatures des photos et les place au début de l'album.

○ Vous pouvez afficher une image en plein écran en cliquant sa miniature.

⑤ Pour atteindre la page d'une image particulière, cliquez la barre de titre de la miniature requise.

95

NIVEAU DE DIFFICULTÉ

Le saviez-vous ?

Vous pouvez personnaliser les albums créés par FlipAlbum en changeant notamment le style, la couleur, l'image et la texture de la couverture et des pages intérieures, ainsi que les marges de celles-ci, ou en ajoutant des annotations. Tous ces paramètres sont accessibles depuis le menu contextuel des pages. Il aussi possible de changer la position ou la taille des photos en les cliquant et en les faisant glisser ou en déplaçant leurs poignées de redimensionnement, respectivement. Vous pouvez par ailleurs ajouter une musique de fond en cliquant **Options** ⇨ **Enable Background Music** et définir le mode de consultation de l'album en cliquant **Options** ⇨ **Set Auto Flipping**.

Mise en pratique !

Vous pouvez transférer votre album photos vers le site Web d'E-Book Systems à des fins de partage en vous rendant sur www.fliplibrary.com.

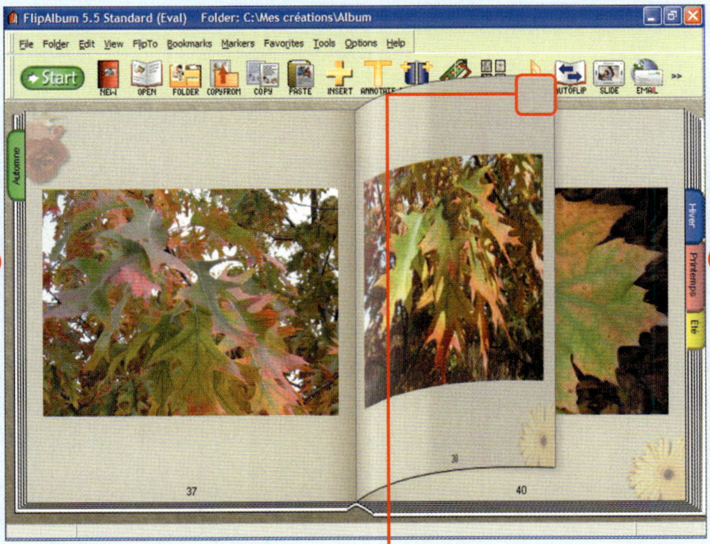

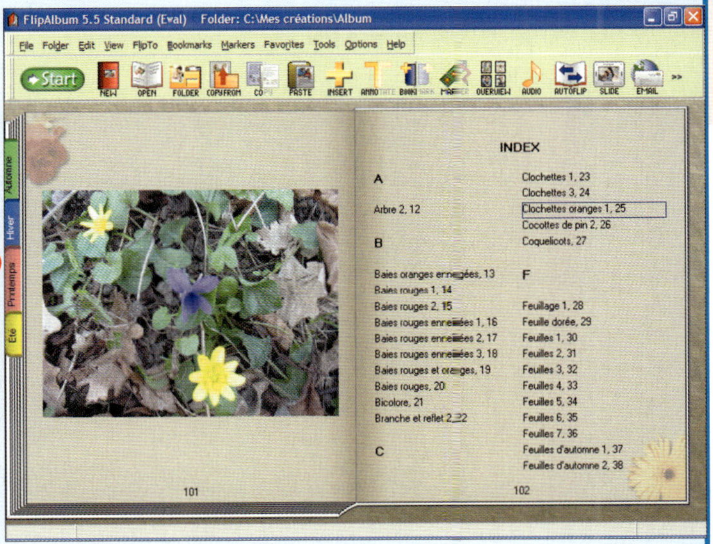

○ Vous pouvez créer des onglets en cliquant une page où en ajouter un avec le bouton droit, en cliquant **Bookmarks** ⇨ **Tab** et en spécifiant l'intitulé et la couleur de l'onglet dans la boîte de dialogue Bookmark Content.

6 Pour parcourir les pages de l'album, cliquez l'angle supérieur droit de la page droite.

○ FlipAlbum ajoute automatiquement un index à la fin de l'album. Vous pouvez en cliquer une entrée pour atteindre directement la page correspondante.

Note. Vous pouvez atteindre rapidement l'index en cliquant autour de l'album avec le bouton droit et en cliquant ***Index****.*

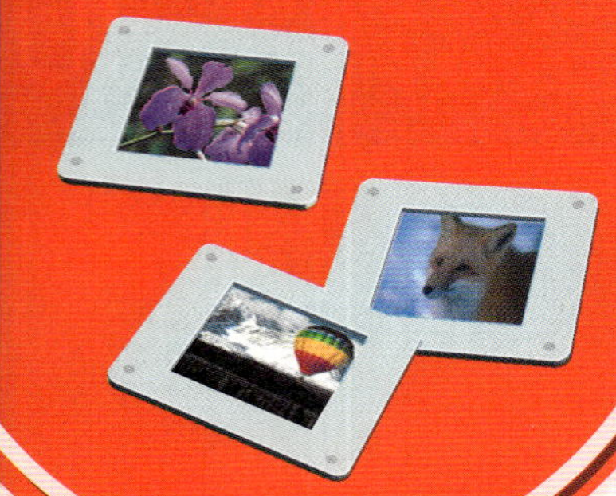

Créez une
GALERIE DE PHOTOS WEB

Si vous voulez donner l'occasion à tous les internautes de visionner vos clichés, vous pouvez créer une galerie de photos en ligne. Généralement, cela oblige à redimensionner et optimiser les images pour le Web, à créer et optimiser des miniatures correspondantes et à concevoir des fichiers HTML (pages Web) avec des liens vers les photos numériques, les miniatures et des pages HTML. Avec Adobe Photoshop Elements, toute cette procédure devient d'une facilité déconcertante et ne prend que quelques minutes.

La fonction Créer Galerie Web Photo du logiciel permet de générer très rapidement une galerie de photos en ligne opérationnelle. Avant de l'exécuter, préparez vos clichés et réunissez-les dans un dossier dédié. Créez également un dossier où Photoshop Elements stockera tous les fichiers de la galerie. Si la commande Créer Galerie Web Photo est à même de redimensionner et compresser automatiquement chaque cliché numérique, mieux vaut effectuer ces étapes de configuration préalables avec la fonction Enregistrer pour le Web (consultez la tâche n° 71).

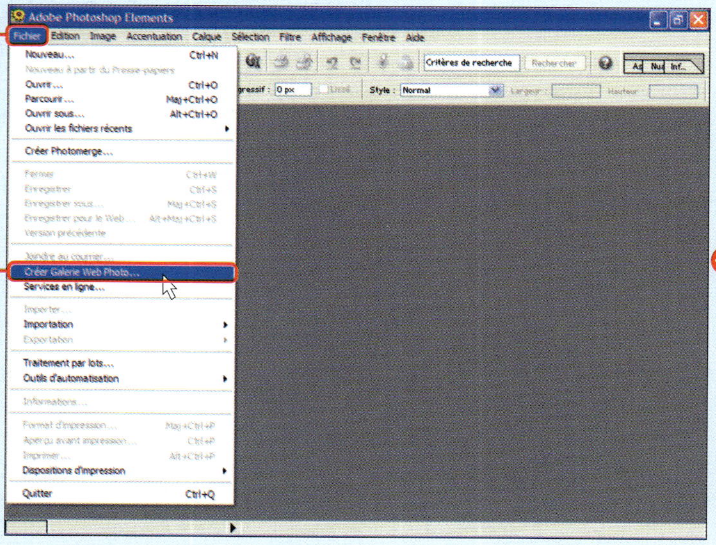

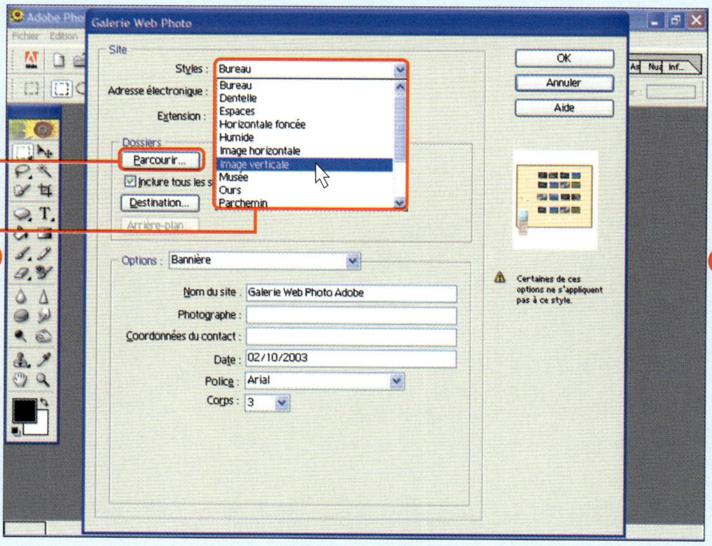

① Cliquez **Fichier**.

② Cliquez **Créer Galerie Web Photo**.

○ La boîte de dialogue Galerie Web Photo apparaît.

③ Cliquez cette zone, puis le style de galerie souhaité.

④ Cliquez **Parcourir**.

○ La boîte de dialogue Rechercher un dossier apparaît.

⑤ Sélectionnez le dossier où figurent les photos à intégrer à la galerie.

⑥ Cliquez **OK**.

96

NIVEAU DE DIFFICULTÉ

Le saviez-vous ?

La plupart des fournisseurs d'accès Internet réservent au moins 10 Mo d'espace sur leur site à chacun de leurs abonnés. Il est donc possible d'y stocker votre galerie Web. Renseignez-vous auprès de votre FAI pour connaître les outils mis à votre disposition pour le transfert de vos fichiers et la manière dont vous devez télétransmettre votre galerie sur son site. Ces informations figurent généralement sur le site du fournisseur.

Le saviez-vous ?

La commande Créer Galerie Web Photo de Photoshop Elements peut ajouter automatiquement une légende sous chaque cliché dans la page Web. Vous devez alors spécifier ce texte auparavant dans la zone **Légende** de la boîte de dialogue **Fichier** ⇨ **Informations** pour chaque image.

SUITE

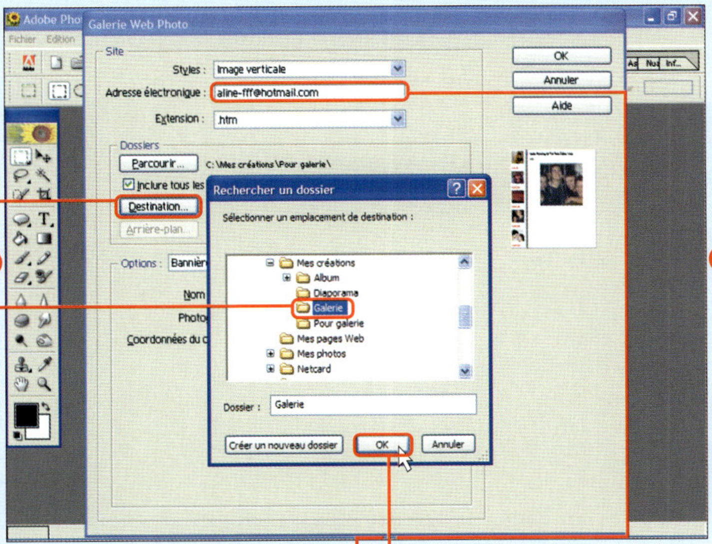

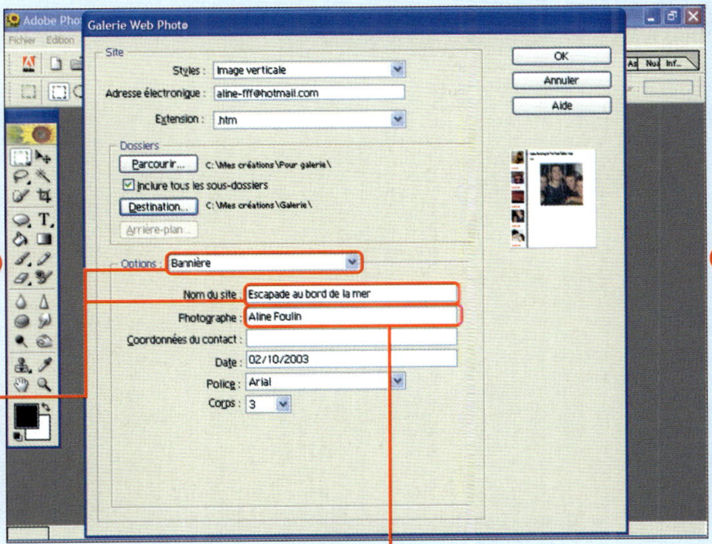

7 Cliquez **Destination**.

○ La boîte de dialogue Rechercher un dossier apparaît.

8 Sélectionnez le dossier où stocker les images, les miniatures et les pages Web de la galerie.

9 Cliquez **OK**.

○ Si vous voulez afficher votre adresse électronique sur chaque page Web, vous pouvez la saisir dans cette zone.

10 Cliquez cette zone, puis **Bannière**.

11 Tapez le nom de votre site.

12 Saisissez votre nom.

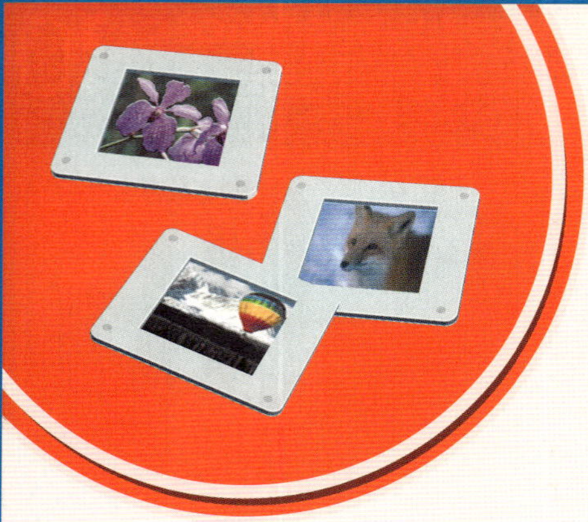

Créez une GALERIE DE PHOTOS WEB

Beaucoup de photographes redoutent que des internautes peu scrupuleux ne s'emparent de leurs clichés depuis leurs galeries Web et qu'ils ne les exploitent sans leur autorisation et sans verser le moindre centime. Ces craintes se justifient malheureusement, puisque de tels abus se sont déjà produits. Néanmoins, de petits fichiers graphiques restent sans grand intérêt pour la plupart des exploitations commerciales. Si vous publiez uniquement des photos d'une largeur inférieure à 400 pixels, vous ne subirez sans doute aucun désagrément.

Pour une sécurité accrue, vous pouvez empêcher la copie de vos clichés, ou y intégrer une mention de copyright ou un filigrane qui permettent de les suivre et de les identifier. Toutefois, les efforts que vous demandent ces précautions n'en valent généralement pas la peine, car des utilisateurs malintentionnés parviennent toujours à contourner ces interdits. Si vous tenez vraiment à empêcher l'exploitation de vos photos, ne les publiez pas sur un site Web.

SUITE ▶

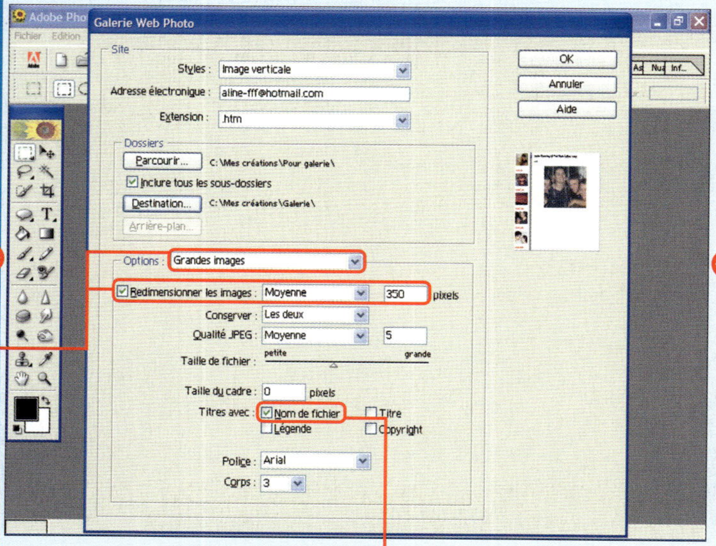

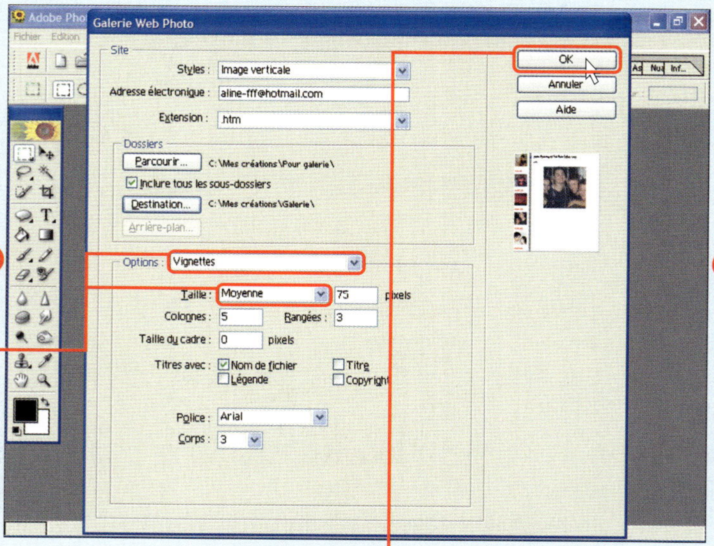

⑬ Cliquez cette zone, puis **Grandes images**.

○ Si vous voulez que Photoshop Elements redimensionne vos photos numériques, cochez la case **Redimensionner les images** et spécifiez les taille et qualité voulues.

○ Vous pouvez cocher cette case pour afficher le nom des fichiers sous les images dans les pages Web.

⑭ Cliquez cette zone, puis **Vignettes**.

⑮ Cliquez cette zone, puis la taille souhaitée pour les miniatures.

⑯ Cliquez **OK**.

○ Photoshop Elements génère automatiquement les pages Web et les miniatures, et redimensionne les images qui doivent l'être.

96 SUITE

Le saviez-vous ?

Pour transférer vos pages Web et vos images sur un serveur Internet, vous devez utiliser un logiciel FTP, comme GlobalScape CuteFTP ou FileZilla. Le premier est un produit payant dont vous pouvez obtenir une version d'essai sur http://telecharger.01net.com. Le second est un utilitaire gratuit proposé sur ce même site Web.

Le saviez-vous ?

Il est possible de changer la configuration de l'une ou l'autre des 15 mises en page prédéfinies, proposées par la commande Créer Galerie Web Photo de Photoshop Elements. Il existe en effet un dossier distinct pour chacune dans le dossier /Photoshop Elements 2/Paramètres prédéfinis/Galerie Web Photo. Pour modifier l'une de ces mises en page, copiez le contenu du dossier correspondant dans un nouveau dossier doté d'un nom différent. Rectifiez ou remplacez ensuite les images souhaitées, et apportez les changements souhaités au code HTML dans un éditeur HTML ou un éditeur de texte.

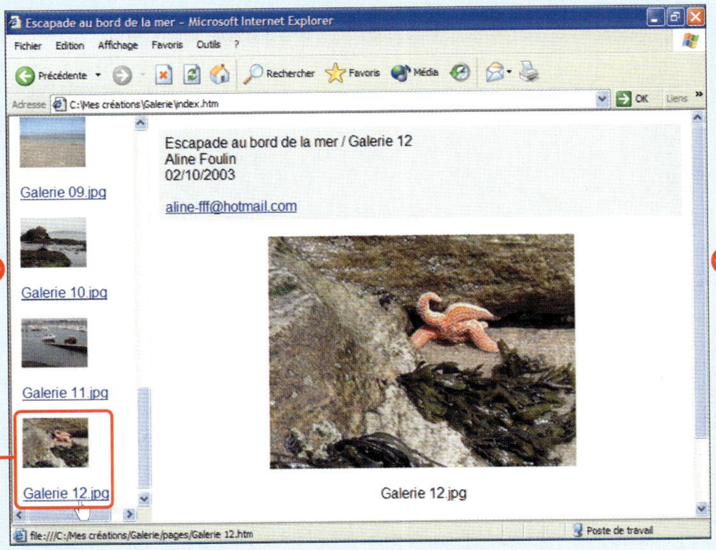

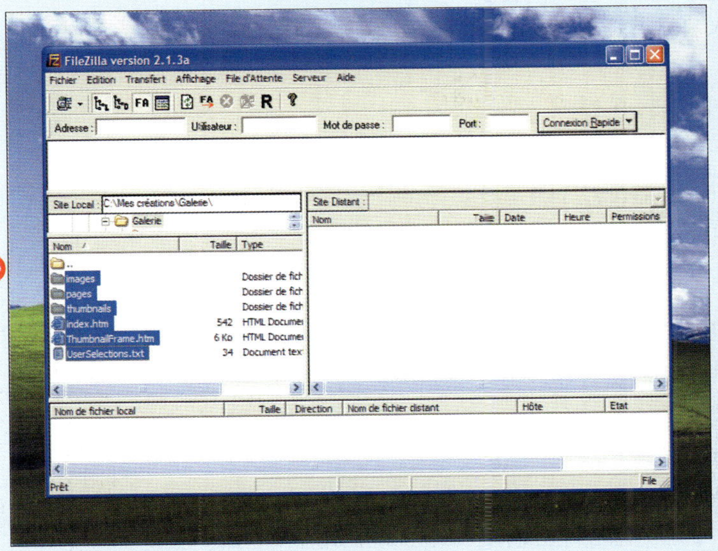

- La galerie apparaît dans votre navigateur Web.
- Vous pouvez cliquer une miniature pour afficher l'image grandeur réelle au centre de la fenêtre.

- Pour télécharger tous les dossiers et fichiers de votre galerie vers le serveur Internet où vous souhaitez les publier le moment venu, vous devez utiliser un utilitaire FTP, comme FileZilla.

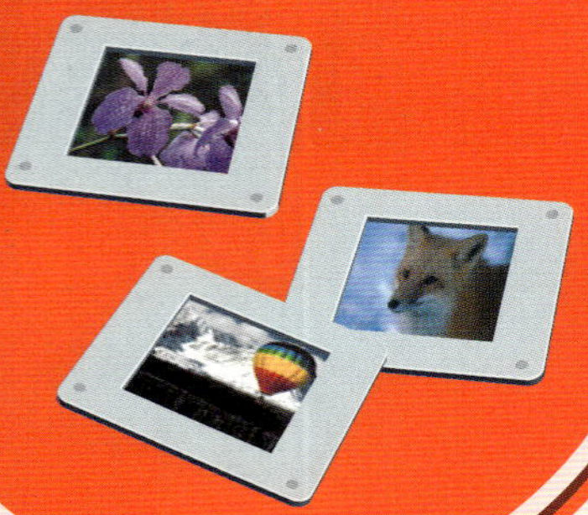

Créez une VIDÉO DE VOS PHOTOS

Beaucoup de raisons peuvent vous pousser à créer un diaporama. Par exemple, vous comptez partager sous une forme conviviale avec vos amis et votre famille des dizaines de photos formidables prises au cours du séjour que vous venez de passer à l'étranger. Il peut aussi s'agir de clichés sur un sujet particulier, comme les fleurs ou les voitures anciennes, que vous aimeriez montrer à des personnes de votre entourage. À moins que vous ne vouliez simplement créer une vidéo à partir des photos de vos enfants ou de vos parents prises au cours des dernières années. Quelle que soit votre motivation, différentes techniques s'offrent à vous pour concevoir et diffuser des diaporamas.

Pour créer des diaporamas sur un CD ou un DVD, Ulead DVD PictureShow 2 (www.ulead.co.uk/fr/) fait partie des meilleurs logiciels. En effet, vous pouvez ensuite visionner ces diaporamas sur un moniteur informatique ou sur l'écran d'une télévision connectée à un lecteur de DVD si vous avez choisi le bon format de disque. Cette dernière solution présente un avantage indéniable : vous pouvez contrôler le déroulement du diaporama avec la télécommande du lecteur de DVD et effectuer ainsi des retours en arrière ou des avances rapides, notamment. Cela vous donne aussi accès au menu principal pour choisir un autre diaporama.

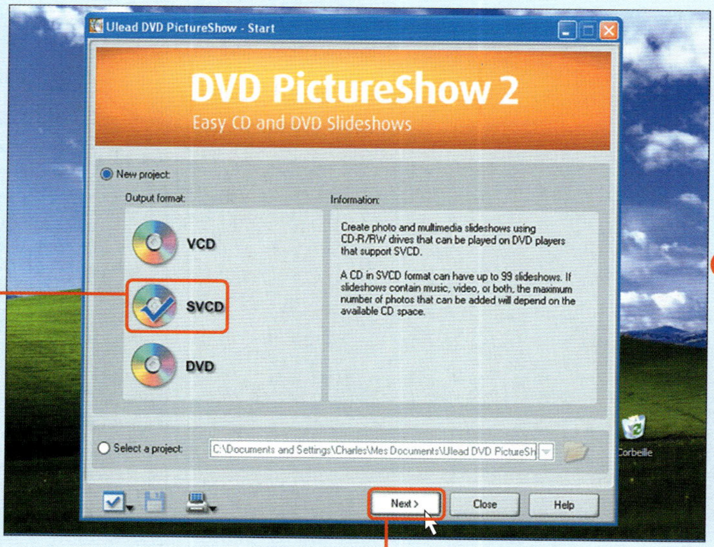

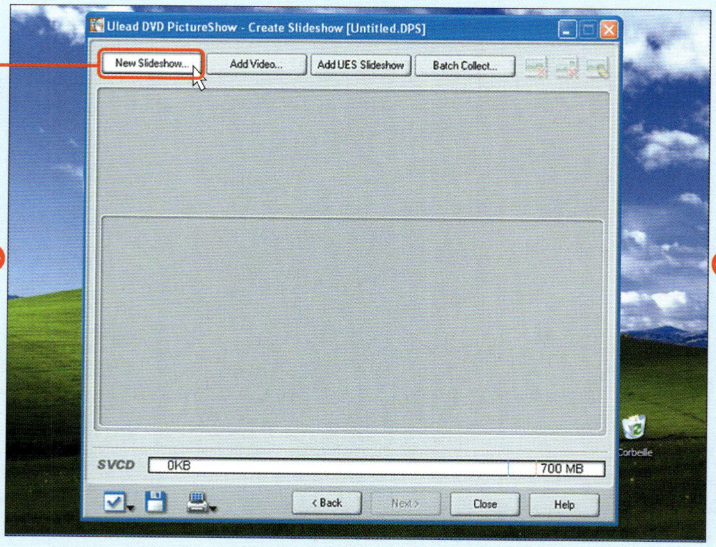

① Cliquez le type de CD à créer.

② Cliquez **Next**.

③ Cliquez **New Slideshow**.

○ DVD PictureShow ouvre une fenêtre de sélection de fichiers.

97

NIVEAU DE DIFFICULTÉ

Le saviez-vous ?

Les Vidéo CD (VCD) sont des CD enregistrables (CD-R) qui renferment du son, de la vidéo et des images fixes encodés au format extrêmement compressé MPEG *(Motion Picture Experts Group).* Le format VCD offre des images de moindre qualité que les formats SVCD et DVD. La résolution des vidéos standard est généralement inférieure à celle d'une cassette vidéo classique, mais les images fixes apparaissent nettes.

Les Super Vidéo CD (SVCD) proposent des images et du son dont la qualité dépasse celle des VCD, sans toutefois atteindre celle des DVD. Le format SVCD reste néanmoins un bon choix pour les photographes, car il assure un compromis acceptable entre un support peu onéreux et des images haute résolution.

Un DVD est un disque vidéo enregistrable qui peut être lu par la plupart des lecteurs de DVD de salon et des lecteurs de DVD-ROM connectés à un ordinateur. C'est le format DVD qui offre la plus grande capacité de stockage et la meilleure qualité d'image.

SUITE

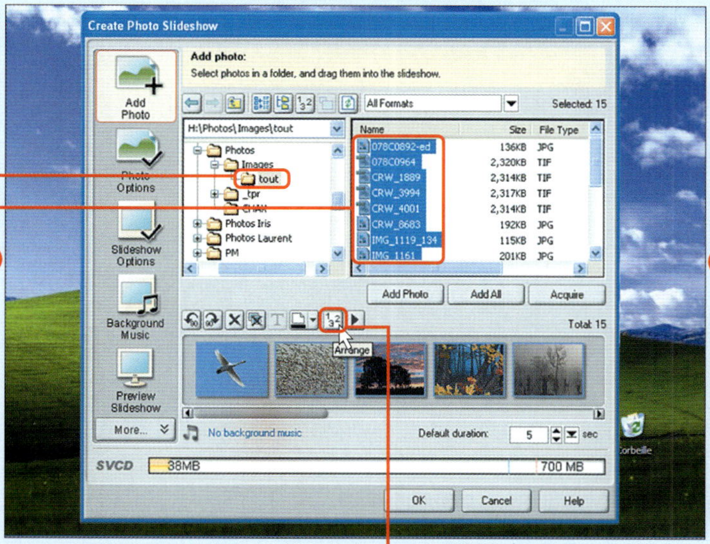

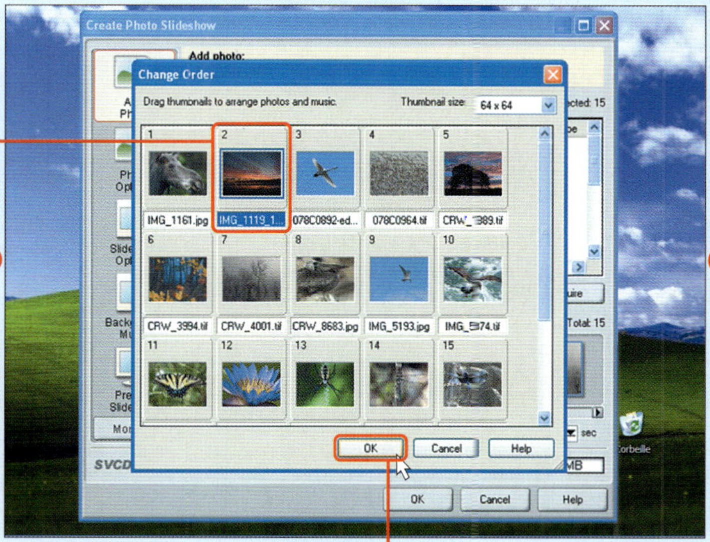

4 Sélectionnez le dossier qui renferme les images à partir desquelles créer le diaporama.

5 Sélectionnez les images à utiliser.

6 Cliquez le bouton **Arrange**.

○ La boîte de dialogue Change Order apparaît.

7 En faisant glisser les images, réorganisez celles-ci dans l'ordre de visionnage voulu.

8 Cliquez **OK**.

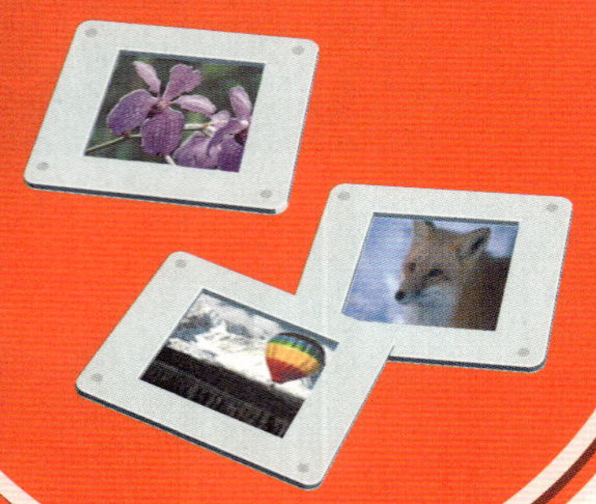

Créez une VIDÉO DE VOS PHOTOS

Les graveurs de CD et de DVD et les lecteurs de DVD de salon appartiennent à une technologie en pleine évolution, dont vous devez, vous aussi, profiter. Avant d'acquérir un tel équipement et des disques, néanmoins, lisez beaucoup de documentation, y compris celle qui accompagne vos matériels actuels, et renseignez-vous auprès de vendeurs qualifiés.

Parmi les nombreux types de disques et formats de fichiers existants, chacun présente des avantages et des inconvénients. Si vous possédez uniquement un graveur de CD, vous pourrez sans doute l'utiliser pour créer un VCD ou un SVCD avec un diaporama de vos photos visionnable ensuite sur un écran d'ordinateur par le biais d'un lecteur de CD-ROM ou sur un lecteur DVD de salon.

Pour la phase finale de réalisation d'un diaporama de type DVD, vous devez être équipé d'un graveur de DVD et de DVD enregistrables (DVD-R/RW ou DVD+R/RW). Pour un diaporama de type VCD ou SVCD, il vous faut simplement un graveur de CD et des CD-R/RW. Pour connaître le type de disque adapté à votre lecteur de CD ou de DVD informatique ou de salon, il suffit de consulter le manuel d'utilisation ou de se renseigner auprès d'un vendeur.

SUITE ▶

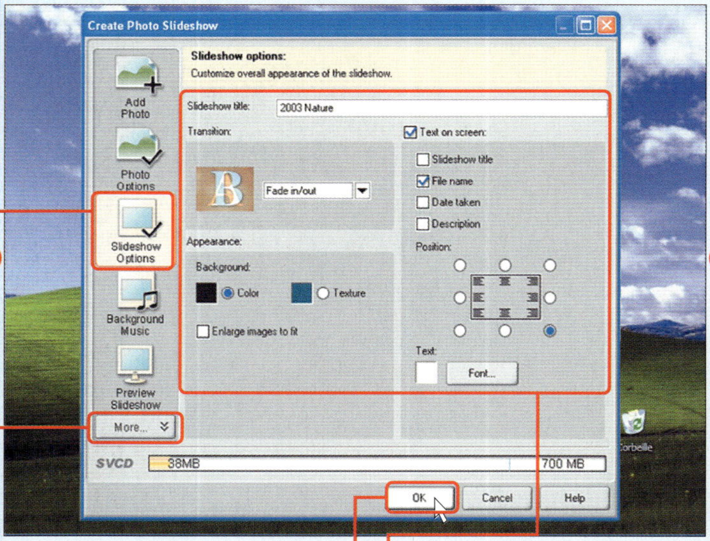

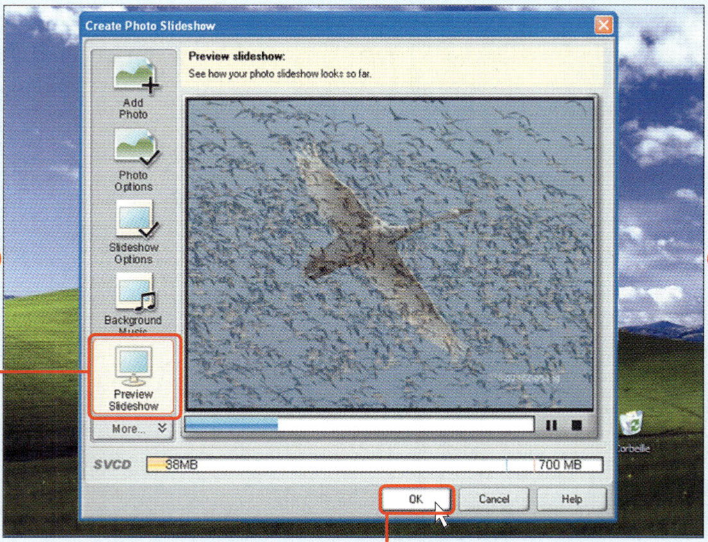

9 Si SlideShow Options n'est pas visible, cliquez **More**.

10 Cliquez **SlideShow Options**.

11 Spécifiez le titre à donner au diaporama et tout autre paramètre souhaité.

12 Cliquez **OK**.

13 Cliquez **Preview SlideShow**.

14 Après avoir visionné le diaporama, cliquez **OK**.

97 SUITE

Prudence !

Certains anciens lecteurs DVD de salon sont incapables de lire des disques VCD ou SVCD. Parallèlement, des modèles extrêmement récents risquent de pouvoir lire des CD-RW, mais pas des CD-R.

Le saviez-vous ?

Lorsque vous créez un diaporama avec Ulead DVD PictureShow 2, vous pouvez ajouter des clips vidéo, de la musique et d'autres diaporamas. Il est aussi possible de définir vos propres écrans de titres avec des menus d'options identiques à ceux que proposent les vidéos commercialisées sur DVD.

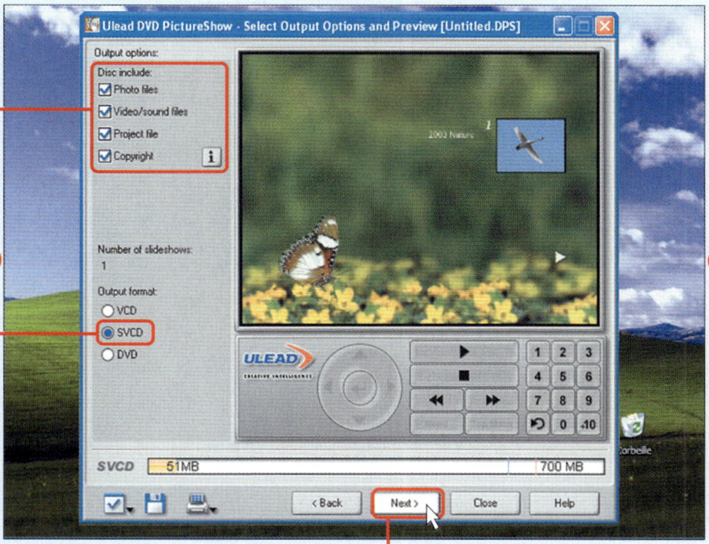

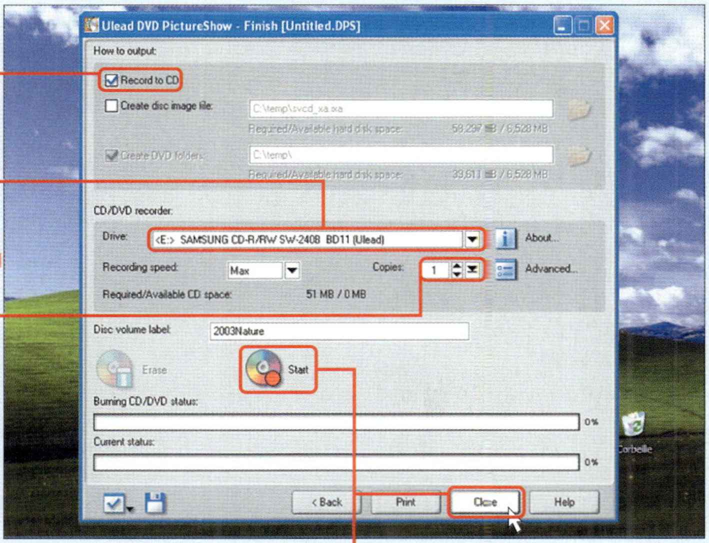

⑮ Cochez toutes les options de sortie dans cette zone.

⑯ Cliquez le même format qu'à l'étape **1**.

⑰ Cliquez **Next**.

⑱ Cochez la case **Record to CD**.

⑲ Cliquez cette zone, puis le graveur à utiliser.

⑳ Spécifiez le nombre de copies à réaliser.

㉑ Cliquez **Start** pour démarrer a gravure.

㉒ Une fois le disque gravé, cliquez **Close.**

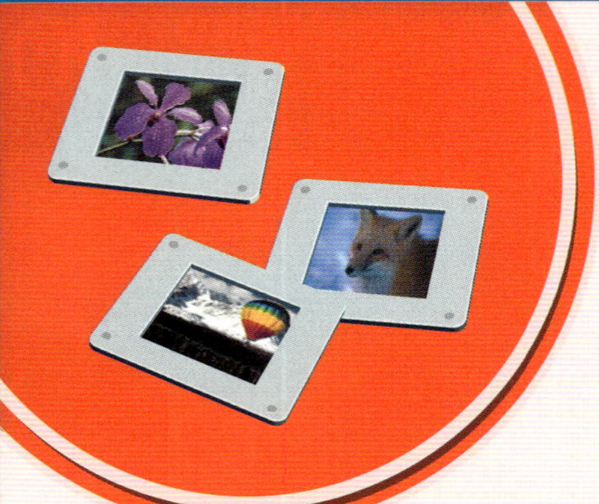

Créez un CALENDRIER À PARTIR DE VOS PHOTOS

Impossible de se passer d'un calendrier. Adobe Photoshop Album permet de créer sans la moindre difficulté un véritable calendrier de 12 mois illustré par vos photos, avec les dates où noter des événements ou rendez-vous importants.

Pour concevoir un tel objet, il vous suffit de suivre les cinq étapes de l'Assistant de création. Celui-ci propose six styles différents pour une configuration verticale ou horizontale et accepte au maximum 13 photos (une pour la couverture et une pour chaque page). Vous pouvez aussi ajouter du texte sous chaque cliché en intégrant la légende souhaitée au fichier graphique correspondant.

Une fois le calendrier créé, il est possible de l'imprimer sur une imprimante photo de bureau ou de le confier à l'un des services d'impression en ligne que propose l'Assistant de création. Un calendrier illustré par vos clichés constitue une excellente idée de cadeau, que vous pouvez personnaliser en fonction du destinataire.

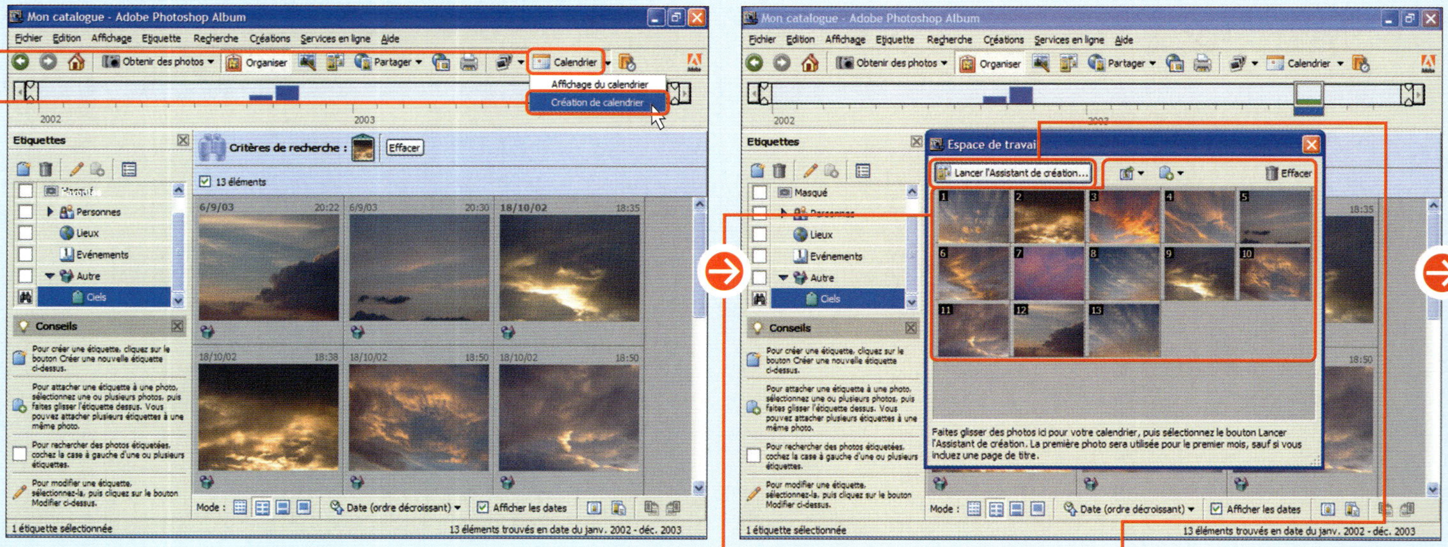

1 Importez et étiquetez les 13 photos à utiliser dans votre calendrier annuel, l'une d'elles allant servir à la couverture.

2 Cliquez **Calendrier**.

3 Cliquez **Création de calendrier**.

Note. Pour l'importation, utilisez le bouton Obtenir les photos. Pour associer une étiquette aux photos, sélectionnez celles-ci, cliquez-les avec le bouton droit et cliquez Attacher une étiquette, puis la catégorie de l'étiquette et l'étiquette désirée.

La boîte de dialogue Espace de travail apparaît.

4 En faisant glisser les images, disposez-les dans l'ordre dans lequel elles devront apparaître dans le calendrier.

5 Cliquez **Lancer l'Assistant de création**.

98

NIVEAU DE DIFFICULTÉ

Le saviez-vous ?

Vous pouvez imprimer une légende sous chaque photo en cochant la case **Inclure les légendes** à l'étape 3 de l'Assistant de création et en intégrant la légende souhaitée au fichier graphique. Pour ce faire, Cliquez **Fichier** ⇨ **Informations**, tapez le texte dans la zone Légende de la boîte de dialogue et enregistrez le fichier.

Le saviez-vous ?

Si vous voulez réaliser un calendrier alors que vous ne possédez pas Photoshop Album, vous pouvez télécharger plusieurs modèles Microsoft Word depuis le site http://office.microsoft.com/templates. Il est aussi possible de télécharger une version d'essai de Photoshop Album depuis le site www.adobe.fr/products/photoshopalbum ou d'utiliser le programme gratuit Snapfish Photo Wizard (www.snapfish.com/photowizard). Une dernière solution consiste à commander un calendrier auprès d'un service d'impression en ligne, comme Photoways (consultez la tâche n°90).

SUITE

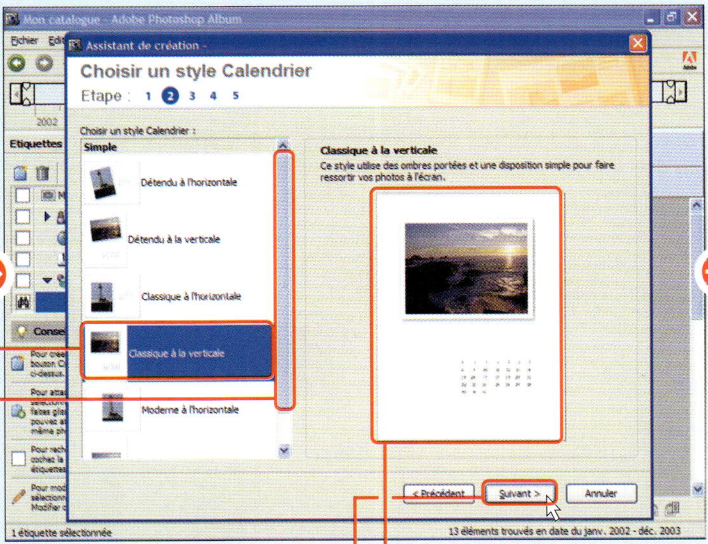

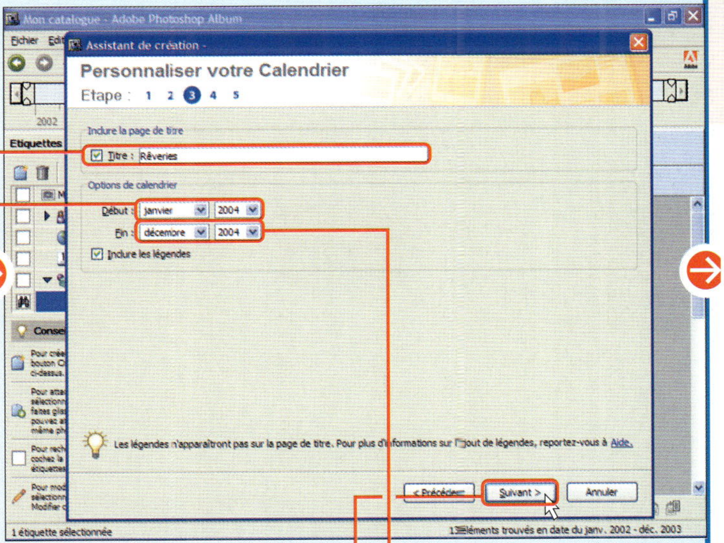

○ La boîte de dialogue Assistant de création apparaît.

6 Cliquez le style de calendrier souhaité.

○ Servez-vous de la barre de défilement pour parcourir les styles de calendriers proposés.

○ Cette zone donne un aperçu du style choisi.

7 Cliquez **Suivant**.

8 Si vous voulez ajouter une page de titre, cochez la case **Titre** et tapez le texte souhaité dans la zone en regard.

9 Spécifiez le mois et l'année de départ.

10 Spécifiez le mois et l'année de fin.

11 Cliquez **Suivant**.

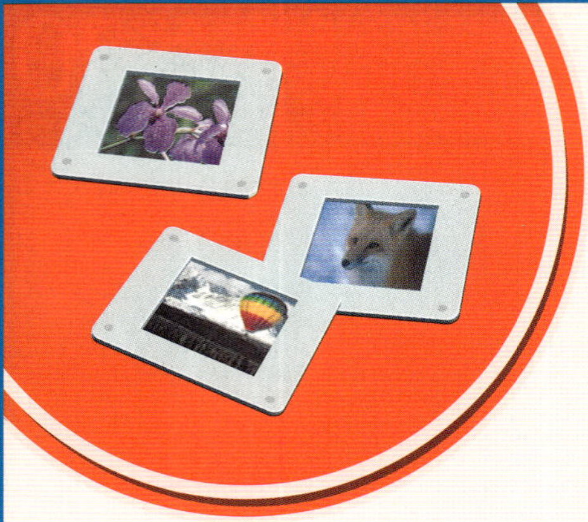

Créez un

CALENDRIER À PARTIR DE VOS PHOTOS

Outre les calendriers, Adobe Photoshop Album permet de créer en quelques clics une large gamme de projets à partir de vos photos, comme des cartes de vœux ou des albums photos. Vous pouvez également retoucher, recadrer et redimensionner vos clichés. Pour un prix tout à fait abordable, ce programme propose en outre des outils dédiés au partage en ligne de vos images préférées avec des amis ou des parents, comme des modèles pour la création d'une galerie de photos Web.

Il n'est pas nécessaire de recourir à Adobe Photoshop Album pour créer des calendriers à partir de vos photos. La plupart des éditeurs de logiciels proposent des produits similaires, comme Microsoft PictureIt!, Ulead Photo Explorer ou Broderbund Calendar Creator. Selon vos besoins, vous opterez pour un programme très simple ou extrêmement complet. Une fois vos superbes photos réalisées, peaufinées et archivées, vous pouvez investir dans une application de création de calendriers et partager ainsi vos clichés sous une forme très conviviale et pratique.

SUITE ▶

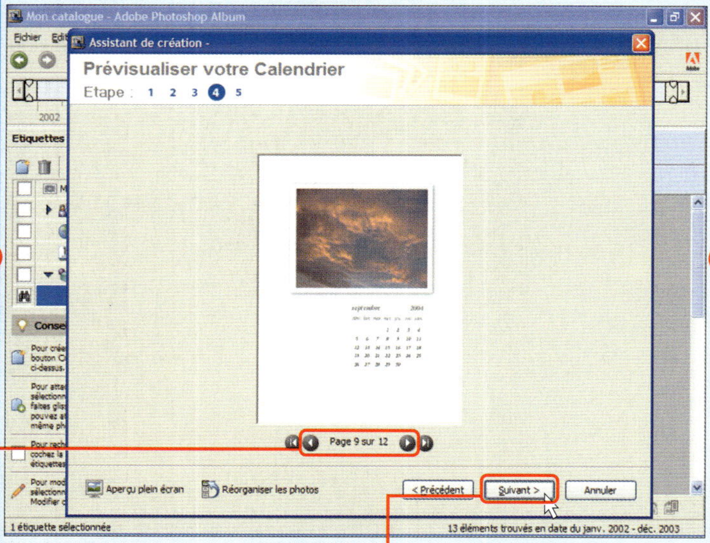

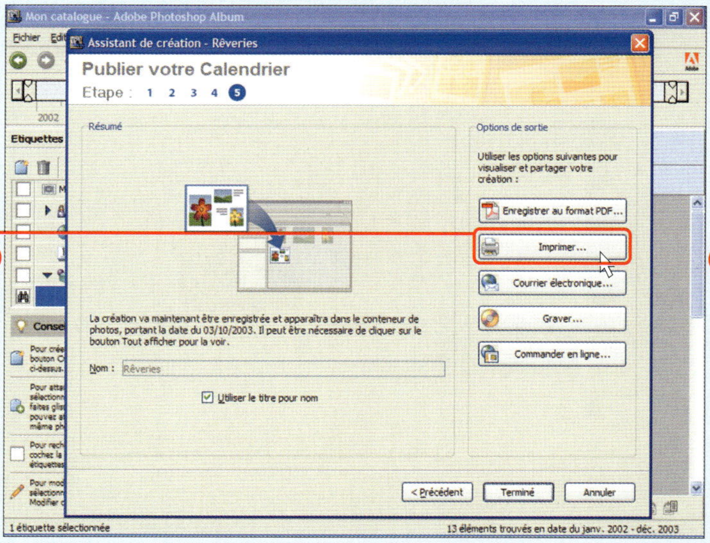

⑫ Cliquez ces boutons pour obtenir un aperçu des différentes pages du calendrier.

⑬ Cliquez **Suivant**.

⑭ Cliquez **Imprimer**, afin d'imprimer le calendrier sur votre imprimante de bureau personnelle.

98 SUITE

Le saviez-vous ?

Au lieu d'imprimer votre calendrier sur votre imprimante personnelle, vous pouvez en créer un fichier PDF en cliquant le bouton **Enregistrer au format PDF** dans la dernière étape de l'Assistant de création. Spécifiez ensuite si vous voulez optimiser le fichier pour une consultation à l'écran, une impression ou la pleine résolution. Cette fonctionnalité se révèle très utile pour créer un calendrier, l'annoter avec Adobe Acrobat et le diffuser. L'option **Utilisation de la pleine résolution** crée un fichier de 2,5 Mo optimisé pour un affichage à l'écran et téléchargeable depuis une page Web. Vous pouvez également transférer le fichier sur un CD-ROM et donner ainsi l'occasion à d'autres personnes de l'imprimer avec des images haute résolution. Cliquez à cette fin le bouton **Graver** dans la dernière étape de l'assistant.

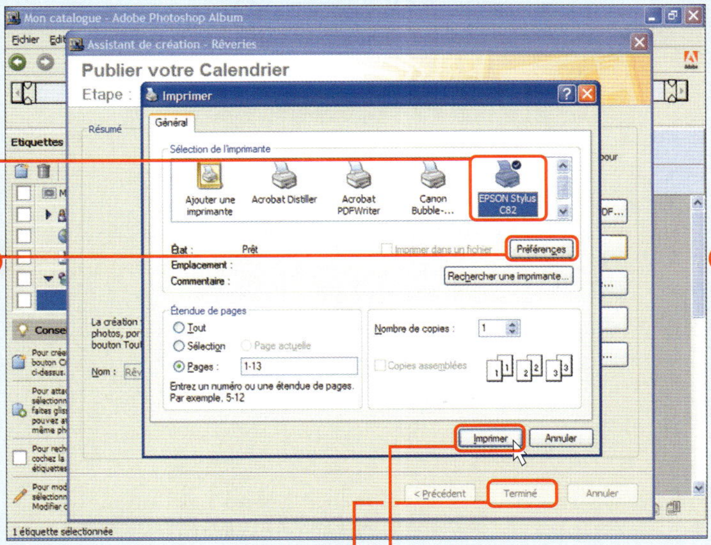

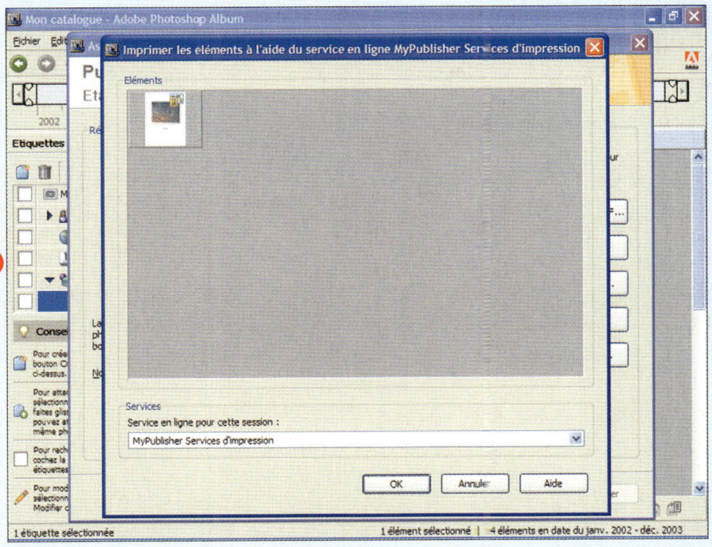

- La boîte de dialogue Imprimer apparaît.

(15) Cliquez l'imprimante à utiliser.

- Vous pouvez cliquer **Préférences** pour configurer d'autres aspects de l'impression.

(16) Cliquez **Imprimer**.

(17) Une fois l'impression lancée, cliquez **Terminé**.

- Vous pouvez également confier l'impression de votre calendrier à un service spécialisé en ligne en cliquant le bouton **Commander en ligne** à l'étape 14.

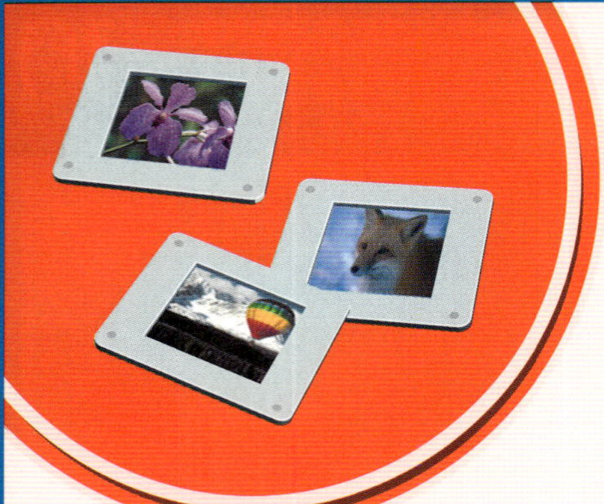

Créez une

CARTE DE VŒUX À PARTIR D'UNE PHOTO

La prochaine fois que vous voudrez envoyer une carte de vœux, vous pourrez en réaliser une personnalisée en fonction de votre destinataire en utilisant une ou plusieurs de vos photos. Avec l'Assistant de création d'Adobe Photoshop Album, la procédure est un jeu d'enfants. Vos étapes sont automatiquement enregistrées dans un fichier, de sorte que vous pouvez réaliser rapidement un autre exemplaire de la même carte ou modifier une carte pour en concevoir une nouvelle.

Adobe Photoshop Album possède le grand avantage de pouvoir être mis à jour aisément dès que l'éditeur propose de nouveaux modèles ou styles pour les divers types de créations. Il offre en outre un accès direct à des services d'impression en ligne, comme MyPublisher Services d'impression. Après vous être abonné à l'un d'eux, vous pouvez lui confier vos travaux d'impression en un clin d'œil. Pour savoir si de nouveaux services sont proposés et les intégrer le cas échéant à Photoshop Album, cliquez Services en ligne ⇨ Vérifier les nouveaux services.

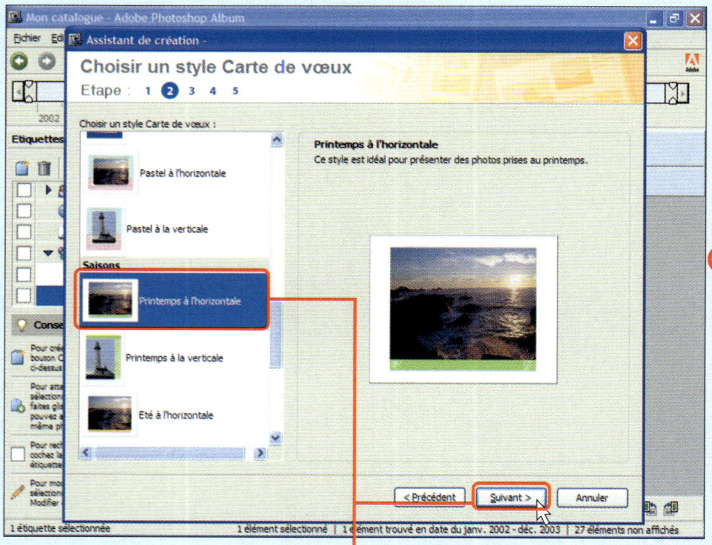

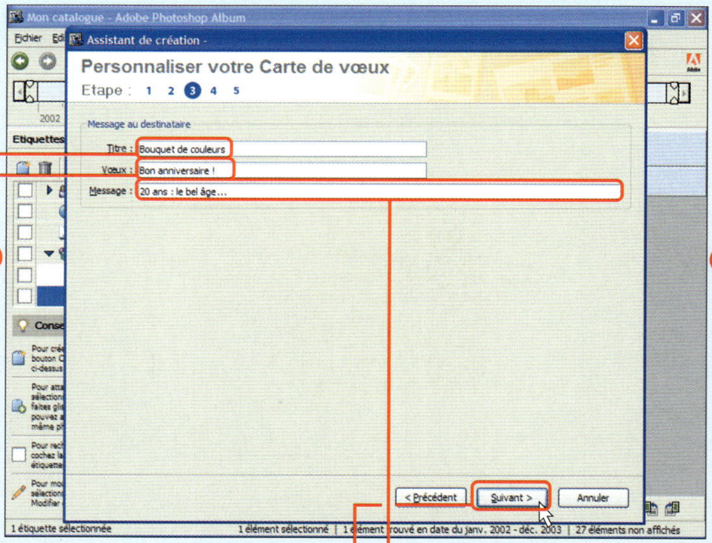

1. Importez et étiquetez la photo à utiliser dans votre carte de vœux.
2. Cliquez **Créations** ⇨ **Carte de vœux**.

○ La boîte de dialogue Espace de travail apparaît.

3. Cliquez **Lancer l'Assistant de création**.

○ La boîte de dialogue Assistant de création apparaît.

4. Cliquez le style de carte à utiliser.
5. Cliquez **Suivant**.
6. Tapez le titre souhaité.
7. Saisissez la formule de vœux désirée.
8. Tapez un message d'accompagnement.
9. Cliquez **Suivant**.

99

NIVEAU DE DIFFICULTÉ

Le saviez-vous ?

Avec l'Assistant de création de Photoshop Album, créer et imprimer des cartes de vœux sur votre imprimante de bureau personnelle est un jeu d'enfants. Néanmoins, vous pouvez aussi convertir vos cartes en fichiers PDF, les joindre à un courrier électronique, les graver sur un CD-ROM ou commander des impressions en ligne. Cliquez simplement le bouton correspondant dans la dernière étape de l'assistant.

Le saviez-vous ?

Beaucoup de fabricants de papier à lettres proposent des cartes de vœux avec des enveloppes associées conçues pour une sortie sur une imprimante à jet d'encre. Vous trouverez notamment des supports teintés, brillants, mats et gaufrés dans divers formats, certains étant même préparés pour un pliage facile et propre. Renseignez-vous auprès de votre revendeur habituel ou rendez-vous sur le site des fabricants.

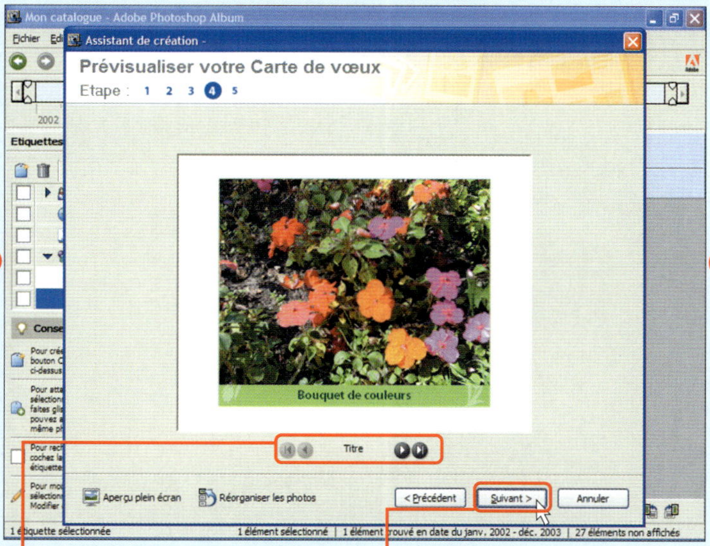

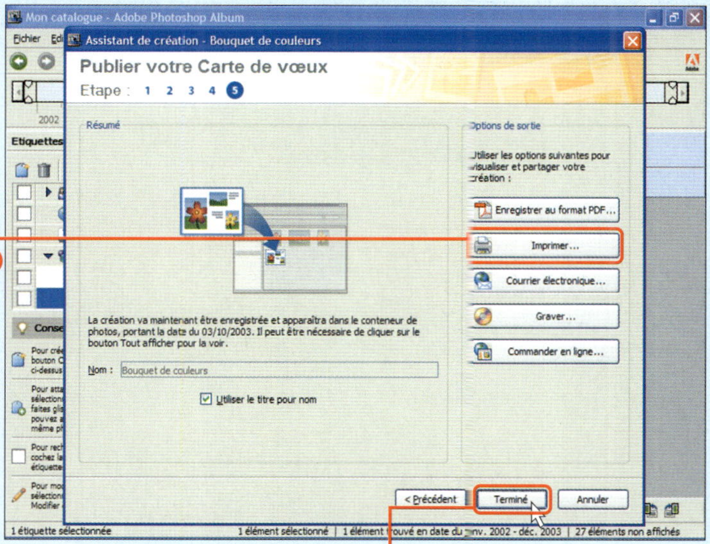

10 Cliquez ces boutons pour visualiser tous les côtés de la carte.

11 Cliquez **Suivant**.

12 Cliquez **Imprimer** et répétez les étapes **15** et **16** de la page 209 pour imprimer la carte sur votre imprimante de bureau personnelle.

13 Une fois l'impression lancée, cliquez **Terminé**.

- Photoshop Album enregistre automatiquement votre carte sur le disque dur.

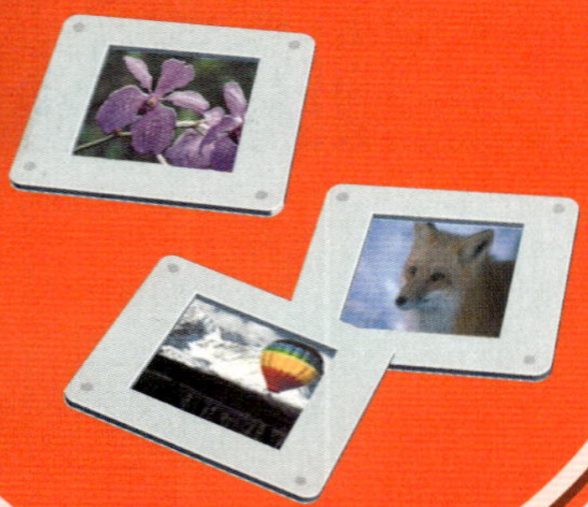

Créez un MONTAGE

Il est très fréquent de créer des collages à partir de clichés papier que l'on découpe et que l'on colle ensuite sur un support unique selon une disposition plus ou moins aléatoire. Ce type de réalisation convient parfaitement pour réunir des photos d'un même voyage, de famille ou d'un événement sportif. Il requiert cependant beaucoup de temps et d'adresse.

Tout devient beaucoup plus simple et divertissant en imagerie numérique avec Adobe Photoshop Elements. Ce logiciel permet en effet de redimensionner et recadrer toutes les images à utiliser, puis de les réunir sur une page unique à imprimer ultérieurement : au lieu de réaliser un collage manuel, vous créez un montage.

Avant de placer vos photos dans un nouveau document vide, ajustez au moins grossièrement leur taille en vue de leur exploitation finale, afin d'alléger votre travail au moment de composer le montage. Cela fait, il vous suffit de glisser-déposer chaque cliché dans la page blanche et de les redimensionner ou recadrer si nécessaire.

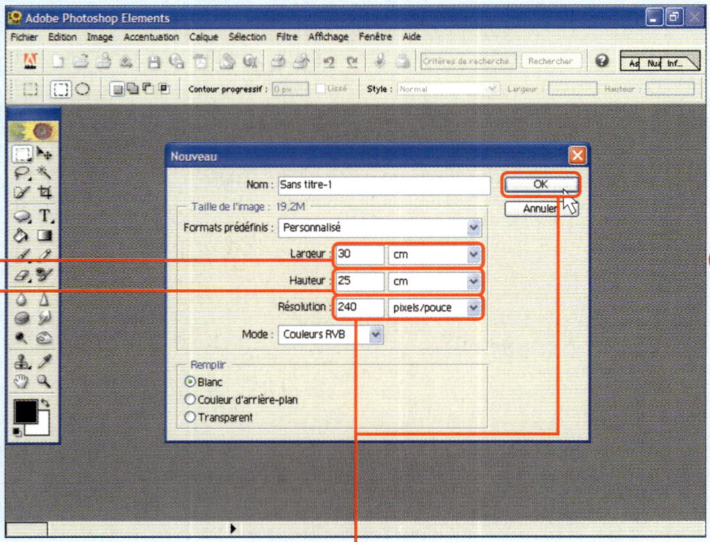

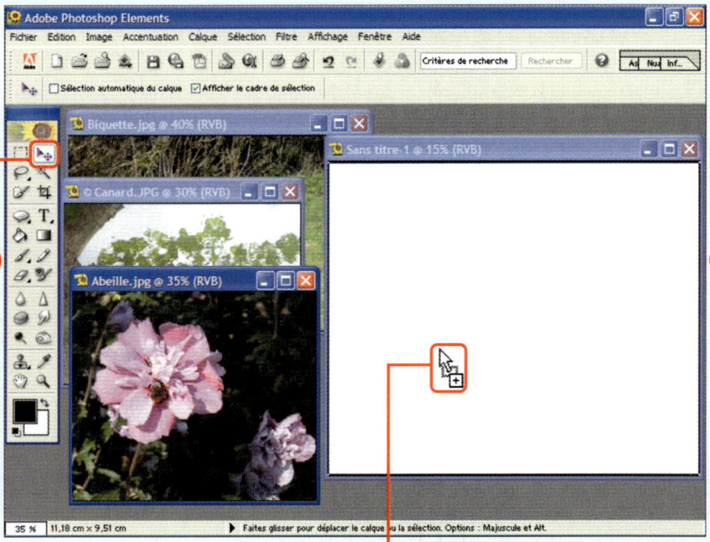

1 Cliquez **Fichier** ⇨ **Nouveau**.

○ La boîte de dialogue Nouveau apparaît.

2 Tapez les largeur et hauteur souhaitées pour le montage final.

3 Spécifiez la résolution optimale de l'imprimante de destination.

4 Cliquez **OK**.

5 Ouvrez une ou plusieurs photos à intégrer au montage.

6 Cliquez l'outil **Déplacement**.

7 Glissez-déposez chaque image dans le nouveau document.

○ Les images apparaissent dans le nouveau document ; chacune est placée sur son propre calque.

100

NIVEAU DE DIFFICULTÉ

Le saviez-vous ?

Au moment d'organiser vos photos pour un montage, vous pouvez les redimensionner, en vue d'occuper tout l'espace disponible. Quand l'outil Déplacement est activé, cliquez simplement l'image à modifier et faites glisser ses poignées de redimensionnement. Pour ne pas déformer le cliché, déplacez une poignée d'angle en maintenant simultanément la touche **Maj** enfoncée.

Le saviez-vous ?

Après avoir ajouté, redimensionné et correctement agencé toutes les photos d'un montage, vous pouvez aisément doter chacune d'une ombre portée pour donner du relief et du réalisme à votre création. Cliquez successivement chaque calque d'image et sélectionnez le style d'ombre à lui appliquer dans la palette Styles de calque.

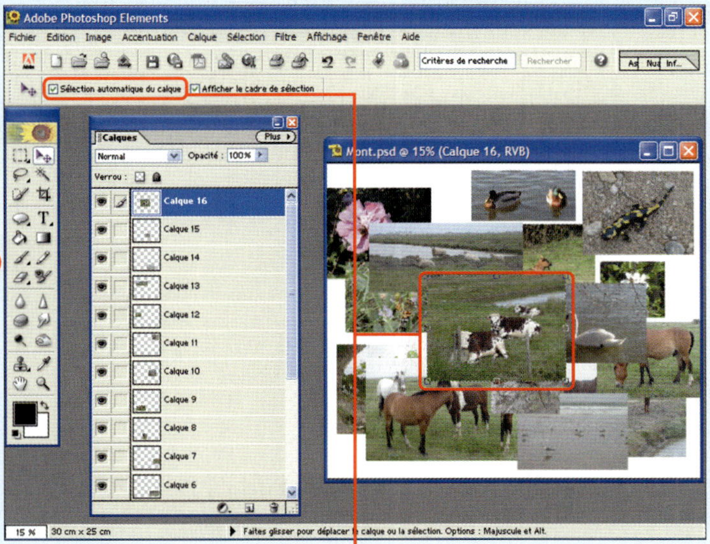

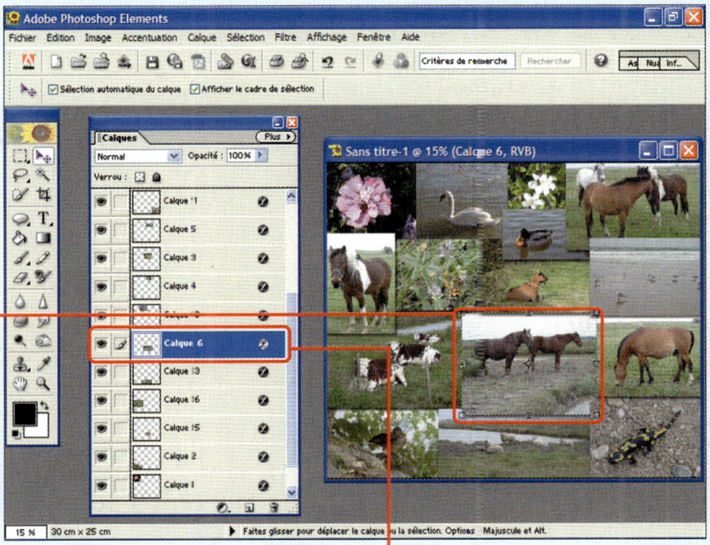

⑧ Répétez les étapes **5** à **7** autant de fois que nécessaire pour intégrer les photos souhaitées dans le nouveau document et fermez toutes les images, sauf le nouveau document.

⑨ Cochez la case **Sélection du calque automatique**.

⑩ Faites glisser chaque image à l'endroit souhaité dans le document.

⑪ Cliquez **Fenêtre** ⇨ **Calques** pour afficher la palette Calques.

SUPERPOSEZ DES IMAGES

⑫ Pour repositionner une image dans la pile lorsque plusieurs photos se chevauchent, cliquez-la, afin d'activer son calque.

⑬ Faites glisser son calque dans la palette Calques à l'endroit souhaité dans la pile.

○ Ici, nous avons appliqué en plus une ombre portée à chaque calque depuis la palette Styles de calque.

Gagnez du temps dans Photoshop Elements avec les

RACCOURCIS CLAVIER

GÉREZ VOS FICHIERS	
Pour	**Appuyez sur**
Créer un nouveau fichier	Ctrl+N
Ouvrir un fichier depuis la boîte de dialogue Ouvrir	Ctrl+O
Ouvrir l'Explorateur de fichiers	Ctrl+Maj+O
Enregistrer un fichier	Ctrl+S
Ouvrir la boîte de dialogue Enregistrer sous	Ctrl+Maj+S
Enregistrer un fichier pour le Web	Alt+Ctrl+Maj+S
Obtenir un aperçu avant impression	Alt+Ctrl+P
Définir le format d'impression	Ctrl+Maj+P
Imprimer un fichier	Ctrl+P
Fermer un fichier	Ctrl+W
Fermer tous les fichiers ouverts	Ctrl+Maj+W
Quitter Photoshop Elements	Ctrl+Q

CONTRÔLEZ L'AFFICHAGE	
Pour	**Appuyez sur**
Agrandir l'affichage	Ctrl++ (pavé numérique)
Réduire l'affichage	Ctrl+- (pavé numérique)
Basculer en affichage 100 %	Ctrl+Alt+O
Afficher l'image à la taille maximale possible	Ctrl+$
Afficher/Masquer la barre de raccourcis, la barre d'options et les palettes	Tab
Afficher/Masquer les règles	Ctrl+R

ACTIVEZ LES OUTILS	
Pour	**Appuyez sur**
Activer le Rectangle de sélection ou l'Ellipse de sélection	M
Activer l'outil Déplacement	V
Activer le Lasso, le Lasso polygonal ou le Lasso magnétique	L
Activer la Baguette magique	W
Activer la Forme de sélection	A
Activer l'outil Recadrage	C
Activer l'outil Rectangle, Rectangle arrondi, Ellipse, Polygone, Trait, Forme personnalisée ou Sélection de forme	U
Activer l'outil Texte horizontal, Texte vertical, Masque de texte horizontal ou Masque de texte vertical	T
Activer le Pot de peinture	K
Activer l'outil Dégradé	G
Activer le Pinceau ou la Forme impressionniste	B
Activer le Crayon	N

ACTIVEZ LES OUTILS (SUITE)	
Pour	**Appuyez sur**
Activer la Gomme, la Gomme d'arrière-plan ou la Gomme magique	E
Activer l'outil Forme œil rouge	Y
Activer la Goutte d'eau	R
Activer l'outil Netteté	P
Activer l'Eponge	Q
Activer l'outil Doigt	F
Activer l'outil Densité -	O
Activer l'outil Densité +	J
Activer le Tampon de duplication ou le Tampon de motif	S
Activer la Pipette	I
Activer la Main	H
Activer la Loupe	Z
Basculer entre les outils d'un groupe dont l'un est activé	Maj+Touche de la lettre des outils de ce groupe
Changer le mode de fusion de l'outil actif quand celui-ci est associé à une telle option	Maj+)

Gagnez du temps dans Photoshop Elements avec les RACCOURCIS CLAVIER

SÉLECTIONNEZ ET MANIPULEZ DES ZONES D'IMAGES	
Pour	**Appuyez sur**
Sélectionner tous les pixels d'une image monocalque ou tous les pixels du calque actif dans une image multicalque	Ctrl+A
Désactiver une sélection existante	Ctrl+D
Rétablir une sélection désactivée	Ctrl+Maj+D
Intervertir une sélection	Ctrl+Maj+I
Déplacer un contour de sélection quand un outil de sélection est activé	Touches Flèches
Créer un contour progressif	Ctrl+Alt+D
Copier une zone sélectionnée	Ctrl+C
Copier une zone sélectionnée qui intègre les pixels de tous les calques	Ctrl+Maj+C
Couper une zone sélectionnée	Ctrl+X
Coller une zone sélectionnée dans un nouveau calque	Ctrl+V
Coller une zone sélectionnée dans une autre	Ctrl+Maj+V
Déplacer une zone sélectionnée quand l'outil Déplacement est activé	Touches Flèches

SÉLECTIONNEZ ET MANIPULEZ DES ZONES D'IMAGES (SUITE)	
Pour	**Appuyez sur**
Effacer une zone sélectionnée et la remplacer par des pixels dans la couleur d'arrière-plan s'il s'agit d'un calque d'arrière-plan ou des pixels transparents s'il s'agit d'un calque normal	Suppr
Exécuter la commande Transformation manuelle	Ctrl+T

UTILISEZ DES CALQUES	
Pour	**Appuyez sur**
Créer un nouveau calque transparent	Ctrl+Maj+N
Fusionner le calque actif avec le calque inférieur	Ctrl+E
Fusionner les calques visibles	Ctrl+Maj+E
Associer le calque actif au calque précédent	Ctrl+G
Dissocier deux calques	Ctrl+Maj+G
Changer le mode de fusion du calque actif	Maj+)

CORRIGEZ LES TONS ET LES COULEURS	
Pour	**Appuyez sur**
Exécuter la commande Contraste automatique	Alt+Ctrl+Maj+L
Exécuter la commande Correction colorimétrique automatique	Ctrl+Maj+B
Exécuter la commande Niveaux automatiques	Ctrl+Maj+L
Modifier les niveaux	Ctrl+L
Ajouter un éclairage d'appoint	Ctrl+Maj+F
Modifier la teinte et la saturation	Ctrl+U
Basculer une image en niveaux de gris	Ctrl+Maj+U
Créer un négatif	Ctrl+I

PEIGNEZ ET DESSINEZ	
Pour	**Appuyez sur**
Permuter les couleurs de premier plan et d'arrière-plan	X
Rétablir les couleurs de premier plan et d'arrière-plan par défaut	D
Remplir une zone sélectionnée avec la couleur de premier plan	Alt+Suppr
Remplir une zone sélectionnée sur un calque normal avec la couleur d'arrière-plan	Ctrl+Suppr
Remplir une zone sélectionnée sur un calque d'arrière-plan avec la couleur d'arrière-plan	Suppr
Exécuter la commande Remplir	Maj+Retour arrière

INDEX

A

B

C

INDEX

D

E

INDEX

G

H

I

J

L

M

N

INDEX

R

INDEX

S

T

U

V

W

Y

Z

Photographie numérique C'est simple

TOP 100 Trucs & Astuces

À MON AVIS, « LA PHOTOGRAPHIE NUMÉRIQUE C'EST SIMPLE TOP 100 TRUCS & ASTUCES » EST

❏ Excellent ❏ Moyen
❏ Satisfaisant ❏ Insuffisant

CE QUE JE PRÉFÈRE DANS CE LIVRE

____
____
____
____

MES SUGGESTIONS POUR L'AMÉLIORER

____
____
____
____

EN INFORMATIQUE, JE ME CONSIDÈRE COMME

❏ Débutant ❏ Expérimenté
❏ Initié ❏ Professionnel

J'UTILISE L'ORDINATEUR

❏ Au bureau ❏ À l'école
❏ À la maison ❏ Autre : ____________

MES LOGICIELS FAVORIS

❏ Traitement de texte
❏ Tableur
❏ Base de données
❏ Création graphique
❏ Internet et Web
❏ Communications et réseaux
❏ Langages de programmation
❏ Autre : ____________

Nom ____________

Prénom ____________

Adresse ____________

____

Code postal ____________

Ville ____________

Pays ____________

Fiche Lecteur à découper ou à photocopier.
Adresse au verso.

AFFRANCHIR
AU TARIF
LETTRE

Éditions First Interactive
27, rue Cassette
75006 PARIS
France